| 中国财政科学研究院年度智库报告 |

中国政府投融资发展报告

（2019）

CHINA GOVERNMENT INVESTMENT AND
FINANCING DEVELOPMENT REPORT
2019

中国财政科学研究院
中国财政学会投融资研究专业委员会

编著

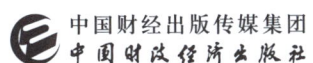

中国财经出版传媒集团
中国财政经济出版社

图书在版编目(CIP)数据

中国政府投融资发展报告. 2019 / 中国财政科学研究院，中国财政学会投融资研究专业委员会编著. -- 北京：中国财政经济出版社，2020.8
（中国财政科学研究院年度智库报告）
ISBN 978-7-5095-9878-8

Ⅰ.①中… Ⅱ.①中…②中… Ⅲ.①投融资体制—研究报告—中国—2019 Ⅳ.①F832.48

中国版本图书馆CIP数据核字（2020）第111587号

责任编辑：闫　娟　　　　　　责任印制：刘春年
封面设计：陈宇琰　　　　　　责任校对：张　凡

中国财政经济出版社 出版

URL：http://www.cfeph.cn
E-mail：cfeph@cfemg.cn
（版权所有　翻印必究）
社址：北京市海淀区阜成路甲28号　邮政编码：100142
营销中心电话：010-88191537
北京时捷印刷有限公司印装　各地新华书店经销
787×1092毫米　16开　21印张　354 000字
2020年8月第1版　2020年8月北京第1次印刷
定价：98.00元
ISBN 978-7-5095-9878-8
（图书出现印装问题，本社负责调换）
本社质量投诉电话：010-88190744
打击盗版举报热线：010-88191661　QQ：2242791300

编委会

主　　　编：刘尚希
执 行 主 编：王朝才
副　主　编：傅志华　赵全厚
编委会成员（按姓氏笔画排序）：

于海峰　万寿琼　马海涛　王克冰　王朝才　白景明
刘尚希　许学礼　李俊生　吉富星　何　杰　何德旭
罗文光　赵全厚　柳柏树　高进水　郭庆旺　程北平
傅志华　阚晓西

前言

《中国政府投融资发展报告（2019）》马上要付印了。受疫情影响，本书的出版时间延迟到2020年下半年。借此机会，感谢中国财政经济出版社的有关领导和编辑的艰辛努力！

近年来，中国政府投融资活动越来越受到社会各界的关注。其原因，不仅涉及我国社会经济发展急需"补短板"的各项公共基础设施建设，而且关乎供给侧结构性改革的深化、宏观经济的逆周期调节和防范化解社会重大风险的大局。有鉴于此，反映和探讨政府投融资发展的情况、问题及其发展趋势就成为一项很有必要的事情。正是秉承这样的理念，近年来中国财政科学研究院和中国财政学会投融资研究专业委员会一直致力于对政府投融资发展的追踪研究，希冀通过发表一系列报告来总结和提炼我国政府投融资的发展状况。当然，限于水平和篇幅，报告必然存在着诸多瑕疵或遗漏，敬请专家和读者给予批评指正。

本报告由中国财政科学研究院刘尚希院长任主编，中国财政学会投融资专业委员会王朝才主任任执行主编，傅志华副院长和赵全厚研究员任副主编。参与写作的人员有：赵全厚研究员撰写第一章，赵福昌研究员撰写第二章；李成威研究员撰写第三章，张立承研究员撰写第四章，陈旭助理研究员撰写第五章，张鹏研究员撰写第六章，陈少强研究员撰写第七章，程瑜研究员撰写第八章，龙小燕副研究员撰写第九章，李欣研究员撰写第十章，孙维助理研究员撰写第十一章。傅志华副院长、程北平副院长、王朝才研究员和中国财政学会投融资专业委员会执行主任罗文光等对初稿进行了审阅。在此一并感谢！

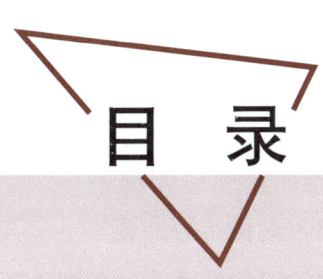

目 录

第一章　政府投融资的阶段性任务和政策环境　　1
　　第一节　政府投融资在应对经济下行压力中积极施策　　1
　　第二节　金融"去杠杆"和"严监管"的强化　　4
　　第三节　地方政府债务的规范管理和风险防范　　7

第二章　政府投融资制度与政策　　16
　　第一节　制度创新　　16
　　第二节　政府投融资政策变化与创新　　26
　　第三节　政策实施情况、成效与评估　　32
　　第四节　政府投融资风险管理制度　　38

第三章　中央政府投融资　　48
　　第一节　中央政府预算内投融资　　50
　　第二节　国债投融资　　63
　　第三节　基金形式的中央政府投融资　　74

第四章　地方政府投融资　　83
　　第一节　地方政府融资　　83
　　第二节　地方政府投资　　96
　　第三节　PPP与地方政府投资基金　　121

第五章　中国政府投融资指数构建　　127

第一节　政府投融资指数构建　　127

第二节　地方政府投融资指数构建　　133

第三节　政府投融资指数分析和应用　　146

附录：融资平台债务规模估算　　153

第六章　"一带一路"的政府性投融资发展与改革　　164

第一节　政府间投融资合作与《"一带一路"融资指导原则》　　164

第二节　"一带一路"的投融资基本架构　　167

第三节　"一带一路"下的国际金融机构的多边融资　　168

第四节　"一带一路"下的政策性、开发性金融机构投融资　　180

第五节　丝路基金与"一带一路"投资发展　　194

第六节　中外金融机构携手，推进"一带一路"发展　　197

第七章　新形势下的政府和社会资本合作　　204

第一节　政府和社会资本合作面临的形势和任务　　204

第二节　规范政府和社会资本合作的主要措施　　208

第三节　政府和社会资本合作规范管理中存在的新风险　　220

第四节　政府和社会资本合作新风险的原因分析　　221

第五节　政府和社会资本合作规范发展的建议　　223

第八章　地方政府融资平台转型　　229

第一节　地方政府融资平台转型的背景　　229

第二节　地方政府融资平台转型的难点　　237

第三节　地方政府融资平台转型的实践案例　　　239
第四节　地方政府融资平台转型的建议　　　244

第九章　地方政府专项债券　　　253

第一节　地方政府专项债券的发行情况　　　253
第二节　地方政府专项债券的基本特征和主要品种　　　259
第三节　地方政府专项债券发行案例　　　268
第四节　推行中存在的主要问题与建议　　　273

第十章　国外养老投入的经验与启示　　　280

第一节　日本、英国和美国养老投入的经验　　　281
第二节　借鉴与启示　　　302

第十一章　政府投融资理论观点综述　　　311

第一节　政府投资的宏观经济效应　　　311
第二节　地方政府投融资平台的转型与风险防控　　　315
第三节　政府投融资改革与风险防控　　　319

第一章
政府投融资的阶段性任务和政策环境

近年来，受国际金融危机以来外贸出口长期低迷的影响，我国主要工业行业产能过剩矛盾凸显，产业投资回报率显著下滑。为应对经济下行压力，先后在2008年底、2012年下半年实施积极财政政策，促进投资，加大基础设施、基本公共服务、生态环保等领域补短板投资。政府投融资活动在经济下行压力较大的情况下，优化投资结构，精准发力补短板，加快提升基础设施支撑能力，扩大有效投资和防范财政风险等方面取得了积极成效，积累了经验。与此同时，这些公益性和准公益性投资的生态效益、社会效益显著，但其经济效益较低。此外，重复投资、重复建设的现象某种程度上依然存在，造成社会资源浪费。以增量资本产出率（单位GDP增量需要增加的投资，数值越大经济效益越低）来衡量投资效益，2015年达到7.2，是2007年的2.2倍。在投资效应下降之际，防范财政和金融风险在2017年以来得到高度重视，"防风险"也成为主题词。

第一节　政府投融资在应对经济下行压力中积极施策

2017年以来全球经济增长不确定性增大，我国经济也面临较大的下行压力（见图1-1），基于此，宏观经济调控继续实施积极财政政策。2017—2019年的财政赤字分别为3.0%、2.6%和2.8%（见图1-2）。

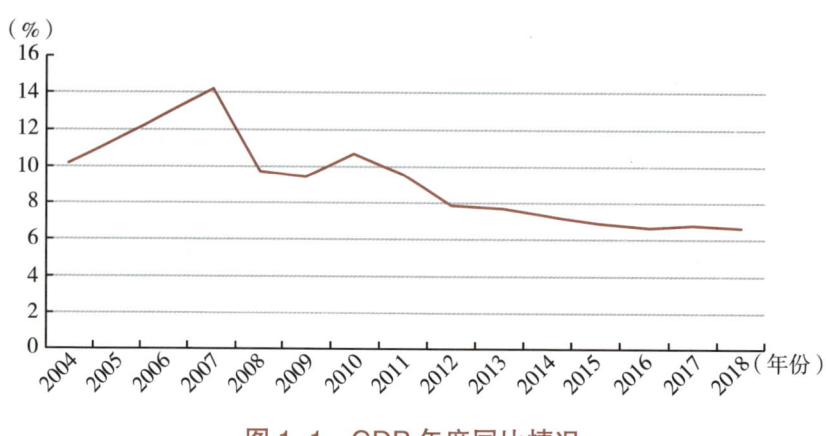

图 1-1　GDP 年度同比情况

资料来源：Wind 数据库。

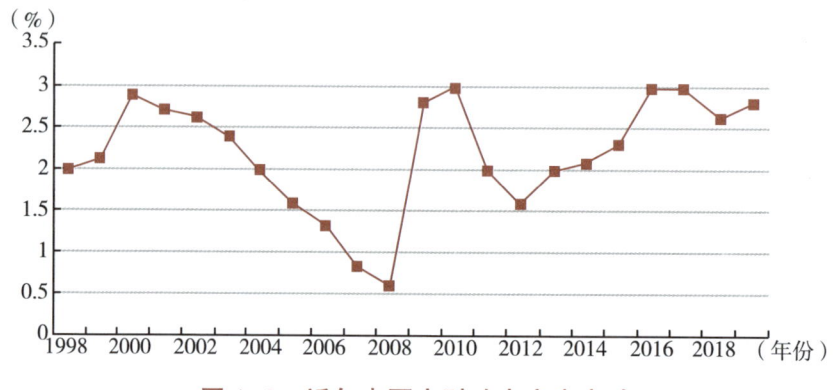

图 1-2　近年来国家财政赤字率变动

资料来源：Wind 数据库。

2017年以来，政府投融资的政策变化主要是围绕促经济、惠民生和防风险等重点领域积极运作。在供给侧结构性改革的背景下，积极财政政策一方面聚焦于减税降费，重点为实体企业减负，稳定社会预期；另一方面，通过适度扩大政府投融资规模，优化投融资结构，提高投资的有效性，补足投资短板，引导社会预期。在"减税降费"方面，2017—2019年减税降费规模均超过1万亿元，其中，2018年为1.3万亿元、2019年接近2万亿元，有效降低实体企业成本和稳定社会预期。在扩大投资方面，除预算增加投资资金外，通过扩大政府债券发行规模（尤其是扩大地方政府专项债券规模）筹集资金来支持项目融资，不断改进民生急需的短板和支撑经济平稳运行。

通过地方政府法定债务"加杠杆"（见表1-1），一方面可以有效扩大政府投资规模，另一方面也可以有效防范隐性债务的蔓延，提高债务风险防范的透明度。尤其是地方政府专项债券的超常规增长（见图1-3），在提高政府投资项目融资能力的同时，能够将债务资金的偿还风险根植于项目现金流之中,有效降低财政预算的压力。

表 1-1　　　　　　　　近年来地方政府债务余额情况

年份	2010	2013	2014	2015	2016	2017	2018
余额(万亿元)	6.71	10.89	15.40	16.00	15.32	16.47	17.67
占GDP比重(%)	16.22	18.30	24.06	23.60	20.59	19.91	19.63

资料来源:根据公开披露数据整理。

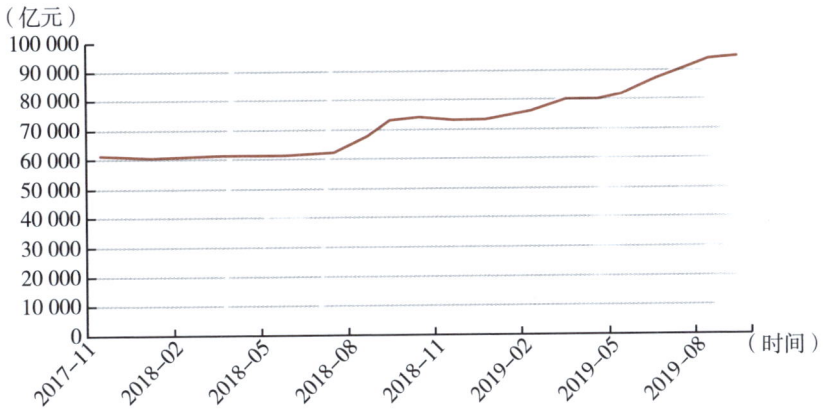

图 1-3　地方政府专项债券月度发行情况

资料来源:Wind数据库。

与此同时,尽管在严格规范地方政府违法违规融资,不断清理整顿投融资乱象,但依然在"开好前门"的框架下,鼓励规范有序的政府与社会资本合作,积极在公共服务领域引入社会资本,为公共服务提质增效(见图1-4)。

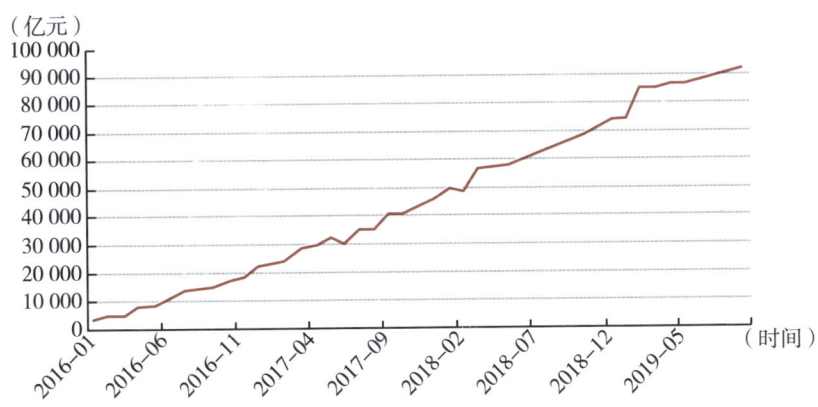

图 1-4　PPP执行阶段投资额月度数据

资料来源:Wind数据库。

第二节　金融"去杠杆"和"严监管"的强化

自2012年以来，以金融自由化、影子银行、资管繁荣为特征的金融扩张期，在促进社会投资的同时，也蕴含了大量潜在风险。根据央行口径统计①，2017年大资管行业总规模已突破100万亿元（部分重复计算），其中，银行表内、表外理财余额为6.75万亿元、21.63万亿元，信托资产余额23.1万亿元，公募、券商资管、基金专户和子公司、私募规模分别为11.14万亿元、17.37万亿元、14.4万亿元和10.3万亿元，创造出了极为宽松的信用环境。2017年，针对相当一部分资金在金融体系内循环、快速加杠杆、进行监管套利、累积金融风险等问题，央行加强宏观审慎监管和推进积极稳妥去杠杆，确定同业、理财、表外三个重点领域，这些领域涉及资金空转，整治金融乱象对实体经济的影响较小，释放出监管加强的信号。央行于2017年一季度起，在MPA评估时正式将表外理财纳入广义信贷范围，以合理引导金融机构加强对表外业务风险的管理，以防止银行通过表内与表外资产腾挪规避监管。2017年3月28日，银监会发布《关于开展银行业"违法、违规、违章"行为专项治理工作的通知》，决定在银行业开展"违反金融法律、违反监管规则、违反内部规章"（简称"三违反"）行为专项治理，消除风险管控盲区，要求银行开展全系统自查及上对下抽查，全面覆盖体制、机制、系统、流程、人员及业务。3月28日银监会发布《关于开展银行业"监管套利、空转套利、关联套利"专项治理工作的通知》，主要针对银行同业业务、投资业务、理财业务等跨市场、跨行业交叉金融业务中存在的杠杆高、嵌套多、链条长、套利多等问题开展专项治理。2017年4月6日银监会发布《关于开展银行业"不当创新、不当交易、不当激励、不当收费"专项治理工作的通知》，重点检查银行的金融创新业务、运行情况、创新活动风险，银行是否定期评估、审批金融创新政策和新产品的风险限额，是否建立了金融创新的内部管理制度和程序，使金融创新限制在可控的风险范围内。2017年4月7日，银监会发布《关于集中开展银行业市场乱象整治工作的通知》，由银监会现场检查局牵头，组织全国银行业进行集中整

---

① 覃汉，高国华."史上最严"金融监管年全梳理：2017，我们都经历了什么？［EB/OL］. https：//www.sohu.com/a/212733632_668124.

治市场乱象,这十大乱象包括:(1)股权和对外投资方面;(2)机构与高管;(3)规章制度;(4)业务;(5)产品;(6)人员行为;(7)行业廉洁风险;(8)监管履职;(9)内外勾结违法方面;(10)涉及非法金融活动方面,对非法集资、地下钱荒、乱办金融等活动进行打击和取缔。2017年4月7日,银监会发布《关于银行业风险防控工作的指导意见》,明确了银行业风险防控的重点领域,既包括信用风险、流动性风险、房地产领域风险、地方政府债务违约风险等传统领域风险,又包括债券波动、交叉金融产品风险、互联网金融风险、外部冲击等非传统领域,涵盖了银行风险的主要类别。针对银行业提出十条重大监管要求,即:(1)加强信用风险管控,维护资产质量总体稳定;(2)完善流动性风险治理体系,提升流动性风险管控能力;(3)加强债券投资业务,密切关注债市波动;(4)整治同业业务,加强交叉金融业务管控;(5)规范银行理财和代销业务,加强金融消费者保护;(6)坚持分类调控、因城施策,防范房地产风险;(7)加强地方政府债务风险管控,切实防范地方政府债务风险;(8)推进互联网金融风险治理,促进合规稳健发展;(9)加强外部冲击风险监测,防止民间风险向银行业传递;(10)维护银行业稳定,防止出现重大案件和群体事件。

2017年7月全国金融工作会议召开,会议设立国务院金融稳定发展委员会,强化宏观审慎和系统性风险防范责任。会议强调金融要回归本源,要以强化监管为重点、以防范系统风险为底线。为此,要强化监管问责,形成敢于监管、严格问责的严肃监管氛围。把国企降杠杆作为重中之重,进一步严控地方政府举债,终身问责,倒查责任。

为了落实中央金融工作会议精神,2017年11月17日,央行联合三会及外汇局发布《关于规范金融机构资产管理业务的指导意见》(征求意见稿),提出:(1)统一资管产品标准,合格投资者要求提高。(2)打破刚性兑付,实行净值化管理。(3)金融机构之间、机构与通道之间的刚兑也被打破,很多非标、通道出标业务将受显著影响,尤其对于券商、基金子公司、信托等通道冲击更为剧烈。(4)规范资金池,禁止非标与资管产品期限错配。(5)统一产品杠杆,分级产品设计要求更高。规定开放式公募产品杠杆不超过140%,封闭式公募、私募杠杆不超过200%;持有人不得以资管产品份额进行质押融资放大杠杆;禁止对公募、开放式私募、单一标的投资比例超过50%、股债标准化资产比例超过50%的产品进行分级设计,明确优先/劣后级杠杆上限(固收类分级最高3:1)。过去一些私募通过高杠杆重仓几只个券的操作模式将退出市场,此外,私募ABS等结构化融资产品,劣后端自持比例提高至25%，也大幅抑制扩张。（6）消除多层嵌套和通道。资管只能有1层通道，委外投资公募和MOM产品除外。2017年12月6日，银监会发布《商业银行流动性风险管理办法（修订征求意见稿）》，此次修订的主要内容包括：第一，新引入3个量化指标，即净稳定资金比例、优质流动性资产充足率、流动性匹配率，其中，净稳定资金比例适用于资产规模在2 000亿元（含）以上的商业银行，优质流动性资产充足率适用于资产规模在2 000亿元以下的商业银行，流动性匹配率适用于全部商业银行。与已有的流动性比例、流动性覆盖率一起，成为银行流动性风险的监管指标。第二，进一步完善流动性风险监测，对部分监测指标的计算方法进行优化。第三，细化了流动性风险管理相关要求，如日间流动性风险管理、融资管理等。2017年12月22日，银监会发布《关于规范银信类业务的通知》，对存在风险隐患的银信通道业务做出新约束。

此外，证监会和保监会为了防范风险也分别出台政策，强化监管。2017年9月1日证监会发布《公开募集开放式证券投资基金流动性风险管理规定》，对公募基金尤其货币基金提出了更加严格的流动性管理要求，新规自2017年10月1日起实施。2017年12月15日保监会发布《保险资产负债管理办法（征求意见稿）》，明确了保险资产负债管理的基本要求、监管框架、评级方法以及对应的差别化监管措施，是资产负债管理监管的纲领性文件，对于资产负债管理能力评估结果低的公司，不予备案其股权投资能力、不动产投资能力和衍生品运用能力，禁止其开展重大股票投资和上市公司收购。对于已经取得上述相关能力备案的，视情况暂停其新增重大股票投资、上市公司收购、股权投资、不动产投资和运用衍生品。

总的来说，2017年以来在金融监管风暴下，去杠杆的速率明显加快，同业、理财、非标、委外业务全面收缩，逐渐进入金融紧缩时期。银行回归传统存贷业务，表外资产回表压力加大。不少中小银行借道非标、同业等影子银行出表的信贷和不良资产，在严监管下面临回表压力，引发计提资本、拨备和存准缴纳规模上升，超储率进一步下降。银行表内的资产配置偏好决定了债券调整的空间和幅度，过去各类高收益、刚兑型资管产品对存款的分流边际减弱，资金将逐渐重新回流银行体系。受益于影子银行融资的行业，再融资风险和信用基本面面临恶化。房地产、地方融资平台、民企等过去较多依赖影子银行融资的行业，面临资金链断裂和融资成本走高风险。

第三节 地方政府债务的规范管理和风险防范

近年来,地方政府债务积累速度加快,风险较大,隐患较多。2016年底,地方政府法定债务余额15.32万亿元,占GDP的比重(即债务率)为19.91%。虽然从债务率数值看,风险较为可控,但地方政府违规提供担保、政府信用介入的企业债务规模野蛮式生长,近2.8万亿元的专项建设基金、近2万亿元的地方政府产业引导基金都变相地扩大地方政府隐性债务规模。我国财政政策取向已经转向更加强调地方政府债务管理,坚决遏制隐性债务增量。这是因为地方政府债务管理事关区域性系统性风险防范,事关总体国家安全,因此,地方政府必须通过合法合规的渠道和方式融资举债,不能以政府的信用违法违规融资举债。否则,很容易形成财政金融风险隐患,一旦爆发将直接危害国家经济健康稳定良性发展,造成严重后果。为此,自2017年以来,从中央到地方,出台了一系列规范地方政府债务管理的政策文件。

一、规范地方政府债务管理和防范财政风险成为主旋律

2017年以来,宏观决策层加大了金融风险防范的力度。针对地方政府违规举债融资行为,中央政府接连出拳,对地方各种违法违规举债融资行为"围追堵截",地方政府债务监管呈现"高压"态势。各省区于2017年以来也陆续推出了关于防范政府债务风险的相关政策。也就是说,在金融领域"去杠杆"和"严监管"的同时,财政领域也开启了以规范地方政府投融资行为和防范地方政府债务风险的整肃运动。

2017年5月以来财政部、发改委等六部委联合发布了《关于进一步规范地方政府举债融资行为的通知》(财预〔2017〕50号)、财政部《关于坚决制止地方以政府购买服务名义违法违规融资的通知》(财预〔2017〕87号)、《关于规范政府和社会资本合作(PPP)综合信息平台项目库管理的通知》(财办金〔2017〕92号)、《关于规范金融企业对地方政府和国有企业投融资行为有关问题的通知》(财金〔2018〕23号)。这些文件精神,再次明确了地方政府债券是地方政府举债的唯一合法手段,禁止地方政府对融资平台提供各种隐性担保,禁止明股实债类项目,

从总体上为地方政府投融资活动可能引发的财政风险提供了规范性框架。主要有：一是针对地方政府融资平台的规范化。要求地方政府不得注入公益性资产到融资平台，而过去不少政府对资产负债率偏高的融资平台注入公益性资产，通过扩大资产规模以增强融资能力，造成政企信用不分。要求融资平台主动声明新增融资不属于地方政府债务，并且要求金融机构不得接受地方政府担保，以打破地方政府对融资平台的隐性背书。二是对政府与社会资本合作进行了规范。首先针对的是明股实债的"伪PPP"项目。禁止承诺回购社会资本方的投资本金、承担社会资本方的投资本金损失、向社会资本方承诺最低收益大的明股实债，政府变相兜底；严守PPP支出责任占地方政府预算支出10%的红线；未按规定转型的融资平台作为社会资本方不符合PPP运作规范的存量项目要清理出库；严禁项目自有资金实力不足，举债借贷参与PPP，小股大债，社会资本融资杠杆倍数过高。这意味着结构化产品劣后端兜底条款、各类保本保收益条款都会存在合规性风险。其次是由银行理财认购优先级，融资平台出少部分劣后，共同出资成立政府股权投资基金的资本金，也受政策制约了。与此同时，针对PPP的监管也在强化，着力于遏制隐性债务风险增量，防止PPP异化为新的融资平台。三是鼓励规范的政府购买服务。合规的政府购买服务的购买对象应该是"公共服务"而不是工程建设，应该是先有预算后有购买服务且期限不得超过3年。与此同时，针对实际执行过程中违规的政府购买服务盛行，甚至有超越PPP的趋势，对通过政府服务购买违规增加地方政府债务做了严格的规范。因为相对于PPP模式，政府购买服务省去了物有所值、财政承受能力论证等诸多评估环节，且不受PPP相关支出不超过前一年度一般公共支出10%的红线限制。金融机构出资后也无须运营项目，而且有政府信用担保风险更小。重新明确了政府购买服务的"基本服务""先有预算，后购买服务"和"纳入指导性目录"的三个基本原则，并对服务范围列出了负面清单：铁路、公路、机场、通信、水电煤气，以及教育、科技、医疗卫生、文化、体育等领域的基础设施建设不得列入政府购买服务。这些被列入负面清单的基础设施建设项目，通常具有稳定的现金流回报，是可以尝试采用PPP模式建设的。四是从金融机构资产端加强监管，规范金融机构对地方政府和包括城投在内的国企融资。国有金融企业不得直接或通过地方国有企事业单位等间接渠道为地方政府及其部门提供任何形式的融资。金融机构不得违规新增地方政府融资平台公司贷款，不得要求地方政府违法违规提供担保或承担偿债责任。金融机构不得提供债务性资金作为地方建设项目、政府投资基金或政府和社会资本合作（PPP）项目的资本金，对资本金要按照"穿透原则"加强审查。要求金融企业参与融资时，需要按照市场化原则评估融资平台的还款能力和还款来源，破除地方政府隐性兜底安排。

在堵住地方政府违规融资渠道的同时，也开了正门。2017年先后就地方政府专项债券系列发文，支持地方政府在专项债券额度内，发行土地储备、收费公路专项债券，以及项目收益与融资自求平衡的领域试点发行项目收益专项债券。专项债券可以单个项目发行，也可以同一地区多个项目集合发行。偿债资金来源包括政府性基金收入或者项目的专项收入，部分项目可能可以周转偿还，为项目收益专项债投资者提供了额外的保障。

此外，在2017年7月召开的全国金融工作会议强调要严控地方政府债务增量并将违规责任上升到"终身问责、倒查责任"之后，其他相关部委也相应出台规范性文件（见表1-2）。2017年8月，发改委印发1358号文件，加强了企业债券发行的监管。文件要求："企业新申报发行企业债券时，实现发债企业与政府信用严格隔离，严禁地方政府及部门为企业发行债券提供不规范的政府和社会资本合作、政府购买服务、财政补贴等情况"，加强了对发债企业是否与政府债务严格切割的审查。2018年2月，发改委联合财政部印发了194号文件，对政府向城投企业做公益性资产注入的行为做了严格约束。194号文件严禁政府将公益性资产及储备土地使用权计入申报企业资产，对于已将上述资产注入城投企业的，在计算发债规模时，必须从净资产中予以扣除。194号文件还强调了信评机构不得将申报企业信用与地方政府信用挂钩，严禁申报企业做出涉及与地方政府信用挂钩的虚假陈述、误导性宣传。国资委2017年的192号文件主要对央企参与PPP规模做出约束，累计对PPP项目的净投资原则上不得超过上一年度集团合并净资产的50%。

2018年下半年，由于经济下行压力进一步增大，面对固定资产投资增速急剧下滑和融资平台转型压力增大的现实，7月23日国务院常务会李克强总理要求根据形势变化相机预调微调、定向调控，应对好外部环境不确定性，保持经济运行在合理区间。财政金融政策要协同发力，更有效服务实体经济，更有力服务宏观大局。一是积极财政政策要更加积极。加快今年1.35万亿元地方政府专项债券发行和使用进度，在推动在建基础设施项目上早见成效。二是稳健的货币政策要松紧适度。保持适度的社会融资规模和流动性合理充裕，疏通货币信贷政策传导机制，落实好已出台的各项措施。督促地方盘活财政存量资金，引导金融机构按照市场化原则保障融资平台公司合理融资需求，对必要的在建项目要避免资金断供、工程烂尾。三是要对接发展和民生需要，推进建设和储备一批重大项目。实质上提出了正确处理"防风险"和"稳投资"之间的关系。

表 1–2　2017 年以来党中央、国务院及相关部委关于债务管理的政策和会议

日期	名称	文号
2017/3/23	《新增地方政府债务限额分配管理暂行办法》	财预〔2017〕35号
2017/4/7	《关于银行业风险防控工作的指导意见》	银监发〔2017〕6号
2017/4/26	《关于进一步规范地方政府举债融资行为的通知》	财预〔2017〕50号
2017/5/16	《地方政府土地储备专项债券管理办法（试行）》	财预〔2017〕62号
2017/5/28	《关于坚决制止地方以政府购买服务名义违法违规融资的通知》	财预〔2017〕87号
2017/6/2	《关于试点发展项目收益与融资自求平衡的地方政府专项债券品种的通知》	财预〔2017〕89号
2017/6/26	《地方政府收费公路专项债券管理办法（试行）》	财预〔2017〕97号
2017/7/14	全国金融工作会议	—
2017/7/24	中共中央政治局会议	—
2017/10/18	中共十九大	—
2017/12/18	中央经济工作会议	—
2017/12/23	《财政部关于坚决制止地方政府违法违规举债遏制隐性债务增量情况的报告》	—
2017/12/29	全国财政工作会议	—
2018/1/8	《关于加强保险资金运用管理支持防范化解地方政府债务风险的指导意见》	保监发〔2018〕6号
2018/2/12	《关于进一步增强企业债券服务实体经济能力严格防范地方债务风险的通知》	发改办财金〔2018〕194号
2018/3/26	《财政部关于做好2018年地方政府债务管理工作的通知》	财预〔2018〕34号
2018/3/28	《关于规范金融企业对地方政府和国有企业投融资行为有关问题的通知》	财金〔2018〕23号
2018/4/3	《试点发行地方政府棚户区改造专项债券管理办法》	财预〔2018〕28号
2018/8/14	《关于做好地方政府专项债券发行工作的意见》	财库〔2018〕72号

续表

日期	名称	文号
2018/7/23	李克强总理主持国务院常务会要求财政金融政策要协同发力,更有效服务实体经济,更有力服务宏观大局	—
2018/10/31	《国务院办公厅关于保持基础设施领域补短板力度的指导意见》	国办发〔2018〕101号
2019/3/7	《关于推进政府和社会资本合作规范发展的实施意见》	财金〔2019〕10号

二、强化对地方政府违规举债问责

2017年是对地方政府举债问责的密集年,财政部对地方政府的违规融资举债加大问责力度,多起地方政府违规举债案例被相继公开(见表1—3)。整治过程中,伴随着地方政府的不规范融资行为得到清理,政企信用进一步分离。根据公开资料,问责事件的披露时间主要集中在2017年1—5月。这体现出中央严控地方政府债务风险的决心。从涉及的省份来看,被问责的违规事件涉及省份较多,包括内蒙古、河南、山东、四川、湖北、黑龙江、贵州、江苏、北京、浙江、海南、湖南、甘肃、陕西、江西等18个省份。从违规事件发生的时间来看,绝大多数的违规事件均发生在2015年以后,尤其以2016年居多。相比2015年和2016年,2017年违规事件的数量出现骤减,这也可以看出2017年初的问责处罚对地方政府违规举债行为进行了有效遏制。从违规事件缘由来看,违规方式最多的是政府出函等违规担保,即地方财政部门出函承诺保本保息,或将债务还款直接纳入政府预算。河南、重庆、四川、贵州、海南、湖南、甘肃和江西等省市都出现了这种违规方式。财政收入作假和债务数据作假也是重要的违规方式。由于我国政绩考核机制不合理、财政管理不规范、预算编制方法有待改进等诸多原因,财政收入作假现象仍频频发生。此外,以政府购买服务名义违规举债融资的规模也不容忽视。例如,2017年1月份财政部处理的违规举债事件中,内蒙古自治区交通运输厅以政府购买服务名义举债行为涉及金额高达105.5亿元。被问责的事件中还存在向企事业单位举债、承诺回购股权等违规方式。

从已经披露处罚结果的事件看,对相关责任人的处罚主要是降级、记过、党内警告、诫勉谈话,部分主要责任人甚至被行政撤职、开除公职,并移送司法机关依法处理,体现出处罚的力度。此外,被问责人员当中,有部分负责人的岗位已经发生变动，有些已被提拔，但仍受到了处罚。这昭示了未来将会更加严格执行终身问责、倒查责任制度。问责处罚的严厉有利于地方政府领导树立正确的政绩观，合法合规举债融资。从违规事件的事后整改情况来看，目前所有违规事件都是通过协商撤销承诺函、退还资金或偿清债务等方式予以整改。结合部分被问责单位通过公开渠道声明完成整改来看，被问责单位在问题整改上极其重视，响应速度也是很快。随着问责力度的加强，地方政府将会更加积极、主动地自查问题、及时整改，有助于落实相关政策，促进地方政府投融资行为的规范化和有效防范债务风险。

表1-3　　　2017年地方政府违规举债问责事件汇总

公布时间	问责省市	问责具体单位	违规类型	发生时间	涉及金额（亿元）	文件名称
1月	内蒙古	自治区交通运输厅	政府购买服务举债	不详	105.50	《财政部关于请核实处理个别违法违规问题的函》（财预函〔2017〕1号）
	河南	驻马店市人民政府	政府出函等违规担保	2015.9	6.40	
	重庆	黔江区人民政府	政府出函等违规担保	2015.8	0.55	
		黔江区教委	政府出函等违规担保	2015.5	2.20	
	山东	邹城市人民政府	向企事业单位举债	2015	8.00	
	四川	巴中市人民政府	政府出函等违规担保	2014—2015	23.12	
		新都区人民政府	政府出函等违规担保	2013—2015	23.22	
2月	湖北	武汉市城乡建设委员会	伪PPP	2017.2	135.84	《关于请核查武汉市轨道交通8号线一期PPP项目不规范操作问题的函》
3月	黑龙江	齐齐哈尔市财政局	债务数字做假	2014	44.16	《2016年第四季度国家重大政策措施贯彻落实跟踪审计结果》
	北京	通州区国资委	承诺回购股权	2013.7	9.81	

续表

公布时间	问责省市	问责具体单位	违规类型	发生时间	涉及金额（亿元）	文件名称
4月	江苏	15个县（市、区）	政府出函等违规担保	2015—2016	不详	《财政部关于请依法问责部分市县政府违法违规举债担保问题的函》
5月	浙江	安吉经济开发区管委会	政府购买服务举债	不详	8.00	不详
7月	湖北	黄石经济技术开发区财政局	政府直接借款	2015.8	1.10	《湖北省依法依规问责处理个别地区违法举债问题防范区域性财政金融风险》
12月	贵州	黔东南自治州镇远县人民政府；铜仁市碧江区；遵义市汇川区、黔东南州凯里市、黔西南州兴义市等地政府单位	政府出函等违规担保	不详	不详	《贵州省处理部分市县违法违规举债担保问题，严肃财经纪律》
	海南	海口市等各级财政及国土等政府部门	政府出函等违规担保	2015.1—2017.8	53.43	《2017年第三季度国家重大政策措施贯彻落实情况跟踪审计结果》
	湖南	长沙市望城区人民政府	政府出函等违规担保	2016.7	1.40	
	甘肃	兰州新区农林水务局	政府出函等违规担保	2016.1	1.92	
	陕西	韩城市住房和城乡规划建设局、市旅游发展委员会等4部门	政府直接借款	2017.1—2017.7	3.57	

续表

公布时间	问责省市	问责具体单位	违规类型	发生时间	涉及金额（亿元）	文件名称
12月	江西	九江市土地储备中心	政府出函等违规担保	2016.2	4.00	《2017年第三季度国家重大政策措施贯彻落实情况跟踪审计结果》
	云南	澄江县住房和城乡建设局	财政收入做假	2017.6	0.13	
	湖南	望城区政府	财政收入做假	2014—2016	12.37	
	吉林	白山市及所辖6个县（市）	财政收入做假	2017.1—2017.7	2.79	
	重庆	巴南区财政局	财政收入做假	2016	0.20	

三、投资体制改革的进展重点立足于塑造市场投资主体

根据《国务院批转国家发展改革委关于2017年深化经济体制改革重点工作意见的通知》（国发〔2017〕27号）的要求，2017年"围绕重点领域关键环节持续加大简政放权力度，做到该放则放、放而到位，降低实体经济特别是制造业的准入门槛，全面实行清单管理制度，减少政府的自由裁量权，增加市场的自主选择权"。"在一定领域、区域内先行试点企业投资项目承诺制，发挥规划政策对投资的规范引导作用，探索创新以政策性条件引导、企业信用承诺、监管有效约束为核心的管理模式。"

在国发〔2017〕27号文件的指导下，国家完善了企业投资管理领域制度，2017年3月出台《企业投资项目核准和备案管理办法》并做好配套制度建设，要求"对关系国家安全、涉及全国重大生产力布局、战略性资源开发和重大公共利益等项目，实行核准管理。其他项目实行备案管理。"与此同时，清理规范报建审批事项，推动有关方面落实报建审批事项整合和管理方式转变的改革要求。为加强对工程咨询行业的管理，规范从业行为，保障工程咨询服务质量，促进投资科学决策、规范实施，发挥投资对优化供给结构的关键性作用，2017年11月修订出台了《工程咨询行业管理办法》。为加强对企业投资项目的事中事后监管，规范企业投资行为，维护公共利益和企业合法权益，2018年1月制定出台了《企业投资项目监督管理办法》。为加强全国投资项目在线审批监管平台建设、应用和

管理，确保在线平台逐步完善、稳定运行并发挥作用，强化在线平台规范运行，2017年6月，发改委会同17个部门印发《全国投资项目在线审批监管平台运行管理暂行办法》。

这些有关投资律法的修订和出台，进一步深化了投资领域的放管服改革，适度约束了政府的行为，强化了企业作为市场投资主体的地位。

参考文献

［1］国务院发展研究中心.2017年经济形势和2018年展望［EB/OL］.http：//www.drc.gov.cn/xslw/20180320/182-473-2895755.htm.

［2］国家发展和改革委员会.关于2017年国民经济和社会发展计划执行情况与2018年国民经济和社会发展计划草案的报告［N］.人民日报，2018-03-24（004）.

［3］中国人民银行货币政策分析小组.中国货币政策执行报告［R］.2017.

［4］国家统计局.2017年全国固定资产投资（不含农户）增长7.2%［EB/OL］.http：//www.stats.gov.cn/tjsj/zxfb/201801/t20180118_1574955.html.

［5］国家统计局.一季度国民经济实现良好开局［EB/OL］.http：//www.gov.cn/xinwen/2018-04/17/content_5283152.htm.

［6］胡祖铨，柴源辰.2017年固定资产投资分析及2018年展望［J］.宏观经济管理，2018（1）：12-19.

［7］吕秀芹，李启春.从2017年系列违规举债问责事件看地方政府未来的发展出路［EB/OL］.https：//www.sohu.com/a/235885237_726670.

［8］覃汉，高国华."史上最严"金融监管年全梳理：2017，我们都经历了什么？［EB/OL］.https：//www.sohu.com/a/212733632_668124.

［9］李奇霖.深度解读：地方政府债务的过去、现在和未来［EB/OL］.https：//baijiahao.baidu.com/s?id=1604481975156412697&wfr=spider&for=pc.

［10］2017年12月地方政府债券发行和债务余额情况［EB/OL］.http：//yss.mof.gov.cn/zhuantilanmu/dfzgl/sjtj/201801/t20180117_2797514.html.

［11］李克强.政府工作报告——2019年3月5日在第十三届全国人民代表大会第二次会议上［EB/OL］.http：//www.gov.cn/zhuanti/2019qglh/2019lhzfgzbg/.

第二章
政府投融资制度与政策

在2016年中共中央国务院《关于深化投融资体制改革的意见》正式公布后，中央以及地方各级政府围绕当前投融资体制存在的突出问题，均制定了相应的具体政策和执行方案，确保各项改革措施稳步推进。总体要求都在于着力推进供给侧结构性改革，充分发挥市场在资源配置中的决定性作用和更好发挥政府作用，坚持"企业为主、政府引导、放管结合、优化服务、创新机制、畅通渠道、统筹兼顾、协同推进"的原则，进一步转变政府职能，深入推进"放管服"改革，建立完善的企业自主决策、融资渠道畅通，职能转变到位、政府行为规范，宏观调控有效、配套改革协同的新型投融资体制。

第一节　制度创新

一、国家法律和条例

2017年1月，国务院发布《关于创新政府配置资源方式的指导意见》，提出要解决当前政府配置资源中存在的市场价格扭曲、配置效率较低、公共服务供给不足等突出问题，从广度和深度上推进市场化改革，大幅度减少政府对资源的直接配置，创新配置方式，更多引入市场机制和市场化手段，提高资源配置的效率和效益。

2017年3月，国务院发布《"十三五"推进基本公共服务均等化规划》，要求推进基本公共服务均等化、标准化、法制化，促进制度更加规范。规划中提到三大实施机制：统筹协调机制——加强中央和地方、政府和社会的互动合作，促进各级公共服务资源有效整合，形成实施合力；财力保障机制——拓宽资金来源，增强县级政府财政保障能力，稳定基本公共服务投入；多元供给机制——积极引导社会力量参与，推进政府购买服务，推广政府和社会资本合作（PPP）模式。

同月，国务院发布《国务院办公厅关于进一步激发社会领域投资活力的意见》，提出要进一步扩大投融资渠道，研究出台医疗、养老、教育、文化、体育等社会领域产业专项债券发行指引，结合其平均收益低、回报周期长等特点，制定有利于相关产业发展的鼓励条款。引导社会资本以政府和社会资本合作（PPP）模式参与医疗机构、养老服务机构、教育机构、文化设施、体育设施建设运营，开展PPP项目示范。发挥政府资金引导作用，有条件的地方可结合实际情况设立以社会资本为主体、市场化运作的社会领域相关产业投资基金。

2017年4月，国务院发布《国务院批转国家发展改革委关于2017年深化经济体制改革重点工作意见的通知》（国发〔2017〕27号），要求创新投融资体制，进一步放开基础产业和基础设施、公用事业、公共服务等领域，进一步放宽非公有制经济市场准入，加快提升公共服务、基础设施、创新发展、资源环境等支撑能力。强调把简政放权、放管结合、优化服务改革作为供给侧结构性改革的重要内容，持续增加有效制度供给。还提出要出台政府投资条例，大力推行政府和社会资本合作（PPP）模式。在财税体制以及金融体制改革方面也作了比较全面的部署。

2017年9月，国务院发布《国务院办公厅关于进一步激发民间有效投资活力促进经济持续健康发展的指导意见》（国办发〔2017〕79号），要求进一步激发民间有效投资活力。提出加大基础设施和公用事业领域开放力度，禁止排斥、限制或歧视民间资本的行为，为民营企业创造平等竞争机会，支持民间资本股权占比高的社会资本方参与PPP项目，调动民间资本积极性。

2017年11月，国务院发布《划转部分国有资本充实社保基金实施方案》，针对企业职工基本养老保险基金存在缺口的问题，决定划转部分国有资本充实社保基金，以建立更加公平、更可持续的养老保险制度。方案强调通过划转实现国有资本多元化持有，但不改变国有资本属性。划转承接主体作为财务投资者，管理运营所划入的国有资本，建立国有资本划转和企业职工基本养老保险基金缺口逐步弥补相结合的运行机制。

同月，国务院废止了《中华人民共和国营业税暂行条例》，修改了《中华人民共和国增值税暂行条例》，通过财税体制的改革减少对地方投融资行为的扭曲，有效降低现有税制对地方过度投资的逆向激励效果。

同月，国务院还发布了《国务院办公厅关于推进公共资源配置领域政府信息公开的意见》（国办发〔2017〕97号），要求推进公共资源配置决策、执行、管理、服务、结果公开，扩大公众监督，增强公开实效，努力实现公共资源配置全流程透明化，进一步推进政务工作公开透明化。

2018年2月，国务院发布《国务院办公厅关于印发基本公共服务领域中央与地方共同财政事权和支出责任划分改革方案的通知》，要求科学界定中央与地方权责，确定基本公共服务领域共同财政事权范围，制定了基本公共服务保障国家基础标准，并规范了中央与地方支出责任分担方式，提出力争到2020年，逐步建立起权责清晰、财力协调、标准合理、保障有力的基本公共服务制度体系和保障机制。

同月，中共中央办公厅发布《中共中央关于深化党和国家机构改革的决定》，提出要优化政府机构设置和职能配置，破除制约使市场在资源配置中起决定性作用、更好发挥政府作用的体制机制弊端。对深入推进简政放权、完善市场监管和执法体制、完善公共服务管理体制、强化事中事后监管、提高行政效率等几个方面进一步作出了具体部署。

2018年3月，中共中央办公厅印发《关于人大预算审查监督重点向支出预算和政策拓展的指导意见》，要求加强对支出预算和政策的审查监督，提高针对性和有效性。具体包括审查支出预算总量，审查支出政策的可持续性，审查支出预算结构，加强对重点支出与重大投资项目的审查，合理确定重点支出与重大投资项目范围，重点审查转移支付与财政事权和支出责任划分的匹配情况，硬化地方政府预算约束，以及强化对政府预算收入执行情况的监督，防止财政收入虚增、空转，推动依法规范非税收入管理等。

2018年6月，国务院发布《关于完善国有金融资本管理的指导意见》，要求以提高国有金融资本效益和国有金融机构活力、竞争力和可持续发展能力为中心，以尊重市场经济规律和企业发展规律为原则，以服务实体经济、防控金融风险、深化金融改革为导向，统筹国有金融资本战略布局，完善国有金融资本管理体制，优化国有金融资本管理制度，促进国有金融机构持续健康经营。

2018年7月，国务院印发《国税地税征管体制改革方案》，为我国征税体制改革作出顶层设计。《方案》旨在改革国税地税征管体制，合并省级和省级以下国税地税机构，划转社会保险费和非税收入征管职责，构建优化高效统一的税收征管体系。有助于增强税费治理能力，确保税收职能作用充分发挥，夯实国家治理的重要基础。

同月，国务院发布《国务院关于推进国有资本投资、运营公司改革试点的实施意见》（国发〔2018〕23号），指出试点目标在于完善国有资产管理体制，实现国有资本所有权与企业经营权分离，实行国有资本市场化运作。通过发挥国有资本投资、运营公司平台作用，促进国有资本合理流动，优化国有资本投向，向重点行业、关键领域和优势企业集中，推动国有经济布局优化和结构调整，提高国有资本配置和运营效率，更好服务国家战略需要。

2018年8月，国务院发布《全国深化"放管服"改革转变政府职能电视电话会议重点任务分工方案》，具体制定了36项改革任务，从精简行政许可事项，到权力清单、负面清单、责任清单厘清政府与市场边界，"放管服"改革涉及价格、财税、金融、社会事业等多个领域，有助于加快政府职能深刻转变，优化发展环境，最大限度激发市场活力。

2018年9月，国务院发布《关于加强国有企业资产负债约束的指导意见》，要求通过建立和完善国有企业资产负债约束机制，强化监督管理，促使高负债国有企业资产负债率尽快回归合理水平。通过强化考核、增强企业财务真实性和透明度、合理限制债务融资和投资等方式，加强国有企业资产负债外部约束。

同月，国务院发布《关于全面实施预算绩效管理的意见》，要求创新预算管理方式，更加注重结果导向、强调成本效益、硬化责任约束，力争用3—5年时间基本建成全方位、全过程、全覆盖的预算绩效管理体系，实现预算和绩效管理一体化，着力提高财政资源配置效率和使用效益，改变预算资金分配的固化格局，提高预算管理水平和政策实施效果。

2018年10月，国务院发布《国务院办公厅关于保持基础设施领域补短板力度的指导意见》（国办发〔2018〕101号），指出要聚焦关键领域和薄弱环节，保持基础设施领域补短板力度，进一步完善基础设施和公共服务，提升基础设施供给质量，更好发挥有效投资对优化供给结构的关键性作用。一方面要充分发挥市场配置资源的决定性作用，积极鼓励民间资本参与补短板项目建设，调动各类市场主体的积极性、创造性；另一方面要更好地发挥政府作用，为市场主体创造良好的投资环境。同时也强调坚决避免盲目投资、重复建设，规范地方政府举债融资，管控好新增项目融资的金融"闸门"。

2018年12月，国务院发布《关于建立健全基本公共服务标准体系的指导意见》，要求完善各级各类基本公共服务标准，明确国家基本公共服务质量要求，合理划分基本公共服务支出责任，明确政府在基本公共服务中的兜底职能，明确中央与地方支出责任划分，制定中央与地方共同财政事权基本公共服务保障国家基础标准，推进政府购买公共服务，以标准化促进基本公共服务均等化、普惠化、便捷化。

2019年2月国务院发布《国务院办公厅关于有效发挥政府性融资担保基金作用切实支持小微企业和"三农"发展的指导意见》，要求规范政府性融资担保基金运作，坚守政府性融资担保机构的准公共定位，弥补市场不足，降低担保服务门槛，着力缓解小微企业、"三农"等普惠领域融资难、融资贵，支持发展战略性新兴产业。

2019年4月国务院发布《改革国有资本授权经营体制方案》，提出以管资本为主加强国有资产监管，理顺政府与国有企业的出资关系，最大限度减少政府对市场活动的直接干预；切实转变出资人代表机构职能和履职方式，增强国有企业的活力、创造力、市场竞争力和风险防控能力。

2019年5月国务院发布《政府投资条例》（国令第712号），旨在充分发挥政府投资作用，提高政府投资效益，规范政府投资行为，激发社会投资活力。条例明确指出政府投资资金应当投向市场不能有效配置资源的社会公益服务、公共基础设施、农业农村、生态环境保护、重大科技进步、社会管理、国家安全等公共领域的项目，以非经营性项目为主。同时还对政府投资决策、年度计划、项目实施、监督管理、法律责任等作出了明确规定。

同月，国务院发布《国务院关于推进国家级经济技术开发区创新提升打造改革开放新高地的意见》，指出要充分发挥国家级经开区的对外开放平台作用，持续优化投资环境，优化开发建设主体和运营主体管理机制，打造体制机制新优势。

2019年6月国务院发布《关于做好地方政府专项债券发行及项目配套融资工作的通知》，要求加大逆周期调节力度，更好发挥地方政府专项债券的重要作用，着力加大对重点领域和薄弱环节的支持力度，增加有效投资、优化经济结构、稳定总需求。《通知》中指出允许将专项债券作为符合条件的重大项目资本金，将有利于适当加杠杆、撬动重点项目的有效投资。

二、部门规章

2017年1月，财政部发布《政府和社会资本合作（PPP）综合信息平台信息公开管理暂行办法》，以加强和规范政府和社会资本合作（PPP）项目信息公开工作，促进PPP项目各参与方诚实守信、严格履约，保障公众知情权，推动PPP市场公平竞争、规范发展。

2017年3月，财政部发布《中央国有资本经营预算支出管理暂行办法》，旨在完善国有资本经营预算管理制度，规范和加强中央国有资本经营预算支出管理。办法指出，国有企业资本金注入，是指用于引导投资运营公司和中央企业更好地服务于国家战略，将国有资本更多投向关系国家安全和国民经济命脉的重要行业和关键领域的资本性支出，主要采取向投资运营公司注资、向产业投资基金注资以及向中央企业注资三种方式。

同月，财政部发布《新增地方政府债务限额分配管理暂行办法》，进一步健全了地方政府债务限额管理机制，要求规范新增地方政府债务限额分配管理，更好地发挥地方政府债务促进经济社会发展的积极作用，防范财政金融风险。

2017年7月，财政部发布《中央财政县级基本财力保障机制奖补资金管理办法》，以保障基层政府实施公共管理、提供基本公共服务以及落实党中央、国务院各项民生政策的基本财力需要，强化中央财政县级基本财力保障机制奖补资金管理。

2017年8月，国家发改委发布《社会领域产业专项债券发行指引》，要求积极发挥企业债券融资对社会领域产业发展的作用，社会领域主要涉及但不限于健康产业、养老产业、教育培训产业、文化产业、体育产业、旅游产业等。

2017年9月，国家发展改革委发布《政府制定价格行为规则》，针对重要公用事业、公益性服务和自然垄断经营的商品和服务等，进一步规范政府制定价格行为，提高政府制定价格的科学性、公正性和透明度。

同月，国家发展改革委还发布了《中央预算内投资项目日常监管实施办法（试行）》，以加强中央预算内投资计划实施的综合监管，落实日常监管责任，压实主体责任，规范监管程序，建立问责机制。

2018年1月，财政部发布《政务信息系统政府采购管理暂行办法》《政府采购代理机构管理暂行办法》，旨在推进政务信息系统政府采购工作规范高效开展，加强政府采购代理机构监督管理，促进政府采购代理机构规范发展。

2018年3月，财政部发布《试点发行地方政府棚户区改造专项债券管理办法》，旨在规范棚户区改造融资行为，发挥政府规范适度举债改善群众住房条件的积极作用。

2018年6月，发改委发布了《必须招标的基础设施和公用事业项目范围规定》，明确了五类必须招标的项目，包括煤炭、石油、天然气、铁路、电信枢纽、防洪、灌溉、城市轨道交通等项目。

2018年12月，国家发展改革委发布《政府制定价格听证办法》，旨在规范政府制定价格听证行为，提高政府制定价格的民主性、科学性和透明度。对听证组织、程序、法律责任作出具体规定。

三、相关制度文件

2017年1月，财政部发布《关于全面开展省级地方国库现金管理的通知》（财库〔2017〕8号），要求严格按照《地方国库现金管理试点办法》，在全国全面开展省级地方国库现金管理，提高财政资金的使用效益。

2017年4月，财政部发布《关于进一步规范地方政府举债融资行为的通知》（财预〔2017〕50号），要求全面组织开展地方政府融资担保清理整改工作，切实加强融资平台公司融资管理，规范政府与社会资本方的合作行为，进一步健全规范的地方政府举债融资机制，牢牢守住不发生区域性系统性风险的底线。

2017年6月，财政部发布《关于规范开展政府和社会资本合作项目资产证券化有关事宜的通知》（财金〔2017〕55号），要求分类稳妥地推动PPP项目资产证券化，鼓励项目公司开展资产证券化优化融资安排，探索项目公司股东开展资产证券化盘活存量资产，并支持项目公司其他相关主体开展资产证券化。

同月，为深化预算管理制度改革，提高中央部门预算管理水平，财政部发布《关于进一步完善中央部门项目支出预算管理的通知》（财预〔2017〕96号）。要求各部门结合业务特点和管理需要，调整完善专用一级项目设置，更加集中、直观地反映部门主要职责和工作任务；完善项目预算编制，改进项目管理方式，增强预算统筹能力；扩大项目预算评审范围，建立动态评估清理机制，健全项目绩效评价管理。

2017年11月,财政部发布《关于规范政府和社会资本合作(PPP)综合信息平台项目库管理的通知》(财办金〔2017〕92号),要求纠正PPP泛化滥用现象,进一步推进PPP规范发展,防止PPP异化为新的融资平台,坚决遏制隐性债务风险增量,严格新项目入库标准,集中清理已入库项目;着力推动PPP回归公共服务创新供给机制的本源,促进实现公共服务提质增效目标,夯实PPP可持续发展的基础。

同月,财政部发布《关于国有资本加大对公益性行业投入的指导意见》(财建〔2017〕743号),针对目前部分公共服务领域仍然存在供给不足问题,提出要以安排财政资金、划拨政府资产、国有资本投资运营公司资本配置、政府投资基金、政府和社会资本合作等多种方式,加大对公益性行业投入。同时提出,地方政府向包括国有企业在内的各类主体注资后不得以任何形式要求其替政府融资,不得新增各类隐性债务,地方政府不得将公益性资产、储备土地等注入国有企业等各类主体。

2018年1月,财政部、保监会发布《关于加强保险资金运用管理支持防范化解地方政府债务风险的指导意见》(保监发〔2018〕6号),要求充分发挥保险资金优势,为关系国计民生的各类基础设施项目和民生工程提供长期资金支持。鼓励保险机构购买地方政府债券,但严禁违法违规向地方政府提供融资,不得要求地方政府违法违规提供担保。

2018年2月,国家发展改革委、财政部发布《关于进一步增强企业债券服务实体经济能力严格防范地方债务风险的通知》(发改办财金〔2018〕194号),鼓励各地发展改革部门组织区域内市场化运营的优质企业、优质项目开展债券融资,进一步增强企业债券服务实体经济能力。同时强调公益性项目不得作为募投项目申报企业债券;规范以政府和社会资本合作(PPP)项目发行债券融资。

同月,财政部发布《关于做好2018年地方政府债务管理工作的通知》(财预〔2018〕34号),要求依法规范地方政府债务限额管理和预算管理,及时完成存量地方政府债务置换工作,着力加强债务风险监测和防范,并进一步强化地方政府债券管理。

2018年3月,财政部发布《关于规范金融企业对地方政府和国有企业投融资行为有关问题的通知》(财金〔2018〕23号),明确规定国有金融企业应严格落实《预算法》和《国务院关于加强地方政府性债务管理的意见》(国发〔2014〕43号)

等要求，除购买地方政府债券外，不得直接或通过地方国有企事业单位等间接渠道为地方政府及其部门提供任何形式的融资，不得违规新增地方政府融资平台公司贷款。不得要求地方政府违法违规提供担保或承担偿债责任。不得提供债务性资金作为地方建设项目、政府投资基金或政府和社会资本合作（PPP）项目资本金。此外，还对资本金审查、还款能力评估、投资基金、资产管理业务、政策性开发性金融、合作方式、金融中介业务、PPP项目、融资担保、出资管理、财务约束等16个方面作出了具体规定。

2018年4月，财政部发布《关于进一步加强政府和社会资本合作（PPP）示范项目规范管理的通知》（财金〔2018〕54号），指出对核查存在问题的173个示范项目分类进行处置，要求各级财政部门引以为戒，加强项目规范管理，建立健全长效管理机制。

2018年5月，国家发展改革委、财政部发布《关于完善市场约束机制 严格防范外债风险和地方债务风险的通知》（发改外资〔2018〕706号），鼓励进一步发挥国际资本市场低成本资金在支持实体经济转型升级和推进供给侧结构性改革方面的积极作用，同时强调要完善市场约束机制，切实有效防范中长期外债风险和地方债务风险。

2018年8月，国家发展改革委发布《国家发展改革委办公厅关于做好政府出资产业投资基金绩效评价有关工作的通知》（发改办财金〔2018〕1043号），以规范政府出资产业投资基金的登记管理工作，发挥好政府资金的引导作用和放大效应。

2019年3月，财政部发布《关于推进政府和社会资本合作规范发展的实施意见》（财金〔2019〕10号），要求牢牢把握推动PPP规范发展的总体要求，明确"正负面"清单，规范推进PPP项目实施，加强项目规范管理，营造规范发展的良好环境。

四、地方相关制度

在中央各项意见、通知的指导下，各级地方政府均出台了相应的具体方案，尤其针对债务风险问题，每个省都制定了《政府性债务风险应急处置预案》，以期更好的防范债务风险。此外，对于财政事权与支出责任划分改革、激发社会领域投资活力等方面，各省也陆续制定了详尽方案（见表2-1）。

表 2-1　　各级地方政府出台的政府投融资相关制度文件

省份	相关文件
北京市	《北京市政府性债务风险应急处置预案》 《关于进一步加强政府投资项目资金管理暂行办法》 《关于进一步规范棚户区改造项目融资工作的通知》 《北京市政府核准的投资项目目录（2018年本）》等
天津市	《天津市加强政府性债务风险防控工作方案》 《关于推进财政事权与支出责任划分的改革方案》 《天津市进一步激发社会领域投资活力实施方案》 《关于我市创新农村基础设施投融资体制机制的实施方案》 《天津市"十三五"基本公共服务清单和重点任务分工方案》等
福建省	《福建省政府性债务风险应急处置预案》 《2017年福建省推进简政放权放管结合优化服务工作要点》 《政府核准的投资项目目录（对接国家2016年本）》 《政府购买对企业研发投入经费补助第三方评估服务暂行办法》 《福建省基本公共服务领域省与市县共同财政事权和支出责任划分改革实施方案》 《福建省政府工作部门权责清单管理办法》等
安徽省	《安徽省财政厅关于进一步规范政府投资基金管理的通知》 《关于进一步激发社会领域投资活力的实施意见》 《安徽省现代基础设施体系建设总体规划（2017—2021年）》 《安徽省支持政府和社会资本合作（PPP）若干政策》 《安徽省政府性债务风险应急处置预案》等
江西省	《政府核准的投资项目目录（江西省2017年本）》 《江西省"十三五"推进基本公共服务均等化规划》 《江西省地方政府性债务风险应急处置预案》等
河南省	《河南省人民政府关于推进省以下财政事权和支出责任划分改革的实施意见》 《河南省人民政府办公厅关于创新农村基础设施投融资体制机制的实施意见》 《河南省人民政府办公厅关于进一步激发社会领域投资活力的实施意见》 《河南省人民政府办公厅关于省政府领导分包推进重大项目责任分工的通知》 《河南省政府性债务风险应急处置预案》等
山东省	《山东省政府性债务风险应急处置预案》 《山东省人民政府办公厅关于规范政府举债融资行为防控政府性债务风险的意见》 《山东省人民政府办公厅关于进一步激发社会领域投资活力的实施意见》等

续表

省份	相关文件
河北省	《河北省政府性债务风险应急处置预案》 《河北省环境保护厅关于支持省重点投资项目建设的实施意见》 《河北省天使投资引导基金管理实施细则（暂行）》等
湖南省	《湖南省人民政府关于严控政府性债务增长切实防范债务风险的若干意见》 《湖南省政府购买服务管理实施办法（暂行）》 《湖南省金融发展专项资金管理办法》 《湖南省部分公共服务领域PPP项目前期费用补助资金实施细则》 《湖南省国家级省级园区新增公共基础设施投资项目融资贴息实施细则》等
浙江省	《浙江省地方政府性债务风险应急处置预案》 《浙江省扩大有效投资"411"重大项目建设行动计划2017年实施计划》 《浙江省人民政府关于进一步优化投资结构提高投资质量的若干意见》等
广东省	《广东省政府性债务风险应急处置预案》 《广东省省级与市县财政事权和支出责任划分改革实施方案》 《广东省公共工程项目审计监督办法》 《广东省企业投资项目分类管理和落地便利化改革实施方案》等
湖北省	《湖北省政府性债务风险应急处置预案》 《省人民政府关于规范政府举债融资行为防范和化解债务风险的实施意见》 《省人民政府办公厅关于发挥财政资金杠杆作用撬动社会资本支持实体经济发展的意见》 《省人民政府关于深化"放管服"改革 持续推进政府职能转变的实施意见》等

注：仅注明部分省相关制度发布情况。

第二节　政府投融资政策变化与创新

一、政策背景

在《中共中央 国务院关于深化投融资体制改革的意见》的指导下，我国针对现行政府投融资体制存在的各种问题作出了一系列的安排。投资方面，进一步明确政府投资范围，规范政府的投资行为，要求各级政府制订三年政府投资计划，加强投资项目的过程管理，积极倡导政府和社会资本合作，有效提高投资效率。

融资方面，推动直接融资的快速发展，丰富债券品种，设立政府引导基金，调动政策性银行参与重点项目建设，协调金融机构对重大工程的支持力度，规范地方政府举债融资机制等。

但是仍然存在一些问题，主要是：（1）基本公共服务还存在规模不足、质量不高、发展不平衡等短板；（2）投融资管理相对简单粗放，很多地方政府投融资平台是因事而建，相关的管理办法和监督措施也是临时动议，距离规范化、制度化、长效化的管理相差甚远；（3）政府投融资改革亟待创新，引导和带动作用有待于进一步发挥；（4）融资平台市场化转型不彻底，持续发展和抗风险能力不强；（5）投融资规模和支撑能力不匹配，资源未形成有效整合；（6）部分地方泛化滥用PPP，甚至借PPP变相融资等不规范操作的问题日益凸显，加大了地方政府隐性债务风险；（7）事中和事后监管不到位，缺乏跟踪问效机制。在此背景下，中央和各级地方政府在投融资政策方面作出了改进和创新。

二、中央政府政策变化与创新

（一）政府投资管理法制化，明确界定政府投资范围

2019年5月国务院颁布《政府投资条例》，这是我国政府投资领域的第一部行政法规，也是投资建设领域的基本法规制度，标志着这一领域法律制度建设完整框架的形成，也标志着全面规范政府投资管理迈出了具有重要意义的一步。

《条例》明确约束政府投资范围，为充分发挥市场作用配置资源、激发社会投资活力创造了条件；严格界定了政府投资方向，为贯彻高质量发展要求、发挥政府投资补短板作用提供基本遵循；同时完善政府投资管理体制和管理方式，依法理顺政府部门管理职责、提升其管理能力；并且严格项目和资金规范化管理，强化政府投资管理刚性约束。

（二）改进人大预算审查监督工作，创新审查监督程序和方法

2018年3月国务院发布的《关于人大预算审查监督重点向支出预算和政策拓展的指导意见》中指出，过去政府预算审核管理和人大预算审查监督的重点主要是赤字规模和预算收支平衡状况，对支出预算和政策关注不够，对财政资金使用绩效和政策实施效果关注不够，不利于发挥政策对编制支出预算的指导和约束作

用,不利于提高人大预算审查监督的针对性和有效性。

实施人大预算审查监督重点向支出预算和政策拓展,通过重点审查支出预算的总量与结构、重点支出与重大投资项目、部门预算、财政转移支付、政府债务等方面,有利于强化政策对支出预算的指导和约束作用,使预算安排和政策更好地贯彻落实党中央重大方针政策和决策部署;有利于加强和改善宏观调控,有效发挥财政在宏观经济管理中的重要作用;有利于提高支出预算编制质量和预算执行规范化水平,实施全面规范、公开透明的预算制度;有利于加强对政府预算的全口径审查和全过程监管,更好发挥财政在国家治理中的基础和重要支柱作用,更好发挥人民代表大会制度支撑国家治理体系和治理能力的根本政治制度作用。

此外,《意见》在巩固完善现有程序和方法基础上,进一步探索健全程序,创新方式方法,提出了多项措施。包括充分听取意见建议、深入开展专题调研、探索开展预算专题审议、推动落实人大及其常委会有关预算决算决议和及时听取重大财税政策报告;探索就重大事项或特定问题组织调查;还提出要充分利用预算联网平台,提升审查监督内容的翔实性和时效性,增强审查监督工作的针对性和有效性。

(三)适时调整政府投资力度,提升财政资金使用效率

2017—2019年,《政府工作报告》所安排的赤字率分别为3%、2.6%、2.8%,是综合考虑了实际经济运行情况、财政收支压力、专项债券发行等因素做出的合理安排,同时,也考虑到为应对今后可能出现的风险留出政策空间。赤字率的灵活调整充分体现了宏观政策的前瞻性。

针对财政资金使用效率方面,财政部先后出台民生类各项专项资金的绩效评价方法(包括水利、水污染防治等领域),以及《地方预算执行动态监控工作督导考核办法》《关于进一步加强库款管理工作的通知》等,对于盘活财政存量资金,更好地发挥财政资金效益作出了进一步的安排。要求加大政府性基金预算、国有资本经营预算与一般公共预算的统筹力度,逐步取消一般公共预算中以收定支的事项。逐步推进中期财政规划管理,优化中期财政规划编制方法,提高规划编制的准确性和科学性,切实发挥好规划对年度预算编制的指导和约束作用。

(四）依托国有资本市场运作平台，更好服务国家战略需要

2018年7月，国务院发布《国务院关于推进国有资本投资、运营公司改革试点的实施意见》，提出通过改组组建国有资本投资、运营公司，构建国有资本市场化运作的专业平台，促进国有资本合理流动，优化国有资本布局，提高国有资本配置和运营效率，更好服务国家战略需要。

国有企业是中国特色社会主义的重要物质基础和政治基础，开展国有资本投资、运营公司改革试点，有助于推动国有企业改革，实现国有资本所有权与企业经营权的分离，实现国有资本市场化运作。还能让国有资本更多地向重点行业、关键领域和优势企业集中，推动国有经济布局优化和结构调整，而且通过以资本为纽带进行授权，能够明晰政府、国有资产监管机构、国有资本投资运营公司和国有企业这四者之间的关系，更好地确立企业的市场主体地位。

（五）积极拓宽融资渠道，规范现有融资方式

在拓宽融资渠道方面，有效结合国有企业改革和混合所有制机制创新，优化能源、交通等重要领域投资项目的直接融资；鼓励设立、整合、盘活引导基金推动产业资本和金融资本结合，撬动更多金融资源和社会资本参与项目投资，支持基础设施建设和重点产业；加强区域性场外市场建设，规范发展区域性股权市场，为基金投资提供退出渠道；进一步拓宽政府与社会资本合作的领域范围，深化并规范重点领域的PPP模式创新；鼓励利用资本市场开展股权融资，探索发行项目专项债等创新品种；允许将地方政府专项债券作为符合条件的重大项目资本金，撬动有效投资。在2019年5月发布的《国务院关于推进国家级经济技术开发区创新提升打造改革开放新高地的意见》中，创新性地提出支持地方人民政府对有条件的国家级经开区开发建设主体进行资产重组、股权结构调整优化，引入民营资本和外国投资者，开发运营特色产业园等园区，并在准入、投融资、服务便利化等方面给予支持；积极支持符合条件的国家级经开区开发建设主体申请首次公开发行股票并上市。

而针对现有融资方式，中国银监会发布《关于规范银信类业务的通知》，要求不得将信托资金违规投向地方政府融资平台等限制或禁止领域；财政部颁

布了政府购买服务的正面和负面清单,规定严禁利用或虚构政府购买服务合同违法违规融资,严禁将金融机构、融资租赁公司等非金融机构提供的融资行为纳入政府购买服务范围。对于金融企业对地方政府和国有企业投融资行为也做出了具体规定,总体要求都在于降低财政金融风险隐患,化解地方政府债务风险。

三、地方政府政策变化与创新

(一)落实中央有关投资范围规定,改进政府投资方式

各省按照国家宏观调控要求,编制三年滚动政府投资计划和年度投资计划,建立完善的政府投资项目库,在中央政府确立的基本公共服务清单基础之上,开展投资活动。同时还要建立定期评估调整机制,不断优化投资方向和结构,提高投资效率。

对于中央已部署可市场化开展的重大投资项目,积极向民间资本开放。政府采取资本金注入的方式进行引导,也可采取投资补助、贷款贴息等合规方式;充分发挥政府投资基金的引导作用和放大效应,吸引更多社会资本投入。

(二)规范举债融资行为,防范化解财政金融风险

各省级政府落实国务院办公厅印发的《地方政府性债务风险应急处置预案》,结合所开展的融资平台公司债务等统计情况,组织地方政府及其部门融资担保行为摸底排查,督促相关部门、市县政府加强与社会资本方的平等协商,依法完善合同条款,分类妥善处置,全面改正地方政府不规范的融资担保行为。

地方政府及其所属部门不得以文件、会议纪要、领导批示等任何形式,要求或决定企业为政府举债或变相为政府举债。允许地方政府结合财力可能设立或参股担保公司(含各类融资担保基金公司),构建市场化运作的融资担保体系,鼓励政府出资的担保公司依法依规提供融资担保服务,地方政府依法在出资范围内对担保公司承担责任。科学制订债券发行计划,根据实际需求合理控制节奏和规模,提高债券透明度和资金使用效益,建立信息共享机制。

(三) 规范政府和社会资本合作项目运作，遏制隐性债务风险增量

仍然倡导在各社会领域推广政府和社会资本合作，但是强调规范合作行为，纠正PPP泛化滥用现象，着力推动PPP回归公共服务创新供给机制的本源，促进实现公共服务提质增效目标，夯实PPP可持续发展的基础。

地方政府不得以借贷资金出资设立各类投资基金，严禁地方政府利用PPP、政府出资的各类投资基金等方式违法违规变相举债，除国务院另有规定外，地方政府及其所属部门参与PPP项目、设立政府出资的各类投资基金时，不得以任何方式承诺回购社会资本方的投资本金，不得以任何方式承担社会资本方的投资本金损失，不得以任何方式向社会资本方承诺最低收益，不得对有限合伙制基金等任何股权投资方式额外附加条款变相举债。

(四) 规范融资平台公司融资行为管理，推动平台公司转型

加快政府职能转变，处理好政府和市场的关系，进一步规范融资平台公司融资行为管理，推动融资平台公司尽快转型为市场化运营的国有企业、依法合规开展市场化融资，地方政府及其所属部门不得干预融资平台公司日常运营和市场化融资。地方政府不得将公益性资产、储备土地注入融资平台公司，不得承诺将储备土地预期出让收入作为融资平台公司偿债资金来源，不得利用政府性资源干预金融机构正常经营行为。金融机构应当依法合规支持融资平台公司市场化融资，服务实体经济发展。

进一步健全信息披露机制，融资平台公司在境内外举债融资时，应当向债权人主动书面声明不承担政府融资职能，并明确自2015年1月1日起其新增债务依法不属于地方政府债务。金融机构应当严格规范融资管理，切实加强风险识别和防范，落实企业举债准入条件，按商业化原则履行相关程序，审慎评估举债人财务能力和还款来源。金融机构为融资平台公司等企业提供融资时，不得要求或接受地方政府及其所属部门以担保函、承诺函、安慰函等任何形式提供担保。

融资平台公司转型方向：第一，由过于依赖财政性融资向政府引导的市场化融资转变；由偏重于公益性基础设施融资向产业性投融资转变。第二，支持有条件的省级政府投融资公司逐步发展成为综合性、大型金融控股集团；市、县级政府投融资公司尽快从已融资的公益性项目中退出，通过股权转让、合资合作、资

产证券化等多种方式引入社会资本。第三，省市县三级投融资平台都将成为各地"国有资本投资运营的主体、开展公私合作的政府授权载体"。

第三节 政策实施情况、成效与评估

一、政策实施情况与成效

（一）投资结构不断优化，短板得到明显加强

2017—2018年，固定资产投资平稳增长，有效投资持续发力，投资结构不断优化，投资对于保持经济运行在合理区间，促进经济持续健康发展和民生改善发挥了重要作用。

各地区、各政府部门坚持以供给侧结构性改革为主线，积极出台政策并狠抓政策落地见效，在加快推进一批在建项目顺利实施、加快推进一批项目开工建设、加快推进一批项目的前期工作上下功夫，在有效提高项目开工率、资金到位率和投资完成率上下功夫，有力推动了一批重大建设项目的实施，基础设施、农业农村、民生等短板领域投资增长呈现趋稳态势。2018年，涉农领域投资增长19.8%，增速比全部投资高13.9个百分点。社会领域投资增长11.9%，增速高于全部投资6个百分点。其中，教育投资增长7.2%，卫生投资增长10%，文化、体育和娱乐投资增长21.2%。

（二）财政支出结构优化，资金使用效率大幅提升

2017—2018年，各级财政部门按照有保有压、突出重点的原则，积极调整优化财政支出结构，大力压减一般性支出，重点支持推进供给侧结构性改革和兜牢基本民生底线，保障国家重大发展战略实施和重点领域改革，财政资金投向更加精准高效。

一是财政支出保持较高强度和较快进度。2018年，财政部门积极盘活资金存量，加大资金统筹使用力度，及时下达预算和拨付资金，加快地方政府债券发行和使用。全国一般公共预算支出规模突破22万亿元。同时，财政部门多措并举，

督促部门和地方加快预算执行进度,更好地推动政策落地见效,尽快形成实际支出。财政支出保持较高强度和较快进度,为实施国家重大发展战略、推进重点领域改革、促进实体经济发展等提供了强有力的支持。

二是三大攻坚战等重点领域支出得到较好保障。2018年,财政部门聚焦重点领域和关键环节,进一步调整优化财政支出结构。污染防治方面,全国污染防治支出、自然生态保护支出分别增长29.6%、17.5%。中央财政支持污染防治及生态环境保护的资金约2 555亿元,增长13.9%,其中,大气、水、土壤污染防治投入力度均为近年来最大。推动科技创新方面,全国科学技术支出中的应用研究支出、技术研究与开发支出分别增长11.4%、8.7%,主要用于加大科技研发投入、支持实施国家科技重大专项等。改善社会民生方面,落实提高城镇退休人员基本养老金标准、城乡居民基本医疗保险财政补助标准等政策,全国财政对基本养老保险基金的补助支出增长11.4%,对基本医疗保险基金的补助支出增长9.4%。

三是中央对地方转移支付力度持续加大,基层财政保障能力不断提高。2018年,中央财政进一步加大对地方转移支付力度,推进基本公共服务均等化,保障地方财政尤其是基层财政困难地区平稳运行。2018年全年中央对地方转移支付支出61 686亿元,增长8.2%,其中,均衡性转移支付24 442亿元,增长9.2%;重点生态功能区转移支付721亿元,增长15%;老少边穷地区转移支付2 133亿元,增长15.7%;县级基本财力保障机制奖补资金2 463亿元,增长10%,有效增强了基层财政保障能力。

四是预算绩效管理工作扎实落地。绩效目标管理范围逐步扩大,从一般公共预算的所有中央部门本级项目和中央对地方专项转移支付,拓展到大部分中央政府性基金预算和部分中央国有资本经营预算项目。同时建立并健全完善重点绩效评价常态机制,2018年组织第三方机构对34个重点民生政策和重大项目支出以及国家新兴产业创业投资引导基金等开展重点绩效评价,涉及年度资金5 513亿元。绩效信息公开力度也进一步加大。2018年,中央部门本级36个重点项目、所有中央对地方专项转移支付、大部分政府性基金项目绩效目标,15个重点项目绩效评价报告,93个中央部门182个项目绩效自评结果均提交至全国人大常委会审议或参阅,并稳步推动上述绩效信息向社会公开。

(三)融资渠道有所拓宽,直接融资规模稳步提升

2018年债券市场共发行各类债券22.60万亿元,同比增长10.41%。2018年

末全国债券市场托管存量达到76.45万亿元，同比增加9.36万亿元，同比增长13.95%。其中，地方政府债存量18.07万亿元，同比增长22.55%。不仅如此，地方政府债结算量增长410.72%，换手率显著提升。

2017—2018年债券市场产品创新丰富：一是绿色债券创新产品大量涌现，2017年债市首次出现大气污染防治绿色债券、绿色资产支持票据、境外企业绿色熊猫债、轨道交通行业的绿色资产证券化项目和绿色短期融资券等券种。同时，首只绿色债券指数型理财产品成立，首次在柜台市场面向个人投资者发售绿色金融债券。二是扶贫债券发行规模和品种增加，首笔银行间市场扶贫债券、首单扶贫中期票据、首期易地扶贫搬迁专项柜台债券、首单国家级贫困县精准扶贫资产证券化项目、首单扶贫专项债券相继成功发行。三是专项债券品种增加，国家发展改革委印发《农村产业融合发展专项债券发行指引》和《社会领域产业专项债券发行指引》，推出两个专项债券创新品种，发挥企业债券融资对农村产业融合以及健康、养老、教育、文化等七大产业发展的推动作用。首单银行间双创专项债务融资工具、首单债转股专项债券、首单土地储备专项债券、首只地方政府收费公路专项债券等相继发行。四是资产证券化基础资产种类增多，首单PPP资产证券化项目、首批传统基础设施领域PPP资产证券化项目、首单银行间市场PPP资产支持票据相继发行。此外，首单银行间REITs资产支持证券、首单银行系投资性物业资产证券化产品等相继落地，极大丰富了资产支持证券基础资产种类。五是地方政府债券品种、主体、期限持续创新。2018年，首只多地市土地储备项目集合专项债、首只地方政府水资源配置工程专项债、首单棚改专项债相继成功发行，首只地方债开放式基金（ETF）成立；新疆生产建设兵团首次发行地方政府债；公开发行的地方债期限品种增加，一般债券增加了2年、15年和20年期，普通专项债增加了15年和20年期。

（四）地方政府债务规模有所控制，风险有所降低

截至2018年末，全国地方政府债务余额183 862亿元，控制在全国人大批准的限额之内。其中，一般债务109 939亿元，专项债务73 923亿元；政府债券180 711亿元，非政府债券形式存量政府债务3 151亿元。我国地方政府债务指标处于合理区间，风险整体可控。截至2018年末，如果以债务率衡量地方政府债务水平，2018年地方政府债务率为76.6%，低于国际通行的100%—120%的警戒标准。按照国家统计局公布的GDP初步核算数计算，政府债务的负债率为37%，低于欧

盟60%的警戒线，也低于主要市场经济国家和新兴市场国家水平。

2015年8月，第十二届全国人民代表大会常务委员会第十六次会议审议批准2015年地方政府债务限额时明确，"对债务余额中通过银行贷款等非政府债券方式举借的存量债务，通过三年左右的过渡期，由地方在限额内安排发行地方政府债券置换"。2015—2018年，置换债券累计发行12.2万亿元，基本完成既定的存量政府债务置换目标。经过置换，年末地方政府债务平均利率比2014年末降低约6.5个百分点，累计节约利息约1.7万亿元，缓解了存量政府债务集中到期偿还风险，避免了地方政府资金链断裂，降低了金融系统呆坏账损失，支持了金融机构化解系统性风险。

（五）PPP项目和投资额稳步增长，进一步加强项目规范管理

根据全国政府和社会资本合作（PPP）综合信息平台项目库发布的数据显示，截至2018年12月末，平台收录管理库PPP项目共8 654个，总投资额13.2万亿元，同比上年度末分别增加1 517个、2.4万亿元。其中，累计落地项目数4 691个、投资额7.2万亿元，落地率54.2%。PPP模式在各地区各行业广为应用，PPP项目数量和投资额持续增长。

2018年各地继续按照《关于规范政府和社会资本合作（PPP）综合信息平台项目库管理的通知》（财办金〔2017〕92号）以及《关于进一步规范全国PPP综合信息平台项目信息管理工作的通知》（财政企函〔2018〕2号）精神，对照项目合规性负面清单进一步加强入库审核，并持续清理不合规项目。2018年管理库共清退项目2 557个、涉及投资额3.0万亿元；新入管理库发布项目4 074个、投资额5.8万亿元，总体趋势是新项目入库趋于平稳，更加理性，由重数量和速度向重质量转变。

（六）地方政府融资平台得到清理整顿，政府与平台关系进一步厘清

据银监会统计，2017年共有136家融资平台退出，2018年上半年再退出70家，部分兼有政府融资和公益性项目建设运营职能的平台公司剥离融资功能后转为公益类国有企业，部分有市场竞争力的商业化平台则转型为一般企业。

转型后的融资平台与之前的模式存在根本区别：（1）之前城投平台债务与政府债务纠缠不清，城投平台承担融资职能又承担投资职能。不再承担地方政府融

资职能后，即使在后面仍然承建、代建政府的项目，政府将成为单纯的项目决策评估者和运营监督与风险管控者。（2）在对地方债务"严控地方政府债务增量、终身问责、倒查责任"的环境下，后续融资平台的新增债务与政府债务存在分割。（3）盈利方式将有所转变，从政府项目投资向市场化多元投资转型。融资渠道也将从间接融资主导向多层次融资转型。

二、政策执行效果评价

我国经济发展面临的新形势，迫切需要投融资体制能够成为国际经济竞争中的体制性优势，能够成为市场经济运行中优化配置资源最核心的运行机制，能够在投融资运行中确保资金安全、高效、精准地投向经济结构的短板，投向经济发展的增长点，投向驱动经济发展的创新领域。针对现行体制存在的问题，2017—2018年中央及各级地方政府在投资和融资方面采取的一系列措施和落实方案，都取得了显而易见的成果。中央和地方财政事权的支出责任分担方式进一步明确，投资短板领域得到有效改善，融资渠道进一步拓宽，融资方式进一步规范化，地方债规模得到有效控制，债务风险进一步降低。

尽管各项政策执行取得了一定的成效，但是我们也需要看到当前的政府投融资体制还存在一些问题亟待解决。

（一）基本公共服务非均等化问题仍然严峻

我国基本公共服务供给还存在较为明显的区域差异和城乡差异，目前，我国公共服务财政投入不足的局面已得到明显改善。但是，在经济下行压力加大的情况下，公共服务继续依靠财政粗放式投入已经难以为继。在教育、医疗、社保等实现"基本覆盖"后，财政支出结构还需进一步优化，财政投入的精准度和效率也亟待提高。

（二）投资管理方面风险约束机制尚未建立

由于受现行法规缺失及建设方顶层设计的影响，我国政府投资建设项目投资控制的手段及效果并不理想，主要问题表现在以下几个方面：（1）前期管理流于形式。《项目建议书》《项目可行性研究报告》等成果的编制和审核流于形式，对于项目前期的投资估算没有进行有效的分析与评价。（2）管理流程不规范，尚未实现全过程管理。由于各种原因，很多项目未能完全按建设管理流程实施，进而造成工期失控，甚至引发纠纷事件。(3)工程发包承包阶段管理不规范。包括项目招标不规范、招标文件编制不完善、合同不严谨等，都增加了政府资金风险。(4)投资失控。"三超"现象较多，结算超控制价预算、控制价超概算、概算超估算。

(三) PPP制度化、规范化、标准化程度不够，加剧债务风险隐患

当前PPP项目发展过程中，存在一些不规范的问题，导致其偏离了"转变政府职能、提升国家治理能力"的内涵，"分险共担"机制容易演变为一纸空谈。一是某些地方政府为了吸引社会资本和金融机构快上、多上项目，通过政府回购、签订抽屉协议、承诺固定投资回报等明股实债方式，实施PPP项目。实际上都是由政府兜底项目风险。二是对于PPP项目支出责任不得超过预算支出10%的规定，很多地方政府并未彻底落实，把关不严、执行不力，还有些地方政府由于能力不匹配，对财力和支出责任测算不准确，导致财政承受能力论证流于形式，失去了"安全阀"功效，反而加剧了财政中长期支出压力。三是某些地方政府将一些纯商业化项目包装成PPP，借助有关部门和金融机构对PPP的"绿色通道"，实现快速审批和融资，这样绕过相关政策监管，不仅影响宏观调控效果，还加剧了金融机构的风险。四是目前参与PPP项目的社会资本方，多为施工企业，既不愿意承担运营风险，也不具备运营能力，其主要是通过施工获取利润，并不符合PPP项目社会资本的核心标准。同时，一些地方政府官员仍存在短视的扭曲政绩观，一味地"上项目"，导致部分项目"重建设、轻运营"的倾向仍然严重。五是部分地方政府将PPP作为引用民间资金解决政府性债务危机的方式，只考虑融资功能而不注重效率上的提升，成为政府性债务风险隐患。

(四) 地方政府融资平台转型仍面临较大压力

一方面，地方政府融资渠道受限，对融资平台的依赖与干预仍较高。2014年修正的《预算法》与43号文件出台后，地方政府尽管获得独立举债权，但在发债限额约束下，一般债券与专项债券资金仍难以满足地方较大的融资缺口。例如2018年地方政府债券发行上限为2.18万亿元，该金额与地方融资平台年均负债规模难以匹配。同时，地方政府债券仅由省级政府发行，对于融资需求更高的地市级政府仅能通过省级政府实现债券融资，融资效率及灵活性均较低。在地方各级

政府事权和支出责任尚不匹配、融资渠道未真正打开的背景下，平台企业的政府融资职能难以真正剥离，政府与平台之间的双向依赖仍在持续深化，为融资平台向独立市场化主体转型带来更大阻力。

另一方面，大部分平台造血功能较差，严监管下融资平台金融风险迅速抬升。从利润情况来看，近三年地方融资平台公司的平均净利润水平有一定提升，但偿债指标有所恶化。在当前强监管压力下，地方融资平台公司面临严峻的融资环境和业务转型压力，平台公司的经营性活动尚不稳定，利润增长依然较弱，在累积效应作用下，盈亏平衡的缺口成倍增大，资金需求结构严重失衡，很多融资平台的资金需求中，用于资金周转的额度已远高于用于新建项目建设的额度。部分地方融资平台也已经有风险事件暴露。

此外，针对融资平台的监管，部分地区容易出现"一管就死"的现象，导致存量隐性债务中的一些必要在建项目，受到强监管后出现烂尾，无论从社会影响还是经济效益来看都造成了非常严重的后果。

第四节　政府投融资风险管理制度

一、政府投融资风险源分析

政府投融资风险大致体现在两个层面：一是政府投、融资层面的整体财政风险，二是投资具体项目的风险。

（一）财政风险

财政风险主要体现就是政府债务风险，这里还包括从养老保险、事业单位、地方融资平台、国有企业、PPP模式推广这些领域衍生出来的或有债务风险。

1. 中央政府债务

我国中央政府举债制度相对比较规范，债务规模比较清晰，主要分为两大块：一块是纳入预算管理的中央政府债务，主要包括由中央财政资金偿还的国债债券、国际金融组织和外国政府贷款等；另一块是未纳入预算管理，但应由中央政府承担的债务，主要包括中央部门及所属单位负责偿还的外债、以国家重大水利工程建设基金偿还的南水北调工程建设贷款等。

2. 地方政府债务

地方政府债务是经过多年形成的，在促进经济社会发展、加快基础设施建设和改善民生等方面发挥了重要作用。由于地方政府举债机制长期不公开透明、渠道隐蔽、违法违规担保融资现象普遍，我国地方政府债务规模长期处在统计空白状态。为摸清规模、加强认识、防范债务风险，我国自2011年以来陆续开展了多次针对地方政府债务的全面审计、局部审计，并于2015年建立了地方政府债务限额管理制度，基本实现了对地方政府债务的严格规范管理。

地方政府负债存在两方面的风险：一是负债本身的风险。由于债券的期限性，一旦偿债资金得不到保障，就会发生债务违约。二是债务的传导风险。由于地方政府债券主要由银行、信托等金融机构进行融资，一旦出现大面积违约，风险则会传导至金融系统。而且更进一步地，一旦政府资金周转出现问题，基础设施等公共服务的提供则会陷入困境，很可能引发社会问题。

3. 或有政府债务

由于我国政府参与社会经济生活管理的范围较大，从而相应承担了范围极大、种类颇多的或有债务。总的来看，或有债务主要体现在以下四个方面：一是养老保险，主要是养老保险个人账户空账问题，以及人口老龄化问题带来的养老保障基金潜在缺口。二是国企和事业单位直接借入、拖欠或者提供担保、回购等信用支持形成的政府隐性债务。三是地方政府融资平台，主要是地方政府绕过公共财政预算限制，通过地方融资平台筹资推进基础设施建设，从而积累的平台债务。四是PPP模式推广领域，一些地方由于理解的偏差或是明知风险故意为之，导致形成通过PPP模式变相举债，加剧了地方财政的风险。

（二）项目风险

一般来说，对于政府投融资的项目风险分析可按照四类方式划分：（1）按照项目建设阶段划分：项目建设阶段风险、项目试运营阶段风险、项目正常生产运营阶段风险；（2）按照投融资风险在项目不同生产阶段的表现形式划分：信用风险、完工风险、市场风险、生产风险、金融风险、政治风险、法律风险、环境保护风险；（3）按照风险的系统性划分；（4）按照风险的可控性划分。四种分类标准的划分见表2-2。

表 2-2　　　　　　　　政府投融资体制项目风险

风险建设阶段	风险的表现形式	风险系统性	风险可控性
贯穿项目整个过程	信用风险	非系统风险	不可控风险
建设阶段风险	完工风险	非系统风险	可控风险
试运营与正常运营阶段风险	市场风险	非系统风险	部分可控
试运营与正常运营阶段风险	经营与维护风险	非系统风险	可控风险
正常运营阶段风险	金融风险	系统风险	不可控风险
建设与运营阶段风险	政治风险	系统风险	不可控风险
建设与运营阶段风险	环境保护风险	非系统风险	不可控风险

二、风险管理与控制制度及措施

（一）财政风险

国务院、财政部、银监会等部门先后出台一系列相关制度文件，从投资端和融资端共同入手，要求明确政府投资领域，健全地方政府债务限额管理机制，加强融资平台公司融资管理，限制金融机构违规对地方政府平台贷款，制止地方政府违法违规举债融资行为，强调不得通过各种方式异化形成违规政府性债务，着力防范化解财政金融风险。

2017年3月财政部发布《新增地方政府债务限额分配管理暂行办法》，进一步健全了地方政府债务限额管理机制，规范新增地方政府债务限额分配管理，更好地发挥地方政府债务促进经济社会发展的积极作用，防范财政金融风险。

2017年4月财政部下达《关于进一步规范地方政府举债融资行为的通知》（财预〔2017〕50号），要求全面组织开展地方政府融资担保清理整改工作，切实加强融资平台公司融资管理，规范政府与社会资本方的合作行为，进一步健全规范的地方政府举债融资机制，建立跨部门联合监测和防控机制，大力推进信息公开，把防范风险放在更加重要的位置。

同月，银监会发布《中国银监会关于银行业风险防控工作的指导意见》（银监发〔2017〕6号），要求银行业金融机构认真落实《预算法》和《国务院关于加强地方政府性债务管理的意见》（国发〔2014〕43号）要求，不得违规新增地方政府融资平台贷款，严禁接受地方政府担保兜底；同时要依法合规开展专项建设基金、政府与社会资本合作、政府购买服务等新型业务模式，明确各方权利义务关系，不得通过各种方式异化形成违规政府性债务。各级监管机构要会同有关部门强化地方政府债务全口径监测，指导银行业金融机构配合推进融资平台转型，明晰债权债务关系，防范债权悬空风险。银行业金融机构要紧盯列入预警范围的潜在高风险地区，推动制定中长期债务风险化解规划，有效应对局部风险。

2017年5月财政部下达《关于坚决制止地方以政府购买服务名义违法违规融资的通知》（财预〔2017〕87号），以期规范政府购买服务管理，制止地方政府违法违规举债融资行为，防范化解财政金融风险。具体要求坚持政府购买服务改革正确方向，严格按照规定范围实施政府购买服务，严格规范政府购买服务预算管理，严禁利用或虚构政府购买服务合同违法违规融资，切实做好政府购买服务信息公开。这个通知的下达初步实现了对当前地方政府及其部门主要违法违规融资方式的政策全覆盖。

2017年11月财政部发布《关于规范政府和社会资本合作（PPP）综合信息平台项目库管理的通知》（财办金〔2017〕92号），要求防止PPP异化为新的融资平台。严格新项目入库标准，对于不适宜采用PPP模式实施、前期准备工作不到位、未建立按效付费机制的项目不得入库；集中清理已入库项目，对于未按规定开展"两个论证"、不宜继续采用PPP模式实施、不符合规范运作要求、构成违法违规举债担保、未按规定进行信息公开的项目予以清退。

2017年12月中国银监会发布《关于规范银信类业务的通知》（银监发〔2017〕55号），要求促进银信类业务规范健康发展，防范金融风险，明确指出商业银行和信托公司开展银信类业务，不得将信托资金投向地方政府融资平台。

2018年2月财政部发布《关于进一步增强企业债券服务实体经济能力严格防范地方债务风险的通知》，指出纯公益性项目不得作为募投项目申报企业债券。利用债券资金支持的募投项目，应严格执行项目资本金制度，并建立市场化的投资回报机制，形成持续稳定、合理可行的预期收益。规范以政府和社会资本合作（PPP）项目发行债券融资。

2018年5月财政部发布《关于完善市场约束机制 严格防范外债风险和地方债务风险的通知》，鼓励进一步发挥国际资本市场低成本资金在支持实体经济转型升级和推进供给侧结构性改革方面的积极作用，同时强调要完善市场约束机制，切实有效防范中长期外债风险和地方债务风险。

2018年9月国务院发布《中共中央 国务院关于全面实施预算绩效管理的意见》，要求创新预算管理方式，更加注重结果导向、强调成本效益、硬化责任约束，提出力争用3—5年时间基本建成全方位、全过程、全覆盖的预算绩效管理体系，实现预算和绩效管理一体化，着力提高财政资源配置效率和使用效益，改变预算资金分配的固化格局，提高预算管理水平和政策实施效果。

2018年12月财政部出台《地方政府债务信息公开办法(试行)》，进一步规范地方政府债务管理，切实增强地方政府债务信息透明度，防范地方政府债务风险。

2019年3月财政部发布《关于推进政府和社会资本合作规范发展的实施意见》，要求各级财政部门进一步提高认识，健全制度体系，明确"正负面"清单，明确PPP项目全生命周期管理要求，严格项目入库，完善"能进能出"动态调整机制，落实项目绩效激励考核。坚持必要、可承受的财政投入原则，审慎科学决策，健全财政支出责任监测和风险预警机制，防止政府支出责任过多、过重加大财政支出压力，切实防控假借PPP名义增加地方政府隐性债务。公平、公正、公开择优采购社会资本方，对参与各方形成有效监督和约束。依法依规将符合条件的PPP项目财政支出责任纳入预算管理，按照合同约定及时履约，增强社会资本长期投资信心。

此外，还不断完善并制订了相关重点领域财政事权和支出责任划分改革方案，以更好地调动中央和地方两个积极性。进一步完善转移支付分配办法，建立健全专项转移支付退出机制，推进专项转移支付清理整合。按照确定的时间表，加大税收立法工作力度；进一步明确政府投资基金功能定位，规范运行方式，突出重点投向，切实发挥好财政资金的引导作用等。

（二）项目风险

1. 政治风险控制措施

政治风险的防范和控制措施包括合理地安排投融资结构、特许权协议以及其他合同条款和政府机构担保，准确界定政府和项目公司的权利和义务，全国各省级政府均相应制定《政府核准投资项目管理办法》，明确各投融资主体应当遵循的原则和程序，努力改善投融资环境，简化审批程序，提高审批的效率和透明度。

除此之外，各级政府按照国务院提出的政府投资三年滚动计划要求，严格编制并及时披露，明确了投资范围。与中期滚动预算相结合，减少政策变动的随意性，保证政府投资行为的一致性，减少因为领导人变动所造成的"半截子工程"的发生。

2. 经济风险控制措施

一方面投资决策阶段，要求做好项目的可行性研究。同时鼓励发挥各类专业中介机构在项目的资产评估、成本核算、经济补偿、决策论证、合同管理、项目融资等方面的积极作用，提高项目决策的科学性、项目管理的专业性以及项目实施效率。

另一方面鼓励金融机构提供财务顾问、融资顾问、银团贷款等综合金融服务，全程参与投融资项目的策划、融资、建设和运营。鼓励项目公司或合作伙伴通过成立私募基金、引入战略投资者、发行债券等多种方式拓宽融资渠道。

3. 信用风险控制措施

在具体项目投融资活动中，即使贷款机构对借款人和项目发起人有一定的追索权，也要求详细考察各参与方的资信、业绩、技术及管理水平，在准确评估的基础上，选择资信良好的、技术力量和资金雄厚的投融资主体，并通过签署各种承诺函、支持函及担保函等正式文件来控制信用风险。明确要求配合行业管理部门、项目实施机构，按照《招标投标法》《政府采购法》等法律法规，通过公开招标、邀请招标、竞争性谈判等多种方式，公平择优选择具有相应管理经验、专业能力、融资实力以及信用状况良好的社会资本作为合作伙伴。

4. 环境风险控制措施

要求在可行性研究阶段做好相关调查和研究，对不良地质条件、灾害等自然风险以及宏观经济发展趋势、宗教信仰等社会风险作出科学、准确的评价和预测，提前做好风险控制计划和准备工作，通过投保、分包、转包等方式来分散和转移风险。

5. 完工风险控制措施

第一，要求做好项目的可行性研究，尽量采用成熟的施工方案、技术及设备，引进社会资本时，选择在经济上、技术上和管理上均有能力承担项目建设的承包商；第二，要完善项目施工合同管理体制及担保机制，建立工程进度激励机制和约束机制，签订严格的惩罚性条款，推行具有吸引力的竣工奖励措施；第三，投资者可与承建商签订一揽子交钥匙工程合同或固定价格、固定工期的合同，以防范完工延期、价格上涨等原因造成的项目超支风险。

6. 经营与维护风险控制措施

在具体运营过程中，强调要提高管理人员的综合素质和运营管理水平，加强质量管理和成本管理，提高运营绩效和维护绩效。

三、风险管理与控制制度及措施评价

（一）政府债务风险有所降低，或有债务风险防控还需进一步加强

截至2018年末，全国地方政府债务余额183 862亿元。其中，一般债务109 939亿元，专项债务73 923亿元；政府债券180 711亿元，非政府债券形式存量政府债务3 151亿元。我国地方政府债务指标处于合理区间，风险整体可控。如果以债务率衡量地方政府债务水平，2018年地方政府债务率为76.6%，低于国际通行的100%—120%的警戒标准。按照国家统计局公布的GDP初步核算数计算，政府债务的负债率为37%，低于欧盟60%的警戒线，也低于主要市场经济国家和新兴市场国家水平。总体上政府债务规模得到了有效控制，债务风险较2017年进一步下降。

但是应该注意到的是，在经济下行时期，我国的财政收入情况不容乐观，配之大规模减税降费的结构性改革，短期内财政收入面临较大压力，意味着我国偿债能力将逐渐下降。同时，有的地方继续违法违规变相举债，风险隐患仍不容忽视。

或有债务方面，个别省份出现了养老金当期支付困难，部分地方甚至需要依靠中央救助才能够运转下去，养老金缺口风险管控还需要进一步规划；不规范的地方政府融资平台得到清理，但是转型上还面临较多困难，尤其在当前表外融资渠道迅速收紧的金融环境下，平台债务风险有所激化，如何控制由防范风险而引发的风险是当前的工作重点；PPP项目库得到了有效清理，但还需进一步加强地方政府对PPP模式的认知，PPP项目的推进也还缺乏更上层的法律法规依据。总体来说，或有债务风险防控还需进一步加强。

（二）政治风险管理仍需进一步落实

实际上，从政治风险管理角度来说，我国目前已经取得了明显成效。随着《"十三五"推进基本公共服务均等化规划》的发布，《"十三五"国家基本公共服务清单》的确定，各级政府的财政事权和支出责任的进一步厘清，我国已经逐

渐厘清政府和市场的界限,使政府最大限度地从竞争性领域退出。同时逐步扩大了企业投资的自主权,2018年《政府工作报告》中指出国务院部门行政审批事项已削减了44%,非行政许可审批彻底终结,中央政府层面核准的企业投资项目减少90%,行政审批中介服务事项压减74%,职业资格许可和认定大幅减少。中央政府定价项目缩减80%,地方政府定价项目缩减50%以上。全面改革工商登记、注册资本等商事制度,企业开办时间缩短三分之一以上。创新和加强事中事后监管,实行"双随机、一公开",提高了监管效能和公正性。营商环境持续改善,市场活力明显增强。

但是同时也要看到,"放管服"改革中还存在简证标准区域不匹配、负面清单编制不及时、权限承接配套不完备、监管方式创新不明显、"互联网+政务"不兼容等问题。一些部门计划经济的惯性思维比较固化,习惯于将审批作为日常行政方式,为民服务意识欠缺,自由裁量权过大的"权力任性"现象仍然较为普遍。

而且,尽管政府投资三年滚动计划已在全国范围内试点,但由于中长期规划需要政府部门具有把控全局的宏观分析能力,还要结合具体项目的可行性计划作出准确分析,目前为止,滚动计划试点情况也还有很大的改进空间。

(三)经济、信用以及非系统风险把控还需加强

在经济风险领域,随着供给侧改革进入深水区,内外需压力不断加大的背景下,我国相机抉择的宏观经济调控政策避免了"硬着陆",保持了经济中高速增长,促进了结构优化,有效防范了经济风险。但是较为激进的去杠杆政策对于实体融资渠道形成了一定挤压,信用风险也明显抬升,因此,在宏观政策方面,还需要根据实际情况做更为细致的调整,有效降低系统风险。

在非系统风险方面,相关制度的落实也还需要进一步的推进。例如重大项目决策机制还不完善,项目论证深度不够、风险预测准确性不足;重大项目相关的法律、制度、流程、合同等很多体制尚未理顺,不仅会打击金融机构参与的积极性,也导致项目实施过程容易出现拖拉、推诿等问题。

参考文献

[1]财政部.关于切实做好2017年基本民生支出保障工作的通知[Z]. 2017-01-19.

[2]财政部、住房城乡建设部.关于印发《中央财政城镇保障性安居工程专项资金管理办法》

的通知［Z］. 2017-01-20.

［3］财政部.关于全面开展省级地方国库现金管理的通知［Z］. 2017-01-22.

［4］财政部.关于印发《政府和社会资本合作（PPP）综合信息平台信息公开管理暂行办法》的通知［Z］. 2017-01-23.

［5］财政部.关于印发《新增地方政府债务限额分配管理暂行办法》的通知［Z］. 2017-03-23.

［6］银监会.中国银监会关于银行业风险防控工作的指导意见［Z］. 2017-04-07.

［7］财政部.关于进一步规范地方政府举债融资行为的通知［Z］. 2017-04-26.

［8］财政部.关于坚决制止地方以政府购买服务名义违法违规融资的通知［Z］. 2017-05-28.

［9］财政部.关于深入推进农业领域政府和社会资本合作的实施意见［Z］. 2017-05-31.

［10］财政部.关于规范开展政府和社会资本合作项目资产证券化有关事宜的通知［Z］. 2017-06-07.

［11］财政部.关于进一步完善中央部门项目支出预算管理的通知［Z］. 2017-06-21.

［12］财政部.关于政府参与的污水、垃圾处理项目全面实施PPP模式的通知［Z］. 2017-07-01.

［13］国家发展和改革委员会.国家发展改革委办公厅关于印发《社会领域产业专项债券发行指引》的通知［Z］. 2017-08-01.

［14］财政部.关于运用政府和社会资本合作模式支持养老服务业发展的实施意见［Z］. 2017-08-14.

［15］国务院.国务院办公厅关于进一步激发民间有效投资活力 促进经济持续健康发展的指导意见［Z］. 2017-09-15.

［16］财政部.关于规范政府和社会资本合作（PPP）综合信息平台项目库管理的通知［Z］. 2017-11-10.

［17］财政部.关于国有资本加大对公益性行业投入的指导意见［Z］. 2017-11-16.

［18］国务院.国务院关于印发划转部分国有资本充实社保基金实施方案的通知［Z］. 2017-11-18.

［19］银监会.关于规范银信类业务的通知［Z］. 2017-11-22.

［20］国务院.国务院办公厅关于推进公共资源配置领域政府信息公开的意见［Z］. 2017-12-28.

［21］国家发展改革委.必须招标的基础设施和公用事业项目范围规定［Z］. 2018-06-06.

［22］国务院.关于完善国有金融资本管理的指导意见［Z］. 2018-06-30.

［23］国务院.国务院关于推进国有资本投资、运营公司改革试点的实施意见［Z］. 2018-07-14.

［24］国务院.国税地税征管体制改革方案［Z］. 2018-07-20.

［25］国务院.国务院办公厅关于保持基础设施领域补短板力度的指导意见［Z］. 2018-10-31.

［26］国务院.政府投资条例［Z］. 2018-04-14.

［27］中央结算公司.2018年债券市场统计分析报告［Z］.2019-01-16.

［28］财政部政府和社会资本合作中心.全国PPP综合信息平台项目管理库2018年报［Z］.2019-01-30.

［29］国务院.2019年政府工作报告［Z］.2019-03-05.

［30］国务院.关于做好地方政府专项债券发行及项目配套融资工作的通知［Z］.2019-06-10.

第三章
中央政府投融资

中央政府投融资是指包含政府预算内投融资、债务投融资、政策性投融资、产业引导基金在内的一系列中央政府投融资制度、方式和行为。本章主要聚焦于我国中央政府投融资活动的相关制度、政策、投融资模式、投融资规模和结构等进行描述和展开必要的分析。

投资是促进经济发展的重要因素。计划经济时期，我国基本建设投资的资金渠道基本上是财政拨款。改革开放以来，为促进经济发展和经济建设，提高建设资金的使用效率，我国开始尝试新的资金渠道。

1979年8月，为了提高基本建设项目的投资效益，国务院批准了《关于基本建设拨款改贷款的报告》，开始在基本建设领域进行"拨改贷"的试点，打破了长期以来基本建设由政府财政无偿拨款的计划经济模式，开创了利用银行信贷进行企业项目建设的先河，迈出了资金来源多渠道的第一步。在这一年，在基本建设中还试行了合同制、设计单位实行企业化管理、改进国有企业折旧费使用办法、开征企业固定资产投资方向调节税等工作。

随着1980年开始的特区建设，开始让外资直接进入我国的项目建设。1981年国家开始发行国债，部分用于基本建设。1982年国家计委等部门颁发了《关于试行国内合资建设暂行办法》，提出：不受部门、地区和所有制的限制，共同投资、联合经营，合理利用人力、物力、财力和各种自然资源，提高经济和社会效益，加快生产建设事业的发展。1983年开始征收国家能源重点建设基金和建筑税，用于国家能源等重点建设。

1984年,中国人民银行确定为中央银行,其一般业务交由新成立的工商银行办理,主要承担各类存款和企业流动资金的贷款业务,将中国人民建设银行从财政部划出,主要承担基本建设贷款任务,兼有政策性银行的职能。在上海、北京等地开始股份制试点,为企业建设开辟了直接融资的渠道。

1986年,开始进行"企业债"试点,为企业直接融资开辟了新渠道,国家计委批准一汽、二汽等大型企业集团建设项目在国家计划中单列户头。

1988年的国务院《关于投资管理体制的近期改革方案》提出建立国家基本建设基金,其资金来源于能源、交通重点建设基金和固定资产投资方向调节税中的部分收入以及其他财政收入。国家基本建设基金使用分为经营性和非经营性两种。经营性投资主要用于投资数额大、建设周期长、关系国民经济发展后劲和财政收入稳定增长的能源、交通、原材料等重点项目建设;非经营性投资主要用于中央直接举办的文化、教育、卫生、科研和大江、大河的治理等建设项目。

1994年国家组建国家开发银行、中国农业发展银行和中国进出口银行三大政策性金融机构,运用政策性投融资引导社会投资方向,满足基础设施和基础产业建设对资金的需求。

从1998年开始国家通过大规模发行长期国债筹集资金满足国家大型基础设施建设。长期建设国债成为中央政府实施积极财政政策和基础设施建设的主要资金来源,其中,也有相当部分转贷地方政府用于基础设施建设。

党的十八大以来,我国进入全面改革时期,包括中央和地方政府在内的政府投融资体制也成为社会各界关注的焦点。2013年5月国务院批转国家发展改革委《关于2013年深化经济体制改革重点工作的意见》强调,抓紧清理有碍公平竞争的政策法规,推动民间资本有效进入金融、铁路、电信、能源等领域。8月,国务院发布《关于改革铁路投融资体制加快推进铁路建设的意见》,强调多方式多渠道筹集建设资金,以中央财政性资金为引导,吸引社会资本投入,设立铁路发展基金,同时向地方和社会资本开放城际铁路、市域(郊)铁路、资源开发性铁路等的所有权和经营权。9月,国务院印发《关于加强城市基础设施建设的意见》,强调深化投融资体制改革,在确保政府投入的基础上,充分发挥市场机制作用,吸引民间资本参与经营性项目建设与运营。2013年11月12日党的十八届三中全会通过的《中共中央关于全面深化改革若干重大问题的决定》要求建立规范透明的城市建设投融资机制,允许地方政府通过发债等多种方式拓宽建设融资渠道,允许社会资本通过特许经营等方式参与城市基础设施投资和运营。2016年7月，中共中央、国务院《关于深化投融资体制改革的意见》要求"根据发展需要，依法发起设立基础设施建设基金、公共服务发展基金、住房保障发展基金、政府出资产业投资基金等各类基金，充分发挥政府资金的引导作用和放大效应"；"鼓励政府和社会资本合作。根据需要和财力状况，通过特许经营、政府购买服务等方式，在交通、环保、医疗、养老等领域采取单个项目、组合项目、连片开发等多种形式，扩大公共产品和服务供给"。

近年来，中央政府投融资制度进行了较为重大的改革，在发展政府直接投融资的同时加快构建更加开放的投融资，如大力发展PPP，引入社会资本，设立规范透明的政府股权投资基金等。这些措施不仅有助于有效减控政府债务规模，防范财政风险，而且有助于引入市场力量，改进管理机制，提高政府投融资效率。

第一节　中央政府预算内投融资

2004年《国务院关于投资体制改革的决定》中提出要"合理划分中央政府与地方政府的投资事权"，并对政府投资的范围进行了粗略的框定："政府投资主要用于关系国家安全和市场不能有效配置资源的经济和社会领域，包括加强公益性和公共基础设施建设，保护和改善生态环境，促进欠发达地区的经济和社会发展，推进科技进步和高新技术产业化……中央政府投资除本级政权等建设外，主要安排跨地区、跨流域以及对经济和社会发展全局有重大影响的项目。"2016年《中共中央国务院关于深化投融资体制改革的意见》要求"进一步明确政府投资范围。政府投资资金只投向市场不能有效配置资源的社会公益服务、公共基础设施、农业农村、生态环境保护和修复、重大科技进步、社会管理、国家安全等公共领域的项目，以非经营性项目为主，原则上不支持经营性项目。"很显然，该《意见》进一步扩大了政府投资范围，但并未涉及各级政府投资事权的划分。目前，中央政府的投资范围虽然仍未完整清晰地界定，但相较以前已经有了长足的进步，其规模在稳步增长，结构上重点日益突出，以项目为落脚点，中央政府的投资专注于非经营性的社会公益服务、公共基础设施、农业农村、生态环境保护和修复、重大科技进步、社会管理、国家安全等公共领域项目，与地方政府相比，中央政府投资除本级政权等建设外，主要安排跨地区、跨流域以及对经济和社会发展全局有重大影响的项目，对全国的基建投资与产业投资起到了一个提纲挈领，统筹全局，协调均衡的作用。

目前，我国中央财政有四本预算，分别为中央一般公共预算、中央政府性基金预算、中央国有资本经营预算和中央社会保险基金预算。在广义上看，中央政府投融资应该涵盖中央政府全部资金收入和全部资金支出。但是，在中央财政的四本预算中，有很大一部分是消费性和购买性支出，也有一些是专款专用的补偿性支出，纯粹的投资性支出比重不是很高。按照基本建设方面的投资口径，中央四本预算中与投资性支出有关的预算主要包括中央一般公共预算中的投资和中央政府性基金预算中的投资。因此，本节着重就这两本预算中的投融资进行阐述。

一、中央一般公共预算中的投融资

根据《中华人民共和国预算法》（2018修正），我国一般公共预算收入包括各项税收收入、行政事业性收费收入、国有资源（资产）有偿使用收入、转移性收入和其他收入。一般公共预算支出按照其功能分类，包括一般公共服务支出，外交、公共安全、国防支出，农业、环境保护支出，教育、科技、文化、卫生、体育支出，社会保障及就业支出和其他支出。一般公共预算支出按照其经济性质分类，包括工资福利支出、商品和服务支出、资本性支出和其他支出。

（一）中央一般公共预算收入

从来源途径看，中央一般预算中的投资支出并没有指定渠道，而是在所有一般公共预算收入中安排。中央一般公共预算收入包括税收收入和非税收入，其中，税收主要收入项目包括国内增值税、国内消费税、进口货物增值税、消费税、关税、企业所得税、个人所得税等。

从表3-1可以看出，中央一般公共预算中，税收收入占比高，2018年税收收入80 448.07亿元，占比超过94%，非税收入5 008.39亿元，占比不足6%。在税收收入中，最高的为国内增值税30 753.32亿元。

表 3-1　　　　　　　　中央一般公共预算收入　　　　　　　　单位：亿元

	2016年	2017年	2018年
全国一般公共预算收入	159 604.97	172 592.77	183 359.84
中央一般公共预算收入	72 365.62	81 123.36	85 456.46
中央税收收入	65 669.04	75 697.15	80 448.07
中央非税收入	6 696.58	5 426.21	5 008.39

资料来源：财政部，2016—2018年决算报告。

（二）中央一般公共预算中的投资

中央一般公共预算中的投资通常称为预算内投资，指国家财政筹集和运用的固定资产投资或基本建设投资。包括国家预算直接安排的投资和国家预算内其他专项资金安排的投资。预算内投资大部分是由国家财政无偿取得的税收（或上交利润）形成的，只有小部分是由有偿取得的收入（如发行国库券、向银行借支、国外借款等）形成的。预算内投资的运用即可采取无偿拨款的方式，也可采取有偿贷款的方式。1950—1979年，国家预算内投资占全民所有制单位基本建设投资的80%以上。自经济体制改革以来，这一比重下降到50%以下。1979年以前，国家预算内投资全部采用无偿拨款的方式，由中国人民建设银行负责经办。1979年8月至1984年，逐步推行部分预算内投资由"拨款"改为"贷款"（简称"拨改贷"）的改革措施。1985年曾试行过将国家投资全部改为贷款的改革。稍后又恢复了国家投资拨、贷并存的体制。[1]

2016年，中共中央、国务院出台《关于深化投融资体制改革的意见》，进一步明确了政府投资范围，政府投资资金只投向市场不能有效配置资源的社会公益服务、公共基础设施、农业农村、生态环境保护和修复、重大科技进步、社会管理、国家安全等公共领域的项目，以非经营性项目为主，原则上不支持经营性项目。建立政府投资范围定期评估调整机制，不断优化投资方向和结构，提高投资效率。同时，《关于深化投融资体制改革的意见》还提出了优化政府投资安排方式的要求，政府投资资金按项目安排，以直接投资方式为主。对确需支持的经营性项目，主要采取资本金注入方式投入，也可适当采取投资补助、贷款贴息等方式进行引导。安排政府投资资金应当在明确各方权益的基础上平等对待各类投资主

---

[1] 何盛明. 财经大辞典［M］. 北京：中国财政经济出版社，1990.

体，不得设置歧视性条件。根据发展需要，依法发起设立基础设施建设基金、公共服务发展基金、住房保障发展基金、政府出资产业投资基金等各类基金，充分发挥政府资金的引导作用和放大效应。加快地方政府融资平台的市场化转型。

2019年4月，国务院发布《政府投资条例》。《政府投资条例》规定，政府投资是指在中国境内使用预算安排的资金进行固定资产投资建设活动，包括新建、扩建、改建、技术改造等。政府投资资金应当投向市场不能有效配置资源的社会公益服务、公共基础设施、农业农村、生态环境保护、重大科技进步、社会管理、国家安全等公共领域的项目，以非经营性项目为主。国家完善有关政策措施，发挥政府投资资金的引导和带动作用，鼓励社会资金投向前款规定的领域。国家建立政府投资范围定期评估调整机制，不断优化政府投资方向和结构。同时规定，政府投资资金按项目安排，以直接投资方式为主；对确需支持的经营性项目，主要采取资本金注入方式，也可以适当采取投资补助、贷款贴息等方式。安排政府投资资金，应当符合推进中央与地方财政事权和支出责任划分改革的有关要求，并平等对待各类投资主体，不得设置歧视性条件。国家通过建立项目库等方式，加强对使用政府投资资金项目的储备。

中央预算内投资是按照职责分工，国家发改委承担固定资产投资综合管理职责，安排中央财政性建设资金，主要投向社会公益服务和公共基础设施、农业农村、生态环境保护和修复、重大科技进步、社会管理和符合国家有关规定的其他公共领域。

2013年国家发展和改革委员会发布《中央预算内投资补助和贴息项目管理办法》，对于规范中央预算内投资补助和贴息项目管理发挥了重要作用。2017年1月5日起施行新修订的《中央预算内投资补助和贴息项目管理办法》，这是贯彻落实《中共中央国务院关于深化投融资体制改革的意见》，从制度建设入手，落实简政放权、放管结合、优化服务改革要求，进一步改进和规范中央预算内投资项目管理的重要措施。新修订的管理办法重点强化了以下内容：一是严格用制度约束行为。按照党中央国务院部署要求，调整投资补助和贴息支持范围。分专项制定管理办法或者制订工作方案，补助贴息资金不得用于已完工项目和不得重复申请。二是更加注重发挥地方和企业在安排补助贴息工作中的作用。国家发展改革委的主要职责是制定规则、批复资金申请报告和汇总下达投资计划，具体项目选择将主要由项目汇总申报单位（省级发展改革委、计划单列企业集团和中央管理企业等）负责。三是推进改革创新的制度化。将"列入三年滚动投资计划"和"通过在线平台完成项目审批（核准、备案）"等作为申请资金的必备条件。同时，进一步精简申报材料，在线审核相关要件。四是创新计划下达方式。对于数量多、范围广、单项资金少和下达年度投资计划时无法明确到具体项目的，国家发展改革委打捆或切块下达年度投资计划。打捆下达的计划由省级发展改革委负责分解到项目，切块下达的计划下达时不确定具体项目，由省级发展改革委根据具体要求在额度内自行安排项目。五是加强事中事后监管和责任约束。通过在线审批监管平台对项目实现调度全覆盖，强化项目稽查和问题整改，将问题整改结果与资金安排挂钩，强化对相关责任主体的纪律约束和处罚措施。

从图3-1的数据来看，国家预算内投资占全社会固定资产投资的比重近几年在提升，从2011年的约4.4%，提高到2017年的约6.2%。总体来看，虽然国家预算内投资占比不高，但国家预算内投资尤其是中央的预算内投资对于促进国家基本建设、引导社会投资方向发挥了重大作用。

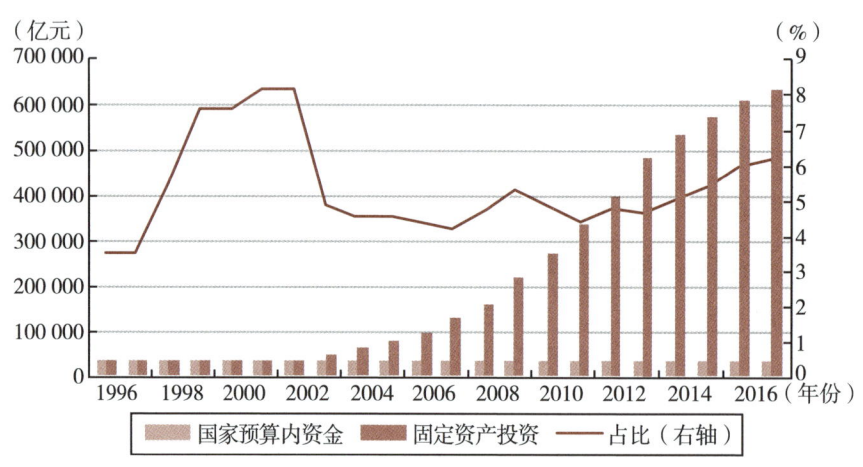

图3-1　国家预算内资金占固定资产投资比重变化情况

资料来源：Wind数据库。

从目前中央一般公共预算口径来看，中央一般公共预算中的投资主要体现为基本建设支出。

2018年中央基本建设支出预算数为5 376亿元，决算数为5 376亿元。2018年中央本级支出预算数为1 030亿元，决算数为1 267.33亿元，完成预算的123%。2018年对地方转移支付预算数为4 346亿元，决算数为4 108.67亿元，完成预算的94.5%（见表3-2）。决算数与预算数存在差异，主要是中央基本建设支出需按基本建设程序完成项目审批、具备条件后才能下达，因此，需要在年度预算执行中根据项目前期工作实际进展情况确定具体下达资金数额。部分地方建设项目根据实际进展情况不具备下达条件，部分中央本级重大项目在年度中具备了下达条件，又急需支持，因此，将部分对地方转移支付调整用于中央本级支出。此外，预留资金等年初被列入其他支出，年度执行中明确到能源、交通等领域投资项目，使节能环保支出、交通运输支出等科目决算数高于预算数。

表 3-2　　　　　　　　中央基本建设投资支出　　　　　　　单位：亿元

	2016年	2017年	2018年
中央基本建设投资支出	4 776.00	5 075.74	5 376.00
中央本级支出	1 115.40	1 133.38	1 267.33
对地方转移支付	3 660.60	3 942.36	4 108.67

资料来源：财政部，2016—2018年决算报告。

从近几年数据来看，中央基本建设支出中，用于中央本级支出的比重较低，大部分用于地方转移支付（见图3-2）。

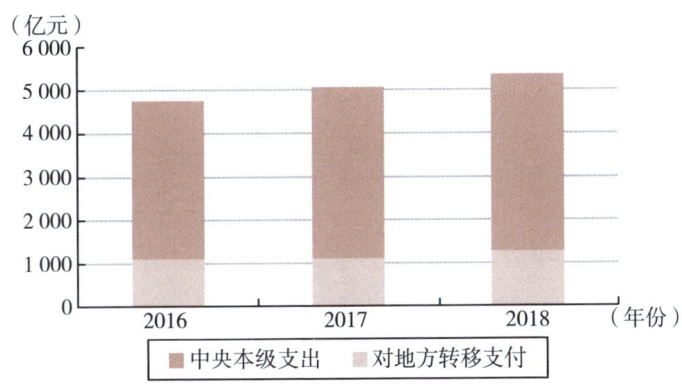

图 3-2　中央基本建设投资支出中中央本级支出和对地方转移支付情况

资料来源：财政部，2016—2018年决算报告。

2018年，中央基建投资支出5 376亿元，其中，中央本级支出1 267.33亿元，对地方转移支付4 108.67亿元，主要用于"三农"建设、重大基础设施、创新驱动和结构调整、保障性安居工程、社会事业和社会治理、节能环保与生态建设等方面，投资效益进一步提高，为优化供给结构、加大基础设施领域补短板力度、稳住有效投资发挥了积极作用。实际执行中，中央基建投资部分中央本级项目与预算偏差较大，主要是按照党中央、国务院部署，加大对北京大兴国际机场、川藏铁路拉萨至林芝段供电工程等重点项目的支持力度。

在中央基本建设投资支出中，交通运输支出占比最高，2018年为368.55亿元，占比高达29%；排名第二的是节能环保支出，2018年为223.22亿元，占比18%（见表3-3）；此外，资源勘探信息等支出占比也达到10%（见图3-3）。

表3-3　　　　2018年中央基本建设投资支出结构　　　　单位：亿元

项目	金额
中央基本建设投资支出	5 376.00
一、中央本级支出	1 267.33
一般公共服务支出	104.78
外交支出	0.95
国防支出	1.07
公共安全支出	54.49
教育支出	66.98
科学技术支出	37.90
文化体育与传媒支出	20.76
社会保障和就业支出	8.49
医疗卫生与计划生育支出	16.14
节能环保支出	223.22
城乡社区支出	26.04
农林水支出	94.56
交通运输支出	368.55
资源勘探信息等支出	121.48
商业服务业等支出	0.28
金融支出	0.32
国土海洋气象等支出	80.35
住房保障支出	6.70
粮油物资储备支出	33.64
其他支出	0.63
二、对地方转移支付	4 108.67

资料来源：财政部，2018年决算报告。

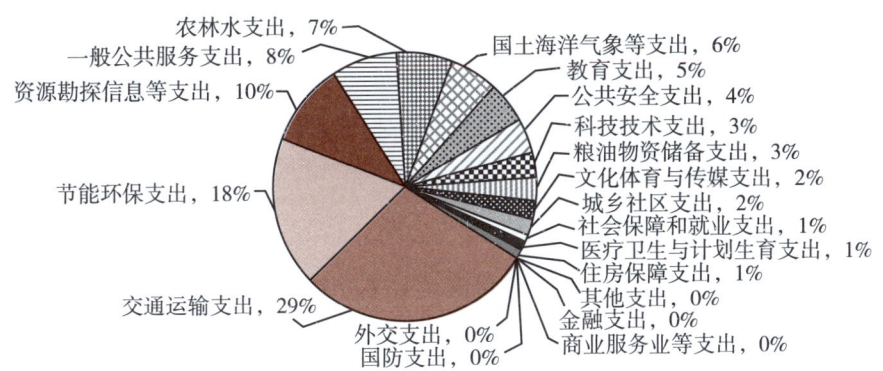

图 3-3　中央基本建设投资支出中央本级支出结构图

资料来源：财政部，2018年决算报告。

在基本建设投资支出的使用中，国家发改委通过重大工程包形式开展投资。2014年，按国务院部署，国家发展改革委会同有关部门推出信息电网油气等重大网络工程、生态环保、清洁能源、粮食水利、交通运输、健康养老服务、能源矿产资源保障七大类重大工程包。2015年，国家发展改革委按照国务院要求，推出4个新的重大工程包，包括城市轨道交通、现代物流、新兴产业、增强制造业核心竞争力。2016年，为做好制造业稳预期、稳信心、稳投资、稳增长工作，促进转型升级、提质增效，加快制造强国建设，国家发展改革委、工业和信息化部组织实施制造业升级改造重大工程包。2017年，为贯彻落实《国务院关于促进旅游业改革发展的若干意见》和《国务院办公厅关于进一步促进旅游投资和消费的若干意见》精神，国家发展改革委、国家旅游局决定实施旅游休闲重大工程，积极引导社会资本投资旅游业，不断完善旅游基础设施和公共服务体系，丰富旅游产品和服务，迎接正在兴起的大众休闲旅游时代。

根据国家发展和改革委员会发布的数据（能查到的最近更新的数据），自2014年9月发改委陆续推出13大类重大工程包以来（旅游休闲重大工程包进展情况自2017年2月起纳入调度），截至2017年2月底，已累计完成投资88 806亿元，开工56个专项、593个项目，具体如下：

（1）信息电网油气等重大网络工程。包括国家新一代信息基础设施建设工程、电网工程、油气管网和储气设施。已开工4个专项、67个项目，累计完成投资25 144亿元。

（2）生态环保重大工程。包括国土生态整治工程、大气污染防治工程、清洁水工程。14个专项已全部开工，累计完成投资7 001亿元。

（3）清洁能源重大工程。包括沿海核电、西南水电基地、风光电。已开工45个项目，累计完成投资11 618亿元。

（4）粮食水利重大工程。包括国家粮食安全保障工程、重大水利工程。已开工2个专项、66个项目，累计完成投资4 124亿元。

（5）交通运输重大工程。包括铁路、公路、机场、内河高等级航道、城际铁路网络。已开工209个项目，累计完成投资18 427亿元。

（6）健康养老服务重大工程。包括健康服务体系建设、养老服务体系建设、体育健身设施建设。15个专项已全部开工，累计完成投资6 563亿元。

（7）能源矿产资源保障重大工程。已开工89个项目。累计完成投资5 699亿元。

（8）现代物流重大工程。1个专项已开工。累计完成投资2 240亿元。

（9）城市轨道交通重大工程。已开工53个项目。累计完成投资1 512亿元。

（10）增强制造业核心竞争力重大工程。包括现代农业机械关键技术、高端船舶和海洋工程装备关键技术、轨道交通装备关键技术、新能源（电动）汽车关键技术、工业机器人关键技术、高端药品和医疗器械关键技术。6个专项全部开工，累计完成投资134亿元。

（11）新兴产业重大工程。包括信息消费、新型健康技术惠民、海洋工程装备、高技术服务业培育发展、高性能集成电路、产业创新能力。6个专项全部开工，累计完成投资703亿元。

（12）制造业升级改造重大工程。已开工64个项目。累计完成投资252亿元。

（13）旅游休闲重大工程。已开工8个专项。累计完成投资5 389亿元。

（三）中央基本建设支出对地方的转移支付与投资

2018年中央基本建设支出较前两年上涨12.56%，规模增加600亿元；其中，中央本级支出增加151.93亿元，转移给地方的部分增加448.07亿元；中央转移支付占比达到76.4%。各项指标均上涨说明当前中央财政的目标仍然是实行积极的财政政策，重点是通过中央财政的引导不断拉动地方政府投资，提高地方的公共服务水平和基础设施建设。从中央对地方转移支付的规模来看，中央基本建设支出对地方转移支付的规模不断提高，由2017年的3 942.36亿元增加到2018年的4 108.67亿元，同比增加4.21%（见表3-4）。中央转移支付规模的上升一方面反映出中央政府对各个地方基本建设的重视，尤其是住房、"三农"、水利等与民生相关的基本建设项目；另一方面也反映出当前各个地方政府面临着较大的财政压力，地方政府投资的有效进行需要中央财政的正确引导与强力支持。

表3-4 2017年与2018年中央基本建设支出对地方转移支付　　　单位：亿元

基建投资	2017年	2018年
"一带一路"建设中央基建投资	34.23	38.06
京津冀协同发展中央基建投资	56.25	60.25
长江经济带发展中央基建投资	20.00	24.61
保障性安居工程中央基建投资	855.89	891.19
水利中央基建投资	812.68	808.66
农业中央基建投资	234.30	241.98
易地扶贫搬迁等"三农"建设中央基建投资	289.37	304.24
交通运输中央基建投资	62.14	71.61
能源中央基建投资	—	10.00
其他重大基础设施中央基建投资	19.50	29.63
支持边疆、少数民族地区发展中央基建投资	270.52	295.12
基础科研和自主创新中央基建投资	4.10	—
教育中央基建投资	176.71	177.22
卫生中央基建投资	242.51	240.27
社会服务中央基建投资	52.89	53.89
文化、体育和旅游等中央基建投资	85.22	86.96
公共安全体系中央基建投资	197.51	208.24
节能减排和环境保护中央基建投资	134.11	127.89
生态建设中央基建投资	125.64	128.54
产业结构调整和制造业转型升级中央基建投资	179.23	214.85
其他投资	89.57	95.46
中央基建支出对地方转移支付合计	3 942.37	4 108.67

资料来源：财政部，2018年决算报告。

注：2017年与2018年的基建项目类型略有差别，做相应调整后得到上表，其中，2017年的产业结构调整和制造业转型升级中央基建投资对应2018年的创新驱动中央基建投资、转型升级中央基建投资和产业结构调整中央基建投资。

从结构方面来看，中央基本建设支出对地方转移支付集中在保障性安居工程、水利、"三农"、支持边疆少数民族地区发展、农业、卫生等方面（见图3-4），2018年这几项基本建设转移支付总额为2 781.46亿元，占中央基本建设支出对地方转移支付总额的67.7%。其中，保障性安居工程项目数额接近900亿元居于首位；"三农"、水利、卫生等项目历年来同样保持较大份额，反映出中央财政对民生的重视与支持；对边疆、少数民族地区发展提供支持也是全面实现小康社会的重要组成部分；但是，中央财政对地方的教育、基础科研和自主创新、生态建设、节能减排和环境保护等方面提供的支持有限，只能在有限的程度上调动地方政府向这些领域投资的积极性。

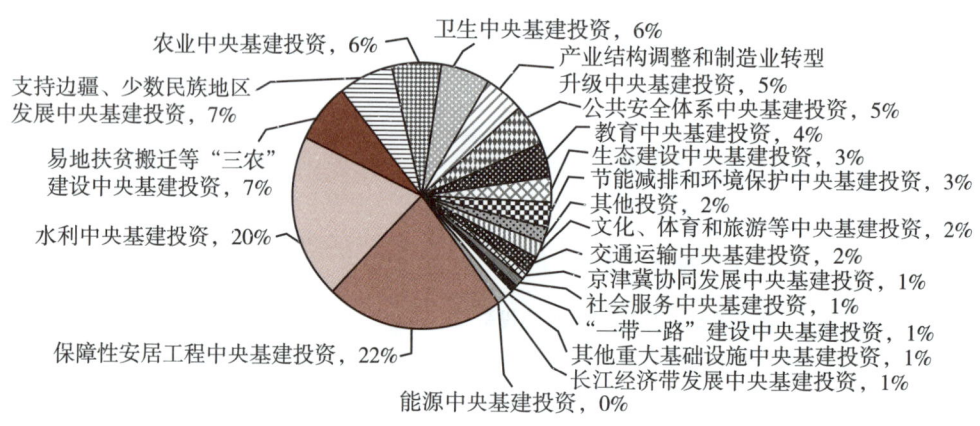

图3-4　2018年中央基本建设支出对地方转移支付项目

资料来源：财政部，2018年决算报告。

近年来中央基本建设支出对地方转移支付的重点倾向于与民生相关的内容，中央财政对与人民基本生活密切相关的项目越来越关注，如"三农"、住房等的投入逐年上升；2018年各中央基本建设支出对地方转移支付项目的规模较2017年总体上都有提升，其中有三项略有下降，降幅不明显（见图3-5）。作为解决中央和地方财政之间的纵向不平衡和各区域之间的横向不平衡的政策工具，近年来中央基本建设支出对地方转移支付所反映出的结构差异，体现了国家为了实现区域间各项社会经济事业的协调发展而采取的相应措施。因此，中央转移支付的结构本质上是顺应经济形势变化而作出调整的。

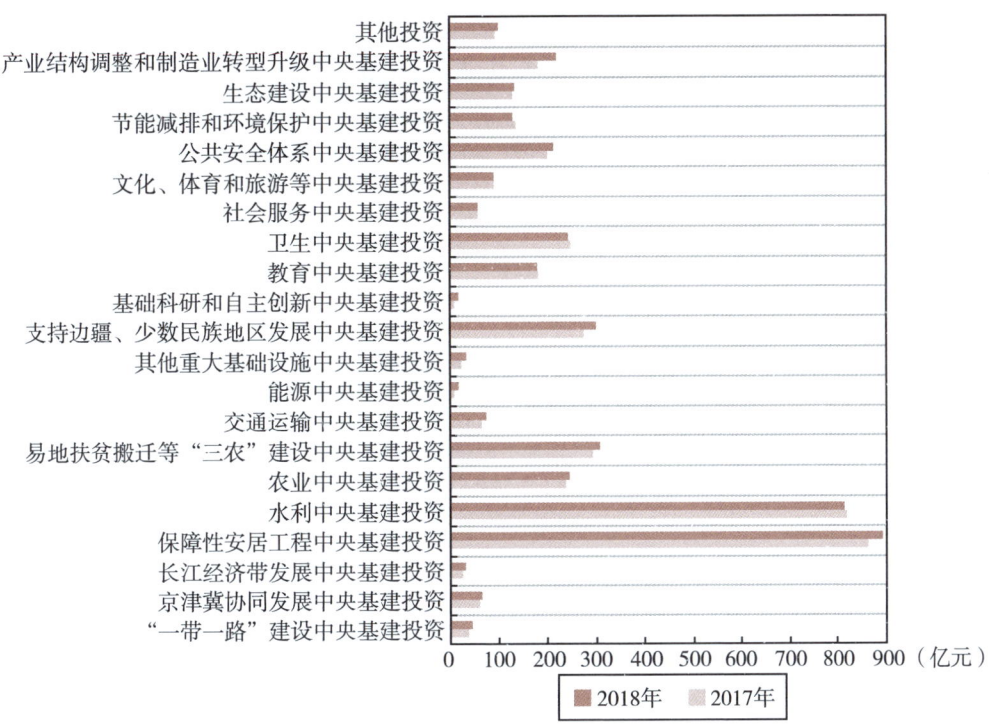

图 3-5　2017—2018 年中央对地方基建支出转移支付项目

资料来源：财政部，2017—2018 年决算报告。

二、中央政府性基金预算中的投融资

政府性基金预算是国家通过向社会征收以及出让土地、发行彩票等方式取得收入，并专项用于支持特定基础设施建设和社会事业发展的财政收支预算，是政府预算体系的重要组成部分。

（一）中央政府性基金收入

按 2018 年的口径，纳入政府性基金预算管理的基金共 43 项。按收入来源划分，向社会征收的基金 31 项，包括铁路建设基金、民航基础设施建设基金、港口建设费、国家重大水利工程建设基金等。其他收入来源的基金 12 项，包括国有土地使用权出让收入、彩票公益金、政府住房基金等。按收入归属划分，属于中央收入的基金 9 项，属于地方收入的基金 20 项，属于中央与地方共享收入的基金 14 项。

2018年，中央政府性基金收入4 034.81亿元，为预算的104.4%（见表3-5）。加上2017年结转收入385.59亿元，收入总量为4 420.4亿元。

表3-5　　　　2016—2018年政府性基金收入情况　　　　单位：亿元

	2016年	2017年	2018年
全国政府性基金收入	46 643.31	61 479.66	75 479.07
中央政府性基金收入	4 178.12	3 824.77	4 034.81
地方政府性基金本级收入	42 465.19	57 654.89	71 444.26
中央政府性基金转移支付	1 110.12	985.59	932.26
地方政府性基金收入	43 575.31	58 640.48	72 376.52

资料来源：财政部，2016—2018年决算报告。

2018年，在中央政府性基金收入中，占比最高的为可再生能源电价附加收入，为19%，金额达786.1亿元；中央特别国债经营基金财务收入和彩票公益金收入也分别达到16%（见图3-6）。

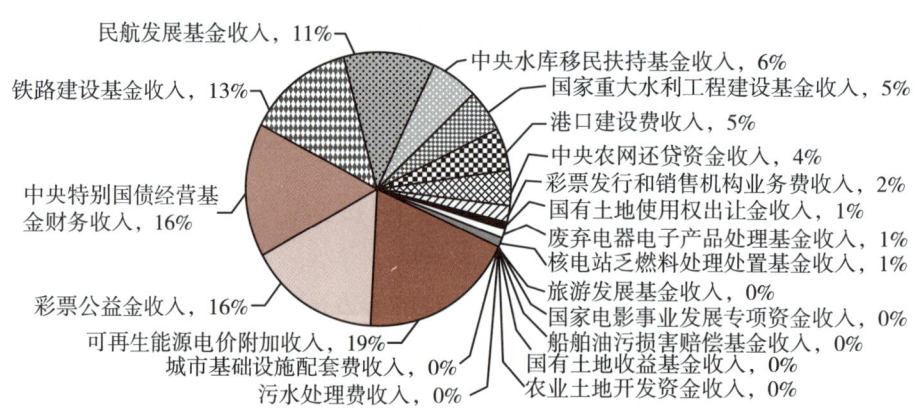

图3-6　中央政府性基金收入结构图

资料来源：财政部，2018年决算报告。

（二）中央政府性基金中的投资

政府性基金按支出用途划分，用于公路、铁路、民航、港口等建设的基金9项；用于水利建设的基金4项；用于城市维护建设的基金8项；用于教育、文化、体育等事业发展的基金7项；用于移民和社会保障的基金5项；用于生态环境建设的基金5项;用于其他方面的基金5项。

2018年,中央政府性基金支出4 021.55亿元,完成预算的94.7%,主要是民航发展基金、彩票公益金等基金执行中一些项目不具备实施条件。其中,中央本级支出3 089.29亿元,对地方转移支付932.26亿元。向一般公共预算调出1.46亿元。

中央政府性基金支出,绝大部分用于投资和建设项目支出。相关的投资建设支出主要包括铁路还贷、民航机场建设、航道建设和维护、水库移民基础设施建设和经济发展、南水北调工程建设、其他重大水利工程建设基金支出、城市建设支出和农村基础设施建设支出等(见表3-6)。

表3-6　2018年中央本级政府性基金支出中的主要投资项目　　单位:亿元

主要投资支出项目	金额
铁路还贷	565.34
民航机场建设	93.18
航道建设和维护	17.13
水库移民基础设施建设和经济发展	0.06
南水北调工程建设	160.90
其他重大水利工程建设基金支出	13.53
城市建设支出	2.36
农村基础设施建设支出	1.30

资料来源:财政部,2018年决算报告。

从表3-6可以看出,中央本级政府性基金支出中的主要投资项目为铁路还贷、重大水利工程和民航机场建设等方面的投资性支出。此外,也有一些用于城乡基础设施建设方面的支出,但投资金额较少。

第二节　国债投融资

国债又称国家公债,是国家以其信用为基础,按照债券的一般原则,通过向社会发行债券筹集资金所形成的债权债务关系。国债是中央政府为筹集财政资金而发行的一种政府债券,由中央政府向投资者出具的、承诺在一定时期支付利息和到期偿还本金的债权债务凭证,由于国债的发行主体是国家,所以它具有最高的信用度,被公认为是最安全的投资工具。国债是国家凭借其信用为基础,按照债券的一般原则,通过向社会发行债券筹集资金所形成的债权债务关系。同时国债是国家重要的财政工具和货币工具,是财政政策和货币政策共同交汇作用的重要基点,具有为国家筹集建设资金、平衡财政赤字、抑制经济波动的重要作用。

一、我国国债制度演变

改革开放前,我国一度奉行既无内债又无外债是社会主义优越性的理念,一度停发国债。改革开放后,随着经济指导思想的转变,财政部于1981年再次履行国债发行职责,重新开始发行国债。自1981年1月,我国颁布了《中华人民共和国国库券条例》,财政部开始发行国债。在这30年的发展里,我们经历了柜台交易时期,在1988年,尝试通过商业银行和邮政储蓄的柜台销售方式发行实物国债,开始出现了国债一级市场。之后,我们又经历了交易所交易时期,再到今天的以银行间市场交易为主。我国的国债市场有了翻天覆地的变化。

早在新中国成立之前,中国共产党领导的红色政权便已经积累了公债发行的经验。新民主主义时期,中国共产党在革命根据地多次尝试公债发行,如1932年在江西的中央革命根据地发行总额达到180万元的"革命战争短期公债"。而在新中国成立之初,为了恢复国民经济和巩固新生的国家政权,中央决定发行"人民胜利折实公债",这是新中国成立以后的第一批国债,标志着我国国债市场的起步。

新中国成立初期受到多年战争的影响,全国的财政收入十分有限。1949年我国财政支出中约有2/3是赤字支出,1949年下半年我国大幅增发货币,几个月内发行量增加接近5倍,造成全国出现了严重的通货膨胀。1949年12月中央政府通过《关于发行人民胜利折实公债的决定》,人民胜利折实公债的募集和还本付息,均以实物为计算标准,其单位定名为"分"。每分以上海、天津、汉口、西安、广州、重庆六大城市的大米(天津为小米)六斤、面粉一斤半、白细布四尺、煤炭十六斤之平均批发价的总和计算。此项平均市价,统一由中国人民银行每10日公布一次。公债总额为2亿分,于1950年内分期发行。分5年偿还,第一年首先偿付国债总额的10%,以后每年递增5%。每期自发行截止时起,每满一年抽签还本一次。定为年息五厘,也照实物计算。每期于发行截止时起,每满一年付息一次。这次国债发行规模不大,发行金额仅占当时GDP的1%,该公债面值与当时的物价指数挂钩，其还本付息金额以当时若干种类和数量的生活必需品市价加权平均折算，以免受当时严重的通货膨胀影响。这笔公债发行第一期后，由于财政状况迅速好转，再没有发行第二期。人民胜利折实公债于1955年还清。

国民经济恢复任务完成后，我国进入了"一五"计划阶段。因此，1954—1958年，我国发行了国家经济建设公债，每一期发行额为6亿元，共30亿元，主要用于156项重点工程为核心的国家经济建设。这一时期债券的发行，对于社会主义改造、巩固和加强社会主义经济起到了良好的作用。国家建设债券于1968年完成还本付息。1968—1978年我国进入了长达20年的既无内债又无外债的历史时期。

改革开放后，我国的财政收入占GDP的比重开始大幅下降，经济体制改革导致国家收支严重的不平衡，国家赤字开始逐步增大。为了平衡国家的财政预算，支持国家的社会主义现代化建设，一度中断20年的国债发行于1981年开始恢复。1981年我国发行了规模为48.7亿元的国债，到1987年的7年间国债发行的规模都在40亿元到70亿元的范围内上下浮动，国债的发行速度相对比较稳定。这一时期我国的财政赤字口径是硬赤字，国债的弥补方式主要是通过向中国人民银行透支借款，少数年份动用财政结余来弥补。

1988年我国出现了78.55亿元的财政赤字，但地方财政有27.96亿元的结余，国务院决定通过发行保值公债来弥补，而不向中国人民银行透支借款。1988年我国的国债发行额达到92.2亿元，增速比较迅猛。同时经中国人民银行总行批准，自1988年4月21日起，我国在上海、广州、深圳、武汉、沈阳、重庆和哈尔滨7个大城市，开放国库券转让市场试点。试点方案规定：仅1985年、1986年向个人发行的国库券具有上市资格，其他年度或向单位发行的国库券不参与上市进行流通转让；符合资格国库券的持券人，可以自由出售上述国库券，数额不限；购买者为个人、保险公司、其他非银行金融机构，以及各种经批准成立的基金会组织，个人优先交易，金额均不限；交易不可私下进行，需通过获得许可的金融中介机构交易；交易遵循价格保护原则。由此我国的国债流通市场开始建立，这对于我国构建完善的国债市场和资本市场都具有十分重大的意义。

1990年、1991年上海和深圳两个交易所分别开业后，我国国债市场发展进入一个崭新阶段，国债发行方式也逐步走向了市场化。而1991年财政再次出现严重的不平衡，国务院决定发行大规模国债，发行额达到199.4亿元，比1990年的

93.5亿元增长了113.3%。之后，我国的国债发行进入了高速增长的时期，1992年国债发行额为395.6亿元，增长了98.4%。

1994年我国预算在国内外债务和财政赤字计算方面都产生了较大的变化，过去债务收入计算为财政收入、债务本息支出计算为总支出的硬赤字口径被弃用，调整后的债务收入和债务本息指出都不列入预算收支，财政收支的差额通过债务的方式进行弥补，由此建立了真正的赤字公债弥补机制。2000年开始，我国的债务利息支出列入中央财政总支出。

从国债规模上看，1994年我国国债规模第一次突破千亿元大关，达到了1 028.6亿元，此后持续呈现较为稳定的增长速度，除少数年份大幅波动外，基本都维持在10%—20%的增幅以内，个别年份受到财政不平衡和客观经济波动的影响大幅涨跌。

为了适应新的经济形势下国债管理的现实需要，2015年12月的第十届全国人民代表大会常务委员会会议审议通过了国务院关于实施国债余额管理的建议。

2006年我国的国债余额管理制度正式确立，这意味着中央国债的发行数量只要控制在限额以内就不受限制，国债发行的数量控制让位于余额管理。国债余额管理的制度主要包含以下内容：（1）每年向全国人大进行预算报告时，报告年度预算赤字和年末国债余额限额，全国人大予以审批；（2）在年度预算的执行过程中，如果出现特殊情况需要增加预算赤字或发行特别国债，由国务院提请全国人大常委会审批，相应增加年末的国债限额；（3）国债期末余额不得超过年末国债余额限额；（4）国债借新换旧的部分由国务院授权财政部自行运作；（5）每年的第一季度中央预算批准之前，由财政部在该季度到期国债还本数额以内合理安排国债发行额。

实行国债余额管理后我国的财政透明度进一步增强，也有助于增强对政府国债规模的管理，促进国债市场的完善和发展。实行国债余额管理制度后我国的国债发行自由度也有所提高，2007年我国的国债发行额迅速增长，首次突破万亿元规模，此后我国国债正式进入"万亿"时代，到2012年底，我国的国债发行额为14 267.7亿元。

2013年以来，财政是国家治理的基础和支柱的新定位被提出，财政运行的方式有了新的变化，我国的国债管理体制也逐步向着现代化的方向改变。2015年1月1日，新修正的《预算法》正式生效，政府举债一般采取发行债券的方式，标准化的债券发行有利于降低发债成本，同时开始赋予地方政府发债权力，意味着我国的财政管理体制和国债管理体制更加注重地方因素和全局因素的影响。

2017年，党的十九大会报告指出，中国特色社会主义进入新时代，我国社会的主要矛盾已经从"人民日益增长的物质文化需求与落后的社会生产之间的矛盾"转化为"人民日益增长的美好生活需要和不平衡不充分的发展之间的矛盾"。财政是国家治理的基础和重要支柱，中国现代财政制度建设已经提上议程，成为各界关注的焦点。而国债作为国家宏观经济调控的重要工具，在财政发展过程当中发挥着重要作用，与现代财政制度相适应的现代国债制度也不断完善。首先，从国债发行制度看，国债在向着创新国债品种，优化国债结构，矫正市场扭曲效应，进一步完善央行公开市场制度的方向进行。目前，我国不断推进利率市场化改革，完善国债的定价机制。第二，从国债流通制度看，针对市场分割的情况，我国正不断统一国债市场体系，促进场内交易市场和场外交易市场的优势互补，建立更为合理的市场价格，同时调整国债持有者结构，培育机构投资者，提高国债流通市场的信息透明度，促进国债在两个市场的互通。提高国债的换手率，增强国债流动性，以便国债流通市场更好地发展。第三，从国债偿还制度看，我国进一步合理规划偿债的资金来源，不断推进利用借新债还旧债、积极建立偿债基金以及运用国债投资一些有一定收益的项目等，扩大还债资金来源。最后，从国债监管制度看，国债市场的健康发展离不开法律法规的保驾护航。我国目前正努力进一步整合财政部、人民银行、证监会、银保监会等监管部门的职责，形成统一有序的国债监管体制，保障国债市场的进一步发展。

新时期以来由于经济结构转型和财政赤字意识的不断完善，我国的国债发行规模呈现较快速度的增长，2016年和2017年更是保持了30%以上的高增速。同时，国债的增长速度更加平稳，国债增幅的大幅波动在新时期还未曾出现。2017年我国的国债发行量出现历史最高值，达到39 812.4亿元，比2016年大幅度增长45.5%。截至2018年，我国的国债发行规模达到36 775.6亿元。

二、我国国债的结构变化

国债结构是指一个国家各种性质债务的相互搭配，以及债务收入来源和发行期限的有机配合。国债的结构主要可以分为国债的期限和利率结构、国债的种类结构以及持有者结构等，我国的国债自1981年恢复发行以来经历了一个体制不断完善、结构不断丰富的过程。

（一）国债种类变化

自 1981 年恢复国债发行以来，我国就不断地改进国债产品设计，逐步推进国债发行品种的规范化、标准化，逐步适应投资者的投资需求。1981—1993 年我国发行的国债都是实物国债，国债载体是有形的实物券，这种发行方式印刷成本较高，同时也比较难以保存和流动，同时市场上大量的假券也严重干扰了国债的市场秩序。1993 年，我国第一次尝试发行电子记账式国债，可以在市场上流通转让，分为短期国债、中期国债和长期国债，发行利率主要通过招标方式确定。1996 年，记账式国债开始在上海、深圳证券交易所大量发行。这一年，证券交易所发行了 6 期共 1 116.7 亿元的记账式国债，占当年国债发行量的 52.5%。记账式国债是指以记账的方式记录债权，在交易所系统发行、流通的国债。记账式国债可以记名、挂失。投资者购买记账式国债，需要在交易所开设相应账户。记账式国债依托交易所系统，实现了国债的无纸化发行，可以大大降低国债发行、交易成本，便于国债依托现代化信息手段发行、流通，提高国债市场效率。

1994 年我国又开始发行凭证式国债品种，逐步减少实物国债的发行。凭证式国债是指不印制国库券券面，而是以开具国库券收款凭证的方式发行的国债。2006 年，我国第一次面向个人投资者发行电子式储蓄国债，与凭证式国债共同构成了储蓄国债。储蓄国债是一种不可上市流通的国债品类，主要由商业银行承销发行。目前，我国的国债主要由记账式国债和储蓄国债两种类型构成。

如果按照付息方式划分，我国目前的国债可以划分为付息国债和零息国债两种。前者是指在到期日以前定期支付国债利息的国债品类，而后者则是指在到期日之前不支付国债利息的国债类型。

（二）国债期限结构

自 1981 年恢复国债发行以来，我国的国债期限结构逐渐丰富。1981 年恢复国债发行后，我国的国债完全由 1—5 年的中期国债构成，这与当时国债的平衡财政赤字的主要功能有关，同时也取决于我国采取的硬赤字统计口径。我国直到 1994 年才第一次打破了单一的国债期限结构，开始发行 1 年期的短期国债，1994—1996 年我国连续发行1年期短期国债，1996年短期国债占国债发行总额的比例更是达到了31%。与此同时，1996年我国第一次尝试发行7—10年期的长期国债，发行额占到国债总额的21%。

1997—2001年我国的国债主要以中期国债和长期国债为主，很少发行短期国债，主要是为了适应1998年以来积极的财政政策，适应我国的经济发展需求。2001年我国开始发行10年期限以上的长期国债，首次发行额为520亿元，占国债发行总额的10%（见表3-7）。

进入21世纪以来，我国的国债期限结构呈现多元化趋向，各种短、中、长和超长期国债相互配合，共同适应财政政策和经济形势的变化。近年来我国的国债以中长期国债为主，配合灵活性很强的短期国债和小规模的超长期国债，不断满足国家短期平衡预算、调控经济的短期需求和中长期支持国家建设、提供大规模公共服务的需求。

表3-7　　我国国债的期限结构

年份	1年及以下（亿元）	比例（%）	1—5年（亿元）	比例（%）	7—10年（亿元）	比例（%）	10年以上（亿元）	比例（%）
1981—1984	0	0	0	0	176.60	100	0	0
1985	0	0	60.61	100	0	0	0	0
1986	0	0	62.51	100	0	0	0	0
1987	0	0	116.87	100	0	0	0	0
1988	0	0	188.77	100	0	0	0	0
1989	0	0	223.91	100	0	0	0	0
1990	0	0	197.23	100	0	0	0	0
1991	0	0	281.25	100	0	0	0	0
1992	0	0	450.33	100	0	0	0	0
1993	0	0	381.32	100	0	0	0	0
1994	132.62	12.00	1 004.92	88.00	0	0	0	0
1995	118.89	8.00	1 329.82	92.00	0	0	0	0
1996	701.34	31.00	1 090.00	48.00	465.56	21.00	0	0

续表

年份	1年及以下（亿元）	比例（%）	1—5年（亿元）	比例（%）	7—10年（亿元）	比例（%）	10年以上（亿元）	比例（%）
1997	0	0	2 314.18	95.00	130.00	5.00	0	0
1998	0	0	2 233.60	67.00	1 123.50	33.00	0	0
1999	0	0	2 352.00	63.00	1 394.00	37.00	0	0
2000	200.00	4.00	2 639.00	57.00	1 817.00	39.00	0	0
2001	0	0	2 863.53	59.00	1 500.00	31.00	520.00	10.00
2002	260.04	4.00	3 135.66	53.00	2 033.30	34.00	500.00	8.00
2003	100.00	2.00	3 855.00	64.00	1 370.00	23.00	683.80	11.00
2004	253.20	4.00	5 538.80	78.00	1 033.50	15.00	242.40	3.00
2005	411.00	6.00	4 662.10	67.00	965.60	14.00	963.30	14.00
2006	330.00	10.00	2 017.60	61.00	636.60	19.00	340.00	10.00
2007	2 261.50	10.00	1 599.29	7.00	8 903.88	41.00	9 118.50	42.00
2008	1 749.20	29.00	2 121.79	29.00	2 095.20	29.00	1 280.00	18.00
2009	5 356.30	37.00	5 920.38	37.00	3 516.90	22.00	1 420.00	9.00
2010	5 047.36	34.00	6 056.31	34.00	4 394.50	24.00	2 480.00	14.00
2011	2 853.49	39.00	6 282.02	39.00	4 842.20	30.00	2 020.00	13.00
2012	2 289.50	14.00	6 206.76	39.00	5 909.00	37.00	1 660.00	10.00
2013	2 287.80	12.00	8 915.91	47.00	6 420.30	34.00	1 420.00	7.00
2014	2 889.10	14.00	8 302.05	41.00	7 496.20	37.00	1 560.00	8.00
2015	4 644.62	8.00	25 992.00	45.00	26 029.37	45.00	1 560.00	3.00
2016	9 317.60	10.00	40 939.51	46.00	37 255.59	41.00	2 403.40	3.00
2017	18 249.58	13.00	57 979.41	43.00	54 756.94	40.00	4 809.53	4.00
2018	18 041.69	13.20	66 208.17	48.44	45 743.77	33.47	6 684.65	4.89

资料来源：Wind数据库。

（三）国债持有者结构

我国国债投资者结构随着不同时期政策的转变发生了很大的变化，从只有个人持有的国库券到银行机构投资者加入并慢慢挤出个人投资再到各个非银行机构投资者的参与；国债投资者结构从单一化向多元化过渡，现在国债投资者结构内基本包括：中央银行、商业银行、合作社、证券公司、保险机构、社保基金和个人投资者等。

1950—1988年是我国国债市场的形成阶段，此时我国国债还未出现流通市场，因此，国债投资者只有一级投资者。1950年，政府发行了新中国第一种国债——人民胜利折实国债，发行对象主要是大中城市的工商业者、城乡殷实富户和富有的退职官吏。1953—1958年，连续发行了5年国债，即国家建设公债，发行对象主要是个人和事业单位。之后，由于我国的特别政策，在此之后的13年间我国又经历了一个无国债的历史。1979—1980年，我国出现了大量的财政赤字。从1981年开始我国恢复了发行国债，作为平衡和调节财政支出，筹集经济建设资金之需。这个时期我国主要发行中、长期国库券。发行对象也进一步发生了变化，由原来的少数个人及企业发展到除此之外的政府部门、机关、团体部队、农村社队、个人工商户等，当时我国的国债主要是通过分配认购的方式对个人、企业、事业单位和政府机构发行，但是主要发行对象是个人。而此时的国债发行量并不大，因为当时国债还没有自由流通的二级市场，投资者买了国债后觉得活钱变成了死钱，所以一般不情愿买国库券。20世纪80年代个人投资者在国债持有者结构中一直处于主导地位。这个时期银行不持有国债，非银行金融机构只持有少量的国债。

2000年至今，随着我国国债市场的繁荣发展，各商业银行、社保基金等机构投资者的数量大大增加，而我国的个人投资者在不断得到挤压，从2000年以来商业银行投资者的国债持有量占全部国债的比重一直高于50%。此后，以全国性商业银行为代表的银行机构投资者便成为我国国债市场上的主要投资者，在国债一、二级市场都唱起了主角。截至2011年末，在国债市场持有者占比中商业银行国债持有量最大，占可流通国债余额的64.67%；其次为特殊结算成员持有国债，占国债总额的24%；社保基金类机构排名第三，占比例为5.05%。可见，目前商业银行金融机构投资者在我国国债市场上占绝对主导地位。

由此，也可以看出我国国债市场发展到了一个全新的时代，同时也在一定程度上稳定、壮大了国债投资者队伍，给国债投资人开辟了多种投资国债的渠道。

三、国债发行现状和国债余额

2018年中央财政发行内债36 775.58亿元（见图3-7），其中，储蓄国债3 290.30亿元、记账式国债33 485.28亿元。储蓄国债包括凭证式国债和电子式国债，期限包括3年、5年期，2018年发行18次储蓄国债，包括8次凭证式国债和10次电子式国债，筹资占比分别为36.9%、63.1%，3年、5年期国债占比分别为51.6%、48.4%；平均发行期限3.97年，分别比2016年、2017年缩短0.03年、0.11年；平均发行利率4.13%，比2016年、2017年均提高0.08个百分点。记账式国债包括关键期限国债和非关键期限国债，关键期限国债目前包括1年、3年、5年、7年和10年等5个期限品种，非关键期限国债目前包括91天和182天短期国债、2年中期国债、30年和50年超长期国债。2018年发行152次记账式国债，包括72次关键期限国债和80次非关键期限国债（含60次短期国债），平均发行期限6.55年，与2016年持平，比2017年缩短1.24年；平均发行利率3.24%，比2016年提高0.2个百分点，比2017年降低0.27个百分点；平均投标倍数2.41倍，比2016年降低0.55倍，比2017年提高0.11倍，投资需求较为稳定。

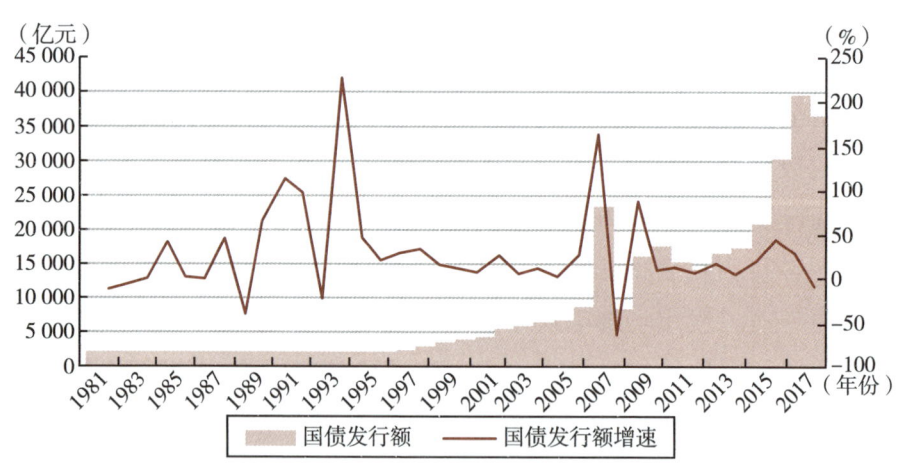

图3-7 我国国债发行额及其增速

资料来源：财政部，各年度财政决算数据。

2018年末国债余额149 607.41亿元（见图3-8），其中，内债余额148 208.62亿元，包括储蓄国债11 899.21亿元，记账式国债136 309.41亿元。内债余额占年末国债余额的99.1%,其中,储蓄国债占8%,记账式国债占91.1%。内债余额平均剩余期限为7.37年,其中,储蓄国债剩余期限为2.23年,记账式国债剩余期限为7.83年。从持有者结构看,储蓄国债全部为个人持有,记账式国债绝大多数由机构投资者持有,其中,商业银行持有比例最高,占记账式国债余额的65%,人民银行持有9%,境外机构、基金类机构分别持有8%、6.2%,境外机构对人民币国债需求明显提升,反映出人民币国债国际地位不断提升。

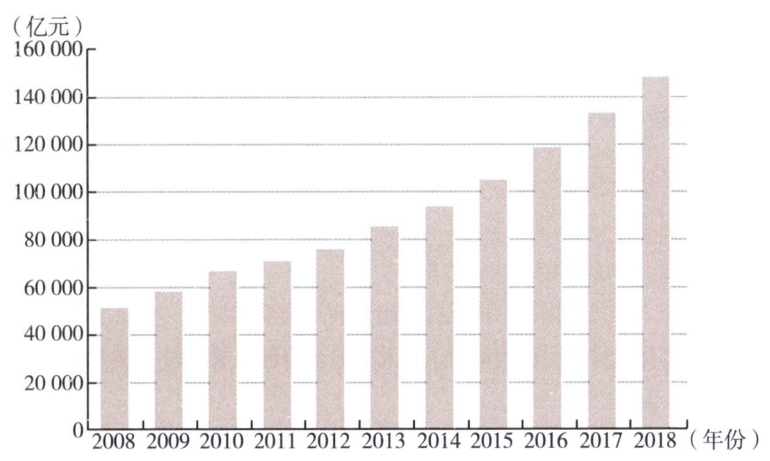

图 3-8　2008—2018 年我国国债余额变化情况

资料来源:Wind数据库。

四、国债的使用

国债筹资主要用于弥补中央财政赤字和国债到期还本。2018年内债还本22 014.39亿元(见表3-8),内债付息4 121.77亿元。

表 3-8　　　　　我国中央财政国债余额情况表　　　　　单位:亿元

项目	预算数	决算数
一、2017年末国债余额实际数		134 770.15
内债余额		133 447.43
外债余额		1 322.72
二、2018年末国债余额限额	156 908.35	

续表

项目	预算数	决算数
三、2018年国债发行额		37 092.31
内债发行额		36 775.58
外债发行额		316.73
四、2018年国债还本额		22 264.72
内债还本额		22 014.39
外债还本额		250.33
五、2018年末国债余额实际数		149 607.41
内债余额		148 208.62
外债余额		1 398.79

资料来源：财政部，2018年财政决算数据。

注：（1）本表国债余额包括国债、国际金融组织和外国政府贷款。除此之外，还有一部分需要政府偿还的债务，主要是偿付金融机构债务，以及部分政府部门及所属单位举借的债务等，这部分债务在规范管理后纳入国债余额。

（2）本表2017年末外债余额实际数按照国家外汇局公布的2017年12月外汇折算率计算，2018年末外债余额实际数按照国家外汇局公布的2018年12月外汇折算率计算，2018年外债发行额和外债还本额按照当期汇率计算。2018年国际金融组织和外国政府贷款发生额为预算下达数。

（3）受外币汇率变动，以及国际金融组织和外国政府贷款项目实际提款数与预算下达数存在差异等影响，2018年末外债余额实际数 ≠ 2017年末外债余额实际数 + 2018年外债发行额 − 2018年外债还本额。

（4）中央财政国债余额与国债余额限额存在一定差异，主要原因是：2006年以来按照国债余额管理规定，根据库款和市场变化情况等，适当调减了国债发行规模，有利于降低国债筹资成本，促进国债市场平稳运行，今后将根据库款和市场情况补发以前年度少发的国债。

第三节　基金形式的中央政府投融资

2015年5月，国务院办公厅转发财政部发改委央行《关于在公共服务领域推广政府和社会资本合作模式指导意见的通知》，政府和社会资本合作模式是公共服务供给机制的重大创新，即政府采取竞争性方式择优选择具有投资、运营管理能力的社会资本，双方按照平等协商原则订立合同，明确责权利关系，由社会资本提供公共服务,政府依据公共服务绩效评价结果向社会资本支付相应对价,保证社会资本获得合理收益。政府和社会资本合作模式有利于充分发挥市场机制作用,提升公共服务的供给质量和效率,实现公共利益最大化。《通知》还明确提出,在能源、交通运输、水利、环境保护、农业、林业、科技、保障性安居工程、医疗、卫生、养老、教育、文化等公共服务领域,鼓励采用政府和社会资本合作模式,吸引社会资本参与。在此之后,以基金形式的政府投融资广泛开展,尤其是在中央层面成立几只有影响力的PPP基金,形成了政府投融资的"国家队"。

一、中国PPP基金

《关于在公共服务领域推广政府和社会资本合作模式指导意见的通知》,明确推进相关立法,要求中央财政出资引导设立中国PPP合作融资支持基金,作为社会资本方参与项目,提高项目融资的可获得性。2015年9月财政部联合中国建设银行股份有限公司等10家机构,共同发起设立中国政府和社会资本合作(PPP)融资支持基金。基金总规模1 800亿元,作为社会资本方重点支持公共服务领域PPP项目发展,提高项目融资的可获得性。10家机构分别为中国建设银行股份有限公司、中国邮政储蓄银行股份有限公司、中国农业银行股份有限公司、中国银行股份有限公司、中国光大集团股份有限公司、交通银行股份有限公司、中国工商银行股份有限公司、中国中信集团有限公司、全国社会保障基金理事会、中国人寿保险(集团)公司。

(一)中国PPP基金的设立和管理架构

中国PPP基金由中国政企合作投资基金股份有限公司(母基金)和中国政企合作投资基金管理有限责任公司(母基金管理公司)共同完成对PPP项目的融资支持工作。基金的设立,是中央财政和金融机构贯彻落实《国务院办公厅转发财政部 发展改革委 人民银行关于在公共服务领域推广政府和社会资本合作模式指导意见的通知》(国办发〔2015〕42号)的重要举措,也是财政金融深化合作、共同支持PPP项目发展的重要探索,对创新财政金融支持方式、优化PPP项目融资环境、促进PPP模式发展具有积极意义。

2016年3月4日,中国政企合作投资基金股份有限公司(简称"基金公司")

正式成立。2016年7月14日,中国政企合作投资基金管理有限责任公司(简称"管理公司")正式成立,标志着中国PPP基金工作重点全面转入PPP项目投资。基金管理公司是一家PPP项目专业投资公司,主要业务是接受中国政企合作投资基金股份有限公司和其他机构委托资金,通过市场化运作和专业化管理,实现其管理基金的稳健、高效运行,促进PPP项目的落地。

中国政企合作投资基金管理有限责任公司系依照《中华人民共和国公司法》和其他有关法律、行政法规、规章等规定,由中华人民共和国财政部及社会金融资本等11方共同组织设立中国政企合作投资基金管理有限责任公司。

基金投资业务委托中国政企合作投资基金管理有限责任公司组织实施。项目决策管理流程主要包括信息获取、项目初审、项目立项、尽职调查、投资决策、合同谈判、合同签署、项目报备、合同履行、投后管理、项目退出等环节(见图3-9)。

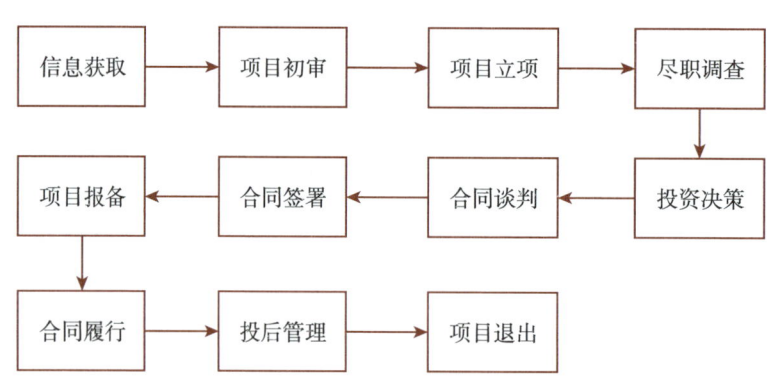

图3-9 中国PPP基金项目决策流程图

资料来源:中国PPP基金官网。

单个项目累计投资额在20亿元(含)以下的项目,由管理公司总经理办公会审批;20亿元以上且不超过50亿元(含)的项目,由管理公司投资审核委员会审批;特殊情况下确需投资50亿元以上的项目,由管理公司股东会审批;发起设立或参与设立子基金,由管理公司董事会审批。

(二)中国PPP基金的投融资

中国PPP基金注册资本为1 800亿元,作为社会资本方参与PPP项目投资,坚持市场化、专业化运作,主要通过股权、债权、担保等方式,为纳入国民经济和社会发展规划、基础设施和公共服务领域专项规划以及党中央、国务院确定的其他重大项目中的PPP项目提供融资支持。基金以纳入国民经济和社会发展规划、基础设施和公共服务领域专项规划以及党中央、国务院确定的其他重大项目中的PPP项目为投资目标，主要通过股权、债权、担保等方式，合理运用资金投资于能源、交通运输、水利、环境保护、农业、林业、科技、保障性安居工程、医疗、卫生、养老、教育、文化等公共服务领域，并以结构化投资等多元化技术适当在战略性新兴产业、健康养老、能源资源、绿色环保等符合国家产业升级、结构调整战略范畴的产业和领域进行布局，提高投资收益和实现现金流的多样化安排。

截至2019年9月30日，中国PPP基金累计已决策项目145个，涉及项目总投资超12 000亿元。在全国31个省（市）自治区中，覆盖了28个省（市）自治区的100多个地市。截至2019年9月30日，中国PPP基金累计拨款项目84个，涉及项目总投资超7 200亿元。

中国PPP基金作为经国务院批准成立、财政部牵头发起设立的唯——家专门从事PPP投资的国家级基金，资金实力雄厚，其投融资主要具备以下6个特点：

一是增信作用强。作为唯一的国家级PPP基金，中国PPP基金的参与能有效增强项目相关方对项目成功实施的信心，降低项目综合财务成本及项目相关方的违约风险。

二是投资期限长。中国PPP基金投资期限是与项目PPP合作期相匹配的，可以覆盖项目的"建设期+运营期"，最长可以达到"建设期+30"年，能够匹配项目的投资运营需求，缓解项目净现金流前低后高的压力。

三是规范运作，合作模式灵活。倡导以同股同权方式投资，共担风险、分享收益，既可以股权方式直接投入项目公司资本金，也可通过夹层基金、资管计划等方式实现股权或债权投资引导社会资本方、金融资本方及政府方重诺守信，降低项目履约风险。

四是投资决策高效。人员精干、管理扁平，决策链条短，PPP项目的接洽、谈判、尽调、投决等关键环节，一般可在1—2个月内完成。

五是管理团队专业。基金管理团队主要来自中央部委、国有大型银行、证券公司、基金公司、建筑、施工单位等机构，具备较高的PPP理论政策水平和丰富的PPP项目投资经验，能提供全方位的服务。

六是资源整合能力强。股东单位实力雄厚，资源丰富，可有效发挥强大协同优势，与PPP领域众多国企、民企、上市公司等已建立合作关系，与主要PPP咨询机构、知名律师事务所、审计师事务所等中介机构长期配合，有能力为项目发起方整合咨询、设计、施工、融资、经营等相关资源，提供"一站式""全链条"服务，有效加快PPP项目落地速度。

二、中央企业贫困地区产业投资基金

（一）中央企业贫困地区产业投资基金的设立和管理架构

2015年12月，《中共中央、国务院关于打赢脱贫攻坚战的决定》发布，其中明确要求"引导中央企业、民营企业分别设立贫困地区产业投资基金，采取市场化运作方式，主要用于吸引企业到贫困地区从事资源开发、产业园区建设、新型城镇化发展等"。2016年10月13日，国务院批复同意中央企业贫困地区产业投资基金设立方案。2016年11月24日，中央企业贫困地区产业投资基金股份有限公司完成工商设立登记。根据国务院批复的设立方案，基金公司按照法人治理结构有效运作，董事会负责研究确定基金投向，协调解决基金运作中的重大问题。由国务院国资委、财政部、国务院扶贫办负责同志和相关专家代表组成基金战略指导委员会，主要负责为基金运作提供前瞻性政策指导和咨询性建议。基金委托国家开发投资公司全资下属企业国投创益产业基金管理有限公司运营管理。

（二）中央企业贫困地区产业投资基金的投融资

中央企业贫困地区产业投资基金由103家中央企业参与出资，主要投资于贫困地区资源开发利用、产业园区建设、新型城镇化发展等，优先支持吸纳就业人数多、带动力强、脱贫效果好的项目，重点支持贫困人口多、贫困发生率高的省区、革命老区、少数民族地区和边疆地区。经过两次募资，基金股东达到103家，基金规模153.86亿元，股东覆盖了国资委监管的所有中央企业和部分财政部履行出资人职责的中央企业。2018年国资委监管的39家中央企业参与三期募资，共同出资160.19亿元，基金总规模达314.05亿元。基金募集资金将主要投向14个集中连片特困地区，尤其是向"三区三州"等深度贫困地区倾斜，集中投资一批对贫困地区产业带动作用大、扶贫效果好的龙头企业和IPO项目；与地方政府合作在贫困地区设立子基金，复制产业基金扶贫管理模式，放大基金杠杆，撬动更多社会资本投入贫困地区。

央企扶贫基金自成立以来,服务国家脱贫攻坚战略,通过直接投资、设立子基金等多种方式,投资了一批扶贫效果较好的地方龙头企业、央企合作项目和收益较好的证券化项目,打造了现代农业、资源开发、清洁能源、医疗健康、产销对接、产业金融、资本运作等七大产业扶贫平台,逐步探索出一套可复制、可推广的产业基金扶贫管理模式。截至目前,已完成一期、二期全部募集资金的投资,已投项目涉及全国26个省(区、市)、104个市(地、州、盟)、203个县(市、区、旗),覆盖了全部14个集中连片特困地区。在14个集中连片特困地区共投资项目61个,金额115.45亿元;其中,在"三区三州"深度贫困地区投资项目15个,金额36.77亿元。已投项目完全投产后,将直接或间接带动32万人就业,年均为就业人口提供收入27亿元,为地方政府提供税收20亿元。通过直接投资、在重点省设立子基金、发起扶贫基金联盟等方式,引领撬动社会资本超1 500亿元,有力带动贫困地区特色产业和经济社会发展,在助力贫困地区打赢脱贫攻坚战中发挥了示范带头作用。

国投创益通过产业扶贫基金,重点投资农业、矿产、制造、园区、旅游、电力、化工、建筑、医疗等行业,在贫困地区尤其是深度贫困地区投资打造了七大扶贫平台:一是依托农业供给侧结构性改革,打造现代农业平台;二是依托当地资源禀赋,打造资源开发平台;三是按照国家能源发展战略,打造清洁能源平台;四是防止因病致贫、因病返贫,打造医疗健康平台;五是解决农产品销售难题,打造产销对接平台;六是为农业产业链提供融资方案,打造产业金融平台;七是发挥基金纽带作用,利用资本证券市场"扶贫绿色通道",打造资本运作平台。

中央企业贫困地区产业投资基金未来逐步整合全口径中央企业的市场化扶贫基金或资金,与中央企业的公益性基金组成基金联盟,基金联盟规模逐步达到1 000亿元,统一品牌,最大限度地帮扶贫困地区经济发展。

三、国家融资担保基金

(一)国家融资担保基金的设立和管理架构

2018年4月国务院批准设立国家融资担保基金以来,财政部会同有关方面加快推进基金组建工作。基金已于2018年7月完成工商注册,注册资本661亿元,首期出资166亿元已全部到位，并于2018年9月正式运营。

为充分发挥带动各方资金扶持小微企业、"三农"和创业创新的重要作用，基金遵循"聚焦支小支农、银担合作分险、引导降费让利"的原则，对基金再担保和股权合作业务模式作了细化完善，进一步凸显准公共定位。一是设置合作机构准入条件。要求合作机构不得偏离主业盲目扩大业务范围，不得为政府债券发行提供担保，不得为政府融资平台融资提供增信，不得向非融资担保机构进行股权投资。支小支农担保金额占比要逐步达到80%以上，其中，单户授信500万元及以下担保业务占比要达到50%以上。优先与支小支农担保业务占比较高、担保费率较低、经营状况良好、业务管理规范的机构开展合作。二是明确银担风险分担原则。在构建各级政府性融资担保机构与商业银行共同参与的风险分担机制基础上，进一步明确基金承担的风险责任比例为20%，银行承担的风险责任比例原则上不低于20%，以提高银担合作效率，便于参照执行。三是设置差别化担保费率。为切实降低小微企业和"三农"综合融资成本，明确基金再担保业务收费标准不高于省级担保再担保机构，对小微企业和"三农"担保业务，按基金承担风险责任的0.5%收费，对其中单户担保金额500万元及以下的，按基金承担风险责任的0.3%收费。同时，引导合作担保机构和金融机构降低费率利率，提供融资便利。四是细化业务考核要求。为强化对合作机构的业务引导和正向激励，防范业务风险，基金要求合作的省级担保再担保机构承担的风险责任比例不低于基金承担的比例，并设置"保底限高"的代偿率考核要求，对代偿率处于合理区间的，基金按比例承担代偿损失；对代偿率超过控制上限的，超过部分的代偿损失，基金不予承担。

（二）国家融资担保基金的投融资

作为我国政府性融资担保体系的"龙头"，该基金首期募资661亿元，计划分4年到位，其中，2018年的166亿元已全部到位。未来几年预计可支持相关担保贷款5 000亿元，对缓解小微融资难和融资贵问题，对支持"三农"、战略性新兴产业发展，起到更明显的助推作用。

为推动基金尽早发挥作用，基金组建以来，一手抓建章立制，一手抓合作对接，基金业务得以迅速铺开。一是明确再担保与股权投资依次推进的工作思路。根据国务院批复的基金设立方案，基金以再担保业务为主，适当开展股权投资。考虑到当前国内符合基金股权投资条件的机构较少，且风险敞口较大、操作程序复杂，为迅速打开工作局面，基金运行初期将先与符合条件的机构开展再担保业务合作，视再担保业务合作情况，择优选择合格机构开展股权合作试点。二是分级分批推进再担保业务。基金按照"主业突出、管理规范、风险控制能力强"的要求，在前期储备的意向合作机构中择优选择符合条件的机构，分批开展再担保业务合作。2018年9月以来，分两批与北京、江苏、浙江、安徽等17个省级担保再担保机构签署了再担保合作协议，累计授信合作业务规模达3 045亿元。近期，又与天津、山西、山东、福建、宁夏等5个省级担保再担保机构达成了合作意向。三是稳步推进"总对总"银担合作。基金先后与农业银行、中国银行、建设银行、交通银行、邮储银行等10家全国性商业银行签署"总对总"银担合作战略协议，明确银担分险比例，落实贷款优惠条件，"自上而下"带动各地机构加快银担对接。截至2018年底，基金再担保合作业务规模已达326亿元，担保户数25 245户，其中，单户500万元及以下的担保金额为197亿元，占比约为60%。

在基金再担保业务的引导带动下，各地陆续出台配套支持政策，形成上下呼应与政策协同。一是设立省级担保基金（机构）。北京决定通过整合和增资设立规模100亿元融资担保基金，湖北拟注资55亿元重新组建省级再担保公司。二是健全风险补偿机制。江苏设立3亿元的融资担保代偿补偿资金池，重庆对获得基金分险的项目给予30%的风险补偿，广东研究建立省级再担保风险补偿机制。三是提高省级机构分险比例。北京、江苏、浙江、安徽、广东、四川、贵州等省级再担保机构将风险分担比例提高为40%，相应降低了市县担保机构的风险责任，将政策红利进一步传导至基层。四是降低再担保业务收费标准。安徽率先推出免再担保费模式，北京等地对部分重点支持的行业免收再担保费。五是提高支小支农担保业务占比。北京、江苏、安徽等地担保机构纷纷调整业务结构，压降大额担保项目规模，进一步聚焦服务小微企业和"三农"。六是完善银担合作机制。浙江明确银担"二八"分险原则以及免缴保证金等要求；贵州推动10家合作金融机构降低对政府性担保机构的准入门槛，加快授信准入。

四、中国农业发展基金

中国农业产业发展基金2013年3月21日在北京举行揭牌仪式。2012年12月17日，中国农业产业发展基金（简称"农发基金"）正式成立，这是我国第一只国家级农业产业基金，由国务院批复成立。农发基金首期规模40亿元，由财政部联合中国信达、中信集团和中国农业发展银行共同发起设立,四家发起人各出资10亿元。

基金通过邀请招标的方式遴选基金管理人,中国信达旗下子公司信达资本最终成为基金管理人。农发基金将坚持市场化运作,强调政策导向与市场经营的有机结合,以获得稳定的投资回报,对于引导社会资金投入"三农"领域、促进农村经济发展具有积极意义。

中国农业产业发展基金的设立是财政促进金融支农方式的又一次"探索",旨在通过支持龙头企业提高资本实力,吸引更多的资本、技术和人才,以充分发挥龙头企业辐射面广、带动力强的作用,进一步提升农业产业化的整体发展水平。

参考文献

[1] 国务院. 政府投资条例[Z]. 2019-04-14.

[2] 国务院办公厅. 转发财政部发展改革委人民银行关于在公共服务领域推广政府和社会资本合作模式指导意见的通知[Z]. 2015-05-19.

[3] 中国财政科学研究院,中国财政学会投融资研究专业委员会,深圳金砖城市先导基金管理有限公司. 中国政府投融资发展报告(2017)[M]. 北京:经济科学出版社,2017.

[4] 财政部数据库.

[5] 国家发展改革委. 国家发展改革委部门决算(2018)[Z]. 2019-07-19.

[6] 国家发展改革委. 2018年全国固定资产投资发展趋势监测报告[Z]. 2019-02-26.

[7] 国家统计局. 中华人民共和国2018年国民经济和社会发展统计公报》[Z]. 2019-02.

[8] 中国PPP基金官网.

[9] 中央企业贫困地区产业投资基金官网.

[10] 国家融资担保基金官网.

第四章
地方政府投融资

第一节 地方政府融资

融资源于企业行为,是企业为取得资产而集资所采取的货币手段。广义上讲,融资就是金融,是当事主体通过各种方式到金融市场上筹措或贷放资金的货币资金融通行为。在现代社会经济体系中,融资已经成为市场经济主体普遍的、常态化的经济行为,通过融资突破自有资本不足,实现跨越式发展。在我国,政府融资特别是地方政府融资起步虽晚于企业融资,但是在城镇化发展过程中城乡巨大的投资需求也逐渐催生出了多种融资工具和庞大的融资市场。这种基于公共投资的地方政府融资在经历了弱监管约束下的快速膨胀后,随着2014年修正的《预算法》出台为标志的一系列融资监管措施的逐步完善,地方政府融资步入规范化发展轨道。地方政府融资就是在这样的监管背景下实施的,本章将围绕地方政府一般公共预算、政府性基金预算、地方政府债券、社会资本融资等典型政府融资渠道分析地方政府融资规模与结构,揭示年度融资的趋势与特点。

一、地方政府一般公共预算收入

在广义上看,地方政府融资应该涵盖地方政府能够获得的全部资金渠道,包括税收收入、非税收入、转移支付收入、基金收入等预算收入,依托政府信用的债务收入,建立合作关系吸引来的社会资本等。来源于地方政府预算的融资最具有主导性、最具有公益性、最能体现政策导向,也是地方政府最为依靠的公共投资资金来源。一般公共预算是我国财政预算体系中的核心部分,在政府预算管理体系中是收支规模最大的预算类别。一般公共预算收入包括税收收入和非税收入两部分,地方一般公共预算收入还包括中央对地方的转移支付。如果不考虑纳入一般公共预算的一般债券收入的影响,一般公共预算虽不是地方政府开展公共投资的主要资金来源渠道,但是最为传统的渠道。

(一)税收收入

2018年全国一般公共预算收入183 359.8亿元,同比增长6.24%。其中,地方一般公共预算本级收入97 903.4亿元,同比增长7.03%。地方财政一般公共预算收入167 584亿元,同比增长7.07%。从2016年以来的地方一般公共预算运行趋势来看,地方财政一般公共预算本级收入年均增速5.94%,考虑中央税收返还和转移支付后地方财政一般公共预算收入年均增速6.90%,与全国一般公共预算收入年均增幅一致(见表4-1)。

就税收而言,2018年地方财政共实现税收收入75 954.8亿元,占本级收入的比重为77.58%,占地方财政一般公共预算收入的比重为45.32%。从近三年税收收入增长趋势来看,地方财政的税收增长率为8.36%,高于同期非税收入的增速。

表 4-1　2016—2018 年地方一般公共预算收入规模与增长

	2016年	2017年	2018年	年均增长(%)
全国一般公共预算收入(亿元)	159 605.00	172 592.80	183 359.80	7.18
地方财政一般公共预算本级收入(亿元)	87 239.40	91 469.40	97 903.40	5.94
其中:税收收入(亿元)	64 691.70	68 672.70	75 954.80	8.36
非税收入(亿元)	22 568.70	22 796.70	21 948.60	-1.38
中央税收返还和转移支付(亿元)	59 400.70	65 051.80	69 680.70	8.31
地方财政一般公共预算收入(亿元)	146 640.00	156 521.20	167 584.00	6.90

资料来源:财政部,2016—2018年决算报告。

2018年地方税及地方分享的13个主要税种中，收入规模最大的税种是国内增值税，当年收入30 777.5亿元，占全部地方税收收入的比重为40.52%；同比收入增长最快的税种是资源税，当年完成1 584.8亿元，同比增长20.92%；预算执行完成最好的税种也是资源税，实际完成预算110.1%。

（二）非税收入

非税收入，是指除税收以外，由各级国家机关、事业单位、代行政府职能的社会团体及其他组织依法利用国家权力、政府信誉、国有资源（资产）所有者权益等取得的各项收入。按照现行的预算管理规定，纳入地方政府一般公共预算管理的非税收入具体包括六项：专项收入、行政事业性收费收入、罚没收入、国有资本经营收入、国有资源（资产）有偿使用收入和其他收入。

2018年地方财政非税收入21 948.59亿元，同比下降3.72%，同期全国一般公共预算非税收入同比下降4.49%。从近三年非税收入变动情况看，非税收入年均下降1.38个百分点（见图4-1）。在地方非税收入构成中，专项收入规模最大，2018年实现收入7 197.44亿元（占比33%），其次是国有资源（资产）有偿使用收入，实现收入6 286.87亿元（占比29%）（见图4-2）。与2017年非税收入相比较，2018年专项收入和罚没收入正增长，同比增长率分别为10.39%和15.27%，行政事业性收费收入、国有资本经营收入、国有资源（资产）有偿使用收入和其他收入都出现了负增长，其中，国有资本经营收入降幅最大，同比下降37.17%。

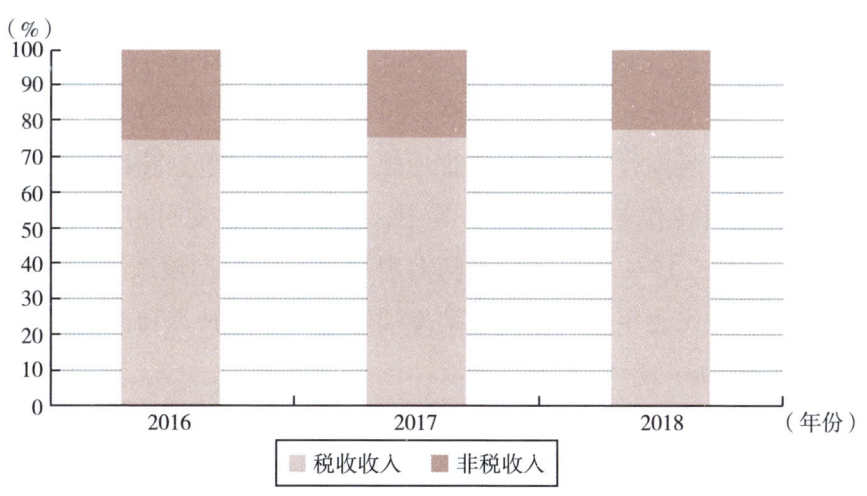

图 4-1　2016—2018 年地方一般公共预算收入结构

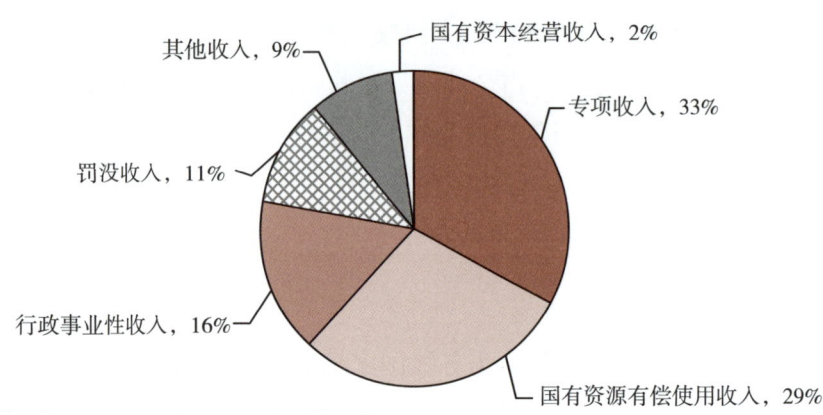

图 4-2 2018 年地方政府非税收入构成

(三)中央对地方转移支付

中央对地方转移支付是地方获得可支配财力的一个重要途径,无论是一般性转移支付还是专项转移支付都可以转变为地方财政支出端的公共投资。地域分布上,中西部地区对中央的转移支付依赖程度较高,这与其自身的财政自给能力不足有关。政府层级上,欠发达省份的市县一般公共预算安排的公共投资大多来自上级转移支付,本级自有资金支出更多安排用于经常性支出。使用用途上,无论是一般性转移支付还是专项转移支付都可以成为辖区公共投资的资金来源,其区别在于一般性转移支付是由地方财政预算自主安排实施,而专项转移支付是由上级财政制定投资的领域、用途和规模。

2018年中央对地方一般转移支付规模为38 722.06亿元,占全国一般公共预算收入的38%,同比增长10.18%。对比近三年中央对地方的转移支付变动可以看出,转移支付资金规模增速较快,2016—2018年中央对地方转移支付年均增长8.31%。按照现行的转移支付管理规定,中央对地方转移支付包括一般性转移支付和专项转移支付两大类,其中,一般性转移支付占比62.81%,专项转移支付占比37.19%。近年来,随着财政转移支付制度改革的不断推进,一般性转移支付占比逐年提高,相应地专项转移支付的种类和占比都呈现下降的趋势(见表4-2)。

表 4-2   2016—2018 年中央对地方转移支付   单位：亿元

转移支付种类	2016年	2017年	2018年
一般性转移支付	31 864.93	35 145.59	38 722.06
其中：均衡性转移支付	20 709.97	22 381.59	24 442.28
老少边穷地方转移支付	1 539.91	1 842.90	2 132.83
成品油税费改革转移支付	770.00	693.04	693.04
体制结算补助	1 064.27	1 410.41	1 593.95
基础公检司法转移支付	442.84	446.28	470.86
基本养老金转移支付	4 974.70	5 858.80	6 664.41
城乡居民医疗保险转移支付	2 363.24	2 512.57	2 724.69
专项转移支付	20 708.93	21 883.36	22 927.09
转移支付合计	52 573.86	57 028.95	61 649.15

资料来源：财政部，2016—2018 年决算报告。

二、地方政府性基金预算收入

（一）基金预算收入

政府性基金预算是我国预算管理体系中的重要组成部分，是向特定对象征收的专项用于公益性事业建设的政府预算类别。相比较于一般公共预算，政府性基金预算的管理规模偏小，2018 年全国范围上基金预算收入规模只有一般预算收入规模的 41.16%，在地方预算层面这一比例为 43.19%。但是就政府公共投资而言，政府性基金预算的投资规模又明显高于一般公共预算，这是因为一般公共预算偏重于经常性支出，而政府性基金预算偏重于资本性支出，这一趋势在地方政府表现得更为明显。由此地方政府性基金预算收入状况对地方公共投资的影响要明显强于一般公共预算收入状况。

一般公共预算收入主要构成是税收收入，收入的取得依托于法律赋予的强制收税权力，而政府性基金预算收入主要来自于国有土地出让，这就使得两个预算收入增长源泉不一样。一般公共预算收入增长更多地来自于宏观经济增长带来的税收增量，政府性基金预算收入增长则是更多地通过土地出让规模和价格上涨两个方面的增长实现。在宏观经济逐步进入"新常态"后,经济增长呈现中低速态势,财政收入的增长也告别了过去连续两位数的增长轨迹,财政收入的低速增长直接导致一般公共预算可供安排的公共投资规模受到限制。与此形成反差的是,政府性基金预算中来自土地出让的收入年度之间的波动更大,由于这部分收入在整个基金收入中占有较大比重,所以地方政府性基金收入的波动幅度也明显大于一般公共预算收入。

2018年全国政府性基金收入75 479.07亿元,增长22.77%。加上2017年结转收入385.59亿元和地方政府发行专项债券筹集收入13 500亿元,全国政府性基金相关收入总量为89 364.66亿元。地方政府性基金本级收入71 444.26亿元,增长23.92%,其中,国有土地使用权出让收入62 875.11亿元,增长25.76%。加上中央政府性基金对地方转移支付收入932.26亿元和地方政府发行专项债券筹集收入13 500亿元,地方政府性基金相关收入为86 808.78亿元(见表4–3)。

表4–3　　　　2016—2018年地方政府性基金收入　　　　单位:亿元

基金收入种类	2016年	2017年	2018年
地方政府性基金本级收入	42 465.19	57 654.89	71 444.26
其中:国有土地使用权出让金收入	35 639.69	49 997.07	62 875.11
国有土地收益基金收入	1 189.57	1 770.71	2 044.13
彩票公益金收入	542.14	587.37	668.89
城市基础设施配套费收入	1 332.86	1 789.69	2 523.60
车辆通行费收入	1 437.86	1 555.91	1 483.52
污水处理费收入	370.12	473.64	539.06
中央政府性基金转移支付	1 110.12	985.59	932.26
地方政府性基金收入(未包含专项债券)	43 575.31	58 640.48	72 376.52

资料来源:财政部,2016—2018年决算报告。

(二)土地出让收入

按照现行的基金预算收入科目编制规定,地方政府性基金预算收入包含17个项目,其中涉及国有土地使用权出让类收入的有三个,分别是"国有土地使用权出让金收入""国有梯地收益基金收入""农业土地开发资金收入"。2017年三项收入合计52 074.5亿元，占地方政府性基金本级收入的90.32%，占地方政府性基金收入的88.8%，其中，"国有梯地使用权出让金收入"完成49 997.1亿元，占三项土地基金收入的96%。可以看出，"国有土地使用权出让金收入"是地方政府性基金预算收入中最为重要的组成部分。顾名思义，"国有土地使用权出让金收入"是由于政府在土地一级市场的垄断地位，通过对土地使用权的竞争性出让形成的公共收入，这部分收入是政府对所拥有土地资产变现取得的。在现行管理制度中，国有土地使用权出让类收入列入地方政府性基金预算。在土地出让类收入的地域分配上看，一线、二线城市受房地产市场需求的影响，土地出让价格明显高于三线城市，前者通过土地出让筹集到的基金收入也明显高于后者。对应于地方政府公共投资，一线、二线的大城市通过土地出让获得的公共投资规模也要高于三线城市，但一线、二线的大城市面临的公共基础设施建设需求也要高于三线城市。所以，大城市获得大规模土地出让收入并不意味着其用于城市基础设施的公共投资压力就小于中小城市。

地方政府土地出让收入对地方政府公共投资的另一个重要影响是土地市场变动。土地供给作为房地产市场发展的基础，土地出让收入的大幅变动也可以归因于房地产市场调控对出让收入的影响。这种影响来自土地出让规模和成交价格两个方面。

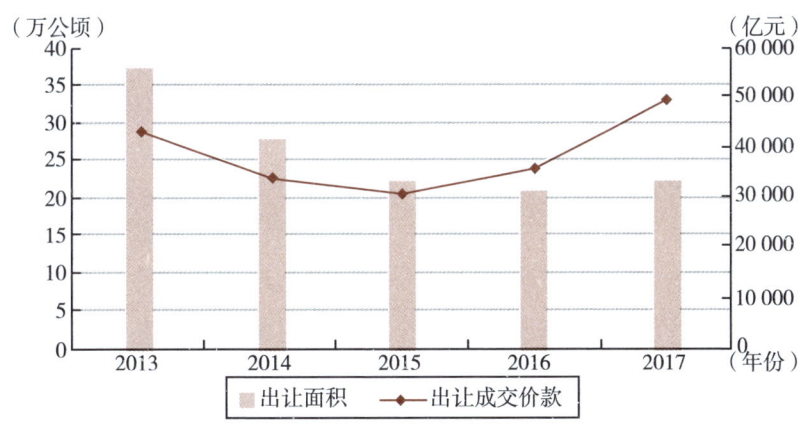

图4-3　2013—2017年国有建设用地出让面积和成交价款情况

资料来源：自然资源部，2017年中国土地矿产海洋资源统计公报。

如图4-3所示，2013—2017年，国有建设用地出让规模基本呈现下降趋势，从2013年的36.7万公顷下降到2017年的22.54万公顷，下降幅度近40%，但土地出让成交价款却不降反升,从2013年成交的4.2万亿元上升到2017年的5万亿元,这主要是由于国家对房地产市场实施了"因城施策、分类调控"政策,部分热点一、二线大城市加大了住宅类土地供应,带动全国土地整体供应量上升,更重要的是近年来土地出让价格始终维持在高位。以2017年为例,全国105个主要监测城市综合地价、商服地价、住宅地价、工业地价分别为4 083元/平方米、7 251元/平方米、6 522元/平方米、803元/平方米,同比分别增长了6.71%、4.52%、10.21%和3.02%,住宅地价较2016年上涨增速快了8.03个百分点(见图4-4)。

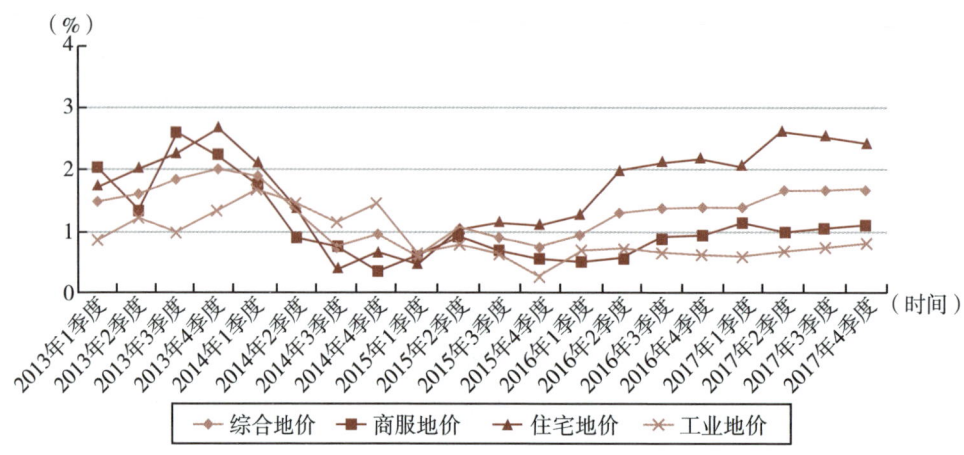

图4-4 2013—2017年全国主要城市监测地价环比变化情况

资料来源:自然资源部,2017中国土地矿产海洋资源统计公报。

三、地方政府债券融资

地方政府债券融资与地方政府一般公共预算、地方政府性基金预算融资既有区别又有联系。从资金属性来看,这三个融资渠道都属于公共资金范畴,都纳入地方政府预算统一管理。基本建设投资纳入一般公共预算、土地收益形成的投资纳入政府性基金预算、地方政府一般债券投融资纳入一般公共预算、地方政府专项债券投融资纳入政府性基金预算。地方政府债券投融资行为兼具了地方政府一般公共预算和政府性基金预算投融资的双重特点。从融资逻辑来看,地方政府一般公共预算收入依托的是强制性的征税权力,政府性基金预算收入依托的是资产变资金的市场交易行为,地方政府债券依托的是地方政府信用为基础的债务融资,与土地出让融资相类似的是债券融资也是市场行为。从融资约束条件来看，一般公共预算融资受制于国民收入的再分配结构，政府性基金预算融资受制于土地市场变动以及房地产政策调控政策，地方政府债务融资则受制于政府债务率水平以及货币政策取向。近年来，地方政府融资相继经历了以一般公共预算内财政资源为主向以"土地财政"为特征的基金预算资源为主转变，再逐步向以债务融资拓展，形成了地方政府多元化的财政融资。

（一）地方政府债务

2018年全国地方政府债务限额为209 974.30亿元。其中，一般债务限额123 789.22亿元，专项债务限额86 185.08亿元。2018年末，全国地方政府债务余额183 862亿元，债务率（债务余额/综合财力）为76.62%，控制在全国人大批准的限额之内，距离地方政府债务限额26 112.3亿元。其中，一般债务举债规模109 939亿元，距离一般债务限额13 850.22亿元，举债空间为一般债务限额的11.19%；专项债务73 923亿元，距离专项债务限额12 262.08亿元，举债空间为专项债务限额的14.23%。截至2018年末，在全部地方政府债务中，以政府债券形式存在的债务有180 711亿元，以非政府债券形式存在的存量政府债务有3 151亿元。

（二）地方政府债券发行规模

2018年是地方政府发行债券融资的第十个年度，也是2014年修正的《预算法》颁布实施后的第四个年度，延续着地方政府债券发行额度不断增长的趋势，2018年累计发行地方政府债券41 652亿元，其中，发行新增债券21 705亿元，占当年地方政府新增债券发行限额的99.6%；发行置换债券和再融资债券19 947亿元。

2018年，全国发行地方政府债券41 652亿元。其中，发行一般债券22 192亿元，发行专项债券19 460亿元；按用途划分，发行新增债券21 705亿元，占当年新增债务限额的99.6%，发行置换债券和再融资债券19 947亿元。

从发行规模的变动趋势看，2018年年初安排债券新增发行规模为21 800亿元，其中，一般债券发行8 300亿元，专项债券发行13 500亿元。地方政府债务发行总规模相比2017年增长了33.74%，其中，一般债券不变；专项债券增长5 500亿元，增长68.75%。可以看出，2018年地方政府债券新增额度增长主要来自于专项债券的大幅增长。而2018年置换债券发行规模较2017年减少了52.35%，主要是因为前几年置换债券发行规模较大，剩余地方政府非债券形式存在的债务存量逐渐减少。

（三）地方政府债券发行结构

在期限结构方面，2018年公开发行的地方政府债券期限品种增加，一般债券增加2年、15年和20年期，普通专项债增加了15年和20年期。2018年再次出现1年期债券发行品种，但占比很小，仅有两只，发行总额115.75亿元。从发行金额占比来看，5年期债券发行占比最大，为43.05%，其次为7年期，占比22.68%，第三位的是10年期，占比为16.6%（见表4-4）。

表4-4　　　　　　　2018年地方政府债券发行期限

类别	发行期数（只）	期数比重（%）	发行总额（亿元）	金额比重（%）
1年	2	0.22	115.75	0.28
2—3年	154	16.56	6 717.15	16.13
5年	368	39.57	17 931.46	43.05
7年	204	21.94	9 447.95	22.68
10年	185	19.89	6 913.68	16.60
10年以上	17	1.83	525.69	1.26
合计	930	100.00	41 651.68	100.00

资料来源：Wind数据库。

在地域分布方面，除去5个计划单列市之外，江苏省2018年地方政府一般债务余额达到6 652.6亿元，在全国省级层面一般债务规模最大，西藏债务规模最低（见图4-5）。2018年地方政府专项债务余额最高的是江苏省，余额为6 632.95亿元，最小的是西藏自治区（见图4-6）。截至2018年底，江苏省和山东省地方政府债务规模均超过万亿元大关。从地方政府债务规模占债务限额的比例看，湖南、天津、黑龙江比值排前三位。

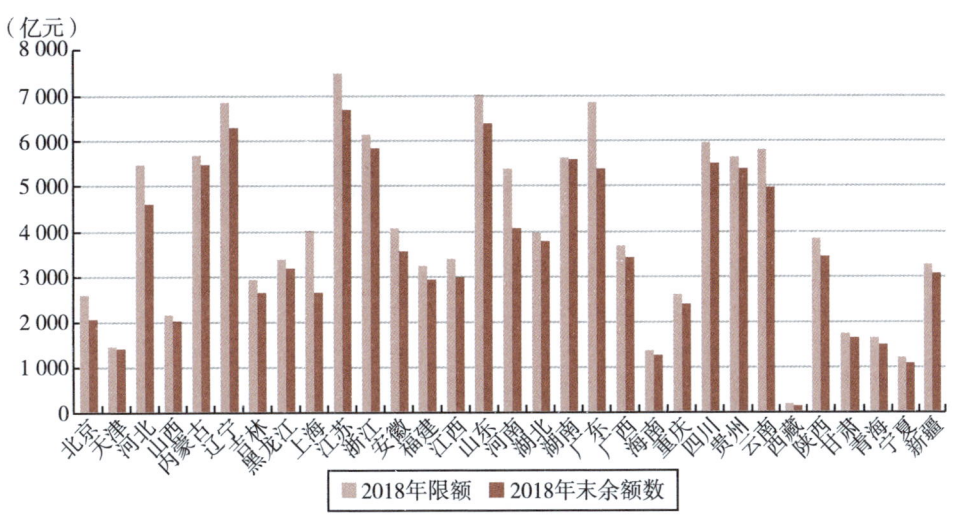

图 4-5　2018 年分省地方政府一般债务限额与余额比较

资料来源：财政部。

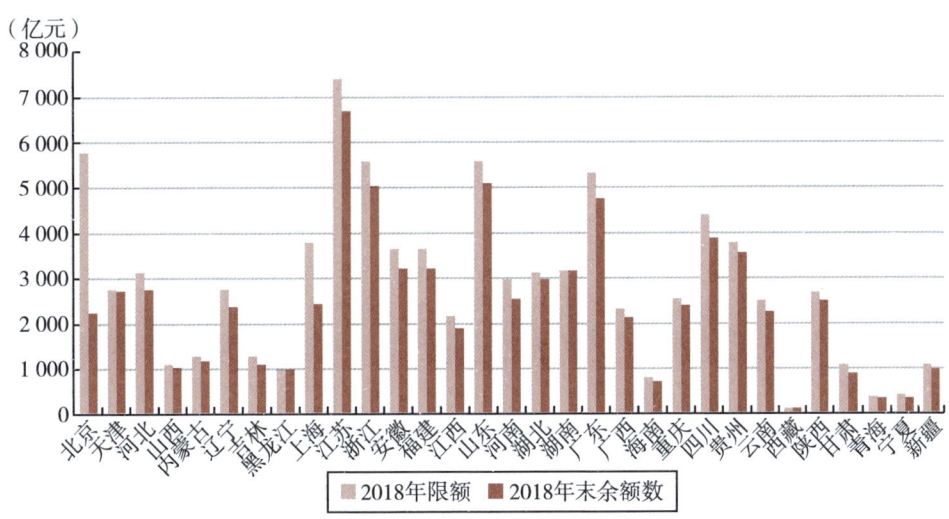

图 4-6　2018 年分省地方政府专项债务限额与余额比较

资料来源：财政部。

在发行进度方面，7—9月是地方政府发行债券规模最大的时段，其中，8月发行债券8 829.70亿元，单月规模最大。从发行利率变动看，2018年地方政府债券发行利率在不同月份之间差异不大（见表4-5）。

表 4-5　　2018 年分月度地方政府债券发行情况

时间	票面利率（%）	实际发行总额（亿元）	期间发行数（只）
2018.01	—	—	—
2018.02	—	285.61	15
2018.03	—	1 909.83	52
2018.04	—	3 017.88	65
2018.05	3.97	3 552.57	71
2018.06	3.98	5 343.24	90
2018.07	3.91	7 569.54	147
2018.08	3.89	8 829.70	194
2018.09	3.90	7 485.46	160
2018.10	3.90	2 560.31	93
2018.11	3.90	459.41	16
2018.12	3.89	638.12	27
合计	—	41 651.67	930

资料来源：Wind 数据库。

在发行方式方面，2018 年地方政府债券采用了四种发行方式，分别是：置换债券公开市场发行、新增债券公开市场发行、再融资债券公开发行和置换债券定向承销发行。其中，新增债券公开市场发行方式占比最高，超过 50%；置换债券定向承销方式发行的债券规模占比最小（见图 4-7）。

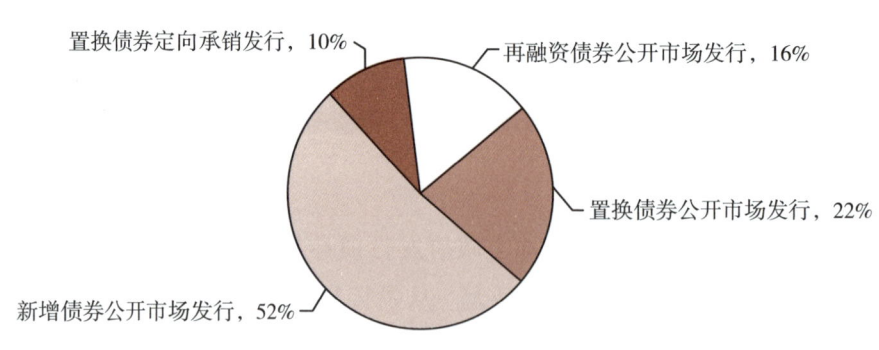

图 4-7　2018 年地方政府债券发行方式结构

资料来源：中债登。

(四)地方政府债券净融资

地方政府债券融资应该是以动态的视角研究净融资口径。事实上,地方政府年度内发行的地方政府债券并不能全部形成地方政府公共投资的资金来源,有两个部分需要剔除。其一是存量债务的置换债券,这部分债券是对既往已形成地方政府债务而非债券的债务,以债券的形式置换出来,实际的公共投资已经在债务发生时完成。其二是年度内地方政府偿还到期的债务或债券。自2009年我国开始在地方省级政府发行地方政府债券以来,地方政府债券已经连续发行了九年,地方政府债券也自2012年开始偿付,此后每一年都有到期债券需要偿还。

从图4-8可以看出,2013—2017年地方政府债券净融资规模持续增长,地方政府从债券渠道净融资规模从2013年的2 000亿元左右,一路增长到2017年净融资超过1.3万亿元。出现这种增长态势的原因有两个。首先,地方政府新增债券发行额度逐年快速增长,从2013年的3 500亿元快速增长到2017年的1.63万亿元。其次,地方政府到期偿还的债券规模偏小,受以前年度地方政府债券发行规模较小的影响,近年来到期的地方政府债券规模整体偏小,对地方政府债券发行规模的影响也相对较小。一正一反两个方面的因素共同推动了地方政府债券净融资规模逐年攀升。

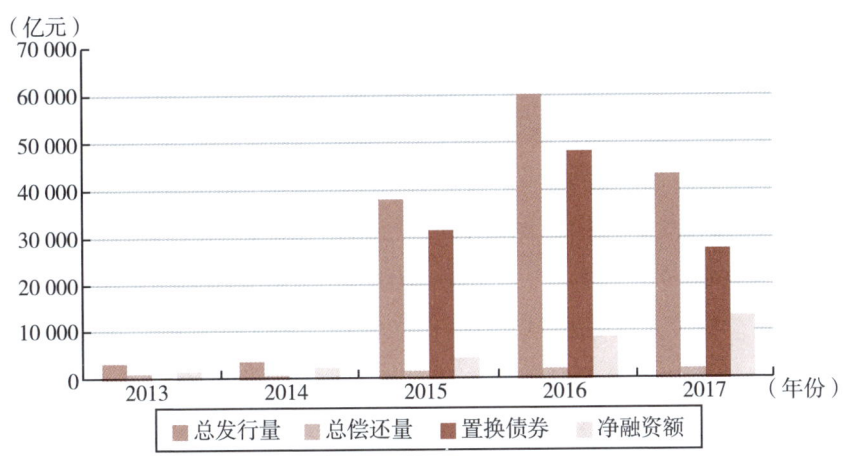

图4-8 2013—2017年地方政府债券年度融资比较

资料来源:Wind数据库,中债登。

第二节　地方政府投资

一、全社会固定资产投资

现代经济周期理论认为，投资波动是导致经济波动的主要原因，对投资需求的管理是实施宏观调控的重要手段。固定资产投资是改善公共服务和提供公共设施的重要支撑，也是促进经济增长的动力来源。全社会固定资产投资也称为全社会固定资产投资完成额，是指以货币形式表现的建造和购置固定资产活动的工作量以及与此有关的费用总和，是反映固定资产投资规模、速度、比例关系和使用方向的综合性指标。随着国家统计局对固定资产投资统计制度的不断完善，目前，我国全社会固定资产投资包括全社会固定资产投资（不含农户）和农户固定资产投资两大部分。本节全社会固定资产投资的分析主要围绕我国全社会固定资产投资情况和全社会固定资产投资资金来源的结构性分析两个方面展开。

（一）全社会固定资产投资情况

从2011年起，固定资产投资数据统计口径发生改变，调整为固定资产投资（不含农户）和农户固定资产投资，固定资产投资（不含农户）等于原口径的城镇固定资产投资加上农村企事业组织的项目投资。考虑到口径的一致性，本节在此主要采用的是近五年的数据。2018年，我国全年全社会固定资产投资645 675亿元，比上年增长5.9%。其中，固定资产投资（不含农户）635 636亿元，比上年增长5.9%。从图4-9可以看出，2014—2018年我国全社会固定资产投资规模呈现逐年增长的态势，总体规模从2014年的512 020.65亿元稳步提高到2018年的645 675亿元。但是其增长率呈现逐年放缓的态势，这说明在目前阶段，我国全社会固定资产投资已处于平稳增长阶段（见图4-9）。

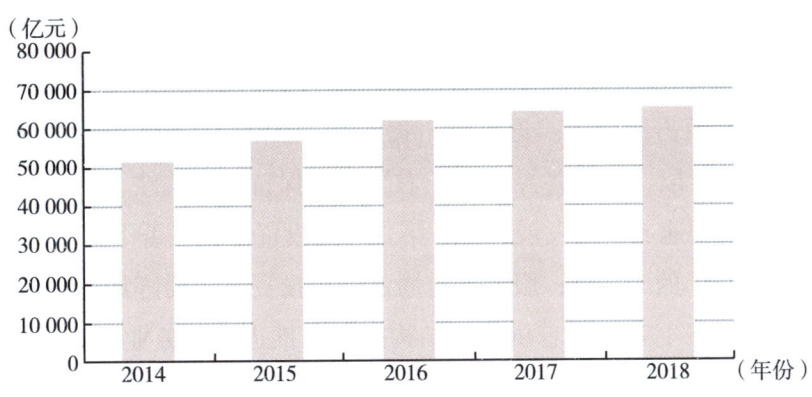

图 4-9　2014—2018 年我国全社会固定资产投资规模

资料来源：国家统计局。

从区域分布看，2018年，东部地区投资比上年增长5.7%，中部地区投资增长10.0%，西部地区投资增长4.7%，东北地区投资增长1.0%。固定资产投资（不含农户）按东部、中部、西部和东北地区计算的合计数据小于全国数据，是因为有部分跨地区的投资未计算在地区数据中。目前，我国固定资产投资的区域性差异依旧明显：东部地区投资发展情况良好；西部地区投资规模和增长率徘徊在中等偏下水平；中部地区的投资近几年越来越受到重视，其增长率位居第一，但由于起点低、能力偏弱，所以在规模上与东部地区还有较大差距；东北地区投资增长率较低（见表4-6）。

表 4-6　2018 年按区域分固定资产投资（不含农户）规模和增长率

地区	固定资产投资规模（亿元）	比上年增长（%）
东部地区	280 990	5.7
中部地区	179 740	10.0
西部地区	174 400	4.7
东北地区	30 962	1.0

资料来源：根据国家统计局中华人民共和国2018年国民经济和社会发展统计公报整理。

注：东部地区指北京、天津、河北、上海、江苏、浙江、福建、山东、广东和海南10省（市）；中部地区指山西、安徽、江西、河南、湖北和湖南6省；西部地区是指内蒙古、广西、重庆、四川、贵州、云南、西藏、陕西、甘肃、青海、宁夏和新疆12省（市、自治区）；东北地区是指辽宁、吉林和黑龙江3省。

从产业分布来看，2018年，第一产业投资22 413亿元，比上年增长12.9%；

第二产业投资237 899亿元,增长6.2%;第三产业投资375 324亿元,增长5.5%。由表4-7和图4-10可知,第一产业固定资产投资规模占比较小,但增长率较高;第三产业投资规模占比最大。近年来,我国农业发展进入结构调整、产业升级、新旧能转换的新阶段,社会各界对"三农"问题保持高度关注,第一产业投资呈现出规模扩张、增速放缓的发展态势;第二产业投资占比显著下降,从2014年的41.4%降为2018年的37.4%;服务业是固定资产投资的主要阵地,占固定资产投资的比重逐年稳步上升,随着供给侧结构的深入推进,服务业不断孕育新动能,服务业活力和实力不断增强,2017年占比最高达到了59.4%,2018年为59%(见表4-7、图4-10)。

表4-7 2018年按产业分固定资产投资(不含农户)规模和增长率

产业	2017固定资产投资规模(亿元)	比上年增长(%)	2018年固定资产投资规模(亿元)	比上年增长(%)
第一产业	20 892	11.8	22 413	12.9
第二产业	235 751	3.2	237 899	6.2
第三产业	375 040	9.5	375 324	5.5

资料来源:根据中华人民共和国2017年、2018年国民经济和社会发展统计公报整理。

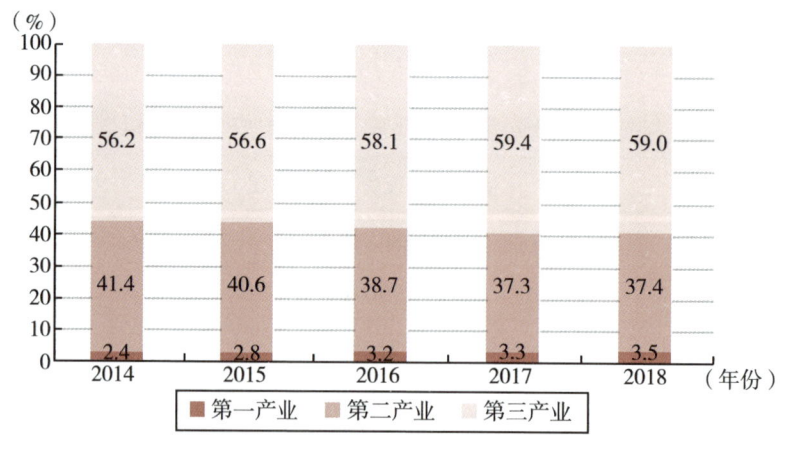

图4-10 2014—2018年按产业分固定资产投资(不含农户)占比

资料来源:根据国家统计局中华人民共和国2018年国民经济和社会发展统计公报整理。

从具体的行业分布来看,2018年固定资产投资增速最快的行业为文化、体育和娱乐业,比上年增长21.2%;其次是租赁和商务服务业,比上年增长14.2%;另外,增长率较高的还有科学研究和技术服务业、农林牧渔业等。批发和零售业的投资规模则呈现出显著下降的趋势，比上年降低了21.5%；公共管理、社会保障和社会组织的投资规模也下降较快，为18%；除此以外，居民服务、修理和其他服务业、建筑业、金融业等行业也均比上年下降10%以上（见表4-8）。

表4-8　2018年按行业分固定资产投资（不含农户）规模增长情况

行业	比上年增长（%）	行业	比上年增长（%）
总计	5.9	金融业	-13.1
农、林、牧、渔业	12.3	房地产业	8.3
采矿业	4.1	租赁和商务服务业	14.2
制造业	9.5	科学研究和技术服务业	13.6
电力、热力、燃气及水生产和供应业	-6.7	水利、环境和公共设施管理业	3.3
建筑业	-13.9	居民服务、修理和其他服务业	-14.4
批发和零售业	-21.5	教育	7.2
交通运输、仓储和邮政业	3.9	卫生和社会工作	8.4
住宿和餐饮业	-3.4	文化、体育和娱乐业	21.2
信息传输、软件和信息技术服务业	4.0	公共管理、社会保障和社会组织	-18.0

资料来源：根据国家统计局中华人民共和国2018年国民经济和社会发展统计公报整理。

（二）全社会固定资产投资资金来源的结构性分析

根据全社会固定资产投资的实际到位资金来源，可分为国家预算内资金、国内贷款、利用外资、自筹资金和其他资金来源。2017年，全社会固定资产投资中来自国家预算内的资金为38 742亿元，占比6%；国内贷款72 435亿元，占比11%；利用外资2 146亿元，占比1%；自筹资金417 700亿元，占比65%；其他资金来源108 346亿元，占比17%。其中，占比最高的是自筹资金，而国家预算内资金占比则较低（见图4-11）。

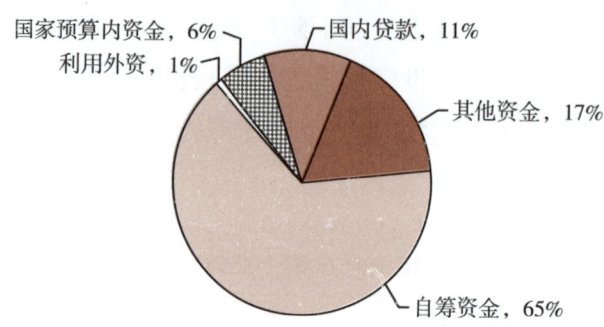

图 4-11 2017 年全社会固定资产投资的资金来源

资料来源：国家统计局。

政府投资具有独特的优势，可以对经济增长、消费等起到一定的积极作用，可以为民间投资更好地发挥作用提供必要的政策支持。所以接下来对全社会固定资产投资中来自国家预算内资金进行关注和分析。国家预算内资金是指中央财政和地方财政中由国家统筹安排的基本建设拨款和更新改造拨款，以及中央财政安排的专项拨款中用于基本建设中的资金和基本建设拨款改贷款的资金等。近 10 年来，国家预算内资金规模呈现出不断扩大的趋势，从 2008 年的 7 955 亿元增加到 2017 年的 38 742 亿元。出于应对经济下行的需要，国家预算内投资占比也呈小幅上升的态势，近十年最低占比为 2008 年和 2011 年的 4.3%，最高占比为 2017 年的 6.1%（见图 4-12、图 4-13）。

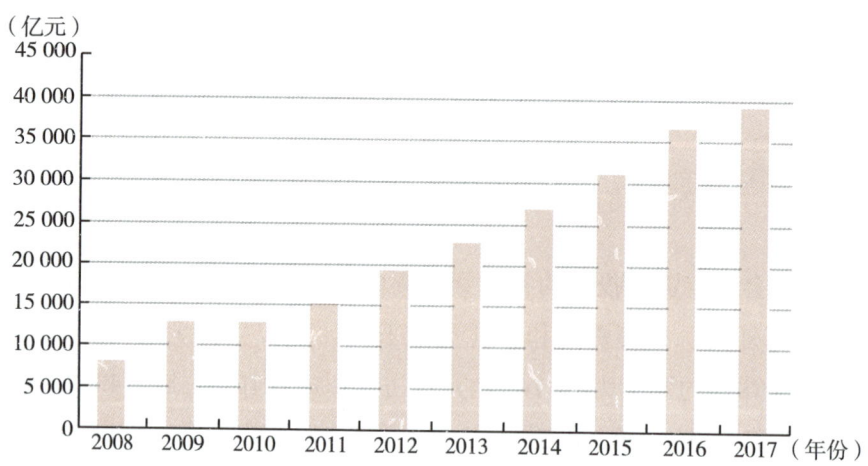

图 4-12 2008—2017 年全社会固定资产投资中来自国家预算内资金规模

资料来源：国家统计局。

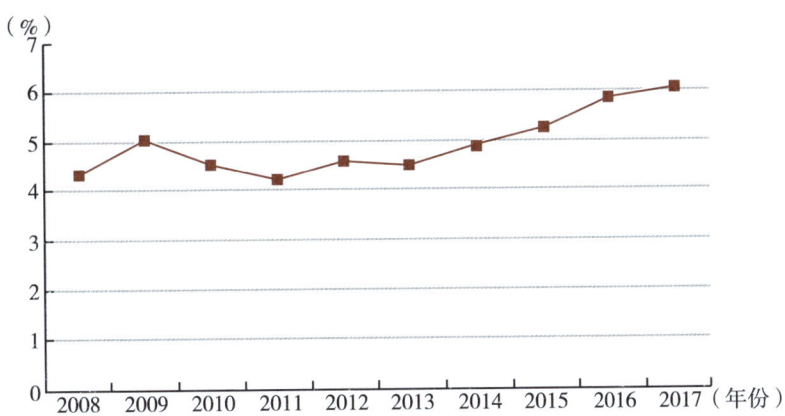

图 4-13 2008—2017 年全社会固定资产投资中来自国家预算内资金占比趋势
资料来源：国家统计局。

二、地方政府公共投资

地方政府公共投资是一个重要的经济数据，包含着地方政府本级财政投资和中央政府公共投资转移支付给地方的部分。由于我国现阶段预算体系中没有资本性预算的统计口径，从现有的财政统计报表中不能够分离出地方公共投资规模和结构。本节的分析跳出传统的财政报表中支出口径的研究视角，从与地方财政相关联的预算单位的财务数据来探查地方公共投资的规模和结构。2017年全国共有74.05万户预算单位，其中，地方预算单位72.2万户，占比为97.52%。全部预算单位分为四类：行政单位、事业单位、企业化管理事业单位和民间非营利组织。

（一）地方政府公共投资规模

本部分从投资的角度，分析地方政府预算单位的公共投资规模。在现行预算体系中，四本政府预算只有一般公共预算和政府性基金预算的支出有资本支出属性，故从地方预算单位在这两本预算获得的基本建设资金投入作为地方政府公共投资的替代数据。

1. 一般公共预算

2017年，全国74.57万户预算单位从一般公共预算获得收入117 518亿元，本年安排支出136 613亿元，其中，基本支出61 848亿元，项目支出74 765亿元，结余结转16 760亿元。根据2011—2015年地方预算单位项目支出中基本建设支出加权平均占比，我们以8%、10%和12%三个比重作为2017年地方预算单位投资性支出占一般公共预算拨款的测算依据。测算结果如图4-14所示。

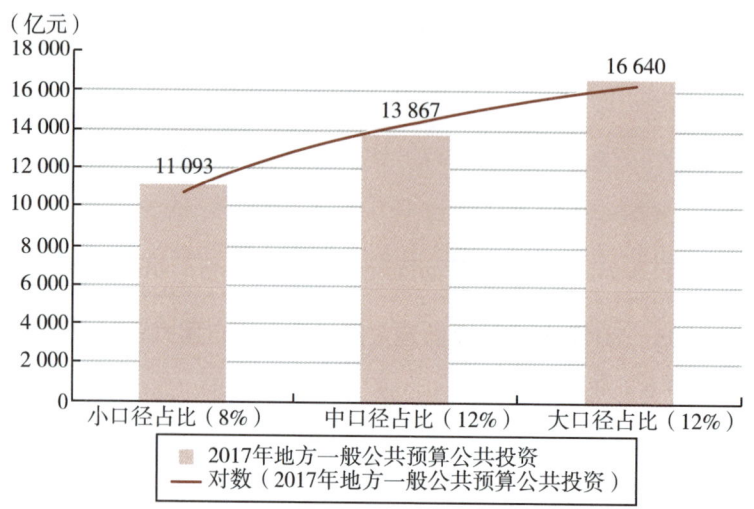

图4-14　2017年地方一般公共预算公共投资测算

2. 政府性基金预算

2017年，全国74.05万户预算单位从政府性基金预算获得收入19 204亿元，本年安排支出18 896亿元，其中，基本支出445亿元，项目支出18 451亿元，结余结转2 480亿元。根据2011—2015年地方预算单位基金预算项目支出中基本建设支出加权平均占比，我们以5%、7%和9%三个比重作为2017年地方预算单位投资性支出占政府性基金预算拨款的测算依据。测算结果如图4-15所示。

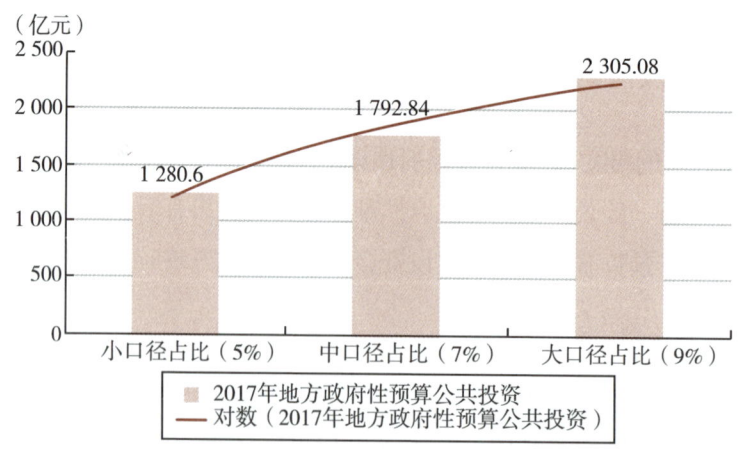

图4-15　2017年地方政府性基金预算公共投资测算

将一般公共预算和政府性基金预算归并来看，2017年地方预算单位小口径的公共投资为12 374亿元，中口径公共投资为15 659亿元，大口径公共投资为18 945亿元。

（二）地方政府公共投资结构

1. 地域分布

本部分从公共投资形成预算单位固定资产的思路分析地方公共投资的区域分布。图4-16所示的是2017年72.2万户地方预算单位固定资产原值增长变动情况。固定资产原值增长与经济发展水平高度相关，从地域省份上看，从东部到中部，再到西部预算单位固定资产原值的增长明显缩小。如图4-16所示，广东以年固定资产原值增长超过800亿元位列全国省级规模第一，排在其后的是山东、河北、河南、江苏等省。需要说明的是，地方预算单位固定资产原值增长并不是全部由公共投资行为所致，除此之外预算单位的自筹资金也能推动固定资产价值增加，但是通过预算单位固定资产价值增长情况不影响对公共投资地域分布的考察，基本的地域分布是一致的。

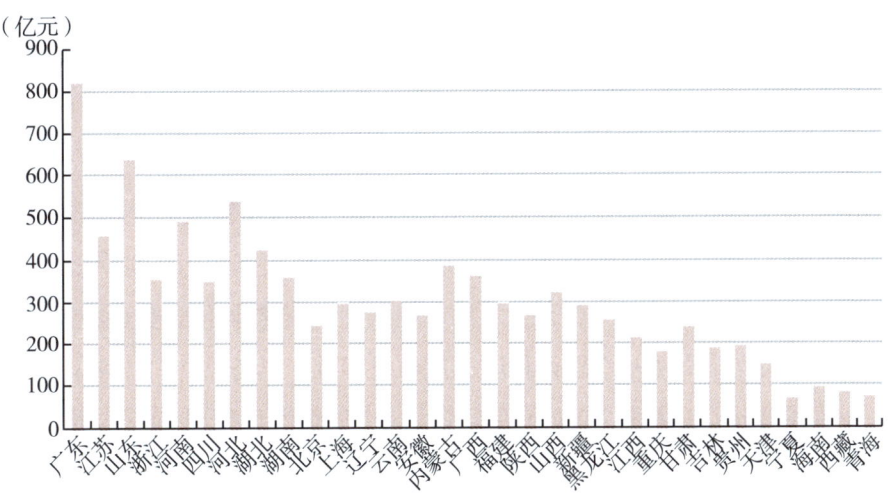

图4-16 地方预算单位固定资产原值2017年较2016年增长比较

2. 投资结构

2017年全国预算单位共计74.05万户，地方预算单位共计72.2万户，地方预算单位占比97.5%，超过八成的投资是由地方预算单位完成的。从统计学上看，全国预算单位的投资结构特征与地方预算单位的投资结构特征是趋同的。以下分析用全国预算单位2017年项目支出中的基本建设支出结构作为地方公共投资的替代分析物，考察地方层面的公共投资结构。如图4-17所示，2017年，在全部公共投资中占比最高的交通运输支出，占比为21%，其次是农林水支出，占比为18%，排名第三位的是城乡社区支出，占比为15%。这一占比排序与2016年保持一致。

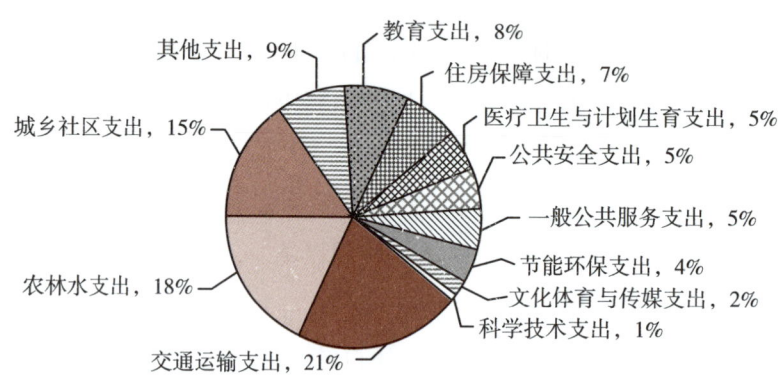

图 4-17　全部预算单位公共投资结构

三、中央基本建设投资对地方转移支付

（一）中央基本建设投资概况

2018年中央本级基本建设支出预算数为1 030亿元，决算数为1 267.33亿元，完成预算的123%；2018年基本建设支出对地方转移支付预算数为4 346亿元，决算数为4 108.67亿元，完成预算的94.5%（见表4-9）。决算数与预算数存在差异，主要是中央基本建设支出需按基本建设程序完成项目审批、具备条件后才能下达，因此，需要在年度预算执行中根据项目前期工作实际进展情况确定具体下达资金数额。

表 4-9　2018年中央基本建设支出决算表　　　　　　　　单位：亿元

项目	预算数	决算数	决算数为预算数的%
一、中央本级支出	1 030.00	1 267.33	123.0
一般公共服务支出	39.52	104.78	265.1
外交支出	0.95	0.95	100.0
国防支出	0.73	1.07	146.6

续表

项目	预算数	决算数	决算数为预算数的%
公共安全支出	35.63	54.49	152.9
教育支出	64.24	66.98	104.3
科学技术支出	25.59	37.90	148.1
文化体育与传媒支出	13.37	20.76	155.3
社会保障和就业支出	5.07	8.49	167.5
医疗卫生与计划生育支出	15.37	16.14	105.0
节能环保支出	193.92	223.22	115.1
城乡社区支出	20.59	26.04	126.5
农林水支出	90.93	94.56	104.0
交通运输支出	311.75	368.55	118.2
资源勘探信息等支出	57.27	121.48	212.1
商业服务业等支出	0.28	0.28	100.0
金融支出	0.12	0.32	266.7
国土海洋气象等支出	70.46	80.35	114.0
住房保障支出	4.00	6.70	167.5
粮油物资储备支出	26.54	33.64	126.8
其他支出	53.67	0.63	1.2
二、对地方转移支付	4 346.00	4 108.67	94.5
"一带一路"建设中央基建投资	42.60	38.06	89.3
京津冀协同发展中央基建投资	60.25	60.25	100.0
长江经济带发展中央基建投资	24.62	24.61	100.0
保障性安居工程中央基建投资	878.00	891.19	101.5
水利中央基建投资	798.66	808.66	101.3
农业中央基建投资	242.40	241.98	99.8
易地扶贫搬迁等"三农"建设中央基建投资	309.24	304.24	98.4
交通运输中央基建投资	71.61	71.61	100.0

续表

项目	预算数	决算数	决算数为预算数的%
能源中央基建投资	10.00	10.00	100.0
其他重大基础设施中央基建投资	27.96	29.63	106.0
支持边疆、少数民族地区发展中央基建投资	297.00	295.12	99.4
教育中央基建投资	177.22	177.22	100.0
卫生中央基建投资	240.27	240.27	100.0
社会服务中央基建投资	53.89	53.89	100.0
文化、体育和旅游等中央基建投资	86.96	86.96	100.0
公共安全体系中央基建投资	218.27	208.24	95.4
节能减排和环境保护中央基建投资	127.89	127.89	100.0
生态建设中央基建投资	130.20	128.54	98.7
创新驱动中央基建投资	45.03	40.39	89.7
转型升级中央基建投资	65.25	64.15	98.3
产业结构调整中央基建投资	110.31	110.31	100.0
其他投资	328.37	95.46	29.1
中央基本建设投资支出	5 376.00	5 376.00	100.0
中央本级支出	1 030.00	1 267.33	123.0
对地方转移支付	4 346.00	4 108.67	94.5

资料来源：财政部。

从中央本级基本建设支出方面来看，节能环保支出、交通运输支出、资源勘探信息等支出数额较大，规模达到713.25亿元，占到中央本级支出总数的57%（见图4-18），这是由于预留资金等年初被列入其他支出，年度执行中明确到能源、交通等领域投资项目，使节能环保支出、交通运输支出等科目执行数高于预算数。2018年预算实际执行中，中央基建投资部分中央本级项目与预算偏差较大，主要是由于按照党中央、国务院要求以及项目进展情况需要加大支持力度，保障其顺利建成，如：北京新机场、川藏铁路拉萨至林芝段供电工程等。

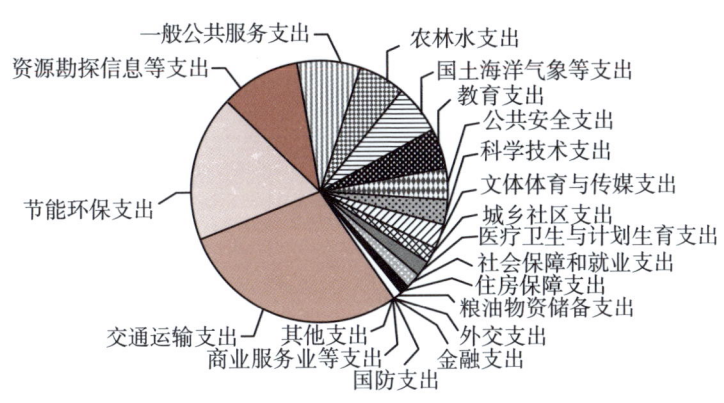

图 4-18　中央本级基本建设支出结构（亿元）

资料来源：财政部。

如表4-10所示，2018年中央基本建设支出较前两年上涨12.56%，规模增加600亿元；其中，中央本级支出增加151.93亿元，转移给地方的部分增加448.07亿元；中央转移支付占比达到76.4%。各项指标均上涨说明当前中央财政的目标仍然是实行积极的财政政策，重点是通过中央财政的引导不断拉动地方政府投资，提高地方的公共服务水平和基础设施建设。

表 4-10　　　　2016—2018 年中央基本建设支出情况

	2016	2017	2018
中央基本建设支出（亿元）	4 776.0	5 076.00	5 376.00
其中：中央本级支出（亿元）	1 115.4	1 133.38	1 267.33
转移支付给地方（亿元）	3 660.6	3 942.36	4 108.67
中央转移支付占比（%）	76.6	77.70	76.40

资料来源：财政部。

（二）对地方转移支付部分的规模与结构

从规模方面来看，由表4-11可知，中央基本建设支出对地方转移支付的规模不断提高，由2017年的3 942.37亿元增加到2018年的4 108.67亿元，同比增加4.21%。中央转移支付规模的上升一方面反映出中央政府对各个地方基本建设的重视，尤其是住房、"三农"、水利等与民生相关的基本建设项目；另一方面也反映出当前各个地方政府面临着较大的财政压力，地方政府投资的有效进行需要中央财政的正确引导与强力支持。

表 4–11 2017 年与 2018 年中央基本建设支出对地方转移支付　　　单位：亿元

基建投资	2017年	2018年
"一带一路"建设中央基建投资	34.23	38.06
京津冀协同发展中央基建投资	56.25	60.25
长江经济带发展中央基建投资	20.00	24.61
保障性安居工程中央基建投资	855.89	891.19
水利中央基建投资	812.68	808.66
农业中央基建投资	234.30	241.98
易地扶贫搬迁等"三农"建设中央基建投资	289.37	304.24
交通运输中央基建投资	62.14	71.61
能源中央基建投资	—	10.00
其他重大基础设施中央基建投资	19.50	29.63
支持边疆、少数民族地区发展中央基建投资	270.52	295.12
基础科研和自主创新中央基建投资	4.10	—
教育中央基建投资	176.71	177.22
卫生中央基建投资	242.51	240.27
社会服务中央基建投资	52.89	53.89
文化、体育和旅游等中央基建投资	85.22	86.96
公共安全体系中央基建投资	197.51	208.24
节能减排和环境保护中央基建投资	134.11	127.89
生态建设中央基建投资	125.64	128.54
产业结构调整和制造业转型升级中央基建投资	179.23	214.85
其他投资	89.57	95.46
中央基建支出对地方转移支付合计	3 942.37	4 108.67

注：2017 年与 2018 年的基建项目类型略有差别，作相应调整后得到上表，其中，2017 年的产业结构调整和制造业转型升级中央基建投资对应 2018 年的创新驱动中央基建投资、转型升级中央基建投资和产业结构调整中央基建投资。

从结构方面来看，中央基本建设支出对地方转移支付集中在保障性安居工程、水利、"三农"、支持边疆少数民族地区发展、农业、卫生等方面，2018年这几项基本建设转移支付总额为2 781.46亿元，占中央基本建设支出对地方转移支付总额的67.7%。其中，保障性安居工程项目数额接近900亿元，居于首位；"三农"、水利、卫生等项目历年来同样保持较大份额，反映出中央财政对民生的重视与支持；对边疆、少数民族地区发展提供支持也是全面实现小康社会的重要组成部分；但是，中央财政对地方的教育、基础科研和自主创新、生态建设、节能减排和环境保护等方面提供的支持有限，只能在有限的程度上调动地方政府向这些领域投资的积极性（见图4-19）。

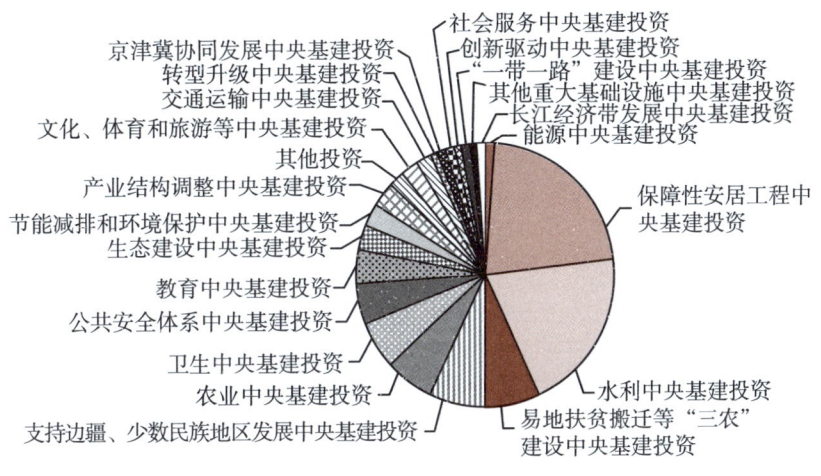

图4-19 2018年中央基本建设支出对地方转移支付项目

（三）近年来中央基本建设投资转移支付调整优化

近年来中央基本建设支出对地方转移支付的重点倾向于与民生相关的内容，中央财政对与人民基本生活密切相关的项目越来越关注，如"三农"、住房等的投入逐年上升；2018年各中央基本建设支出对地方转移支付项目的规模较2017年总体上都有提升，其中，有三项略有下降，降幅不明显（见图4-20）。作为解决中央和地方财政之间的纵向不平衡和各区域之间的横向不平衡的政策工具，近年来中央基本建设支出对地方转移支付所反映出的结构差异，体现了国家为了实现区域间各项社会经济事业的协调发展而采取的相应措施。因此，中央转移支付的结构本质上是顺应经济形势变化而作出调整的。

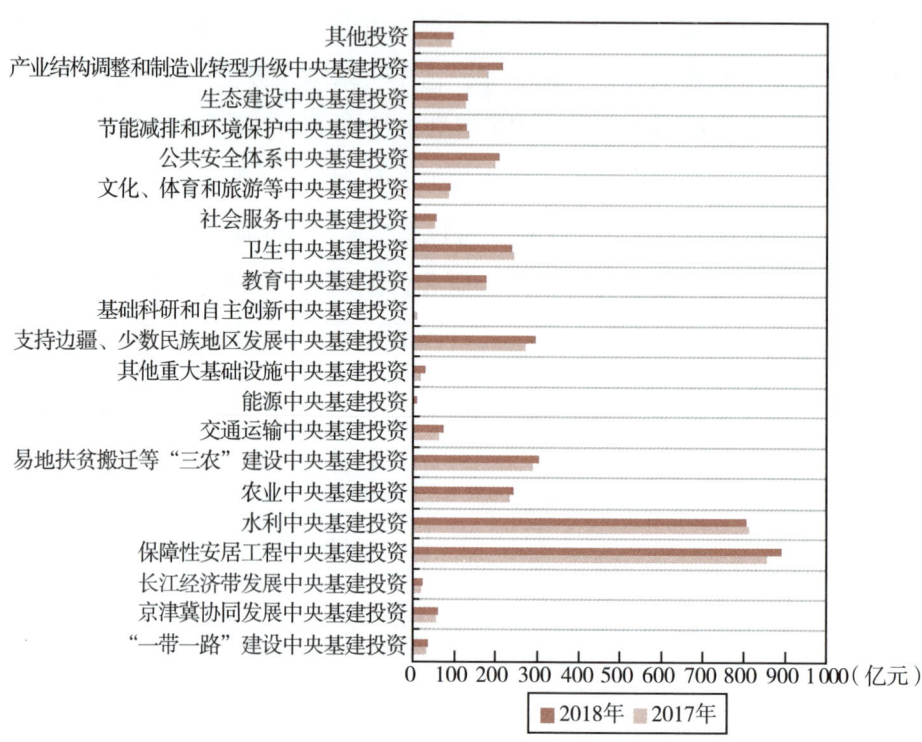

图 4-20　2017—2018 年中央对地方基建支出转移支付项目

四、地方政府债券投资

（一）一般债券投资

根据《地方政府一般债券发行管理暂行办法》，我国地方政府一般债券是指为没有收益的公益性项目发行的、约定一定期限内主要以一般公共预算收入还本付息的政府债券。因此，我国地方政府一般债券资金主要投向一些公益性项目。无论是新增债券还是置换债券，地方政府都应健全政府债务资金绩效管理机制，在强化地方政府债务风险防范的同时，严格按规定用途使用债券资金。我国一般债券投资体现着公共财政、民生财政的要求。从各省市发行一般债券的披露文件看，作为公益性资本支出，一般债券资金的投向主要涉及农林水利建设、交通基础设施建设、城市建设、生态建设和环境保护、棚户区改造、脱贫攻坚、农业供给侧结构性改革等领域。

2018年我国发行地方政府债券41 652亿元，一般债券22 192亿元，专项债券19 460亿元。按用途划分，发行新增债券21 705亿元，发行置换债券和再融资债券19 947亿元。其中，在新增债券中专项债券占比较高，而累计发行的21 705亿元新增债券主要用于基础设施，以弥补重大项目建设资金缺口。从2017年新增债券投资情况可以看出，投向重点包括市政建设、交通运输、土地储备、棚户区改造等保障性住房、教科文卫及生态建设、易地扶贫及农林水利等（见图4-21）。

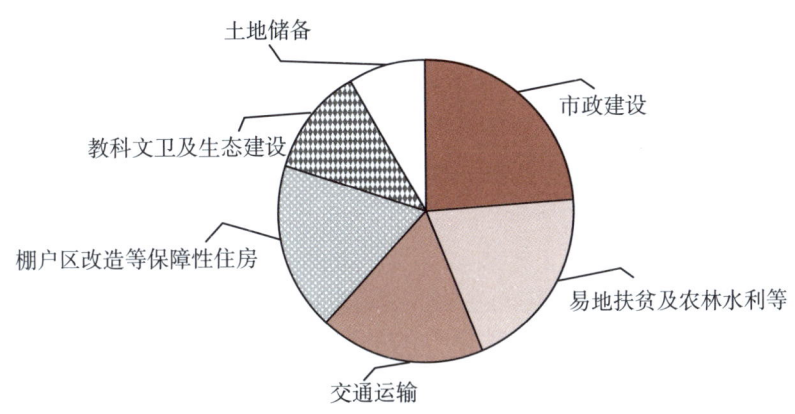

图4-21　2017年新增债券投资

资料来源：根据债券发行数据整理。

不同地区经济发展情况不同，债务率以及资金需求也不同，因此，一般债券资金投向和规模也不尽相同。以2017年北京市和云南省的债券投资情况为例，2017年北京市共发行三批一般债券：第一批2.768亿元主要用于农林水利建设；第二批发行297亿元，主要投向一是城市副中心、2019年世园会等重大工程建设，二是疏解非首都功能，三是环境整治，四是交通基础设施建设；第三批发行39.51亿元，全部为置换一般债券。而2017年云南省共发行五批一般债券，其中，460.7亿元全部为置换债券，主要用于偿还清理甄别确定的存量政府债务；471.3亿元新增债券资金主要依法用于公益性资本支出，优先用于保障在建公益性项目后续融资（见图4-22）。根据云南省财政厅发布的数据，云南省一般债务投向主要集中在基础设施建设（铁路、公路、机场和轨道交通）、农林水利建设、保障性住房以及社会事业。

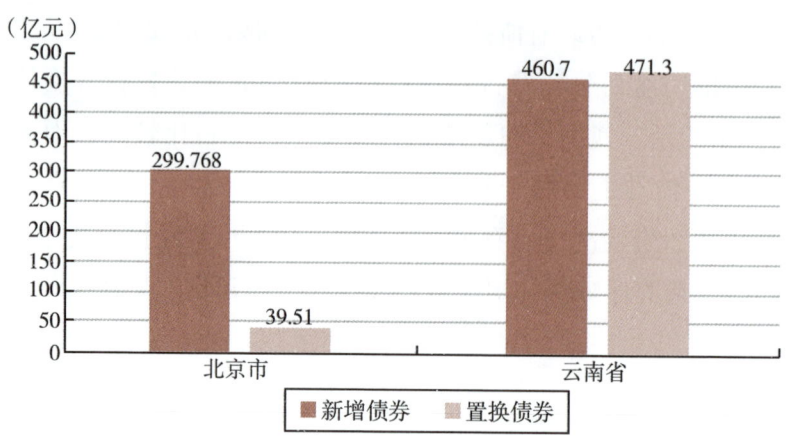

图 4-22　2017 年北京市与云南省一般债券发行规模比较

资料来源：中债登，作者整理。

（二）专项债券投资

2017年我国地方政府发行专项债券的类型有三种：收费公路专项债券、土地储备专项债券以及轨道交通专项债券。2018年在上年专项债发行基础上，新增棚户区改造专项债、高校专项债、生态保护专项债等30多个品种，当年土地储备专项债、棚户区改造专项债、收费公路专项债发行规模较大，分别为0.56万亿元、0.34万亿元和744.60亿元，其中，土地储备专项债和收费公路专项债发行规模同比分别增长134.18%和69.21%，其余品种项目收益债券发行规模均小于40亿元。

专项债券体现了项目收益与融资自求平衡的特点，逐渐成为地方政府融资的主要方式之一。相应地，由于专项债券的偿还有稳定的项目收益，因此，专项债券投资在完善地方基础设施建设方面发挥着不可替代的作用。

1. 收费公路建设投资

作为地方政府规范举债的"前门"，收费公路专项债券不仅有利于解决我国一些地区公路基础设施发展不完备的问题，而且对于我国公路网规划目标的实现、防控交通领域债务风险、深化财政和金融互动方面具有积极的实施意义。根据《地方政府收费公路专项债券管理办法（试行）》的要求，收费公路专项债券资金专项用于政府收费公路项目建设，优先用于国家高速公路项目建设，重点支持"一带一路"、京津冀协同发展、长江经济带三大战略规划的政府收费公路项目建设。不得用于非收费公路项目建设，不得用于经常性支出和公路养护支出。

根据中债登收费公路专项债券发行的披露文件数据，2017年收费公路专项债券发行的省市有12个：广东省、海南省、河北省、黑龙江省、湖北省、湖南省、吉林省、宁波市、青海省、山西省、浙江省、甘肃省（见图4-23）。这些省市收费公路专项债券募集资金主要用于当地公路建设。

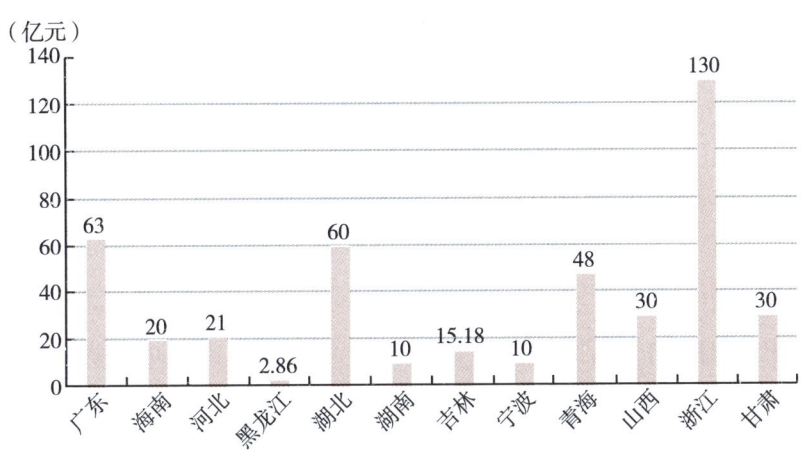

图4-23　2017年收费公路专项债券发行规模

资料来源：中债登，作者整理。

2. 土地储备投资

为了规范土地储备融资行为，促进土地储备事业持续健康发展，财政印发了《地方政府土地储备专项债券管理办法（试行）》。土地储备专项债券募集资金主要用于各地的土地储备项目，包括土地的前期开发、储存和供应。发行该专项债券是调控土地市场、使地方政府债务规范化、透明化的题中应有之义。

根据中债登土地储备专项债券发行的披露文件数据，2017年土地储备专项债券发行的省市有28个：安徽省、天津市、北京市、福建省、青海省、山西省、新疆维吾尔自治区、广东省、海南省、河北省、河南省、黑龙江省、吉林省、江苏省、江西省、厦门市、青岛市、山东省、陕西省、上海市、四川省、内蒙古自治区、云南省、重庆市、甘肃省、湖北省、宁波市、浙江省（见图4-24）。这些省市发行该债券募集的资金主要用于下辖市区的土地储备项目。

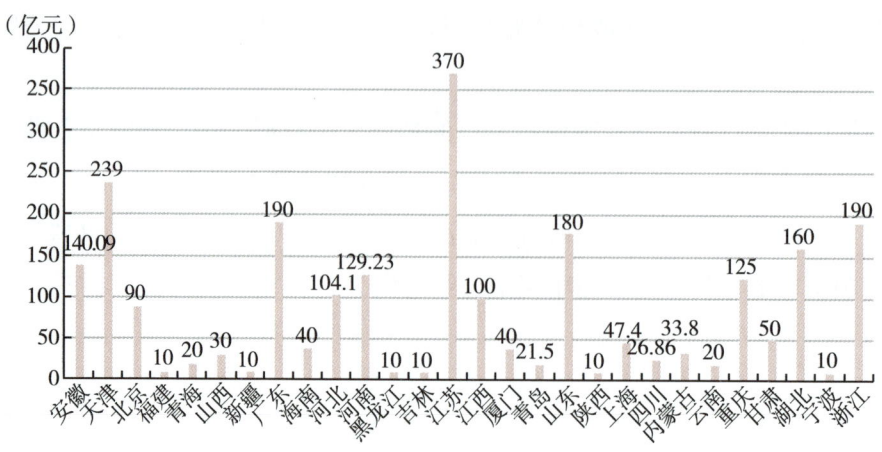

图 4-24　2017 年土地储备专项债券发行规模

资料来源：中债登，作者整理。

3. 轨道交通建设投资

2017年12月5日，深圳市发行了我国首只轨道交通专项债券。发行额为20亿元，用于深圳市轨道交通14号线项目的建设，偿债资金主要来源于运营收入、沿线土地的出让和开发等。根据《深圳市轨道交通项目专项债券管理办法（试行）》，轨道交通专项债券是深圳市积极探索、试点发展轨道交通项目收益与融资自求平衡的地方政府专项债券品种的重要成果，有利于促进深圳市轨道交通事业的可持续发展，为轨道交通建设融资提供了新的思路。

4. 棚户区改造投资

2018年6月20日，天津市发行了我国首只棚户区改造专项债券，发行额为15亿元，用于天津市红桥区棚户区改造，未来偿债资金主要来源于土地出让收入。根据《试点发行地方政府棚户区改造专项债券管理办法》，棚户区改造专项债券是继土储专项债、收费公路专项债后，财政部推出的又一项目收益与融资自求平衡专项债券试点创新品种，为地方政府筹措棚户区改造建设资金提供了新的范式。

五、地方政府专项债券投资案例

（一）2017 年深圳市轨道交通项目收益专项债券

2017年12月11日，深圳市招标发行2017年深圳市（本级）轨道交通专项债券

（一期）——2017年深圳市政府专项债券（一期），发行总额为20亿元人民币的轨道交通专项债，期限5年，中标利率为3.82%，品种为记账式固定利率附息债券，全部为新增专项债券。这是继土储专项债和收费公路专项债之后的第三个地方政府专项债新品种。

1. 债券基本情况

见表4-12。

表4-12　　　　深圳轨道交通专项债券基本情况

债券名称	2017年深圳市（本级）轨道交通专项债券（一期）——2017年深圳市政府专项债券（一期）
发行人	深圳市政府
发行日期	2017年12月11日
发行品种	项目收益与融资自求平衡的地方政府专项债券
项目名称	深圳市轨道交通14号线项目
债券评级	经上海新世纪资信评估有限公司综合评定，债券信用等级为AAA
发行规模	人民币20亿元
债券期限	5年期
债券利率	固定利率
付息及偿还方式	利息按年支付，每年12月12日支付利息，2022年12月12日偿还本金并支付最后一次利息

2. 发行方式

2017年深圳市（本级）轨道交通专项债券（一期）——2017年深圳市政府专项债券（一期）通过招标方式进行。采用单一价格荷兰式招标方式，标的为利率。深圳市财政委于招标日通过财政部深圳交易所政府债券发行系统组织招投标工作，参与投标机构为2017年深圳市政府债券承销团成员。

3. 项目情况介绍

深圳市轨道交通14号线项目已纳入深圳市城市轨道交通第四期建设规划，项目起自福田中心区岗厦北枢纽，经罗湖区、龙岗区至坪山区，全线设站15座，其中，枢纽站3座，换乘站9座，全长52.463千米，是深圳市东部线网的重要组成部分。项目于2018年正式投入建设，建设周期为5年，预计于2023年1月1日正式投入运营。

4. 项目资金规模、来源与投向

项目本体工程估算总投资395.43亿元。初步确定14号线本体工程总投资的49.4%为项目资本金（195.43亿元），从政府财政预算安排看，剩余50.6%资金（200亿元）拟通过连续6年发行专项债券筹集，发行规模分别为20亿元、30亿元、40亿元、40亿元、40亿元、30亿元。

发行人深圳市政府属于计划单列市政府，发行后将债券发行情况向财政部及财政部驻当地财政监察专员办事处报告，本次项目收益债券在银行间市场发行，规模20亿元、期限5年，并将资金纳入深圳市政府本级政府性基金预算管理。债券的投资者主要包括银行、证券公司等。

项目资金投向主要是轨道交通建设和运营，包括地下站、停车场、主变电站、控制中心的建设等。

5. 偿债资金来源和安排

《深圳市轨道交通项目专项债管理办法（试行）》中规定"以项目对应的运营收入、沿线土地收入、开发等专项收入"作为偿债来源。根据《2017年深圳市（本级）轨道交通专项债（一期）信息披露文件》，该项目预计收入来源于地铁14号线票务收入、站内资源开发收入等地铁运营收入和大运站、昂鹅车辆段及清水站上盖地的物业开发收入两大部分。本期债券期限5年，在债券存续期内，票务收入尚未形成，全部项目收入来自物业开发收入。项目的收入、债务支出和发行费用都纳入深圳市本级政府性基金预算管理。

6. 项目预期收益、成本及融资平衡情况

以地铁运营收入以及大运站、昂鹅车辆段、清水河站三个地块的地铁上盖物业商业开发收入为基础，在考虑60%的地铁上盖物业可用于商业开发获利的假设前提下，该项目2022年第一笔5年期20亿元专项债到期时，在偿还当年到期的债券本息后，将仍有超过47亿元的现金结余。截至该项目2022年发行的最后一笔7年期30亿元专项债于2029年到期，期间将不存在任何资金缺口，期末累计现金结余约61.5亿元。

根据资金平衡测算分析，在满足假设条件的前提下，以200亿元债券发行计

划为基础，该项目预计可达到的资金覆盖率为1.3倍。如项目假设条件发生变化，该项目发行的专项债券仍可以沿线土地出让收入，或有深圳市政府按规定调整项目资本金比例，或发行新一期专项债券保障还本。

（二）2017年北京土地储备项目收益专项债券

1. 债券基本情况

在国务院批准的总规模内，2017年第一批北京市政府土地储备专项债券发行总额90亿元，品种为记账式固定利率附息债券，全部为新增专项债券（见表4-13）。

表 4-13　　拟发行的北京市政府土地储备专项债券概况

债券名称	发行规模（亿元）	债券期限	付息方式
2017年北京市朝阳区土地储备专项债券（一期）——2017年北京市政府专项债券（六期）	13.1	3年	利息按年支付，债券最后一次利息随本金一起支付
2017年北京市朝阳区土地储备专项债券（二期）——2017年北京市政府专项债券（七期）	30.5	5年	利息按年支付，债券最后一次利息随本金一起支付
2017年北京市东城区土地储备专项债券（一期）——2017年北京市政府专项债券（八期）	3.6	5年	利息按年支付，债券最后一次利息随本金一起支付
2017年北京市石景山区土地储备专项债券（一期）——2017年北京市政府专项债券（九期）	36.3	5年	利息按年支付，债券最后一次利息随本金一起支付
2017年北京市大兴区土地储备专项债券（一期）——2017年北京市政府专项债券（十期）	6.5	5年	利息按年支付，债券最后一次利息随本金一起支付

资料来源：2017年第一批北京市政府土地储备专项债券信息披露文件。

2. 发行方式

按照财政部和国土部联合发布的《地方政府土地储备专项债券管理办法（试行）》的要求，北京市政府2017年第一批土地储备专项债券通过招标方式发行，北京市财政局于招标日通过财政部政府债券发行系统组织招投标工作，过程严格遵守《2017年北京市政府债券招标发行兑付办法》以及《2017年北京市政府债券招标发行规则》，参与此次投标的机构为2017—2019年北京市政府债券承销团成员。

3. 项目情况介绍

此次发行总额共90亿元，共涉及朝阳区、东城区、石景山区、大兴区四个区，其中，朝阳区土地储备专项债券分两期发行，期限分别为3年和5年，发行规模共43.6亿元，主要投向为孙河乡、东坝边缘集团、豆各庄乡、电子城北扩等土地储备；东城区土地储备专项债券发行一期，期限5年，发行规模为3.6亿元，主要投向为金鱼池二期西土地一级开发；石景山区土地储备专项债券发行一期，期限5年，发行规模为36.3亿元，主要投向为五里坨建设组团02、03、05地块土地一级开发项目、中关村科技园石景山北Ⅱ区西井地块、刘娘府项目土地一级开发及综合改造项目等土地储备；大兴区土地储备专项债券发行一期，期限5年，发行规模为6.5亿元，主要投向为旧宫镇集贤地区旧村改造1号地B地块土地一级开发。

债券发行后可按规定在全国银行间债券市场和证券交易所债券市场上市流通，各期债券到期后一次性偿还本金，从发行利率看，3年期的债券中标利率为3.49%；4只5年期债券中标利率分别为3.54%、3.55%、3.55%和3.55%。土地储备专项债券是地方政府专项债券的一个品种，以项目对应并纳入政府性基金预算管理的国有土地使用权出让收入或国有土地收益基金收入偿还，管理更加规范，资金用途、偿还责任等都较为明确，可以很大程度上满足地方政府投资的资金需求，极大地提高了地方政府投资的积极性。

（三）2017年河北省政府收费公路专项债券

1. 债券基本情况

在国务院批准的发债规模限额内，2017年河北省政府收费公路专项债券（第一批）发行总额21亿元，品种为记账式固定利率附息债券，全部为新增专项债券（见表4-14）。

表 4-14　发行的 2017 年河北省政府收费公路专项债券（第一批）概况

债券名称	2017年河北省本级收费公路专项债券（一期）——2017年河北省政府专项债券（二十二期） 2017年河北省石家庄市收费公路专项债券（一期）——2017年河北省政府专项债券（二十三期）
发行规模	人民币21亿元，两期债券分别发行20亿元、1亿元
债券期限	7年期
债券利率	固定利率
付息方式	7年期的河北省政府专项债券利息每年支付一次，债券最后一期利息随本金一起支付

2. 发行方式

2017年河北省政府收费公路专项债券（第一批）通过招标方式发行。河北省财政厅于招标日通过财政部深圳证券交易所政府债券发行系统组织招投标工作，参与投标的机构为2015—2017年河北省政府债券招标发行承销团成员。

3. 项目投资

按财政部要求，专项债券资金纳入政府性基金预算管理。本批募集的新增债券资金分别用于延庆至崇礼高速公路河北段项目、石家庄市西柏坡高速项目。

（1）延庆至崇礼高速公路河北段项目。

延庆至崇礼高速公路河北段位于张家口市东部，途经怀来县、赤城县和崇礼区。由三条路段组成，分别是主线、延伸工程、赤城支线，全长113.8千米。其中，主线长81.5千米，延伸工程长17.1千米，赤城支线长15.1千米。

延庆至崇礼高速公路河北段概算总投资228.28亿元，其中，主线投资168.21亿元，延伸工程投资总额35.75亿元，赤城支线投资20.73亿元，连接线投资3.59亿元。项目资本金77.67亿元，其中，国家安排中央车购税专项建设资金50.17亿元，河北省高速公路管理局自筹27.5亿元；张家口市政府筹措20亿元，其他通过发行政府专项债券等方式筹集解决。

收费公路专项债券本息由本项目车辆通行费收入偿还，如果存在资金缺口，依次可有两个方案能够确保偿债资金来源。方案一：按照使用者付费的原则，通过在法律框架内适当延长收费期限处理，到期后不再收费；方案二：按照预算法和《国务院关于加强地方政府性债务管理的意见》（国发〔2014〕43号）规定，通过河北省纳入政府性基金预算管理的车辆通行费收入偿还。根据预测交通量，在收费公路专项债券存续期（2017—2024年）内，延庆至崇礼高速公路河北段预计车辆通行费收入为9.32亿元，大广高速公路固安（京冀界）至深州段等4条段高速公路预计可用资金为74.40亿元，合计83.73亿元。以上资金将用于保障延庆至崇礼高速公路河北段专项债券本息偿还。

本项目拟筹集政府收费公路专项债券资金20亿元，债券期限为7年。经测算：债券存续期内，预计项目车辆通行费收入为9.32亿元、可用资金为74.40亿元，合计83.73亿元；预计支出合计52.75亿元，包括债券利息支出总计5.88亿元（按年付息，按年利率4.2%测算），还本支出20亿元（到期还本），后续融资性资金23.44亿元，运营支出3.44亿元。项目车辆通行费收入和可用资金完全可以覆盖债券和后续融资性资金本息支出。

（2）石家庄市西柏坡高速项目。

西柏坡高速公路起点位于石家庄市西北二环交叉处，终点位于革命圣地西柏坡镇霍家沟村，途径石家庄市区、鹿泉、井陉、平山等县区。本项目建设里程长66.256千米，共分三期建设。其中：一期工程长37.6千米，二期长19.6千米，三期长9.056千米。

本项目为省市合建项目，由河北省高速公路管理局和石家庄市交通运输局各筹措50%资金投资建设，概算总投资86.29亿元。石家庄市交通运输局筹措建设资金43.15亿元，其中，资本金10.79亿元、银行贷款28.85亿元。未实施工程投资约11 585万元，其中，1亿元通过发行专项债券筹集，其他资金自筹。

专项债券本、息由西柏坡高速公路车辆通行费收入扣除必要的运营支出后优先偿还。

西柏坡高速公路项目拟筹集政府收费公路专项债券资金1亿元，债券期限为7年，本项目发行的专项债券严格按照约定的用途使用，对应形成的基础设施资产和收费公路权益不得用作其他用途。按照项目总计筹集1亿元收费公路专项债券，经测算：债券存续期内，预计车辆通行费收入为68.38亿元，扣除运营成本10.68亿元，按照相关分成约定收回的可用于偿债的通行费收入28.85亿元，再支付债券本息1.29亿元（债券利率按4.2%测算）及商业贷款本息27.36亿元，结余0.20亿元。该项目车辆通行费收入可以覆盖债券本、息支出。

第三节　PPP 与地方政府投资基金

社会主义市场经济构建和完善过程中，如何更好发挥财政在国家治理中的基础和重要支柱作用，面临的一个突出问题就是在发挥市场在资源配置中的决定性作用基础上如何更好地发挥政府作用。实践证明，只有用财政体制改革、政府投融资体制改革等一系列财政自身的改革推动经济发展模式升级、公共服务供给市场化社会化综合改革、产业业态创新，才能在市场化改革进程中正确把握政府与市场的关系、统筹政府与市场两方面资源，才能有效推进国家治理体系和治理能力现代化。

一、地方政府 PPP 项目融资

自 2014 年以来，在各参与方共同努力和自上而下政策合力的有力推动下，我国地方政府 PPP 项目融资取得了积极进展，PPP 制度体系初步构建成型、市场参与度稳步提高、项目加速落地、规模稳步增长。全国 PPP 综合信息平台项目库划分为管理库和储备清单。PPP 项目按全生命周期分为识别、准备、采购、执行和移交 5 个阶段，其中，准备、采购、执行和移交 4 个阶段的项目纳入管理库；识别阶段的项目纳入储备清单。

截至 2018 年 12 月末，全国 PPP 综合信息平台项目库共收录 PPP 项目 12 624 个，总投资额 17.7 万亿元。其中，处于准备、采购、执行和移交阶段项目共 8 654 个，投资额 13.2 万亿元，覆盖 31 个省（自治区、直辖市）及新疆生产建设兵团和 19 个行业领域，项目数较 2017 年增长 21.3%，计划投资额较 2017 年增长 22.2%（见表 4-15）。与此同时，国家共推出四批示范项目 989 个，总投资额 2.2 万亿元。落地示范项目同比净增 298 个、投资额 4 778 亿元，落地率同比上升 4.8 个百分点。

表 4-15 2017—2018 年全国 PPP 项目库情况

	2017 年	2018 年	增长率（%）
入库项目数（个）	14 424.0	12 624.0	-12.5
入库项目计划投资额（亿元）	18.2	17.7	-2.7
处于准备、采购、执行和移交阶段项目（个）	7 137.0	8 654.0	21.3
四个阶段项目计划投资额（亿元）	10.8	13.2	22.2

资料来源：全国 PPP 综合信息平台项目管理库 2018 年报，Wind 数据库。

根据财政部 PPP 中心统计，截至 2018 年 12 月末，PPP 管理库入库项目行业分布中传统的地方政府基础设施投资领域占比较大，各行业 PPP 项目数排名前三位是市政工程、交通运输、生态建设和环境保护，分别为 3 381 个、1 236 个、827 个，合计占管理库项目总数的 63.0%（见图 4-25）；投资额前三位是市政工程、交通运输、城镇综合开发，分别为 4.0 万亿元、3.8 万亿元、1.8 万亿元，合计占管理库总投资额的 73.1%（见图 4-26）。从动态增长情况看，与存量项目行业排序基本一致，行业年度同比净增项目数前三位是市政工程、生态建设和环境保护、交通运输，分别为 703 个、284 个、228 个。2018 年净增落地项目投资额前三位是城镇综合开发、交通运输、市政工程，分别为 6 749 亿元、6 640 亿元、5 910 亿元。由此可见，PPP 融资模式在地方政府市政基础设施、交通运输等投资规模大、融资缺口大的领域应用更为普遍。

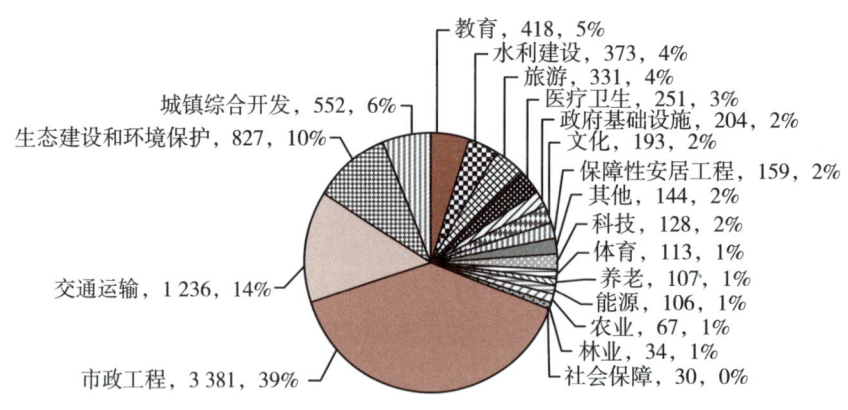

图 4-25 2018 年末管理库项目数行业分布（个）

资料来源：全国 PPP 综合信息平台项目管理库 2018 年报，财政部 PPP 中心。

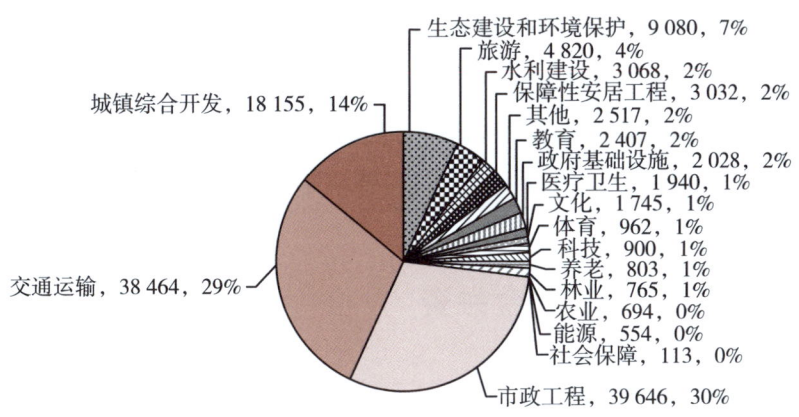

图 4-26　2018 年末管理库项目投资额行业分布（亿元）

资料来源：全国 PPP 综合信息平台项目管理库 2018 年报，财政部 PPP 中心。

随着 PPP 市场规模的快速增长，地方政府利用 PPP 模式开展项目融资的质量并没有同步提升，相反项目融资风险日益凸显，加重了地方政府债务风险隐患。在地方政府方面，一些地方政府片面将 PPP 作为严控地方政府性债务后继续膨胀政府债务的替代融资渠道，大肆无序增加 PPP 项目数量和政府兜底责任，地方政府层面的投融资风险控制流于形式。在社会资本参与方面，一些社会资本方抱有"赚政府钱"的目的来参与 PPP，导致社会资本注重短期利益，注重政府付费、政府补贴，脱离了 PPP 项目政府与社会资本长期合作的融资属性。在中介服务方面，快速增长的 PPP 市场也使得参与其中的中介服务机构良莠不齐，服务能力不足、服务行为不规范、恶性价格竞争、缺乏行业自律等突出矛盾和问题也加剧了 PPP 融资的非规范性。在此背景下，2017 年财政部强化了对 PPP 融资模式的监管力度，对 PPP 项目库开展集中清理工作，提出要规范推广运用政府和社会资本合作（PPP）模式，合理引导民间投资，强化融资风险意识，坚决禁止借 PPP、政府投资基金、政府购买服务等名义变相举债。

2017 年，财政部出台了《关于规范政府和社会资本合作（PPP）综合信息平台项目库管理的通知》（财办金〔2017〕92 号），加强 PPP 项目管理。全国 36 个省、自治区、直辖市、计划单列市及新疆生产建设兵团开展了 PPP 项目集中清理工作。

2018 年各地继续按照《关于规范政府和社会资本合作（PPP）综合信息平台项目库管理的通知》（财办金〔2017〕92 号）以及《关于进一步规范全国 PPP 综合信息平台项目信息管理工作的通知》（财政企函〔2018〕2 号）精神，对照项目合规性负面清单进一步加强入库审核，并持续清理不合规项目。2018 年管理库共清退项目2 557个、涉及投资额3.0万亿元；新入管理库发布项目4 074个、投资额5.8万亿元，总体趋势是新项目入库趋于平稳，更加理性，由重数量和速度向重质量转变。由于管理库内存量项目结构调整导致投资额变化，因此，新入库项目投资额减去退库项目投资额与净增（减）项目投资额不一致。

二、地方政府投资基金融资

政府投资基金主要包括股权类引导基金和基础设施类投资基金，基金设立的起始引导资金来源是财政，基金的运作也接受各级政府部门的监督。近年来，对政府投资基金的规范性文件相继出台。财政部于2015年底颁布了《政府投资基金暂行管理办法》（财预〔2015〕210号），对政府投资基金的内涵、运作、退出等进行规范管理。2016年12月国家发展改革委员会颁布了《政府出资产业投资基金管理暂行办法》（发改财金规〔2016〕2800号），对政府投资基金中的产业投资基金的产业投资方向、信息登记以及绩效考核给予了规范性要求。2017年4月，国家发改委颁布了《政府出资产业投资基金信用信息登记指引（试行）》（发改办财金规〔2017〕571号），规定政府出资的产业投资基金需在全国信用信息登记系统上备案并定期报送数据。国家对政府投资基金监管措施的不断完善，是与政府投资基金运作不断推进密不可分的。自2015年以来，我国政府投资基金呈现爆发式增长态势，而早期的一些政府投资基金项目相继进入投中和投后阶段，基金运作的市场化特征日益显露出来，如何把政府目标与基金运作效率统筹起来成为各级政府必须面对的挑战。

根据相关统计，截至2017年底，国内政府投资基金（包括创业投资基金、产业投资基金、基础设施基金等）共设立1 501只，总目标规模超过9.5万亿元，已到位资金约3.5万亿元。其中，股权投资类政府投资基金（包括创业投资基金、产业投资基金等）共1 297只，总目标规模6.3亿元，已到位资金2.3万亿元；基础设施类政府投资基金共设立204只，总目标规模3.2万亿元，已到位资金1.2万亿元。相比2016年，投资基金增长了488只，增幅达到48.2%；基金目标筹资规模增长了4.2万亿元，增幅达到78.8%；基金实际到位资金增长了1.2万亿元，增幅高达106.2%（见图4-27）。

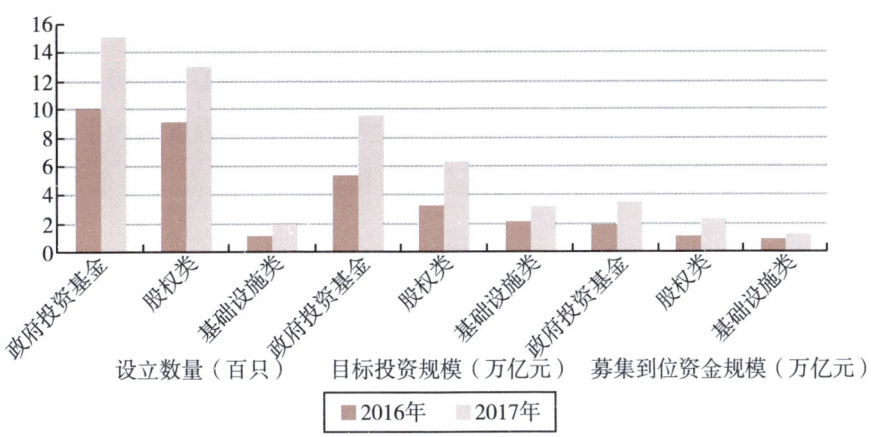

图 4-27 2016—2017 年政府投资基金设立只数、目标规模、到位资金

资料来源：清科研究中心研究报告。

在政府投资基金中，虽然第一只政府引导基金 2002 年起步于北京中关村，但近年来政府引导基金的蓬勃发展却离不开中央政府投资基金的引领和带动。如图 4-28 所示，自 2011 年以来，中央政府主导发起的投资基金每年都有设立，领域覆盖有文化、农业、扶贫、中小企业、制造业、互联网等，可以说在国家鼓励的产业门类中都有政府投资基金的身影。政府投资基金已经成为推动政府新兴产业、引导产业布局的重要政策工具。

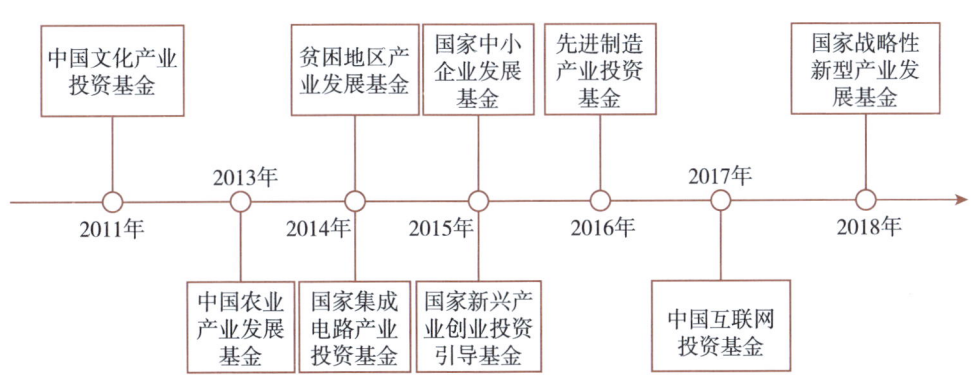

图 4-28 2011—2018 年国家级政府投资基金

资料来源：根据相关资料整理。

在政府投资基金中，地方政府投资基金无论是存量规模、投资规模，还是年度增长都占据了主体地位。根据投中研究院统计，2017 年新增政府投资基金数量最多的是华东地区，新增投资基金 45 只；新增投资基金投资规模最大的为华北地

区，新增投资规模3 452亿元；东北地区和西北地区政府投资基金数量和投资规模增长幅度相对较小（见表4-16）。从以前年度的发展状况来看，地方政府投资基金发展与当地经济发展水平、政府财力状况、金融生态发育程度等因素相关联，中西部地区、东北地区的地方政府投资基金增长相对落后于华北、华东和华南地区。

表4-16 2017年地方政府投资引导基金增长情况

地区	累计数量（只）	新增数量（只）	目标总规模（亿元）	新增目标总规模（亿元）	平均规模（亿元/只）	平均新增规模（亿元/只）
华东	546	45	21 747	2 215	40	49
华北	140	14	15 541	3 452	111	247
华南	154	20	9 189	1 632	60	82
华中	118	10	4 729	637	40	64
西南	106	9	3 496	1 065	33	118
东北	57	4	1 960	70	34	18
西北	50	2	1 884	24	38	12

资料来源：投中研究院，投中2018年政府引导基金专题研究报告。

参考文献

［1］财政部. 2016—2018年全国财政决算.

［2］自然资源部. 2017中国土地矿产海洋资源统计公报［R/OL］. 2018-05.

［3］国家统计局. 中华人民共和国2018年国民经济和社会发展统计公报［R/OL］. 2019-02.

［4］中国财政科学研究院宏观经济研究中心课题组. 政府投资效果评价研究——对国家预算内固定资产投资的宏观效应分析［J］. 财政科学，2017（9）.

［5］［英］伊特韦尔. 新帕尔格雷夫经济学大辞典［M］. 北京：经济科学出版社，1996.

［6］Asian Development Bank. Public-private Partnership Monitor［R］. 2017.

［7］财政部PPP中心. 全国PPP综合信息平台项目管理库2018年报［R/OL］. 2019-01.

［8］财政部PPP中心. 各地落实PPP项目库集中清理工作［Z］. 2018-05.

［9］投中研究院研究报告［R/OL］. 2018.

第五章
中国政府投融资指数构建

第一节　政府投融资指数构建

一、政府投融资指数概念

政府投融资指数衡量政府能够直接动用财力和间接通过融资平台来进行公共基础设施投资的规模大小，可以反映政府投资意愿和融资能力。指数越大，表示政府为基础设施投资投入的财力和金融资源越多，投资意愿越强。政府投融资指数能够反映我国财政政策的积极程度。

政府的投资和融资是相对应的，投资计划需要融资能力来保障，而融资能力包括政府自身的财力和利用银行贷款、发行债券等金融资源两方面能力。政府投融资活动包含了中央政府和地方政府两个层面。本节构建的政府投融资指数是包含中央和地方，是整个政府投融资的概念。值得注意的是，地方政府融资平台也是主要为基础设施建设进行融资，属于类政府融资。另外，这里的政府投资是指基础设施投资，从统计口径来看，是指固定资产投资分行业中的交通运输、仓储和邮政业，水利、环境和公共设施管理业及电力、热力、燃气及水的生产和供应业三个行业。

二、政府投融资指数设计思路

政府投融资指数由政府自身财力和融资平台两部分组成。用于政府投资的财力通过一般公共预算、政府性基金收入和国有资本经营预算三个口径估算。而融资平台是执行政府投资决策目标的国有企业,有银行贷款、发行企业债等融资渠道,为基础设施建设等集资金(见图5-1)。

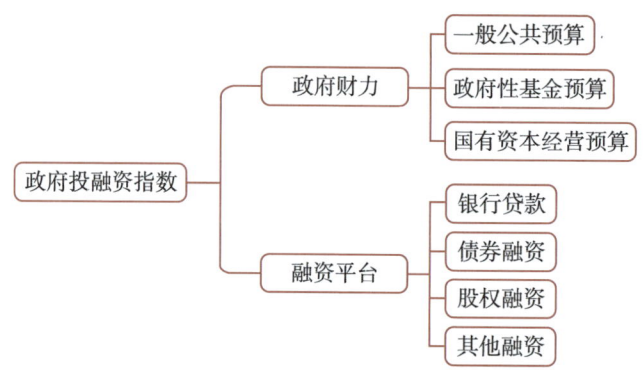

图 5-1　政府投融资指数构成

(一)一般公共财政预算

在一般公共预算中,用于基建投资的资金来源于以税收为主的一般公共预算收入和国债、地方政府一般债券的发行。从分部门来看,财政资金划拨发改委、交通运输部、住建部等部委大部分用于基础设施建设。(1)从发改委统计的口径来看,2017年财政全国地方基本建设支出预算大约为1.09万亿元,占公共财政支出的5.4%。其中,中央基本建设支出为5 076亿元(转移支付地方政府4 076亿元),地方政府本级财力安排5 795亿元。中央基本建设支出变化不大,维持在5 000亿元左右。根据最新财政部数据,2018中央基本建设支出5 075.74亿元,中央本级支出1 133.38亿元,对地方转移支付为3 942.36亿元。(2)在一般公共预算中,车辆购置税和成品油消费税专项划转给交通运输部,这部分资金可用于基建投资。2017年车辆购置税为3 281亿元。成品油消费税是国内消费税的一种,大体等于石油加工、炼焦和核燃料加工业的国内消费税,2016年这一数据为3 625

亿元。由于近两年来国内消费税总额变动不大,可以利用2016年的数据代替估计。因此,2017年交通运输部在一般公共预算中可用于基建支出的资金约为6 906亿元。(3)城市维护建设税主要专项划拨住建部,住建部可将其用于基建投资,2017年城市维护建设税规模为4 362亿元。另外,还有其他部委的部分一般公共预算资金也用于基建投资,但无法获得数据。综合来看,一般公共预算中可用于基建投资的资金规模约为2.21万亿元。一般公共财政支出的资金来源于公共财政收入和国债、地方政府一般债券发行两部分,而公共财政收入主要以税收收入为主。

(二)政府性基金支出

根据经验来看,地方政府性基金支出中大部分用于基础设施建设。在全国政府性基金支出中以地方政府性基金支出为主,2017年地方政府性基金支出为5.8万亿元,而中央政府性基金支出仅为2 684亿元。根据修正的《预算法》,地方政府专项债券划入政府性基金账本,也就是说地方政府专项债加上政府性基金收入等于政府性基金支出。地方政府专项债的资金用于基建和债务置换,2017年发行地方政府专项债2万亿元,其中包含置换债1.2万亿元,新增地方政府专项债8 000亿元,新增债券用于基建投资。政府性基金收入一直以土地出让金为主,土地出让金收入中用于补偿的资金大约占40%。

(三)融资平台

融资平台或城投公司是近年来地方政府进行基建投资的重要抓手,也成为基建投资资金来源的最主要部分。融资平台或城投公司是地方政府注入资产成立的企业实体,融资渠道多样,可以进行银行贷款,也可以发行城投债。另外,资管计划、委托贷款、信托贷款等影子银行资金也很大部分进入融资平台和城投公司。融资平台和城投公司一直是地方政府基建的主力。尽管在地方政府债务整顿后,融资平台或城投公司已经与地方政府划清界限,但仍承担着城市基础设施建设的任务。

三、政府投融资指数构建

政府投融资指数(GIFI)构建的主要步骤如下:

第一步,梳理基建投资中政府预算资金,分别梳理一般公共预算、政府性基金和国有资本经营预算。在国家统计局固定资产投资中,将投资资金来源分为国家预算资金、国内贷款、利用外资、自筹资金和其他资金。其中,国家预算资金包括上面三个部分。本章将分行业中的交通运输、仓储和邮政业,水利、环境和公共设施管理业及电力、热力、燃气及水的生产和供应业三个行业作为基础设施投资,加总计算用于基建投资的国家预算资金规模。

第二步,通过计算融资平台发行债券规模和融资结构,估算融资平台融资总规模。其中,根据Wind数据库,融资平台债券发行规模,有Wind和银监会下两种统计口径。在此,采用四种方法估算融资平台融资规模:(1)银监会口径下的城投债余额除以7%。其中,根据财科院降成本调研数据库,307家融资平台通过银行贷款、债券融资、股权融资和其他融资四种方式进行融资。2015年、2016年和2017年3年债券融资占总融资的比重分别为 $\alpha_{2015}=13.9\%$、$\alpha_{2016}=6.1\%$ 和 $\alpha_{2017}=2.5\%$,如图5-2所示。本报告取均值7%。(2)Wind口径下的城投债余额除以7%。(3)银监会口径下的城投债余额,除以2013年银监会口径下的城投债余额与审计署2013年审计得到的融资平台债务规模的比值。(4)Wind口径下的城投债余额,除以2013年Wind口径下的城投债余额与审计署2013年审计得到的融资平台债务规模的比值。①

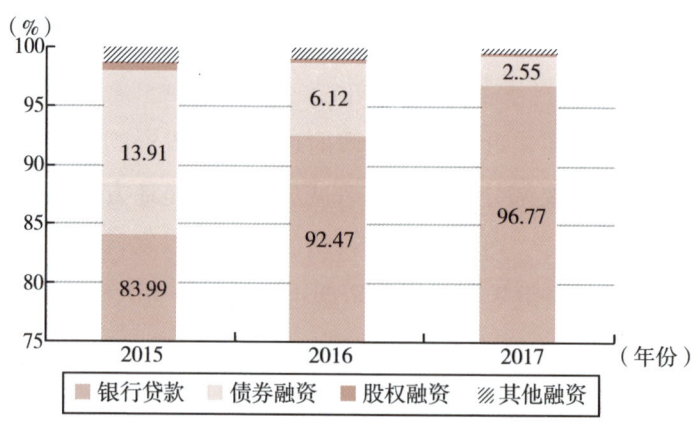

图5-2 2015—2017年样本融资平台公司融资结构

数据来源:财科院降成本调研数据库。

第三步,形成政府投融资指数(GIFI)。计算公式如下:

---

① 具体计算过程详见"附录:融资平台债务规模估算"第一部分。

$$GIFI=N(GFA+\beta \cdot FPF) \quad (公式5.1)$$

其中，GFA 为政府综合财力中用于基础设施投资的资金规模；FPF 为融资平台总融资规模；β 为融资平台融资规模的权数，因为融资平台融资并不是全部用于基建投资，还有部分用于经营性业务，这里假定 $\beta=0.5$；N（*）表示将数据进行正规化，转变为（0，100）的指数，结果如图5-3—图5-6所示，即依次分别对应第二步中估算融资平台融资总规模的四种方法。

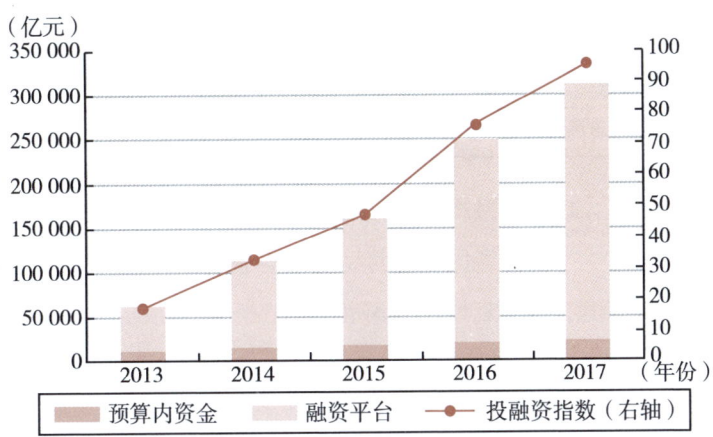

图 5-3 政府投融资指数及其构成（基于银监会口径和财科院降成本调研数据估算融资平台债务）

数据来源：Wind数据库，国家统计局，财科院降成本调研数据。

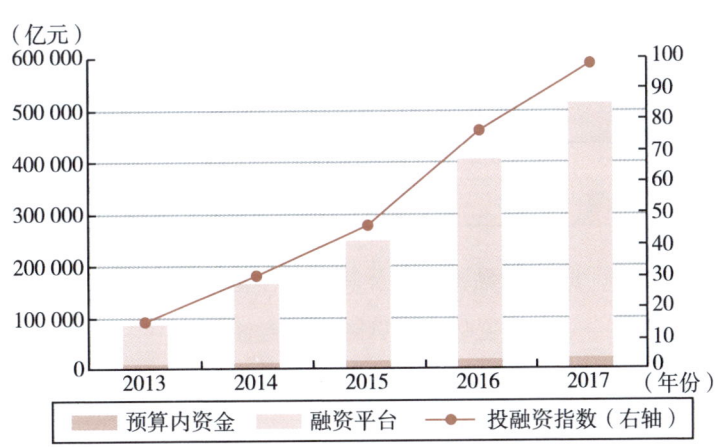

图 5-4 政府投融资指数及其构成（基于 Wind 口径和财科院降成本调研数据估算融资平台债务）

数据来源：Wind数据库，国家统计局，财科院降成本调研数据。

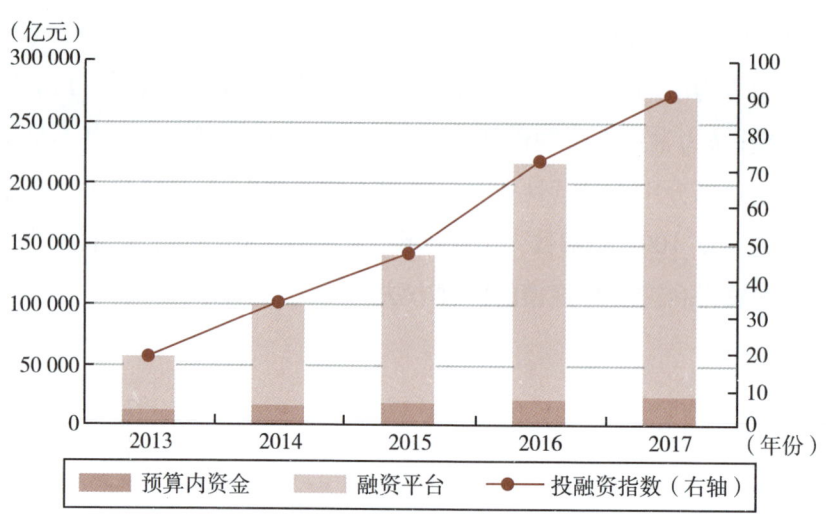

图 5-5　政府投融资指数及其构成（基于银监会口径和审计署数据测算融资平台债务）

数据来源：Wind 数据库，国家统计局，国家审计署。

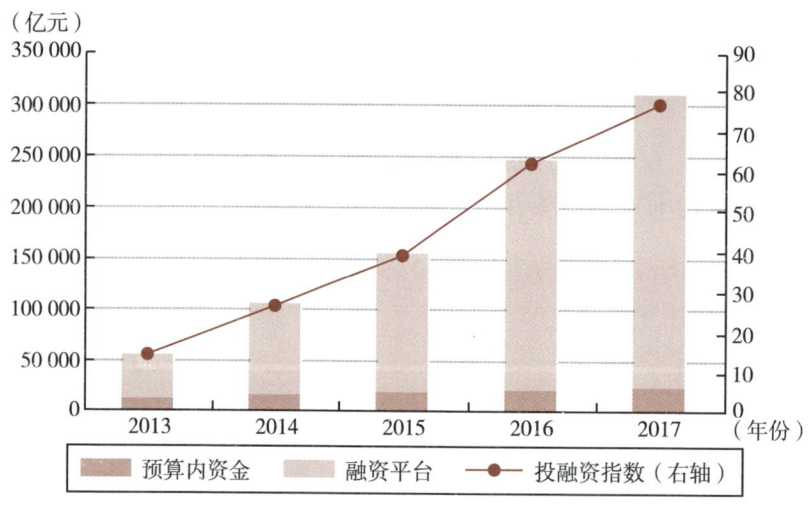

图 5-6　政府投融资指数及其构成（基于 Wind 口径和审计署数据测算融资平台债务）

数据来源：Wind 数据库，国家统计局，国家审计署。

从图 5-3—图 5-6 中可以看出，政府投融资指数逐年上升，反映了政府投融资规模和能力不断增强。而且，政府投融资指数上升主要是政府融资平台投融资规模和能力持续显著扩大所带来的，预算内资金的贡献非常有限。

第二节 地方政府投融资指数构建

一、地方政府投融资指数体系

地方政府融资指数是指地方政府为基础设施建设和公共服务项目建设，采取各种渠道进行融资能力的大小。这里的政府融资是广义概念，包括了政府举债和融资平台的市场化融资，这是由于融资平台的融资活动也是政府的间接影响，服务于政府投资决策。融资平台的融资有类政府性质，也纳入了政府融资指数之中。政府融资指数包含政府举债融资和融资平台融资两部分。但由于融资平台的融资并不全是为政府投资服务，因此，融资平台融资部分在指数体系里的权数相对较小（见图5-7）。

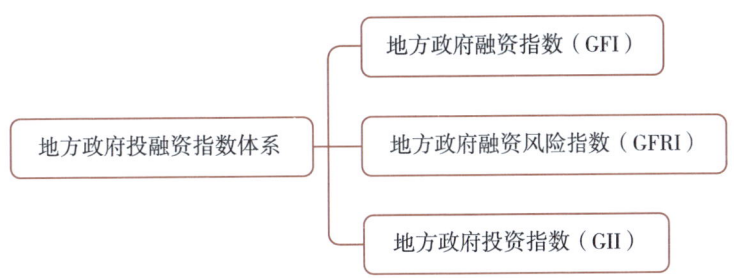

图 5-7 地方政府投融资指数体系组成

新修正的《预算法》颁布之后，发行地方政府债券是地方政府融资唯一的合法渠道。因此，地方政府债券的发行额度、余额和限额就是表征各个地方政府融资能力的重要因素。如表5-1所示，2017年地方政府债券余额，包括一般地方政府债券和专项地方政府债。另外，从表5-1中也可以看出，债券余额最高的江苏、山东、浙江、广东等沿海经济较发达省份，其负债率和债务率相对较低，即对应着更强的融资空间。因此，全面评估地方政府投融资能力不能忽视相对指标。

表 5-1　　2017 年各省（自治区、直辖市）综合财力、地方政府债券和债务负担情况

省份	全省（区、市）公共财政收入（亿元）	中央补助收入（亿元）	综合财力（亿元）	一般债券余额（亿元）	专项债券余额（亿元）	债券余额（亿元）	负债率（%）	债务率（%）
贵州	1 613.64	2 757.81	5 341.86	5 113.68	3 493.48	8 607.16	63.6	161.1
青海	246.14	1 121.56	1 626.70	1 253.21	259.36	1 512.57	57.2	93.0
云南	1 886.20	3 031.59	5 682.19	4 760.92	1 963.60	6 724.52	40.7	118.3
内蒙古	1 703.40	2 529.39	4 578.19	5 219.55	997.82	6 217.37	38.6	135.8
海南	674.08	698.46	1 772.84	1 162.38	556.88	1 719.26	38.5	97.0
宁夏	417.46	815.60	1 346.01	984.67	241.59	1 226.26	35.5	91.1
辽宁	2 390.20	2 252.06	5 374.06	6 111.70	2 343.54	8 455.24	35.3	157.3
新疆	1 465.50	2 638.62	4 552.72	2 706.64	671.20	3 377.84	30.9	74.2
甘肃	815.60	2 181.56	3 422.26	1 397.30	671.30	2 068.60	26.9	60.4
陕西	2 006.39	2 253.41	5 287.25	3 155.17	2 240.26	5 395.43	24.6	102.0
广西	1 615.03	2 625.82	5 226.01	3 049.76	1 787.04	4 836.80	23.7	92.6
四川	3 579.84	4 346.12	10 635.30	5 173.35	3 323.57	8 496.92	23.0	79.9
湖南	2 756.70	3 261.51	7 352.81	5 092.13	2 575.36	7 667.49	22.2	104.3
黑龙江	1 243.20	2 997.44	4 618.94	2 713.52	741.05	3 454.57	21.3	74.8
安徽	2 812.30	2 885.21	5 734.51	3 415.27	2 408.09	5 823.36	21.2	101.5
吉林	1 210.82	2 065.64	3 792.58	2 353.13	840.14	3 193.27	20.9	84.2
重庆	2 252.38	1 713.43	6 343.81	2 235.80	1 782.70	4 018.50	20.6	63.3
江西	2 246.90	2 314.71	6 285.01	2 827.39	1 441.69	4 269.08	20.5	67.9
天津	2 310.00	549.76	4 107.06	1 333.33	2 090.65	3 423.98	18.4	83.4
浙江	5 803.38	977.48	13 431.86	5 159.55	4 079.54	9 239.09	17.8	68.8
山西	1 866.80	1 665.12	4 315.38	1 811.52	767.04	2 578.56	17.2	59.8
河北	3 233.30	2 901.97	8 566.87	4 153.79	1 997.18	6 150.97	17.1	71.8
福建	2 808.70	1 239.72	6 117.81	2 779.86	2 682.90	5 462.76	16.9	89.3
湖北	3 248.44	2 931.52	8 634.26	3 402.56	2 312.97	5 715.53	15.6	66.2
上海	6 642.30	582.98	9 305.98	2 523.48	2 170.70	4 694.18	15.6	50.4
山东	6 099.00	2 544.55	12 458.56	6 189.75	4 007.10	10 196.85	14.0	81.8

续表

省份	全省（区、市）公共财政收入（亿元）	中央补助收入（亿元）	综合财力（亿元）	一般债券余额（亿元）	专项债券余额（亿元）	债券余额（亿元）	负债率（%）	债务率（%）
江苏	8 171.53	1 562.77	16 908.74	6 668.48	5 357.80	12 026.28	14.0	71.1
北京	5 430.79	826.29	9 451.48	1 860.41	2 016.47	3 876.88	13.8	41.0
河南	3 397.00	3 969.82	9 921.42	3 648.68	1 899.79	5 548.47	12.3	55.9
广东	11 315.21	1 493.81	18 595.74	5 297.35	3 726.02	9 023.37	10.0	48.5
西藏	185.33	1 482.37	1 744.11	77.46	21.18	98.64	7.5	5.7

数据来源：财政部，国家统计局。

注：（1）负债率=债券余额/GDP，债务率=债券余额/综合财力，综合财力=一般公共预算收入+中央补助收入+政府性基金预算收入+国有资本经营预算收入。

（2）全省公共财政收入不包括中央转移支付等。

融资平台债务包括银行贷款、债券和其他融资。银行贷款是最主要的融资方式之一，占比也相对较大，但没有数据统计，需要估算。债务融资包括通过发改委审批的企业债和通过人民银行审批的短融中票等债券。其他融资包括了委托贷款、信托贷款、资管计划等影子银行融资方式。

二、地方政府融资指数构建

地方政府融资指数（GFI）是指地方政府进行为公共投资项目而动用的融资能力。地方政府融资包括地方政府债券和融资平台融资两部分。指数构建方法如下：

第一步，估计融资平台总体融资规模（FPF）。本报告采用三种方法估算各省的融资平台融资总规模：借助审计数据估算城投债占比法、借助"债券余额/贷款余额"估算城投债占比法、借助"金融市场化指数"估算城投债占比法。核心是估算融资平台债务中城投债占比，并借助历年城投债数据倒推融资平台融资规模，具体计算方法和过程见"附录：融资平台债务规模估算"。

第二步，梳理地方政府债务余额情况（GB）。2015年之前，除了部分试点地区外，地方政府不能自主发行债券，只能由中央政府代发。2015年之后，根据新预算法规定，地方政府可以发行债券，分为一般债券和专项债券。表5-2为2016—2018年各省地方政府债券余额情况。

表 5-2　　各省（自治区、直辖市）地方政府债券余额情况　　单位：亿元

省份	2018年			2017年			2016年		
	一般债务余额	专项债务余额	总债券余额	一般债务余额	专项债务余额数	总债券余额	一般债务余额	专项债务余额	总债券余额
北京	2 034.03	2 214.86	4 248.9	1 860.4	2 016.5	3 876.9	1 727.6	2 015.9	3 743.5
天津	1 399.58	2 678.78	4 078.4	1 333.3	2 090.7	3 424.0	1 117.8	1 795.0	2 912.7
河北	4 564.17	2 714.09	7 278.3	4 153.8	1 997.2	6 151.0	4 187.0	1 504.3	5 691.3
山西	1 974.52	989.15	2 963.7	1 811.5	767.0	2 578.6	1 730.4	560.5	2 290.9
内蒙古	5 421.12	1 134.19	6 555.3	5 219.6	997.8	6 217.4	4 706.4	971.0	5 677.4
辽宁	6 270.28	2 325.96	8 596.2	6 111.7	2 343.5	8 455.2	6 146.7	2 379.5	8 526.2
吉林	2 647.15	1 064.47	3 711.6	2 353.1	840.1	3 193.3	2 085.4	810.7	2 896.1
黑龙江	3 187.61	928.91	4 116.5	2 713.5	741.1	3 454.6	2 423.0	697.3	3 120.3
上海	2 642.87	2 392.01	5 034.9	2 523.5	2 170.7	4 694.2	2 410.3	2 075.2	4 485.5
江苏	6 652.60	6 632.95	13 285.6	6 668.5	5 357.8	12 026.3	6 414.0	4 501.4	10 915.4
浙江	5 808.74	4 985.69	10 794.4	5 159.6	4 079.5	9 239.1	4 813.6	3 576.3	8 389.9
安徽	3 521.73	3 182.92	6 704.7	3 415.3	2 408.1	5 823.4	3 320.2	1 999.1	5 319.2
福建	2 883.11	3 173.56	6 056.7	2 779.9	2 682.9	5 462.8	2 327.7	2 638.6	4 966.3
江西	2 958.75	1 820.66	4 779.4	2 827.4	1 441.7	4 269.1	2 781.9	1 174.9	3 956.8
山东	6 372.25	5 064.32	11 436.6	6 189.8	4 007.1	10 196.9	6 040.9	3 403.5	9 444.4
河南	4 062.23	2 479.07	6 541.3	3 648.7	1 899.8	5 548.5	3 910.1	1 614.9	5 524.9
湖北	3 742.27	2 933.42	6 675.7	3 402.6	2 313.0	5 715.5	3 300.9	1 802.8	5 103.7
湖南	5 582.42	3 125.77	8 708.2	5 092.1	2 575.4	7 667.5	4 460.5	2 367.3	6 827.8
广东	5 313.05	4 694.76	10 007.8	5 297.4	3 726.0	9 023.4	5 369.7	3 161.1	8 530.8
广西	3 401.75	2 091.70	5 493.5	3 049.8	1 787.0	4 836.8	2 673.2	1 893.4	4 566.6
海南	1 249.30	692.41	1 941.7	1 162.4	556.9	1 719.3	1 098.0	462.0	1 560.0
重庆	2 356.01	2 334.40	4 690.4	2 235.8	1 782.7	4 018.5	2 200.9	1 536.2	3 737.1
四川	5 465.61	3 833.12	9 298.7	5 173.4	3 323.6	8 496.9	4 650.2	3 162.3	7 812.5
贵州	5 326.48	3 507.66	8 834.1	5 113.7	3 493.5	8 607.2	5 206.4	3 503.4	8 709.8

续表

省份	2018年			2017年			2016年		
	一般债务余额	专项债务余额	总债券余额	一般债务余额	专项债务余额数	总债券余额	一般债务余额	专项债务余额	总债券余额
云南	4 912.78	2 227.02	7 139.8	4 760.9	1 963.6	6 724.5	4 377.7	1 975.5	6 353.2
西藏	100.88	33.91	134.8	77.5	21.2	98.6	54.9	3.0	57.9
陕西	3 428.25	2 458.66	5 886.9	3 155.2	2 240.3	5 395.4	2 806.4	2 111.2	4 917.6
甘肃	1 624.68	867.45	2 492.1	1 397.3	671.3	2 068.6	1 258.0	521.1	1 779.1
青海	1 462.84	300.36	1 763.2	1 253.2	259.4	1 512.6	1 172.0	167.1	1 339.1
宁夏	1 069.95	319.23	1 389.2	984.7	241.6	1 226.3	916.7	254.6	1 171.4
新疆	3 047.50	932.70	3 980.2	2 706.6	671.2	3 377.8	2 179.7	657.3	2 836.9
总计	110 485.00	74 134.00	184 619.0	103 632.0	61 468.0	165 100.0	97 868.0	55 296.0	153 164.0

数据来源：财政部。

第三步，计算地方政府融资规模（GF）。地方政府融资规模等于融资平台公司融资规模加上地方政府债券总规模。由于融资平台债务为类政府债务，其融资只是部分用于公共项目，而非全部。因此，在构造指数过程中，仍对其加入权数 $\beta=0.5$，如公式5.2所示。

$$GF_i = GB_i + \beta \cdot FPF_i \tag{公式5.2}$$

第四步，利用最小最大值正规化方法（Min-Max Method）[1]将数据转化为区间为（0，100）的指数。正规化公式为：

$$GFI^t = \frac{x^t - \min(x^t)}{\max(x^t) - \min(x^t)} \times 100 \tag{公式5.3}$$

其中，GFI^t是指t时期地方政府融资指数；x^t为t时期为规范化前的数据。为了简化起见，这里设定为$\min(x^t)=0$，$\max(x^t)=$每组数据下向上取的最为接近的整数。[2]由此得到两种口径、三种方法下估算融资平台融资规模的各省份地方政府融资指数（GFI），如表5-3和表5-4所示。

---

[1] 更多规范化方法见 Commission. E. Handbook on constructing composite indicators: methodology and user guide [M]. OECD, 2008.

[2] 例如，方法一下2018年地方政府融资规模（GF）为54 207，则$\max(x^t)$取为60 000，下同。

表 5-3　地方政府融资指数（融资平台债务为银监会口径下的统计数据）

省份	方法一：借助审计数据估算城投债占比			方法二：借助"债券余额/贷款余额"估算城投债占比			方法三：借助"金融市场化指数"估算城投债占比		
	2016年	2017年	2018年	2016年	2017年	2018年	2016年	2017年	2018年
北京	12.63	13.63	17.93	8.76	9.33	11.21	17.23	18.78	25.73
天津	13.11	14.64	17.91	17.18	19.55	22.51	24.28	26.71	32.93
河北	13.71	15.03	17.09	11.99	13.20	15.30	13.10	14.34	16.38
山西	6.10	7.08	8.05	7.62	8.31	9.16	12.61	15.04	16.94
内蒙古	12.80	14.78	15.23	12.34	14.72	16.10	13.29	15.43	15.86
辽宁	29.38	30.74	30.59	17.87	18.69	19.83	19.71	20.12	20.22
吉林	10.55	12.44	16.29	10.09	11.40	14.07	9.83	11.55	15.02
黑龙江	10.44	12.60	15.29	8.83	11.25	15.96	9.73	11.66	14.14
上海	11.54	11.67	12.70	9.48	9.99	10.62	10.95	11.11	12.07
江苏	60.21	74.50	90.35	46.15	54.75	65.12	61.02	75.55	91.66
浙江	24.03	26.97	31.49	32.34	35.13	41.64	33.10	37.41	43.68
安徽	36.00	49.84	60.89	15.74	19.75	24.06	23.44	31.26	37.88
福建	12.92	14.68	17.08	12.24	14.08	16.12	14.36	16.41	19.25
江西	13.96	15.76	18.46	12.94	15.32	17.47	17.24	19.60	23.13
山东	30.74	38.51	47.06	25.16	30.43	36.24	31.91	40.19	49.25
河南	12.93	14.46	16.44	13.69	16.21	18.03	15.17	17.59	19.77
湖北	43.27	58.76	71.41	19.67	24.64	30.28	29.23	38.88	47.06
湖南	36.68	45.93	52.07	22.50	27.49	32.80	42.42	53.46	60.60
广东	30.00	32.68	36.56	19.69	21.40	23.87	23.42	25.33	28.28
广西	18.75	21.23	26.73	12.68	14.28	17.79	16.50	18.56	23.17
海南	3.66	3.92	4.21	3.32	3.56	3.96	4.21	4.48	4.73
重庆	24.83	28.92	32.39	16.67	19.81	23.95	31.37	36.73	41.02
四川	35.90	47.27	58.92	25.56	32.17	38.39	33.08	43.20	53.57
贵州	27.25	31.33	32.00	19.18	20.91	23.24	27.88	32.18	32.86
云南	17.36	20.01	23.12	16.02	18.31	20.76	21.39	25.24	29.78
西藏	—	—	—	—	—	—	—	—	—
陕西	24.90	33.32	47.13	11.61	14.15	17.48	17.29	22.23	30.12
甘肃	7.54	9.02	12.05	4.49	5.56	7.78	5.01	5.94	7.69
青海	3.55	3.85	4.15	2.80	3.21	3.86	3.99	4.30	4.56
宁夏	—	—	—	2.44	2.49	2.65	2.38	2.39	2.57
新疆	16.43	21.04	22.57	6.03	7.55	8.88	8.55	10.66	11.84

数据来源：财政部，Wind数据库。

表 5-4 地方政府融资指数（融资平台债务为 Wind 口径下的统计数据）

省份	方法一：借助审计数据估算城投债占比			方法二：借助"债券余额/贷款余额"估算城投债占比			方法三：借助"金融市场化指数"估算城投债占比		
	2016年	2017年	2018年	2016年	2017年	2018年	2016年	2017年	2018年
北京	11.80	12.86	16.28	13.80	15.29	19.16	26.15	29.63	41.08
天津	14.95	16.83	21.07	21.18	24.38	28.66	20.39	22.69	28.77
河北	13.13	14.45	16.69	16.27	18.39	21.29	12.86	14.36	16.26
山西	6.10	7.01	8.14	7.97	8.57	9.67	8.94	10.48	12.27
内蒙古	12.69	14.38	14.82	14.46	17.51	19.36	10.74	12.44	12.64
辽宁	39.75	41.38	40.25	21.57	23.09	24.81	16.84	17.27	17.03
吉林	12.64	15.90	20.89	12.02	14.36	17.66	7.77	9.71	12.69
黑龙江	12.09	14.84	17.44	9.97	13.05	18.28	7.43	9.06	10.66
上海	12.54	12.98	14.97	12.32	13.45	14.98	10.57	10.90	12.85
江苏	62.68	78.84	96.20	64.71	78.94	95.50	59.64	76.16	93.86
浙江	27.51	31.66	38.88	43.41	48.40	61.52	29.74	34.80	43.52
安徽	41.20	57.15	69.14	21.23	27.62	33.84	23.38	32.10	38.76
福建	13.37	15.41	18.17	15.38	18.27	21.45	12.78	15.05	18.23
江西	14.65	16.37	20.07	19.29	23.19	28.03	18.59	21.06	26.65
山东	34.30	41.91	52.14	27.61	32.84	39.73	24.08	29.57	36.92
河南	14.90	17.05	20.60	21.15	27.46	32.69	16.74	20.70	25.32
湖北	35.96	48.31	58.22	26.04	33.20	40.88	27.37	37.00	44.63
湖南	47.81	60.56	67.15	30.11	37.58	44.48	42.43	54.22	60.02
广东	27.79	30.96	36.86	25.08	28.28	33.52	21.66	24.31	29.23
广西	20.32	22.85	28.47	14.98	16.96	21.26	13.69	15.40	19.20
海南	3.66	3.92	4.21	3.32	3.56	3.96	2.81	2.99	3.15
重庆	25.97	29.59	33.29	19.48	22.86	27.82	25.43	29.14	32.66
四川	38.15	50.21	61.63	32.52	41.91	49.91	29.47	39.26	48.49
贵州	52.63	67.10	73.86	23.90	28.04	34.31	27.60	34.37	37.63
云南	21.38	27.12	33.33	18.59	23.07	27.55	17.66	23.11	28.99
西藏	—	—	—	0.43	1.00	2.07	0.80	1.67	4.17
陕西	33.18	47.67	64.26	14.07	18.42	22.68	15.88	22.13	29.25
甘肃	6.94	7.79	8.97	11.72	14.29	18.75	9.81	10.84	12.24
青海	3.13	3.59	3.73	3.73	4.63	5.24	4.55	5.33	4.67
宁夏	2.52	2.65	2.94	3.56	3.98	4.34	2.24	2.37	2.58
新疆	12.47	15.82	17.53	9.65	12.88	15.39	12.76	16.40	17.95

数据来源：财政部，Wind 数据库。

三、地方政府融资风险指数和投资指数构建

首先,构建地方政府融资风险指数(GFRI)。地方政府和融资平台举债需要与财政实力匹配。相比地方政府财政实力,地方政府和融资平台举债规模越大,地方政府融资风险越大。本章根据地方政府和融资平台的债务规模与地方政府综合财力的比值构建地方政府融资风险指数。

$$\mathrm{GFRI} = N\left(\frac{GB + \beta \cdot FPF}{TFA}\right) \quad (公式5.4)$$

其中,TFA为一省综合财力,是一般公共财政收入、政府性基金收入、国有资本收入和中央补贴收入四个部分;N(*)表示将数据进行正规化,这里也是利用最小最大正规化方法操作。

由此,两种统计口径、三种计算方法下估算融资平台融资规模的地方政府融资风险指数的计算结果如表5-5和表5-6所示。

表5-5 地方政府融资风险指数(融资平台债务为银监会口径下的统计数据)

省份	方法一:借助审计数据估算城投债占比		方法二:借助"债券余额/贷款余额"估算城投债占比		方法三:借助"金融市场化指数"估算城投债占比	
	2016年	2017年	2016年	2017年	2016年	2017年
北京	17.54	14.42	24.32	19.73	28.70	23.85
天津	31.27	35.64	81.96	95.22	69.48	78.05
河北	19.19	17.54	33.55	30.81	22.00	20.08
山西	16.37	16.40	40.92	38.54	40.65	41.82
内蒙古	27.48	32.29	52.97	64.32	34.23	40.45
辽宁	58.02	57.21	70.57	69.55	46.69	44.93
吉林	29.59	32.81	56.62	60.13	33.08	36.53
黑龙江	24.39	27.27	41.25	48.72	27.26	30.29
上海	12.14	12.54	19.96	21.47	13.82	14.33
江苏	37.85	44.06	58.02	64.76	46.03	53.62

续表

省份	方法一：借助审计数据估算城投债占比		方法二：借助"债券余额/贷款余额"估算城投债占比		方法三：借助"金融市场化指数"估算城投债占比	
	2016年	2017年	2016年	2017年	2016年	2017年
浙江	23.23	20.08	62.55	52.31	38.40	33.42
安徽	67.31	86.91	58.87	68.87	52.59	65.42
福建	23.25	24.00	44.08	46.03	31.02	32.20
江西	25.53	25.07	47.33	48.75	37.83	37.43
山东	27.31	30.91	44.70	48.85	34.02	38.71
河南	14.77	14.58	31.26	32.69	20.79	21.27
湖北	55.04	68.06	50.04	57.08	44.62	54.03
湖南	53.29	62.46	65.40	74.78	73.97	87.24
广东	18.68	17.57	24.53	23.01	17.51	16.34
广西	38.92	40.62	52.61	54.64	41.08	42.62
海南	21.96	22.13	39.80	40.18	30.35	30.32
重庆	46.41	45.59	62.29	62.46	70.34	69.48
四川	39.09	44.45	55.67	60.49	43.22	48.74
贵州	55.98	58.66	78.81	78.28	68.74	72.29
云南	35.12	35.22	64.80	64.43	51.91	53.31
西藏	—	—	—	—	—	—
陕西	52.86	63.02	49.32	53.54	44.04	50.46
甘肃	23.20	26.36	27.63	32.48	18.50	20.83
青海	25.53	23.67	40.38	39.42	34.48	31.72
宁夏	—	—	38.66	36.93	22.61	21.29
新疆	39.55	46.21	29.04	33.17	24.70	28.10

数据来源：财政部，Wind数据库。

表 5-6　地方政府融资风险指数（融资平台债务为 Wind 口径下的统计数据）

省份	方法一：借助审计数据估算城投债占比		方法二：借助"债券余额/贷款余额"估算城投债占比		方法三：借助"金融市场化指数"估算城投债占比	
	2016年	2017年	2016年	2017年	2016年	2017年
北京	12.29	10.21	28.75	24.27	46.68	40.30
天津	26.75	30.73	75.78	89.03	62.52	71.03
河北	13.78	12.65	34.14	32.19	23.14	21.55
山西	12.29	12.19	32.09	29.79	30.88	31.23
内蒙古	20.42	23.56	46.55	57.36	29.65	34.95
辽宁	58.86	57.75	63.89	64.46	42.76	41.32
吉林	26.59	31.45	50.57	56.78	28.03	32.93
黑龙江	21.18	24.09	34.93	42.39	22.32	25.23
上海	9.89	10.46	19.45	21.68	14.30	15.06
江苏	29.55	34.97	61.03	70.03	48.21	57.91
浙江	19.95	17.68	62.97	54.05	36.98	33.31
安徽	57.77	74.75	59.54	72.24	56.19	71.98
福建	18.05	18.89	41.52	44.80	29.58	31.63
江西	20.09	19.53	52.93	55.35	43.71	43.08
山东	22.86	25.23	36.80	39.54	27.51	30.51
河南	12.76	12.89	36.24	41.52	24.58	26.82
湖北	34.30	41.96	49.68	57.68	44.76	55.09
湖南	52.10	61.77	65.63	76.66	79.27	94.81
广东	12.98	12.49	23.43	22.81	17.34	16.81
广西	31.63	32.79	46.63	48.69	36.52	37.88
海南	16.47	16.60	29.85	30.13	21.68	21.65
重庆	36.40	34.98	54.61	54.04	61.10	59.05
四川	31.15	35.41	53.11	59.11	41.25	47.47
贵州	81.09	94.20	73.65	78.73	72.91	82.73

续表

省份	方法一：借助审计数据估算城投债占比		方法二：借助"债券余额/贷款余额"估算城投债占比		方法三：借助"金融市场化指数"估算城投债占比	
	2016年	2017年	2016年	2017年	2016年	2017年
云南	32.43	35.80	56.38	60.90	45.92	52.28
西藏	—	—	4.06	8.57	6.54	12.31
陕西	52.83	67.63	44.82	52.27	43.35	53.80
甘肃	16.02	17.06	54.05	62.65	38.78	40.72
青海	16.88	16.54	40.25	42.69	42.12	42.12
宁夏	14.94	14.76	42.28	44.34	22.79	22.62
新疆	22.51	26.06	34.84	42.42	39.48	46.32

数据来源：财政部，Wind数据库。

其次，构建地方政府投资指数（GII）。地方政府投资指数表征地方政府的投资能力，包含自身综合和融资能力两部分。计算公式如下：

$$GII = N(TFA + GB + \beta \cdot FPF) \tag{公式5.5}$$

N（*）表示将数据进行正规化，这里也是利用最小最大正规化方法操作。

由此，两种统计口径、三种计算方法下估算融资平台融资规模的地方政府投资指数的计算结果如表5-7和表5-8所示。

表5-7 地方政府投资指数（融资平台债务为银监会口径下的统计数据）

省份	方法一：借助审计数据估算城投债占比		方法二：借助"债券余额/贷款余额"估算城投债占比		方法三：借助"金融市场化指数"估算城投债占比	
	2016年	2017年	2016年	2017年	2016年	2017年
北京	21.12	25.19	24.92	30.09	25.06	29.60
天津	17.23	18.41	29.00	31.68	26.80	28.76
河北	21.96	25.12	28.68	32.97	21.44	24.53
山西	10.54	12.23	16.59	18.61	16.13	19.05
内蒙古	17.63	19.21	24.12	26.83	18.05	19.77
辽宁	32.42	34.03	31.57	33.17	24.13	24.93

续表

省份	方法一：借助审计数据估算城投债占比		方法二：借助"债券余额/贷款余额"估算城投债占比		方法三：借助"金融市场化指数"估算城投债占比	
	2016年	2017年	2016年	2017年	2016年	2017年
吉林	14.13	16.08	19.24	21.27	13.51	15.31
黑龙江	15.07	17.39	19.16	22.74	14.45	16.59
上海	23.47	23.29	30.39	30.60	22.96	22.82
江苏	74.33	88.01	87.19	99.52	75.02	88.91
浙江	35.37	42.30	59.50	69.02	43.14	51.25
安徽	38.50	50.91	29.59	35.17	27.73	34.99
福建	19.01	21.32	25.80	29.13	20.25	22.81
江西	19.77	22.48	26.46	30.95	22.58	25.78
山东	42.43	50.80	52.70	61.43	43.43	52.25
河南	23.60	26.57	33.94	39.30	25.51	29.25
湖北	48.32	62.70	39.32	46.84	36.28	45.66
湖南	41.27	49.87	40.77	47.70	46.19	56.32
广东	48.65	54.57	55.74	62.87	43.01	48.27
广西	22.96	25.66	24.85	27.58	21.02	23.37
海南	5.52	5.90	7.31	7.82	5.99	6.37
重庆	28.93	33.85	30.70	36.46	34.53	40.55
四川	43.89	55.71	49.04	59.87	41.47	52.22
贵州	30.31	34.49	32.75	35.77	30.85	35.21
云南	21.95	25.27	29.12	33.33	25.40	29.75
西藏	—	—	—	—	—	—
陕西	28.07	36.11	23.36	27.56	21.55	26.61
甘肃	11.11	12.62	11.89	13.51	8.94	9.98
青海	5.03	5.62	6.14	7.10	5.41	6.01
宁夏	—	—	5.46	5.67	3.85	3.97
新疆	20.02	24.53	15.55	18.17	13.27	15.64

数据来源：财政部，Wind数据库。

表 5-8 地方政府投资指数（融资平台债务为 Wind 口径下的统计数据）

省份	方法一：借助审计数据估算城投债占比		方法二：借助"债券余额/贷款余额"估算城投债占比		方法三：借助"金融市场化指数"估算城投债占比	
	2016年	2017年	2016年	2017年	2016年	2017年
北京	20.40	24.53	22.12	26.61	34.15	40.13
天津	18.81	20.29	24.15	26.76	25.05	27.25
河北	21.47	24.62	24.15	28.00	20.80	23.88
山西	10.55	12.18	12.15	13.51	13.08	15.28
内蒙古	17.53	18.87	19.05	21.55	15.92	17.53
辽宁	41.31	43.15	25.72	27.47	22.47	23.24
吉林	15.92	19.05	15.39	17.72	11.73	13.93
黑龙江	16.48	19.32	14.66	17.79	12.19	14.20
上海	24.33	24.42	24.14	24.82	21.13	21.24
江苏	76.45	91.73	78.19	91.82	77.31	94.95
浙江	38.36	46.32	51.99	60.67	41.24	49.73
安徽	42.95	57.18	25.84	31.86	29.32	38.47
福建	19.40	21.95	21.12	24.40	18.95	21.85
江西	20.36	23.01	24.35	28.86	24.67	28.04
山东	45.48	53.72	39.74	45.94	36.59	43.41
河南	25.28	28.79	30.64	37.71	26.47	31.72
湖北	42.05	53.74	33.55	40.79	36.10	46.59
湖南	50.81	62.41	35.64	42.71	50.08	62.39
广东	46.76	53.10	44.44	50.80	39.50	44.97
广西	24.30	27.05	19.72	22.01	19.04	21.20
海南	5.52	5.90	5.22	5.59	4.66	4.96
重庆	29.91	34.42	24.34	28.65	31.38	36.19
四川	45.82	58.23	40.99	51.11	39.67	51.08
贵州	52.06	65.14	27.44	31.66	33.01	40.31

续表

省份	方法一：借助审计数据估算城投债占比		方法二：借助"债券余额/贷款余额"估算城投债占比		方法三：借助"金融市场化指数"估算城投债占比	
	2016年	2017年	2016年	2017年	2016年	2017年
云南	25.39	31.37	23.00	27.89	23.16	29.42
西藏	—	—	2.62	3.35	2.56	3.61
陕西	35.17	48.42	18.79	23.35	21.12	28.00
甘肃	10.60	11.56	14.69	17.14	13.42	14.64
青海	4.67	5.40	5.18	6.29	6.09	7.14
宁夏	3.96	4.19	4.86	5.33	3.65	3.86
新疆	16.62	20.07	14.21	17.54	17.38	21.46

数据来源：财政部，Wind数据库。

第三节　政府投融资指数分析和应用

一、地方政府投融资指数分析

至此，本章已构建了地方政府投资指数、地方政府融资指数、地方政府融资风险指数。图5-8展示了银监会统计口径下，借助审计数据估算城投债占比，从而得到的融资平台融资总规模的各省2017年三大指数及负债率的情况。投资指数方面，排名前五的省份依次是江苏、湖北、四川、广东、安徽。融资指数方面，排名前五的省份依次是江苏、湖北、安徽、四川和湖南。融资风险指数方面，排名前五的省份依次是安徽、湖北、陕西、湖南、贵州，以中西部省份为主。负债率方面，排名前五的省份依次是贵州、青海、云南、内蒙古和海南，均是经济较为落后的地区，以西部省份为主。另外，青海、海南、甘肃等省份的投资指数、融资指数的值均较低，但对应的负债率却较高。

上述投资指数和融资指数均是绝对指标，为了更加全面地反映地方政府投融资情况，图5-9、图5-10描绘了各省2017年人均融资指数、人均投资指数与融资风险指数的对比情况。

第五章 中国政府投融资指数构建

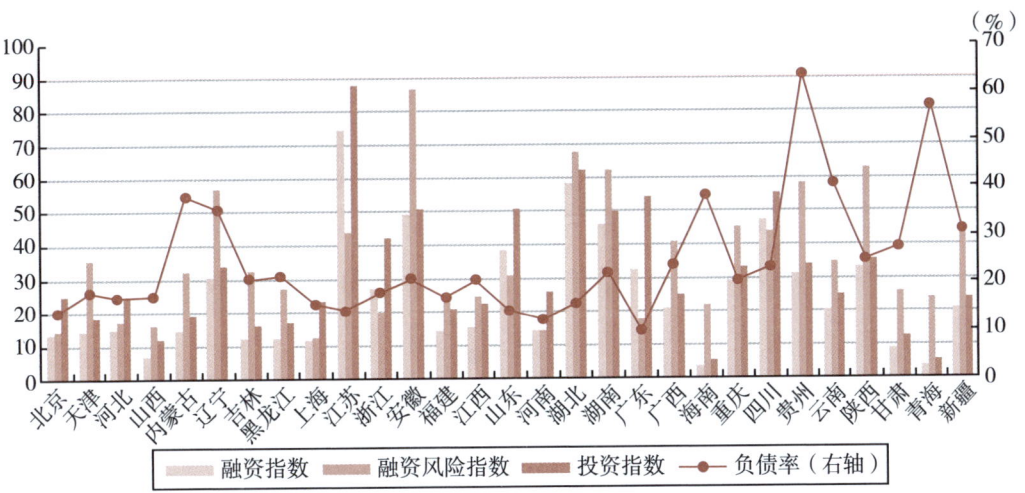

图 5-8 2017年各省（自治区、直辖市）融资指数、融资风险指数、投资指数及负债率
（融资平台债务为银监会口径下、借助审计数据估算城投债占比计算得到）

数据来源：财政部，Wind数据库。

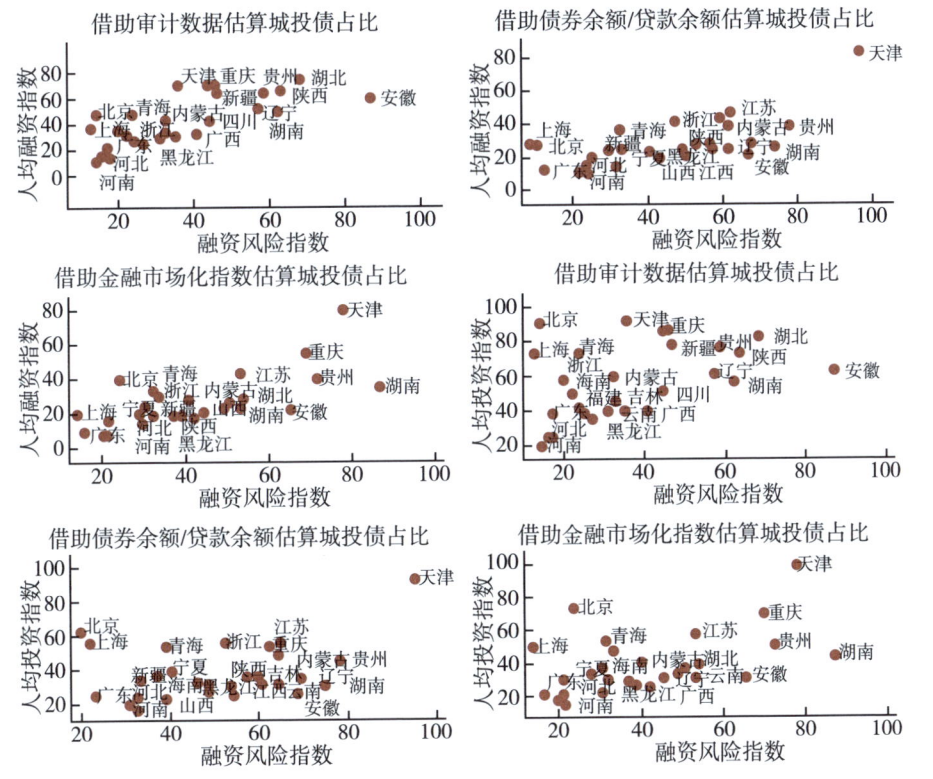

图 5-9 分省（自治区、直辖市）2017年融资风险指数、人均融资指数和人均投资指数（利用三种方法测算银监会口径下的融资平台融资规模）

数据来源：财政部，Wind数据库。

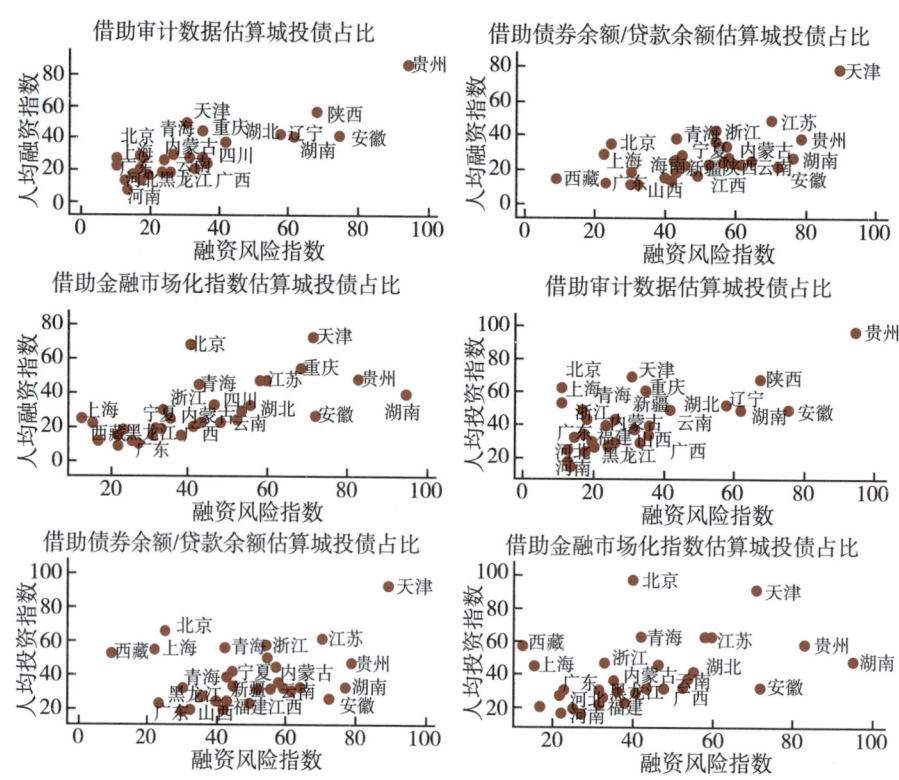

图 5-10 分省（自治区、直辖市）2017 年融资风险指数、人均融资指数和人均投资指数（利用三种方法测算 Wind 口径下的融资平台融资规模）

数据来源：财政部，Wind 数据库。

二、政府投融资政策指数

作为调控经济的重要手段，政府投融资活动与中央政府出台的政策密切相关，也反映和体现了中央政府的政策意图。地方政府融资平台是承担政府投融资活动的重要载体。因此，针对地方融资平台的相关政策直接反映了政府投融资活动的政策环境。本节通过梳理近年来中央政府出台的、与地方融资平台相关的政策，构建政府投融资政策指数，并在此基础上，结合宏观经济增速，描述政府投融资政策指数和基建投资增速的变化趋势，分析它们之间的关系以及背后的演变逻辑。

表 5-9 罗列了 2009 年以来中央政府出台的与融资平台相关的政策。按照政策的颁布主体分为三类：中共中央或国务院；财政部或财政部主导；银保监会、证监会、央行。根据颁布主体的层级，前者赋值为 ±1，后两者赋值为 ±0.5；按照

政策取向，分为宽松和紧缩两类，前者赋为正值，后者赋为负值。政策方向和赋值如表5-9后两列所示。

表5-9 中央颁布的与融资平台相关的政策及政策要点、方向和赋值

时间	政策条文	政策要点	政策方向	赋值
中共中央或国务院				
2010年6月10日	《国务院关于加强地方政府融资平台公司管理有关问题的通知》（国发〔2010〕19号）	对融资平台进行全面清理、规范和监管	紧缩	1.0
2014年9月26日	《关于深化预算管理制度改革的决定》（国发〔2014〕45号）	剥离融资平台公司政府融资职能	紧缩	1.0
2014年10月2日	《国务院关于加强地方政府性债务管理的意见》（国发〔2014〕43号）	剥离融资平台公司政府融资职能，融资平台公司不得新增政府债务	紧缩	1.0
2015年5月15日	《国务院办公厅转发财政部人民银行银监会关于妥善解决地方政府融资平台公司在建项目后续融资问题意见的通知》（国办发〔2015〕40号）	依法合规积极支持融资平台公司在建项目后续融资，确保在建项目有序推进，切实满足实体经济的合理融资需求	宽松	-1.0
2016年11月15日	《国务院办公厅关于印发地方政府性债务风险应急处置预案的通知》（国办函〔2016〕88号）	地方政府对其举借的债务负有偿还责任，中央实行不救助原则	紧缩	1.0
2018年8月	媒体报道：多地召开会议 传达隐性债务意见精神	—	紧缩	1.0
2018年8月	媒体报道：多地学习"隐性债务问责办法"：终身问责、倒查责任	—	紧缩	1.0
2018年10月31日	《关于保持基础设施领域补短板力度的指导意见》（国办发〔2018〕101号）	合理保障融资平台公司正常融资需求	宽松	-1.0
2019年6月	中办国办印发《关于做好地方政府专项债券发行及项目配套融资工作的通知》	允许将专项债券作为符合条件的重大项目资本金；允许融资平台公司在不扩大建设规模和防范风险前提下与金融机构协商继续融资	宽松	-1.0

续表

时间	政策条文	政策要点	政策方向	赋值
财政部或财政部主导					
2010年7月30日	《关于贯彻国务院关于加强地方政府融资平台公司管理有关问题的通知相关事项的通知》(财政部、发改委、央行、银监会)	全面落实对融资平台清理、规范和监管的政策	紧缩	0.5
2015年12月21日	《关于对地方政府债务实行限额管理的实施意见》(财预〔2015〕225号)	取消融资平台公司的政府融资职能,推动有经营收益和现金流的融资平台公司市场化转型改制,通过政府和社会资本合作(PPP)、政府购买服务等措施予以支持	紧缩	0.5
2017年4月26日	《关于进一步规范地方政府举债融资行为的通知》(财预〔2017〕50号)	地方政府及其所属部门不得干预融资平台公司日常运营和市场化融资。地方政府不得将公益性资产、储备土地注入融资平台公司,不得承诺将储备土地预期出让收入作为融资平台公司偿债资金来源	紧缩	0.5
2017年5月28日	《关于坚决制止地方以政府购买服务名义违法违规融资的通知》(财预〔2017〕87号)	政府购买服务要先有预算,后购买服务。严格限定政府购买服务范围	紧缩	0.5
2017年11月10日	《关于规范政府和社会资本合作(PPP)综合信息平台项目库管理的通知》(财办金〔2017〕92号)	未按规定转型的融资平台公司作为社会资本方,属于集中清理的入库PPP项目	紧缩	0.5
2018年3月28日	《关于规范金融企业对地方政府和国有企业投融资行为有关问题的通知》(财金〔2018〕23号)	国有金融企业不得违规新增地方政府融资平台公司贷款。国有金融企业向融资平台公司提供融资,应按照"穿透原则"加强资本金审查,确保资本金来源合法合规,融资项目满足规定的资本金比例要求	紧缩	0.5

续表

时间	政策条文	政策要点	政策方向	赋值
银保监会、证监会、央行等				
2009年3月	《关于进一步加强信贷结构调整促进国民经济平稳较快发展的指导意见》（央行、银监会）	支持和鼓励有条件的地区设立投融资平台筹集建设资金	宽松	-0.5
2010年12月16日	《关于加强融资平台贷款风险管理的指导意见》（银监发〔2010〕110号）	加强融资平台贷款风险管理	紧缩	0.5
2014年4月8日	《关于信托公司风险监管的指导意见》（银监办发〔2014〕99号）	对融资平台、房地产、矿业、产能过剩行业、影子银行业务等风险隐患进行重点监控，并适时开展风险排查，及时做好风险防范和化解工作	紧缩	0.5
2015年8月10日	《关于银行业支持重点领域重大工程建设的指导意见》（银监会、发改委）	针对转型的融资平台公司承担的符合规定的重大项目，予以信贷支持	宽松	-0.5
2017年4月7日	《关于银行业风险防控工作的指导意见》（银监发〔2017〕6号）	银行业金融机构不得违规新增地方政府融资平台贷款；强化融资平台风险管控	紧缩	0.5
2017年11月22日	《中国银监会关于规范银信类业务的通知》（银监发〔2017〕55号）	商业银行和信托公司银信类业务不得将信托资金违规投向地方政府融资平台	紧缩	0.5
2018年1月5日	《中国银监会关于印发商业银行委托贷款管理办法的通知》（银监发〔2018〕2号）	商业银行不得接受委托人为金融资产管理公司和经营贷款业务机构的委托贷款业务申请	紧缩	0.5
2018年4月27日	《关于规范金融机构资产管理业务的指导意见》（央行、银保监会、证监会、外管局）	资金端全面加强监管	紧缩	0.5
2018年8月18日	《关于进一步做好信贷工作提升服务实体经济质效的通知》（银保监办发〔2018〕76号）	按照市场化原则满足融资平台公司的合理融资需求，对必要的在建项目要避免资金断供、工程烂尾	宽松	-0.5

资料来源：笔者梳理。

基于上述分析，政府投融资政策指数计算结果如图5-11所示，结合政府基础设施建设投资增速和GDP增速，对政府投融资政策指数的变化趋势进行分析。2009年，为了摆脱全球金融危机对经济的拖累，政府出台了"四万亿"经济刺激计划，地方融资平台作为地方政府筹集建设资金的重要手段，受到中央政府的支持和鼓励，政府投融资政策环境较为宽松，对应的政府投融资政策指数较小，政府基建投资增速较高，经济复苏较快。紧接着，2010年GDP增速重回10%以上，针对融资平台发展中出现的一些问题，中央政府出台了一系列政策予以规范，政府投融资政策环境收紧，对应的政府投融资政策指数有所上升，政府基建投资增速放缓。2011—2013年，关于政府融资平台的相关政策得到延续，GDP增速不断放缓，政府基建投资增速呈上升趋势。2014年，关于政府融资平台的政策环境进一步收紧，相应的政府投融资政策指数有所上升，但政府基建投资仍延续高增长态势。2015年经济增速继续下行并跌破7%，稳增长压力加大，融资平台面临的政策环境有所放松，对应的政府投融资政策指数有所降低，但政府基建投资增速仍高位回落。2016—2018年，随着去杠杆和化解地方政府债务风险的推进，融资平台面临的政策环境持续收紧，对应的政府投融资政策指数不断上行，政府基建投资增速则不断下行。虽然2018年出台了一些关于保障融资平台合理融资需求的

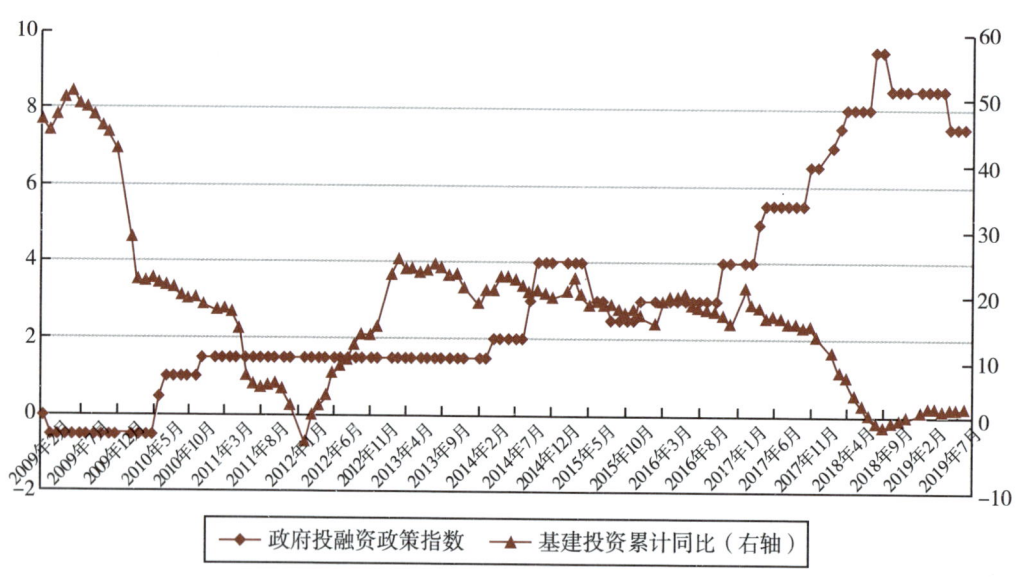

图5-11　2009—2018年政府投融资政策指数与基建投资增速

数据来源：Wind数据库。

注：从2018年开始，国家统计局不再公布月度基建投资绝对值数据，故2018—2019年基建投资增速根据统计局公布的基建三大行业同比数据和2017年绝对值数据计算得到。

较为宽松的政策，但在化解地方隐性债务风险、严格问责的大背景下，政府投融资政策指数总体上仍呈收紧趋势。面对经济的持续下行压力和基建补短板要求，作为基建投资的重要主体，融资平台合理合规的融资需求会进一步得到保障。例如，2019年6月份，中共中央办公厅、国务院办公厅印发《关于做好地方政府专项债券发行及项目配套融资工作的通知》，允许融资平台公司在不扩大建设规模和防范风险前提下与金融机构协商继续融资；允许将专项债券作为符合条件的重大项目资本金。关于融资平台的相关政策可能边际上会有所放松，但笔者认为，政府投融资政策指数总体上仍会呈收紧态势。

附录：融资平台债务规模估算

一、借助审计数据估算城投债占比

（一）全国层面融资平台债务规模估算

利用审计署审计得到的2010年和2013年地方融资平台债务和Wind数据库统计的城投债余额数据，可计算融资平台债务中城投债占比。审计署《全国地方政府性债务审计结果》（2011年第35号）显示，2010年底，全国地方政府性债务中，融资平台公司债务总额为49 710.68亿元。审计署《全国政府性债务审计结果》（2013年12月30日公告）显示，截至2013年6月底，全国地方政府性债务中，融资平台公司债务总额为69 704.42亿元。基于Wind数据库对城投债的统计，2010年底和2013年中，Wind口径下的城投债余额分别为1 101亿元和8 385.2亿元，占审计署审计得到的对应时间的融资平台债务总额的比例分别为2.2%和12.0%；2010年底和2013年中，银监会口径下的城投债余额分别为564亿元和5 703亿元，占审计署审计得到的对应时间的融资平台债务总额的比例分别为1.1%和8.2%，如附表1所示。2013年6月末融资平台债务结构数据得到了一些相关研究的佐证。例如，杨旭（2014）[①]调查了湖北省的地方政府债务情况，2013年6月末，被调查地区共发行城投公司债券16亿元，占债务总额的16.9%，银行贷款和信托贷款占债务总额的比

---

① 杨旭. 中部欠发达地区政府债务问题调查分析——以湖北省部分地市为例[J]. 经济研究参考，2014（23）：10-11, 21.

例分别为79.8%和3.3%；石巍（2014）①指出，截至2013年6月底，辽宁省各级政府融资平台债务2 397.63亿元，其中，有80%以上来自国有银行与城市商业银行贷款。

附表1　2010年和2013年融资平台债务总额及城投债占比

时间	融资平台债务（审计署）（亿元）	Wind口径城投债余额（亿元）	银监会口径城投债余额（亿元）	Wind口径城投债占比（%）	银监会口径城投债占比（%）
2010年末	49 710.68	1 101.0	564	2.2	1.1
2013年中	69 704.42	8 385.2	5 703	12.0	8.2

数据来源：中华人民共和国审计署，Wind数据库。

利用Wind数据库统计的历年城投债余额数据，并基于2013年融资平台债务中城投债占比，可得到融资平台债务规模的估算值。2010年城投债发行规模较小，无法反映当前融资平台债务结构。2012年开始，城投债规模突然迅速增长，Wind口径和银监会口径下的城投债余额比上年分别增长了247%和349%。2013年同比增速分别滑落到110%和122%，之后逐渐回落，2017—2018年稳定在20%—30%左右。相比于2010年，本章用2013年融资平台债务中城投债占比来估算融资平台债务规模更加合理。而且，2013年开始城投债规模增速逐步趋于稳定，因此，2014—2018年融资平台债务中城投债占比用2013年数据来近似替代，是基于已有数据的较为合理的处理方式。

当然，随着金融市场的逐步完善，以及针对地方融资平台通过银行贷款、信托等渠道融资的规范化和从严管理，融资平台债务中城投债占比可能会逐渐提高，附表1中2010年和2013年对应数据的比较就说明了这一点。不过，规模日益扩大的地方债对城投债的替代性，以及融资平台是稳增长的重要力量，在经济下行压力下，政府或监管机构可能会放松或鼓励银行或信托机构为融资平台提供融资服务，这也可能会带来城投债占比的下降。考虑到这两类影响方向相反的因素的相互作用，基于已有的公开数据精确计算融资平台债务中城投债占比是困难的，只能近似计算，本报告的处理就是其中一种。

附图1显示，Wind口径下的城投债余额从2013年的10 551.6亿元增加到2018年的85 044.8亿元，年复合增长率为52%。银监会口径下的城投债余额从2013年的7 163.4亿元增加到2018年的48 926.8亿元，增幅近6倍，年复合增长率为47%。基于Wind口径和银监会口径下城投债余额，以及2013年融资平台债务中城投债占比数据，计算得到

---

① 石巍. 城镇化与地方政府融资［J］. 中国金融，2014（16）：86-87.

2014—2018年融资平台债务规模增速的估算值(见附图1)。2014年以来,我国融资平台债务规模增速总体上呈下降趋势,从2014年的100%左右下降到2018年的20%左右。

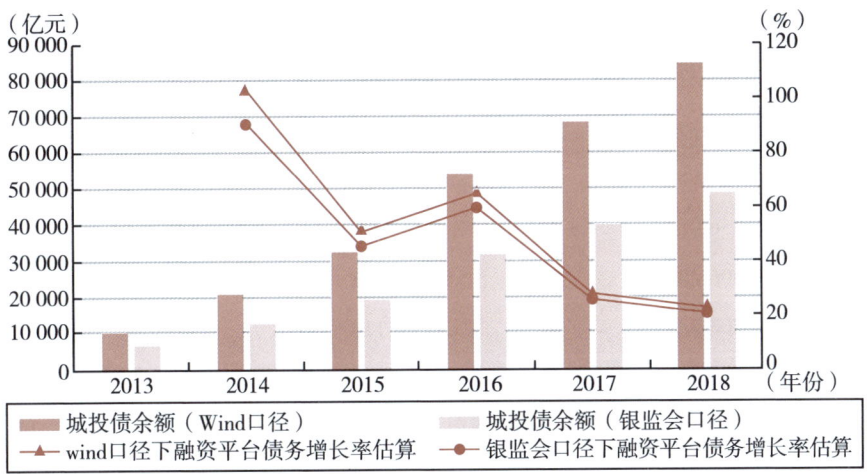

附图1　Wind口径和银监会口径下城投债余额及融资平台债务规模增速估算

数据来源:中华人民共和国审计署,Wind数据库。

(二)分省融资平台债务规模估算

在2013年国家审计署组织开展的地方债务审计中,各省(自治区、直辖市)也公布了本省融资平台债务情况,据此可计算出分地区融资平台债务中城投债占比,如附表2所示。

附表2　2013年6月末分省(自治区、直辖市)融资平台债务规模、城投债余额及占比

省份	融资平台债务(亿元)	Wind口径城投债余额(亿元)	银监会口径城投债余额(亿元)	Wind口径城投债占比(%)	银监会口径城投债占比(%)
北京	798.57	290.0	84	36.3	10.5
天津	1 991.14	471.0	435	23.7	21.8
河北	1 334.84	264.0	84	19.8	6.3
山西	738.84	195.0	179	26.4	24.2
内蒙古	994.46	126.0	70	12.7	7.0
辽宁	2 829.33	98.0	82	3.5	2.9

续表

省份	融资平台债务（亿元）	Wind口径城投债余额（亿元）	银监会口径城投债余额（亿元）	Wind口径城投债占比（%）	银监会口径城投债占比（%）
吉林	1 142.52	62.0	62	5.4	5.4
黑龙江	1 079.39	50.0	50	4.6	4.6
上海	2 523.95	420.0	217	16.6	8.6
江苏	8 356.96	1 424.0	906	17.0	10.8
浙江	3 306.20	847.0	712	25.6	21.5
安徽	3 206.73	175.0	116	5.5	3.6
福建	892.87	212.0	130	23.7	14.6
江西	1 634.16	344.0	188	21.1	11.5
山东	3 017.31	278.0	273	9.2	9.0
河南	1 005.07	206.0	118	20.5	11.7
湖北	4 612.97	350.0	176	7.6	3.8
湖南	4 866.98	470.0	402	9.7	8.3
广东	2 883.90	397.0	172	13.8	6.0
广西	2 565.77	190.0	149	7.4	5.8
海南	735.47	66.0	66	9.0	9.0
重庆	4 468.66	609.0	509	13.6	11.4
四川	3 864.56	317.0	224	8.2	5.8
贵州	2 085.70	84.0	125	4.0	6.0
云南	2 079.51	171.0	185	8.2	8.9
西藏	—	—	—	—	—
陕西	3 237.26	100.0	87	3.1	2.7
甘肃	486.34	66.0	10	13.6	2.1
青海	245.97	46.0	12	18.7	4.9
宁夏	218.39	38.0	—	17.4	—
新疆	977.21	91.2	16	9.3	1.6
全国	68 181.03	8 457.2	5 839	12.4	8.6

数据来源：各省审计厅（局），Wind数据库。

注：受极端值和数据缺失影响，辽宁城投债余额取2013年末数据，陕西、甘肃、新疆银监会口径城投债余额取2013年末数据。

同样地，假设2013—2018年各省融资平台债务中城投债占比保持不变，并基于各省2013—2018年城投债数据（如附表3和附表4所示），可估算出各省融资平台债务规模。

附表3　　2013—2018年Wind口径下分省城投债余额　　单位：亿元

年份 省份	2013	2014	2015	2016	2017	2018
安徽	225.0	733.0	1 038.7	2 117.3	3 107.3	3 796.2
北京	403.0	1 184.0	1 643.7	2 423.3	2 790.2	4 006.6
福建	248.0	413.5	876.5	1 452.0	1 795.5	2 299.9
甘肃	96.0	396.0	544.0	648.0	706.6	783.9
广东	530.0	1 007.0	1 424.6	2 242.0	2 629.4	3 334.0
广西	228.0	499.5	694.6	1 129.5	1 314.1	1 716.5
贵州	84.0	184.0	651.4	1 841.9	2 549.4	2 858.1
海南	66.0	114.0	114.0	114.0	114.0	105.4
河北	318.0	515.0	683.0	865.6	995.8	1 081.9
河南	266.0	493.9	763.9	1 400.4	1 920.2	2 385.6
黑龙江	50.0	129.0	228.0	383.0	504.7	587.9
湖北	576.0	1 155.5	1 449.7	2 499.3	3 530.8	4 287.4
湖南	666.0	1 306.2	2 199.9	4 221.8	5 536.7	6 099.3
吉林	62.0	161.0	328.8	508.7	689.0	957.3
江苏	1 804.8	3 526.8	5 200.0	9 096.1	12 022.7	15 142.9
江西	413.0	642.5	1 157.7	2 033.7	2 337.9	3 057.8
辽宁	98.0	283.0	650.0	1 061.5	1 134.3	1 077.4
内蒙古	126.0	234.0	389.0	490.0	611.6	591.5
宁夏	38.0	74.0	114.0	118.0	126.3	129.9
青海	134.0	174.0	209.0	201.0	239.4	177.6
山东	327.6	593.5	1 018.7	2 052.3	2 754.6	3 657.3
山西	252.0	419.0	564.2	722.5	860.0	1 014.0
陕西	154.0	367.0	558.0	926.1	1 433.9	2 018.2
上海	444.0	640.8	749.8	1 011.0	1 028.8	1 313.7

续表

年份 省份	2013	2014	2015	2016	2017	2018
四川	389.0	853.8	1 413.0	2 473.4	3 548.8	4 540.7
天津	538.0	1 244.4	2 124.1	2 867.0	3 156.6	4 052.4
西藏	—	—	9.0	9.0	19.0	49.0
新疆	125.2	283.7	546.9	866.9	1 141.4	1 220.4
云南	194.0	382.0	673.4	1 065.1	1 570.7	2 114.9
浙江	957.0	2 150.4	2 797.0	4 159.8	4 997.8	6 421.6
重庆	739.0	1 354.5	1 934.1	3 228.9	3 743.6	4 165.5
总计	10 551.6	21 515.0	32 748.6	54 228.9	68 910.8	85 044.8

数据来源：Wind 数据库。

附表 4　2013—2018 年银监会口径下分省城投债余额　　单位：亿元

年份 省份	2013	2014	2015	2016	2017	2018
安徽	166.0	476.0	689.9	1 177.9	1 742.1	2 157.9
北京	123.0	452.0	575.7	807.3	905.2	1 369.8
福建	166.0	233.0	460.0	811.0	974.2	1 220.5
甘肃	10.0	74.0	87.0	113.0	137.5	194.8
广东	265.0	539.0	650.4	1 129.4	1 262.4	1 423.1
广西	167.0	302.0	461.8	776.5	917.5	1 224.7
贵州	125.0	159.0	448.0	915.6	1 221.7	1 242.4
海南	66.0	114.0	114.0	114.0	114.0	105.4
河北	138.0	181.6	253.6	319.3	360.7	374.7
河南	154.0	203.4	348.5	525.0	734.5	780.8
黑龙江	50.0	97.0	166.5	291.5	380.1	468.5
湖北	334.0	682.0	803.0	1 591.5	2 254.2	2 760.1
湖南	502.0	810.0	1 349.8	2 507.4	3 285.6	3 722.8
吉林	62.0	161.0	228.8	372.4	463.7	658.0

续表

年份 省份	2013	2014	2015	2016	2017	2018
江苏	1 144.8	2 158.8	3 160.2	5 465.7	7 084.5	8 872.9
江西	247.0	347.0	630.2	1 016.4	1 193.0	1 448.3
辽宁	82.0	148.0	305.4	527.7	579.1	565.6
内蒙古	70.0	120.0	236.0	282.0	373.4	363.2
宁夏	—	36.0	36.0	36.0	28.8	21.6
青海	40.0	75.0	85.0	77.0	77.8	70.8
山东	310.6	646.6	1 009.0	1 628.4	2 335.7	3 039.9
山西	224.0	331.0	516.2	662.1	808.4	903.1
陕西	87.0	227.0	340.8	538.7	784.6	1 203.6
上海	233.0	301.8	423.8	419.0	396.6	444.3
四川	296.0	633.0	930.7	1 591.3	2 303.2	3 020.3
天津	467.0	988.0	1 635.5	2 164.4	2 341.0	2 912.1
新疆	16.0	62.0	151.8	230.0	302.7	313.1
云南	193.0	296.0	411.4	723.4	940.0	1 197.4
浙江	822.0	1 693.4	1 946.4	2 595.3	2 989.1	3 488.6
重庆	603.0	1 127.5	1 505.6	2 542.9	3 038.0	3 358.8
总计	7 163.4	13 675.1	19 960.9	31 952.1	40 329.2	48 926.8

数据来源：Wind数据库。

二、借助"债券余额/贷款余额"估算城投债占比

借助分省"债券余额/贷款余额"近似表示融资平台债务结构，并基于城投债数据，估算各省融资平台债务规模。2015年开始，中国人民银行公布了各省（自治区、直辖市）境内人民币贷款中非金融企业及机关团体贷款余额[①]，基于Wind数

---

① 机关团体是指包括学校及一部分由财政拨给经费的团体和其他事业单位等。

据库统计的各省债券余额[①]，进而得到各省"债券余额/非金融企业及机关团体贷款余额"（如附表5所示），用来近似表示各省融资平台债务结构，即融资平台债务中发行的债券与贷款之比，再利用各省城投债数据，最终得到2015—2018年各省融资平台债务规模。

附表5　2015—2018年分省（自治区、直辖市）债券余额与非金融企业及机关团体贷款余额之比

单位：%

年份 省份	2015	2016	2017	2018
北京	26.03	36.42	35.75	38.22
天津	12.55	17.14	16.40	18.27
河北	10.36	11.91	11.36	10.92
山西	15.75	16.98	20.15	21.72
内蒙古	11.77	8.90	7.68	6.21
辽宁	11.98	13.66	11.73	9.37
吉林	5.52	6.27	6.79	7.47
黑龙江	6.84	7.17	6.12	4.48
上海	14.07	21.05	17.98	19.92
江苏	14.75	19.47	20.50	20.78
浙江	10.59	13.35	14.45	14.02
安徽	16.19	16.64	16.90	16.22
福建	14.69	20.54	19.50	20.31
江西	15.59	15.40	13.79	14.55
山东	14.29	16.84	16.94	17.29
河南	9.79	10.83	9.63	10.04
湖北	11.12	13.48	14.19	13.65
湖南	16.93	23.13	22.86	20.43

---

① 包括企业债、公司债、可转债、中期票据、短期融资券等，但不包括国债、地方政府债、金融债等，因为融资平台不能发行这类债券融资。

续表

年份 省份	2015	2016	2017	2018
广东	14.06	20.77	19.83	19.75
广西	12.76	14.64	14.03	13.40
海南	11.47	15.32	15.81	13.87
重庆	20.68	25.48	23.93	21.00
四川	11.06	11.82	11.93	12.35
贵州	13.71	19.56	18.36	13.85
云南	12.25	12.48	12.40	12.69
西藏	3.08	2.32	1.94	2.26
陕西	14.00	15.11	14.51	15.04
甘肃	9.49	6.58	5.74	4.68
青海	14.31	12.61	10.45	6.87
宁夏	6.98	6.50	5.75	5.66
新疆	14.88	17.20	15.11	13.13

数据来源：Wind数据库，分省统计年鉴及作者估算。

注：考虑到北京的特殊性，计算北京的债券余额与非金融企业及机关团体贷款余额之比时，债券余额未包括中期票据、短期融资券，否则其比例接近100%。

三、借助"金融市场化指数"估算城投债占比

依托王小鲁等（2019）[1]计算的分省金融市场化指数，以及基于中国财政科学研究院降成本调研数据库计算得到的2015—2017年全国融资平台债券融资占总融资的平均比重7%，估算分省融资平台债券融资占总融资的比重，进而得到分省融资平台融资规模。一般来说，一省融资平台债务中债券占比与该省金融市场化发达程度呈正相关关系。本章将7%视为融资平台债务中债券占比的全国平均值，并假设各省金融市场化指数相对于全国平均值的偏离程度为各省融资平台债务中债

---

[1] 王小鲁，樊纲，胡李鹏. 中国分省份市场化指数报告（2018）[M]. 北京：社会科学文献出版社，2019.

券占比相对于全国平均水平7%的偏离程度,进而得到各省融资平台债务中债券占比,如附表6所示。最后,将各省城投债规模除以相应的融资平台债务中债券占比,即得到各省融资平台债务规模的估计值。

附表6 根据财科院降成本调研数据库和金融市场化指数计算所得分省融资平台债务中债券占比

地区	金融市场化指数2012	金融市场化指数2014	金融市场化指数2016	金融市场化指数三年平均	金融市场化指数偏离全国平均值幅度(%)	融资平台债务中债券占比全国平均(%)	根据金融市场化指数计算所得融资平台债务中债券占比(%)
北京	4.84	5.32	6.13	5.43	-12.5	7	6.12
天津	8.15	8.32	8.24	8.24	32.7	7	9.29
河北	6.06	6.63	6.88	6.52	5.1	7	7.35
山西	5.51	5.62	5.56	5.56	-10.4	7	6.27
内蒙古	5.01	5.63	5.69	5.44	-12.3	7	6.14
辽宁	6.73	7.11	7.45	7.10	14.3	7	8.00
吉林	5.27	5.19	6.06	5.51	-11.3	7	6.21
黑龙江	4.47	4.78	5.03	4.76	-23.3	7	5.37
上海	9.03	8.80	8.93	8.92	43.7	7	10.06
江苏	8.98	9.49	9.83	9.43	51.9	7	10.64
浙江	9.93	10.06	10.12	10.04	61.7	7	11.32
安徽	5.21	6.19	6.52	5.97	-3.8	7	6.73
福建	9.51	9.64	10.40	9.85	58.7	7	11.11
江西	6.45	7.01	7.72	7.06	13.7	7	7.96
山东	6.95	7.58	7.80	7.44	19.9	7	8.39
河南	5.86	6.65	7.02	6.51	4.9	7	7.34
湖北	5.56	5.69	5.78	5.68	-8.6	7	6.40
湖南	5.41	5.96	6.54	5.97	-3.8	7	6.73
广东	8.68	9.17	9.36	9.07	46.1	7	10.23
广西	6.23	6.44	6.71	6.46	4.0	7	7.28

续表

地区	金融市场化指数2012	金融市场化指数2014	金融市场化指数2016	金融市场化指数三年平均	金融市场化指数偏离全国平均值幅度（%）	融资平台债务中债券占比全国平均（%）	根据金融市场化指数计算所得融资平台债务中债券占比（%）
海南	5.07	5.61	4.99	5.22	−15.9	7	5.89
重庆	7.31	7.47	7.65	7.48	20.4	7	8.43
四川	5.59	6.07	5.93	5.86	−5.6	7	6.61
贵州	4.27	5.23	5.69	5.06	−18.4	7	5.71
云南	4.75	5.11	4.99	4.95	−20.3	7	5.58
西藏	0	0.78	1.02	0.60	−90.3	7	0.68
陕西	4.01	4.48	4.65	4.38	−29.5	7	4.94
甘肃	3.23	4.27	4.73	4.08	−34.3	7	4.60
青海	2.88	3.13	3.69	3.23	−47.9	7	3.65
宁夏	5.67	6.38	6.52	6.19	−0.3	7	6.98
新疆	4.15	4.55	4.64	4.45	−28.4	7	5.01
全国平均	5.83	6.27	6.52	6.21	0.0	7	7.00

数据来源：财科院降成本调研数据库；王小鲁，樊纲，胡李鹏. 中国分省份市场化指数报告（2018）[M]. 北京：社会科学文献出版社，2019.

第六章
"一带一路"的政府性投融资发展与改革

2018年,"一带一路"的政府投融资发展取得了新的进展:对重点基础设施、产业园区和重大工程的支持力度明显加大;政府与社会资本的合作日趋紧密,形成了"一带一路"基础设施和园区建设的重要亮点;投融资体系形成了一系列的重大变革,银团贷款、多层次资本市场和第三方融资并进发展;政府间的《"一带一路"融资指导原则》达成一致,包括英国在内的27个国家签署了这一文件。在"一带一路"的政府投融资发展和改革取得巨大进展的支持下,沿海国家的交通、能源和水利基础设施建设取得了重大成绩,产业园区、产能合作区和离岸自由贸易区都实现了重大进展,产业链、价值链和供应链等得到了极大的提升和完善。当前,国际上也存在着一些不和谐甚至是恶意诋毁的声音,"债务危机""产业控制""战略丧失"等问题成为某些大国肆意攻讦的重要借口。

第一节 政府间投融资合作与《"一带一路"融资指导原则》

2017年5月14日,在"一带一路"高峰论坛召开期间,由中国政府主持,27国的财政部长参与,共同达成了《"一带一路"融资指导原则》(以下简称《原则》)。《原则》明确指出,资金融通是"一带一路"建设的重要支撑。为推进沿线国家政府、金融机构、企业共同行动,本着"平等参与、利益共享、风险共担"

的原则，推动建设长期、稳定、可持续、风险可控的融资体系，阿根廷、白俄罗斯、柬埔寨、智利、中国、捷克、埃塞俄比亚、斐济、格鲁吉亚、希腊、匈牙利、印度尼西亚、伊朗、肯尼亚、老挝、马来西亚、蒙古国、缅甸、巴基斯坦、卡塔尔、俄罗斯、塞尔维亚、苏丹、瑞士、泰国、土耳其、英国等27国财长在北京核准了《原则》。

该《原则》根据"一带一路"国家的实际情况，结合各国的经济发展战略和基础设施建设计划，按照国际投融资的基本原则和惯例做法，遵循平等参与、利益共享、风险共担要求而制定的。具体包括以下15项基本要求：

（1）良好的融资体系和融资环境离不开沿线国家政府强有力的支持。沿线国家政府应加强政策沟通，巩固合作意向，共同释放支持"一带一路"建设和融资的积极信号。

（2）应鼓励沿线国家建立共同平台，在促进本地区国别发展战略及投资计划对接的基础上，共同制定区域基础设施发展战略或规划，确定重大项目识别和优先选择的原则，协调各国支持政策与融资安排，交流实施经验。

（3）支持金融资源服务于沿线国家和地区的实体经济发展。重点加大对基础设施互联互通、贸易投资、产能合作、能源能效、资源以及中小企业等领域的融资支持力度。

（4）基础设施对经济社会可持续发展具有重要作用。应鼓励沿线国家视情开放公共服务市场，维护良好、稳定的法律、政策和监管框架，积极发展政府和社会资本合作以吸引各类资金，提高基础设施的供给效率和质量。应鼓励有意愿的相关方在私营部门和金融机构之间建立有效的信息交流，通过基础设施融资支持可持续发展。

（5）重视公共资金在规划、建设重大项目上的引领作用。应继续利用政府间合作基金、对外援助资金等现有公共资金渠道，协调配合其他资金渠道，共同支持"一带一路"建设，包括加强沿线国家和地区在民生发展、人文交流等领域的交流合作。

（6）鼓励各国政策性金融机构、出口信用机构继续为"一带一路"建设提供政策性金融支持。应鼓励上述机构加强协调合作，通过贷款、担保、股权投资、联合融资等多种方式，发挥融资促进和风险分担作用。

（7）推动开发性金融机构为"一带一路"沿线国家提供更多融资支持和技术援助。鼓励多边开发银行和各国开发性金融机构在其职责范围内通过贷款、股权投资、担保和联合融资及其他融资渠道等各种方式，积极参与"一带一路"建设，特别是跨境基础设施建设。支持多边开发银行与各国开发性金融机构加强协调合作，为沿线国家提供可持续性的融资、机构专有技术和融智服务。

（8）市场机制在金融资源配置中应发挥决定性作用。推动商业银行、股权投资基金、保险、租赁和担保公司等各类商业性金融机构为"一带一路"建设提供资金及其他金融服务。支持养老基金、主权财富基金等长期机构投资者，在符合其机构职能的情况下视情积极参与，特别是参与基础设施建设。

（9）支持进一步发展本地与区域金融市场。推动发展沿线国家的本币债券市场和股权投资市场，以扩大长期融资来源，并降低货币错配风险。

（10）支持金融市场的有序开放，并尊重有关国家可能承担的国际义务。鼓励根据国情，在符合国内法律法规的前提下，逐步扩大银行、保险、证券等市场准入，支持金融机构跨境互设子公司和（或）分支机构，促进金融机构设立申请与审批流程的便利化。

（11）鼓励基于"一带一路"建设需求和沿线国家需求的金融创新。支持金融机构在风险可控前提下创新融资模式、渠道、工具与服务。

（12）推动沿线各国深化金融监管合作，加强跨境监管协调，共同为金融机构创造公平、高效、稳定的监管环境，并尊重有关国家可能承担的国际义务。

（13）倡导建设透明、友好、非歧视和可预见的融资环境。支持视情提高对外国直接投资的开放度，加快必要的投资便利化进程，反对一切形式的贸易和投资保护主义。倡导建立和完善公平、公正、公开、高效的法律制度，以及互惠互利、投资友好型的税收制度。支持通过公正、合法、合理的方式妥善解决债务和投资争端，切实保护债权人和投资人合法权益。

（14）强调应加强对融资项目社会环境影响的评价和风险管理，重视节能环保合作，履行社会责任，促进当地就业，推动经济社会可持续发展。在动员资金时，应兼顾债务可持续性。

（15）"一带一路"建设的融资安排应惠及所有企业和人群，支持可持续、包容性发展。应为提高科技能力、技术发展以及创造就业，特别是年轻人与妇女的就业提供融资。应积极支持推进普惠金融的努力，鼓励沿线国家政府、政策性金融机构、开发性金融机构及商业性金融机构加强合作，努力让所有人享受金融信息和服务，并为中小企业提供适当、稳定、可负担的融资服务。

第二节 "一带一路"的投融资基本架构

2018年，我国"一带一路"投融资逐步从企业国内融资开展海外项目投资的简单模式，走向更加复杂的海外资产市场融资、第三方融资和项目过程融资的安排。总体上，形成了如图6-1所示的工本投融资架构。

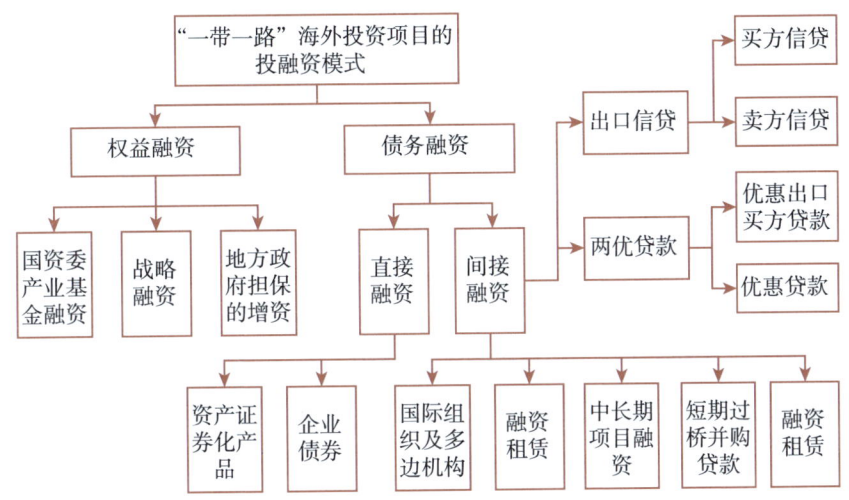

图6-1 "一带一路"海外投资项目的投融资模式

根据图6-1，我国"一带一路"海外投资项目的投融资模式日益综合化和多元化。在权益融资方面，政府支持的重点是推动国有资本海外投资基金的组建和运营，支持国内市场资本开展海外项目的战略性投资，以及运用政府手段开展符合法律要求的股权增资。而债务融资的渠道和模式更加多样，相应的，对政府支持的机构和渠道要求较高，而对具体的融资产品的要求较少。从债务融资看，包括债券类的直接融资和信贷类的间接融资两个基本分类，这种融资方式可以形成较大的投资规模，当然也带来了高杠杆风险和债务久期的问题。所以一方面要扩大融资渠道，创新融资主体，另一方面政府也要有效支持融资产品的创新，推动开展有效的杠杆控制和久期管理安排。根据这一要求，大致形成了多边金融机构融资、国内开发性政策性金融机构融资、商业金融机构融资和混合型融资四类融资模式，并初步形成了企业投资、PPP和EPC三种投资方式。

第三节 "一带一路"下的国际金融机构的多边融资

"一带一路"下的国际金融机构的多边融资主要包括世界银行、亚洲开发银行、亚洲基础设施投资银行、金砖国家新开发银行和上海合作组织开发银行等。从多边融资的模式上看,面向"一带一路"的融资呈现出以世界银行为核心,以亚洲开发银行为重要合作伙伴的银团贷款或是"跟随联投"的方式,世界银行和亚洲开发银行对"一带一路"的国际金融机构的多边融资影响巨大。

一、世界银行的融资结构和模式安排

2018财年[①],世界银行向成员国和私营企业提供贷款、赠款、股权投资和担保共669亿美元,"一带一路"相关地区占比约为57%。其中,国际复兴与开发银行(IBRD)对能源和采矿,交通,供水、卫生设施和防洪三者占世界银行融资的一半左右,与"一带一路"推进产业联系密切。

(一)世界银行的基本架构与"一带一路"融资

世界银行是全世界发展中国家获得资金与技术援助的一个重要来源。世界银行集团由五个机构组成,包括国际复兴开发银行(IBRD)、国际开发协会(IDA)、国际金融公司(IFC)、多边投资担保机构(MIGA)、国际投资争端解决中心(ICSID)。其中,国际复兴开发银行(IBRD)向中等收入国家政府和信誉良好的低收入国家政府提供贷款,是"一带一路"融资的主要渠道。国际金融公司(IFC)是专注于私营部门的全球最大发展机构,通过投融资、动员国际金融市场资金以及为企业和政府提供咨询服务;国际开发协会(IDA)向最贫困国家的政府提供无息贷款和赠款;多边投资担保机构(MIGA)目的是促进发展中国家的外国直接投资,通过向投资者和贷款方提供政治风险担保履行其使命;国际投资争端解决中

---

① 世界银行的2018财年是2017年的7月1日至2018年的6月30日。

心(ICSID)提供针对国际投资争端的调解和仲裁机制。

(二)IBRD资金承诺与服务及"一带一路"融资

IBRD是由189个成员国所有的全球发展合作机构。作为全球最大的多边开发银行,它向中等收入国家和信用良好的低收入国家提供贷款、担保、风险管理产品和咨询服务,并协调各方对地区性和全球性挑战做出响应。2018财年,IBRD新增贷款承诺230亿美元,涉及124个项目,其中两个为IBRD与IDA混合贷款项目(见表6-1、表6-2)。

表6-1　　　　2014—2018财年IBRD的承诺贷款额　　　　单位:百万美元

地区	2014财年	2015财年	2016财年	2017财年	2018财年
非洲	420	1 209	669	1 163	1 120
东亚和太平洋	4 181	4 539	5 176	4 404	3 981
欧洲和中亚	4 729	6 679	7 039	4 569	3 550
拉美和加勒比	4 609	5 709	8 035	5 373	3 898
中东和北非	2 588	3 294	5 170	4 869	5 945
南亚	2 077	2 098	3 640	2 233	4 508
总计	18 604	23 528	29 729	22 611	23 002

资料来源:《世界银行2018年年度报告》。

表6-2　　　　2014—2018财年IBRD的贷款支付额　　　　单位:百万美元

地区	2014财年	2015财年	2016财年	2017财年	2018财年
非洲	335	816	874	427	734
东亚和太平洋	3 397	3 596	5 205	3 961	3 476
欧洲和中亚	6 536	5 829	5 167	2 799	4 134
拉美和加勒比	5 662	5 726	5 236	3 885	4 066
中东和北非	1 666	1 779	4 427	5 335	3 281
南亚	1 165	1 266	1 623	1 454	1 698
总计	18 761	19 012	22 532	17 861	17 389

资料来源:《世界银行2018年年度报告》。

根据表6-1和表6-2的比较，2018财年的IBRD贷款支付额为173.89亿美元，低于承诺额的230.02亿美元，执行率仅为76%。从构成来看，属于"一带一路"沿线欧洲和中亚地区的IBRD的贷款支付额达到41.34亿美元，超过承诺额的35.50亿美元，增幅达到16%。其他地区尽管增幅不理想，但总体水平仍超过24%的总体回落幅度。

出于监测和报告目的，同时也是为了对贷款承诺做出更好决策，世界银行对所有贷款业务使用一个代码分类体系，以反映项目资金被用于哪些部门和主题。部门代码反映经济活动的高层分类（基于所生产的商品和服务），可以说明经济中的哪些部分得到了世行项目支持。主题编码反映世行支持的活动是服务于哪些目标，可以捕捉世行对联合国可持续发展目标的支持力度（见表6-3）。

表6-3　2014—2018财年按部门划分的IBRD贷款承诺额　单位：百万美元

地区	2014财年	2015财年	2016财年	2017财年	2018财年
农林渔业	829	843	561	754	2 561
教育	1 192	1 496	1 788	1 074	1 685
能源与采掘业	2 359	3 361	4 599	4 434	3 084
金融业	1 360	3 433	2 657	1 879	764
医疗卫生	793	893	1 181	1 189	2 204
工业、贸易与服务业	1 106	1 684	3 348	2 694	3 416
信息与通讯技术	262	90	194	503	324
公共管理	4 162	3 175	5 111	4 754	2 189
社会保护	1 006	2 687	1 393	778	2 091
交通	4 089	3 202	4 569	2 551	2 074
供水、卫生和废弃物管理	1 447	2 664	4 192	2 000	2 610
总计	18 604	23 528	29 729	22 611	23 002

资料来源：《世界银行2018年年度报告》。

根据表6-4，2018财年IBRD前十大借款国除阿根廷和哥伦比亚外，均处于"一带一路"沿线，IBRD的投资重心与"一带一路"的发展密切相关。

表 6–4　　2018 财年 IBRD 前十大借款国　　单位：百万美元

国家	承诺额	国家	承诺额
印度	3 453	伊拉克	1 110
埃及	2 180	阿根廷	1 000
印度尼西亚	1 800	突尼斯	930
中国	1 788	巴基斯坦	855
土耳其	1 492	哥伦比亚	702

资料来源：《世界银行2018年年度报告》。

IBRD向成员国的发展项目提供贷款，这些资金来自IBRD自己的股本和通过在资本市场发行债券筹集的资金。IBRD被穆迪评为Aaa级，被标准普尔评为AAA级，其债券被投资者视为优质债券。IBRD的投资战略是可持续地为从世行贷款的成员国提供最佳长期价值。IBRD作为中间人从国际资本市场筹集资金供发展中成员国所用的能力对实现其目标十分重要。

IBRD发行的所有债券都被用来支持可持续发展。IBRD既在全球范围内发行债券，也针对特定市场和投资者类型发行债券。通过全球资产经理、保险公司、养老基金、央行、公司和银行等各类投资者的运作，IBRD债券将公共和私营部门与世界银行的发展目标联系起来。IBRD向多个市场的投资者提供不同币种、期限的固定利率和浮动利率债券。它经常通过以新兴市场国家货币发行新产品或债券而为国际投资者开辟新市场。IBRD每年的筹资数额不等。

IBRD的策略使之可以以优惠的市场条件借入资金，从而降低客户国的贷款成本。未立即贷出的资金被保留在IBRD的投资组合中，为业务提供流动性。2018财年，IBRD发行了27种货币的债券，筹集资金总额相当于360亿美元。

作为一个合作性机构，IBRD不追求利润最大化，但要获得充足收入以保证其资金实力，支持发展活动。在2018财年IBRD的可分配净收入中，世行执董会向理事会建议将2.48亿美元转移至IDA，将9.13亿美元作为一般储备金。在IBRD的发贷、举债和投资活动中要面临市场风险、交易对手风险、国家信用风险和运营风险。世行集团首席风险官领导风险监督职能，并通过专门的风险委员会支持世行决策程序。此外，IBRD还建立了有力的风险管理框架，支持管理层履行监督职能。该框架旨在支持IBRD以财务可持续的方式实现其目标。衡量IBRD风险的一个总体指标是股本占贷款比率。世行根据其财务和风险前景严格管理这一比率。

截至2018年6月30日,这一比率为22.9%。

在2018年春季会议上,世行集团理事会发展委员会批准的一揽子计划中包括对世行集团增加130亿美元实缴资本,其中包括IBRD的75亿美元;另外还对IBRD增加526亿美元通知缴付型资本。除此以外,一系列旨在建立一个更强大世行集团的内部措施也大大增加了IBRD的资本。增资决定草案已于2018年6月提交理事会正式批准。截至2018年6月30日,IBRD总认缴资本达2 747亿美元,包括实缴资本165亿美元。

(三) IDA资金承诺、贷款与"一带一路"发展

IDA是全球最大的为最贫困国家提供优惠贷款的多边渠道。它提供发展贷款、赠款和担保,支持这些国家推动经济增长、减少贫困、改善穷人的生活条件。2018财年,共有75个国家有资格获得IDA援助。另外有三个国家(玻利维亚、斯里兰卡和越南)虽然已在IDA17增资期结束时从IDA毕业,但当前仍接受转型期特殊支持。

2018财年,IDA为207个项目新承诺资金240亿美元,其中两个项目为IBRD与IDA混合贷款项目。这些承诺资金包括185亿美元信贷、50亿美元赠款及4.63亿美元担保。另外,通过IDA18期间的IFC-MIGA私营部门窗口还支持了12个项目和一个规划型项目,总额1.85亿美元(见表6-5)。

表6-5　2014—2018财年IDA承诺贷款额　　　　单位:百万美元

地区	2014财年	2015财年	2016财年	2017财年	2018财年
非洲	10 193	10 360	8 677	10 679	15 411
东亚和太平洋	2 131	1 803	2 324	2 703	631
欧洲和中亚	798	527	233	739	957
拉美和加勒比	460	315	183	503	428
中东和北非	199	198	31	1 011	430
南亚	8 458	5 762	4 723	3 828	6 153
总计	22 239	18 966	16 171	19 463	24 010

资料来源:《世界银行2018年年度报告》。

根据表6-5和表6-6的数据,2018财年IDA的贷款中,实际贷款执行率只有

60%,但"一带一路"重心区的东亚和太平洋地区贷款的执行额是12.52亿美元,是承诺额的198%,接近两倍的水平;而受到"一带一路"的支持和带动,中东和北非地区IDA的贷款支付额是5.69亿美元,是承诺额的132%,总体呈现大幅度的提高。而与"一带一路"相距较远的国家则表现出较为明显的下降,如拉美和加勒比地区的支付额是2.23亿美元,是承诺额的52%,将近有一半的额度没有执行。

表6-6　　　2014—2018财年IDA支付贷款额　　　单位：百万美元

地区	2014财年	2015财年	2016财年	2017财年	2018财年
非洲	6 604	6 595	6 813	6 623	8 206
东亚和太平洋	1 459	1 499	1 204	1 145	1 252
欧洲和中亚	519	314	365	310	298
拉美和加勒比	306	383	303	229	223
中东和北非	273	194	44	391	569
南亚	4 271	3 919	4 462	3 970	3 835
总计	13 432	12 905	13 191	12 668	14 383

资料来源:《世界银行2018年年度报告》。

出于监测和报告目的,同时也是为了对贷款承诺做出更好决策,世界银行对所有贷款业务使用一个代码分类体系,以反映项目资金被用于哪些部门和主题。部门代码反映经济活动的高层分类(基于所生产的商品和服务),可以说明经济中的哪些部分得到了世行项目支持。主题编码反映世行支持的活动是服务于哪些目标,可以捕捉世行对联合国可持续发展目标的支持力度(见表6-7)。

表6-7　　2014—2018财年按部门划分的IDA贷款承诺额　　单位：百万美元

地区	2014财年	2015财年	2016财年	2017财年	2018财年
农林渔业	2 382	2 525	1 849	2 025	1 442
教育	2 426	2 124	1 431	1 773	2 836
能源与采掘业	4 438	1 461	2 814	1 891	4 028
金融业	669	661	443	1 227	546
医疗卫生	758	2 197	1 191	1 246	2 062
工业、贸易与服务业	850	687	841	1 541	1 991

续表

地区	2014财年	2015财年	2016财年	2017财年	2018财年
信息与通讯技术	266	265	78	519	419
公共管理	2 624	2 744	1 500	1 954	5 013
社会保护	1 515	1 928	2 475	1 913	2 112
交通	3 187	2 191	2 277	3 271	1 455
供水、卫生和废弃物管理	3 125	2 183	1 271	2 102	2 105
总计	22 239	18 966	16 171	19 463	24 010

资料来源：《世界银行2018年年度报告》。

从IDA贷款的主要国家来看，除阿根廷和哥伦比亚外，其余国家均属于"一带一路"沿线国家，在IDA的十大借款国中占有着重要的地位（见表6-8）。

表6-8　　　　2018财年IDA前十大借款国　　　　单位：百万美元

国家	承诺额	国家	承诺额
印度	3 122	伊拉克	987
埃及	2 991	阿根廷	955
印度尼西亚	2 586	突尼斯	740
中国	1 948	巴基斯坦	706
土耳其	1 280	哥伦比亚	640

资料来源：《世界银行2018年年度报告》。

二、亚洲开发银行的融资结构和模式安排

亚洲开发银行（简称"亚行"Asian Development Bank /ADB）是联合国亚洲及太平洋经济社会委员会（联合国亚太经社会）赞助建立的机构，同联合国及其区域和专门机构联系密切。主要为促进亚洲及太平洋地区发展中成员经济和社会发展的区域性政府间金融开发机构。

亚行区位优势明显，总部位于菲律宾首都马尼拉，68个成员国中48个来自亚太地区，而东南亚地区是目前"一带一路"进展最好的地区之一，东南亚地区的

"一带一路"融资可寄希望于亚行。此外,亚行作为区域性开发机构,在联合性担保融资方面可与国内商业银行展开合作,提高增信、降低融资成本。

(一)资金供给以贷款为主

亚行主要通过提供贷款、联合融资担保、技术援助和赠款等方式支持其成员在基础设施、能源、环保、教育和卫生等领域的发展。亚行主要以提供贷款为主,贷款按方式划分为项目贷款、规划贷款、部门贷款、开发金融机构贷款、特别项目执行援助贷款和私营部门贷款等(见表6–9)。

表6–9　　2016年以来亚洲开发银行的资金结构情况　　单位:百万美元

项目	2016年	2017年	2018年
贷款与捐赠	13 265	19 694	21 581
普通贷款(按来源分)	10 967	17 230	16 286
优惠贷款(按来源分)	2 289	2 462	5 290
主权贷款(按性质分)	11 023	16 717	17 022
非主权贷款(按性质分)	1 486	2 000	2 862
技术援助	181	201	241
主权援助	170	192	227
非主权援助	11	9	14
共同投资(包括信托基金)	12 022	11 922	13 995
主权投资	6 369	5 976	6 828
非主权投资	5 654	5 947	7 167
合计	25 468	31 818	35 817

资料来源:《亚洲开发银行2018年年度报告》。

(二)融资性价比高

亚洲开发银行所在地发放的贷款按条件划分,有硬贷款、软贷款和赠款三类。硬贷款的贷款利率为浮动利率,每半年调整一次,贷款期限为10—30年(2—7年宽限期)。软贷款为优惠贷款,只提供给人均国民收入低于670美元(1983年美元)且还款能力有限的会员国或地区成员,贷款期限为40年(10年宽限期),没有利息，仅有1%的手续费。赠款用于技术援助，资金由技术援助特别基金提供，赠款额没有限制。2018年亚洲开发银行贷款利率情况见表6-10。

表6-10 亚洲开发银行2018年贷款利率的情况

贷款产品	贷款币种	利率	筹资成本利差
以LIBOR为基准的贷款（LBL贷款）	美元		−0.11%
	日元		−0.47%
	欧元		−0.39%
由总库制单币种贷款转换的LBL贷款	美元		−0.04%
	日元		−0.36%
总库制单币种贷款	美元	5.66%（美元总库制贷款的平均借款成本5.26%加0.4%的贷款利差）	
	日元	0.36%（日元总库制贷款的平均借款成本−0.24%加0.6%的贷款利差）	

三、新兴多边开发性金融机构

随着"一带一路"建设的不断深化和有序推进，多边金融机构也在不同的层面进行组建，以支持基础设施投资、防范短期流动性风险和提供产业开发贷款。其中，亚洲基础设施投资银行、金砖国家新开发银行和上海合作组织开发银行是重要的支柱。

（一）亚洲基础设施投资银行

亚洲基础设施投资银行（AIIB）是由中国在2015年底主导建立的多边国际金融机构，目前有57个成员国家，亚投行致力于促进亚洲地区基础设施和其他生产设施的发展建设。行业主要包括能源、交通、通信、农业基础设施、水利和水环境、环境保护、城市发展以及物流设施等方面。亚投行贷款项目必须满足三大硬性标准：财务可持续性好、环境友好、被当地社会接受。

亚投行的优势在于：第一，对"一带一路"融资的专项性；第二，可与亚洲开发银行、世界银行在亚太地区形成互补关系，共同推动基础设施投资；第三，可以结合"丝路基金"等新兴多边金融机构通过信贷、发行债券、概念股、公募、保险、援助、各类资产证券化的金融创新方式发挥融资的最大潜力，产生更大功效。

根据表6-11的统计，2017年至2018年9月30日，AIIB共开展基础设施投资规模63.6亿美元，其中，牵头开展的信贷投资规模为27.3亿美元，跟随世界银行、亚洲开发银行的投资约36.3亿美元。从投资领域来看，全部集中在"一带一路"沿线国家和重大基础设施的项目。

表6-11　　　　　　2017年以来AIIB支持的项目情况　　　　　单位：百万美元

项目	投资规模	投资方式	所在地
区域基础设施发展基金（the Regional Infrastructure Development Fund）	100	参与WB的牵头贷款	印度尼西亚
大坝运行改善与安全二期工程（Dam Operational Improvement and Safety Project Phase II）	100	参与WB的牵头贷款	印度尼西亚
天然气基础设施和效率改进项目（Natural Gas Infrastructure and Efficiency Improvement Project）	60	参与ADB牵头贷款	孟加拉国
安得拉邦电力普及24×7（Andhra Pradesh 24×7-Power For All）	160	参与WB的牵头贷款	印度
巴统绕城公路（Batumi Bypass Road Project）	114	参与ADB的牵头贷款	格鲁吉亚
印度基础设施基金（India Infrastructure Fund）	150	AIIB牵头发起贷款	印度
努瑞克水电修复项目一期（Nurek Hydropower Rehabilitation Project, Phase I）	60	参与WB的牵头贷款	塔吉克斯坦
古吉拉特邦乡村公路项目（Gujarat Rural Roads（MMGSY）Project）	329	AIIB牵头政府合作	印度
埃及第二轮太阳能光伏上网电价计划：奥苏博太阳能（Egypt Round II Solar PV Feed-in Tariffs Program: Al Subh Solar Power）	17.5—19	参与IFC牵头贷款	埃及
输电系统加强项目（泰米尔纳德邦）（Transmission System Strengthening Project（Tamil Nadu））	100	参与ADB的牵头贷款	印度
国际金融公司新兴亚洲基金（IFC Emerging Asia Fund）	150	参与IFC牵头贷款	新兴亚洲
马尼拉地铁洪水管理项目（Metro Manila Flood Management Project）	207.6	参与WB牵头贷款	菲律宾
班加罗尔地铁项目—R6线（Bangalore Metro Rail Project-Line R6）	335	AIIB牵头贷款	印度

续表

项目	投资规模	投资方式	所在地
阿曼宽带基础设施项目（Oman Broadband Infrastructure Project）	239	AIIB牵头贷款	阿曼
北京市空气质量改善和煤炭置换项目（本项目）（Beijing Air Quality Improvement and Coal Replacement Project（the Project））	250	AIIB牵头贷款	中国
孟加拉国豪拉独立发电厂（Bangladesh Bhola IPP）	60	AIIB牵头贷款	孟加拉国
中央邦农村互联项目（Madhya Pradesh Rural Connectivity Project）	140	参与WB牵头贷款	印度
国家投资基础设施基金一期（National Investment and Infrastructure Fund Phase I）	100	AIIB牵头贷款	印度
土耳其天然气库扩建工程（Turkey Gas Storage Expansion Project）	600	参与WB牵头贷款	土耳其
战略灌溉现代化和紧急修复项目（Strategic Irrigation Modernization and Urgent Rehabilitation Project）	250	参与WB牵头贷款	印度尼西亚
安得拉邦农村公路项目（Andhra Pradesh Rural Roads Project）	455	AIIB牵头贷款	印度
可持续农村卫生服务项目（Sustainable Rural Sanitation Services Program）	300	参与WB牵头贷款	埃及
TSKB可持续能源和基础设施转贷机制（TSKB Sustainable Energy and Infrastructure On-lending Facility）	200	AIIB牵头贷款	土耳其
合计	4459.6	—	—

资料来源：亚洲基础设施投资银行（AIIB）数据库。

（二）金砖国家新开发银行

金砖国家开发银行（BRICS Development Bank）是2015年在上海建立起的一家多边开发银行，随着股权结构的变动，现已更名为新开发银行（New Development Bank，NDB），除国际收支平衡的短期贷款之外，主要增加了对金砖国家和其他发展中国家的基础设施建设进行投资的功能。创始成员为金砖五国，致力于发展绿色金融，资金来源除金砖国家资本金之外主要依靠发行绿色债券。金砖国家新开发银行关注的投资领域目前为金砖国家，其中，俄罗斯、印度和中国都是"一带一路"建设的重要节点国家。

2017—2018年是NDB第二、第三个完整的经营年度，并对外承诺了18.5亿美元的贷款。为推进5个成员国的可持续发展和基础设施的投资能力，2017年将前期已承诺的信贷按照绿色、可持续发展的要求进行了重新地审视和修正，并主动推进成员国的国内发展走向这一方向。如2016年第一批项目主要集中在可再生能源和可持续发展上，包括风能、太阳能和农村公路建设，这些项目的融资得到重申和保障。2017—2018年，NDB努力将经营范围扩大到生态恢复、供水、灌溉系统改造、节能等项目。新开发银行将迄今所吸取的经验教训加以应用，确保贷款的准备工作勤奋而及时，从而能够在不影响信贷质量或适当风险管理标准的情况下，维持其在业务上保持精简和在6个月内完成贷款评估的承诺。

根据表6-12、表6-13和表6-14所示，2016年开始运营至今共批准贷款80.78亿美元，执行贷款总量达到29.68亿美元，分布在能源、环境、交通、水利和公共基础设施五个领域，各自的占比是27%、9%、27%、18%和6%。

表6-12　　2016年以来新开发银行贷款情况

项目	单位	总额	2018年	2017年	2016年
批准贷款数量	个	30	17	6	7
批准贷款额度	百万美元	8 078	4 659	1 851	1 568
签署贷款额度	百万美元	3 938	2 293	1 564	81
执行贷款额度	百万美元	2 968	1 623	1 345	—
实际支付额度	百万美元	625	621	24	—

资料来源：《新开发银行2017年年报》。

表6-13　　2016年以来批准贷款的投资领域

项目	单位	总额	2018年	2017年	2016年
清洁能源	百万美元	2 187	869	200	1 018
环境	百万美元	700	500	200	—
交通	百万美元	2 175	1 756	69	350
水利	百万美元	1 426	304	1 122	—
公共基础设施	百万美元	460	0	460	—

资料来源：《新开发银行2017年年报》。

表 6-14　　2016 年以来批准贷款的类型

项目	单位	总额	2018年	2017年	2016年
主权贷款	百万美元	6 678	3 659	1 851	1 168
非主权贷款	百万美元	1 400	1 000	—	400

资料来源：《新开发银行2017年年报》。

（三）上海合作组织开发银行

2014年9月上海合作组织成员国元首理事会议通过了《上海合作组织成员国杜尚别宣言》，指出加强上合组织发展基金和开发银行的研究工作，意味着上合开发银行正式进入议事程序。目前，上海组织仍在积极推进上合开发银行的前期筹备工作。上海合作组织成员国和观察国密集分布在"一带一路"的重要通道上，上合组织将为"一带一路"建设的开展提供重要的机制支撑和保障，成为丝绸之路经济带建设中发展规划和机制对接的重要平台。

上合开发银行主要为上海合作组织成员国家基础设施建设提供资金。上合组织成员国中俄罗斯、哈萨克斯坦能源资源丰富，但受制于交通条件等，开发有限。上合开发银行的成立将有利于弥补这些国家基础设施建设的资金缺口，推动各国间的经济合作。

第四节　"一带一路"下的政策性、开发性金融机构投融资

开发性、政策性银行在"一带一路"建设的参与上主要表现为提供融资及财务咨询服务，通过商业贷款（单个银行授信/银团贷款）、优惠买方信贷、援外贷款、出口信用保险、设立国别/产业基金等为境内外企业、大型项目等提供低成本融资支持。政策性银行主要的融资渠道有金融债券、吸收存款、政府和其他金融机构借款，其中，金融债券是最主要的资金来源。

开发性、政策性银行为"一带一路"项目提供融资的模式包括：（1）提供商业信贷（优惠信贷等）；（2）设立投资（合作）基金进行股权投资，通过兼并收购、控股投资、重要少数股权投资、债权等多种形式投资于"一带一路"沿线国家或地区的基础设施、能源矿产、高新技术、制造业、农业和金融合作等领域。

一、国家开发银行的"一带一路"投融资

国家开发银行(以下简称"国开行")是直属国务院领导的政策性金融机构,是全球最大的国家开发性金融机构,也是我国最大的对外投融资合作银行。国开行主要通过中长期信贷和投资等为国家重大中长期发展战略服务,侧重于"两基一支"(基础设施、基础产业、支柱产业)。截至2018年末,资产总额16.18万亿元,贷款余额11.68万亿元,实现净利润1 121亿元,资本充足率11.81%。

行业分布方面,提供融资集中于棚户区改造、公路、公共基础设施、战略新兴产业、电力、铁路,其中前四项贷款余额占比65.02%(如图6-2所示)。区域分布方面,贷款净额在东部、中部、西部、东北和海外的占比分别为42.57%、18.29%、30.32%、6.57%和2.25%。资金来源方面,国开行主要依靠发行债券融资,其中,中长期债券占比42.41%、长期债券占比39.00%、超长期债券占比2.8%、短期债券占比15.79%。

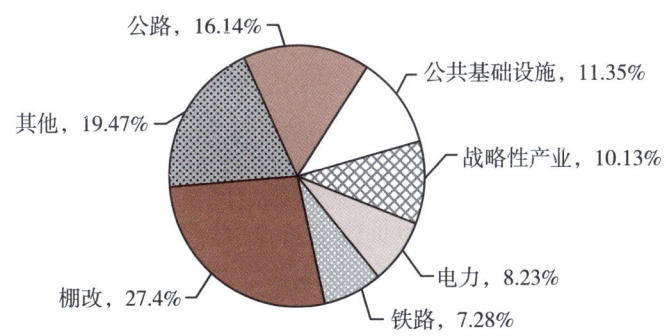

图6-2 2018年国开行投资的结构情况

(一)国开行参与"一带一路"情况

在"一带一路"建设上,国开行以基础设施互联互通和国际产能合作为重点,在油气、核电、高铁、装备、港口、园区等重点领域开展投资,利用国开金融、中非基金等对外投资平台为重大项目建设提供资金支持,支持中国企业通过设备出口、工程承包、投资等方式参与相关国家的设施建设。自"一带一路"倡议提

出以来,与沿线科威特、卡塔尔、巴基斯坦、老挝等18个国家开展规划合作。

2017年,国开行国际业务持续健康发展。配合首届"一带一路"国际合作高峰论坛,推动5大项、25项具体成果纳入高峰论坛成果清单。积极落实2 500亿元等值人民币专项贷款,已完成991亿元等值人民币评审承诺。创新"一带一路"投融资模式,加大对重点区域、重点领域和重点行业的融资支持力度。全年发放"一带一路"相关贷款176亿美元,融资支持沿线国家基础设施互联互通、产能和装备制造合作、金融合作和境外产业园区建设等。发起成立中国—中东欧银联体,稳步推动与上合银联体、中国—东盟银联体、金砖国家银行合作机制等多双边金融合作,扩大金融合作"朋友圈"。积极支持具有国际竞争力的中国企业"走出去",全年向央企集团客户发放外币贷款134亿美元。通过私募形式在香港发行3.5亿美元"一带一路"专项债,创新内地与香港市场互联互通支持"一带一路"建设融资新模式。牵头主承销马来西亚银行10亿元"债券通"人民币熊猫债,专项用于支持境内外"一带一路"项目建设,是东盟国家首笔、中国债券市场首单"债券通"熊猫债。大力开展跨境人民币授信合作,助力人民币国际化发展。截至2017年末,本行外币贷款余额折合2 617亿美元,跨境人民币贷款余额834亿元人民币,继续保持中国对外投融资主力银行地位。

2018年,国开行稳步推进国际合作业务,全力落实国开行牵头负责的首届"一带一路"国际合作高峰论坛成果,务实推进"一带一路"2 500亿元等值人民币专项贷款,截至2018年末,国开行累计实现评审承诺4 665亿元等值人民币,助力"一带一路"建设走深走实,行稳致远,聚集聚力做好"一带一路"的开发性金融服务,创新投融资模式,加大对重点地区、重点领域和重点项目的融资支持力度,全年累计发放"一带一路"相关贷款185亿美元,支持沿线国家基础设施互联互通、产能合作、金融合作、境外产业园区建设和中小企业发展等。有效促进了项目所在国的民生改善和可持续发展,构建全球金融合作"朋友圈",发起设立中国—阿拉伯国家银联体、中非金融合作银联体,扎实推进上合银联体、中国—东盟银联体、中国—中东欧银联体等双边金融机构间的务实合作。大力开展跨境人民币授信合作,助力人民币国际化发展,截至2018年末,国开行外币贷款余额折合2 510亿美元,跨境人民币贷款余额957亿元人民币,继续保持中国对外投融资主力银行地位。

2017年,国开行发挥"融资+规划+智库"三轮驱动作用,积极为"一带一路"建设提供中国智慧。有序推进重大国际合作规划的研究和编制,包括塔吉克斯坦、老挝、科威特等9项双边合作规划,中蒙俄等3项经济走廊合作规划,以及中越陆上基础设施合作等专项规划。主动发挥智库作用，与联合国开发计划署、北京大学共同编写《"一带一路"经济发展报告》，联合中国国际经济交流中心、丝路规划研究中心发布《"一带一路"贸易投资指数报告》，联合世界银行发布《创新推动非洲跨越式发展报告》，并以四种文字发布《金砖国家可持续发展报告（2017）》。开展非洲重点国家产能合作、中国—巴西PPP合作、中国—秘鲁PPP合作等规划研究。

2018年，国开行通过多种形式为"一带一路"建设贡献中国智慧，积极参与"一带一路"框架下政府间规划研究。以国开行规划研究为基础形成的《中俄远东地区合作发展规划》《中国科威特合作规划纲要》，为凝聚国际共识，商签政府间合作文件，获得早期收获提供有力支撑。推进《印尼区域综合经济走廊合作规划》《澜湄国家互联互通合作规划研究》，促进政策沟通和战略对接。完成中国与哈萨克斯坦、中国与莫桑比克等国家产能合作规划，通过规划的顶层设计谋划产业和项目合作。广泛开展国际学术交流与智库合作，与联合国开发计划署联合编写《融合国际投融资标准促进"一带一路"可持续发展》，完成《以金融创新支持"一带一路"建设研究》等研究报告，全年形成"一带一路"国家高端智库报告9篇。

2017年，国开行大力推进专项交流培训。成立开发性金融学院，传播中国经验、中国文化和开发性金融理念，促进民心相通。开展上合银联体、中国—东盟银联体、金砖国家银行合作机制等多双边交流培训，全年举办"一带一路"多双边交流培训26期，培训沿线51国651人次，"一带一路"专项奖学金资助52名留学生在华长期学习，一次性奖励44名优秀在华留学生。2018年，举办多双边交流培训11期，培训264人次，与国家发展改革委合办澜沧江·湄公河区域合作交流培训，首次以扶贫为主题举办对外交流培训，助力国际减贫合作。"国家开发银行奖学金"资助20国86人次在华学习，一次性奖励21国63名留学生。

（二）国开行的融资模式

1. 贷款融资

国开行主要发行中长期信贷，发放的贷款种类主要包括基本建设贷款、技术改造贷款、设备储备贷款、技术援助贷款、外汇固定资产贷款、外汇流动资金贷款等。服务"四化同步"、粮食安全、新农村建设、养老体系建设、"一带一路"等国家战略，以及中小企业贷款、并购贷款、人民币中/短期流动资金贷款、应急贷款、境内一般银团贷款等针对不同主体/目的的融资服务。

设立专项贷款融资服务，支持中国与友好国家的金融和投资合作，支持中资企业在该国开展项目提供融资、支持对方购买中方产品等，改善对方基础设施建设、工商业发展等。包括：非洲中小企业发展专项贷款、中德中小企业发展专项贷款、大型成套设备融资保险专项机制安排、中希和中德船舶发展专项融资服务、中匈专项融资服务、中国加勒比基础设施专项融资服务等（见表6-15）。

表6-15　与"一带一路"相关的国家开发银行主要融资服务

业务类型	融资服务	主要内容
国内业务	人民币中长期项目贷款	贷款期限在1年以上，以项目收益作为主要偿还来源，围绕项目具体建设内容进行，主要用于投资规模大、建设周期长、风险集中、社会性和供应性较强的基础设施、基础产业和支柱产业的基本建设及技术改造项目等，多为固定资产投资项目，贷款额通常高达几千万至数亿元人民币。
国际业务	外汇中长期项目贷款	期限在1年（不含）以上，以贷款形成资产的预期现金流作为偿还主要来源。主要用于基础设施、基础产业和战略新兴产业的基本建设及技术改造项目等领域，支持境内大型企业"走出去""引进来"，支持境外金融机构或政府开展开发性金融合作业务，促进对口国家政治经济平稳发展及我国与对口国家经贸发展。
	境外人民币项目贷款	向合格境外机构（经开发银行认定、符合开发银行贷款条件、注册地在境外的金融机构、企业法人等经营性实体以及外国政府机构）发放的币种为人民币的贷款，根据人行要求，应用于境外项目，重点支持境内机构"走出去"过程中开展的各类境外投资和其他合作项目，包括境外直接投资、对外承包工程及出口买方信贷等，贷款用于购买中国大型设备、进口中国商品、支付工程承包和劳务费用、转贷给用款人等。
	国际银团贷款	国开行国际银团贷款资金用于支持境外项目的国内外集团客户大型项目融资、贸易融资以及各种大额流动资金融资，可优化资产结构、降低贷款集中度且国际影响力强。
	出口买方信贷	直接向外国的进口厂商、进口国政府机构或银行提供贷款，同时要求贷款用途必须用于购买中国商品和服务（中国成分不低于50%），促进中国的商品和服务出口。
	围绕"一带一路"还开展主权类外汇贷款、外汇流动资金贷款、出口卖方信贷、出口保理、出口贴现、海外代付、进口信用证等。	

资料来源：《国家开发银行2017年年度报告》。

国开行发放贷款的贷款期限分为短期贷款（1年以下）、中期贷款（1—5年）和长期贷款（5年以上），贷款期限一般不超过15年。对大型基础设施建设项目，可根据行业和项目的具体情况适当延长。

国开行执行中国人民银行统一颁布的利率规定，对长期使用国开行贷款并始终保持优良信誉的借款人，项目贷款利率可适当下浮，下浮的幅度控制在中国人民银行规定的幅度之内（见表6-16和表6-17）。

表6-16　　2017—2018年国家开发银行人民币贷款利率表

项目	2017年利率（%）	2018年利率（%）
一、短期贷款		
6个月（含）	4.35	4.35
6个月至1年（含）	4.35	4.35
二、中长期贷款		
1至5年（含）	4.75	4.75
3至5年（含）	4.90	4.90
5年以上	4.90	4.90

资料来源：国家开发银行数据库。

表6-17　　国家开发银行人民币贷款基础利率（LPR）表

期限	全国银行间同业拆借中心（LPR）（%）	国家开发银行（LPR）（%）
2017年1年期	4.300	4.300
2018年1年期	4.310	4.310

资料来源：国家开发银行数据库。

除了提供在服务国民经济发展的中长期贷款以外，国开行以投资的方式提供融资服务，包括通过国开金融、设立基金的方式实现海外投资。

2. 国开金融

2011年12月，国开金融在香港设立全资子公司——国开国际控股，作为国开行和国开金融唯一的海外投资平台，国开国际先后控股了国开国际投资有限公司香港上市公司，作为海外股权投资平台。以中国机会投资为主，纯海外项目为辅。主要投资具有中国元素的海外项目，包括中资企业境外上市公司再融资、Pre-IPO、私有化、中资企业海外并购和海外建设项目、外资企业投资于中国的项目等。

国开金融的海外投资类型包括普通股股权投资与夹层投资。普通股股权投资主要投资于重大Pre-IPO项目、有明显估值优势和未来有较大增长潜力的战略性成长型企业、开行重要战略客户的IPO基石/锚定项目、符合开行产业政策支持的长期持有性资产等。夹层投资主要适用于国内企业海外投资/并购、已在境外上市企业的再融资、私有化退市融资和过桥融资项目；以夹层投资的形式参与投资，可在锁定固定收益的同时争取股权增值的回报。

3. 设立基金

通过设立多/双边合作基金等方式参与国际投资业务。具体形式包括：股权投资，直接以普通股方式投资企业或项目；准股权投资，优先股、可转换债、混合资本工具等其他形式；基金投资，作为"基金的基金"，在符合国家对非外交政策的前提下，将适当比例资金投资于其他基金（见表6-18）。

表6-18　支持"一带一路"发展的国开行基金（部分）

参与类型	基金名称	主要内容
发起成立	中国—阿拉伯联合酋长国共同投资基金（中阿基金）	总规模100亿美元，一期规模为40亿美元，双方各出资50%。由穆巴达拉开发公司、国开金融与中国外管局共同管理。基金按照商业原则运作，投资方向为传统能源、基础设施建设和高端制造业、清洁能源及其他高增长行业。投资地域以中国、阿拉伯联合酋长国及其他高增长国家和地区为主。
	中法（并购）基金	由国开金融、法投行与凯辉基金发起设立，旨在促进中、法和欧洲的中型企业的成长和国际化发展。目标基金规模为5亿欧元。国开金融和法投行意愿成为基石投资人，分别对中法（并购）基金投资金1亿欧元，凯辉继续作为该基金的管理公司，建立在国开金融及法投行于2012年设立的"中小（中小企业）基金"的私募股权投资基金的成功之上。中法（并购）基金将重点投资于中法两国的中型企业，并延伸到欧洲其他国家尤其德国，以控购投资（杠杆收购）、重要少数股权投资等为主要投资方式。旨在通过帮助这些地区的中型企业发展，促进中法及中欧合作，并为促进经济增长和创造就业发挥关键性作用。
	中国拉美产能合作基金	由人民银行、外管局会同国开行发起设立，外管局、国开行共同出资，是一个中长期开发投资基金，总规模300多亿美元，首期规模100亿美元。主要通过股权、债权等多种方式，投资于拉美地区制造业、高新技术、农业、能源矿产、基础设施和金融合作等领域，实现基金中长期财务可持续。

续表

参与类型	基金名称	主要内容
发起成立	中非发展基金	由中非发展基金提供的股权类投资,基金不控股、不做第一大股东。基金的一期10亿美元全部由国开行出资,旨在引导中国企业赴非洲投资兴业、支持非洲当地中小企业发展,支持有效于当地经济发展的重大项目建设。目前,资金规模达到了50亿美元,实际投资24亿美元,且已带动中国企业对非投资150亿美元,主要涵盖基础设施、矿业、制造业、农业等领域。
	中葡合作发展基金	专注于投资中国(包括澳门)、安哥拉、巴西、佛得角、几内亚比绍、莫桑比克、葡萄牙和东帝汶8个葡语成员国家地区的股权投资基金。基金总规模10亿美元,由国家开发银行和澳门工商业发展基金出资。
参与设立	丝路基金	丝路基金是配套"一带一路"建设的专项基金,法人股东包括进出口银行、国开金融、赛里斯投资、梧桐树投资平台。发起规模为400亿美元,首批100亿美元由外管局、中投公司、进出口银行和国开行分别出资65亿美元、15亿美元、15亿美元和5亿美元。可以根据地区、行业或者项目类型设立子基金。定位于中长期开发性投资基金,通过股权、债权、贷款、基金等多元化投融资方式,为"一带一路"建设中的多边、双边互联互通提供投融资支持。

资料来源:根据国开行网站整理。

二、中国进出口银行的"一带一路"投融资

中国进出口银行是国务院直属的政府全资拥有的国家银行。其通过买方和卖方信贷等方式扩大我国机电产品、成套设备和高新技术产品进出口,推动有比较优势的企业开展对外承包工程和境外投资,另外国家会为其提供优惠贷款("两优"贷款——中国政府援外优惠贷款、优惠出口买方信贷等),用以在国外开展项目。截至2018年末,进出口银行对外贸易贷款余额10 765.28亿元,对外合作贷款余额8 861.78亿元,对外投资贷款余额2 725.65亿元,境外对外开放支持贷款余额11 398.99亿元。

(一)围绕"一带一路"开展四类贷款

进出口银行是中国政府指定的援外优惠贷款和优惠出口买方信贷(以下简称

"两优"贷款)的承办行。2018年,进出口银行"两优"贷款业务保持贷款规模平稳增长,实现了资产质量的明显提升,为进一步巩固和发展我国与广大发展中国家互信、互利和共同发展的战略合作伙伴关系奠定了坚实基础。全面推进落实"一带一路"、非洲"三网一化"、国际产能和装备制造合作等国家重大发展战略的融资工作。业务覆盖东盟、南亚、中亚、西亚、非洲、拉美、南太地区90多个国家。主要支持电力、电信、交通、水利等基础设施建设和大型成套设备出口,重点帮助发展中国家改善投资环境,服务当地民生,加强互联互通,提高经济自主发展能力。

1. 支持"一带一路"的对外贸易贷款

对外贸易贷款是指进出口银行向客户提供的,用于支持客户在我国境内与境外国家或地区(含港澳台地区)之间,从事商品、劳务和技术的交换活动的贷款,包括出口贸易贷款和进口贸易贷款。2018年年末贷款余额10 765.28亿元,比年初增加1 126.77亿元(见表6–19)。

表6–19　　2018年进出口银行对外贸易贷款情况

项目	余额(亿元)	比年初增长(亿元)	增幅(%)
货物贸易贷款	10 510.78	1 044.95	11.04
出口货物贷款	4 807.99	632.36	15.14
出口卖方信贷	2 640.25	135.94	5.43
出口买方信贷	1 117.52	157.72	17.66
贸易融资	1 050.21	328.68	45.55
进口货物贷款	5 702.79	412.59	7.80
服务贸易贷款	254.50	81.82	47.38
出口服务贷款	143.40	35.35	32.72
出口卖方信贷	94.89	19.77	26.32
出口买方信贷	—	—	—
贸易融资	48.51	15.57	47.27
进口服务贷款	111.10	46.47	71.90
对外贸易贷款	10 765.28	1 126.77	11.69

资料来源:《中国进出口银行2017年年度报告》。

2. 支持"一带一路"的对外投资贷款

对外投资贷款是指进出口银行向境内外合法注册登记的中资（含中资控股）企业提供的，用于客户境外（含港澳台地区）投资的贷款。2018年年末贷款余额2 725.65亿元，比年初增加204.41亿元（见表6-20）。

表 6-20　　　　　　　　　2017 年对外投资贷款的情况

项目	余额（亿元）	比年初（亿元）	增幅（%）
间接投资贷款	321.02	126.40	64.95
直接投资贷款	2 404.64	78.02	3.35
绿地投资贷款	1 260.65	249.64	24.69
褐地投资贷款	1 143.99	−171.62	−13.04
对外投资贷款	2 725.65	204.41	8.11

资料来源：《中国进出口银行2017年年度报告》

3. 支持"一带一路"的对外合作贷款

对外合作贷款是指进出口银行向客户提供的，用于我国与境外国家或地区政府、金融机构或主权担保企业开展合作，以及支持我国企业承包境外建设工程项目的贷款。2018年年末贷款余额8 861.78亿元，比年初增加1 294.29亿元（见表6-21）。

表 6-21　　　　　　　　　2017 年对外合作贷款统计表

项目	余额（亿元）	比年初（亿元）	增幅（%）
对外承包工程贷款	7 310.04	930.01	14.58
国际主权合作贷款	633.32	183.09	40.67
金融机构合作贷款	653.40	118.30	22.11
转贷款	60.82	−2.18	−3.46
其他贷款	204.20	65.07	46.77
对外合作贷款	8 861.78	1 294.29	17.10

资料来源：《中国进出口银行2017年年度报告》。

4. 支持"一带一路"的境内对外开放支持贷款

境内对外开放支持贷款是指进出口银行向境内客户提供的，用于支持我国经济发展，支持境内企业提高对外开放程度、提升进出口能力且不属于前述三类对外贷款的贷款。2018年年末贷款余额11 398.99亿元，比年初增加2 358.11亿元（见表6-22）。

表6-22　　　　　2017年境内对外开放支持贷款统计表

项目	余额（亿元）	比年初（亿元）	增幅（%）
转型升级贷款	4 043.53	631.31	18.50
节能环保贷款	730.86	286.74	64.56
农业产业化发展贷款	227.86	10.30	4.73
基础设施贷款	3 642.11	787.05	27.57
旅游和文化产业贷款	—	—	—
产业转移贷款	—	—	—
其他	2 754.63	642.72	30.43
境内对外开放支持贷款	11 398.99	2 358.11	26.08

资料来源：《中国进出口银行2017年年度报告》。

（二）推进"一带一路"的优惠贷款

1. 外国政府及国际金融机构贷款转贷

进出口银行作为外国政府及国际金融机构贷款主要转贷行，截至2018年末，转贷款余额149.6亿美元，资产规模继续保持稳中有升。

2018年，按照国家"合理、有效"利用外资的总方针，进出口银行着力支持基础设施、医疗卫生、教育、农业、环保等重点领域项目建设，为改善民生、促进中西部地区经济社会全面发展发挥了积极作用；积极贯彻落实国家节能减排政策，引进国际金融机构优惠贷款，稳步推进以节能减排与新能源贷款为主要内容的绿色信贷业务；大力发展国际商贷转贷业务，利用低成本资金支持国家政策鼓励的先进技术、关键设备和重要能源等进口。

进出口银行作为主要转贷行，2018年新签转贷协议17份，协议金额8.2亿美元，资产规模继续保持稳中有升。通过加速生态环境保护建设、节能减排及污染防治工程、先进医疗设备引进、高等教育事业发展等项目的实施，转贷业务大力支持了环保、医疗、教育、示范农业等民生项目建设，并有效推动绿色信贷业务健康持续发展;进一步拓展多边机构合作,与亚洲开发银行、欧佩克、欧洲投资银行等机构开展代理、直贷合作;引进中长期国际商业贷款,成功支持了风力发电、医院建设等重要项目的实施。

目前,进出口银行转贷的外国政府贷款国别有24个国家,国际金融机构有6个。项目遍及全国30多个省(区)、直辖市。

2. 贸易金融业务

2018年,进出口银行共办理国际结算、担保、贸易融资业务1 781.04亿美元,同比增长8.85%。其中,国际结算业务1 183.65亿美元、担保业务94.29亿美元、贸易融资业务503.10亿美元,保持平稳较好发展。截至2018年末,进出口银行贸易金融授信业务余额770.04亿美元。

进出口银行贸易金融业务紧紧围绕政策性银行主业,不断加大在稳定外贸发展,促进"一带一路"、跨境投资、境外工程承包、国际产能和装备制造合作等方面的投入力度;积极扩大进口,促进对外贸易平衡发展,利用进口博览会、50亿美元自非进口贸易融资专项资金等契机,推动进口市场多元化,办理进口业务同比增长9%;积极落实国务院关于推进供应链创新与应用的指导意见,以保理为代表的供应链融资业务同比增长18%;以创新申请模式的方式加强对中小企业客户和民营企业客户的服务支持。

在服务企业客户的同时,进出口银行注重与金融同业开展贸易金融业务合作,通过在符合进出口银行支持方向的业务领域为金融同业提供融资和增信服务。

(三)推进"一带一路"的金融市场业务

1. 资金筹措

2018年,进出口银行面对复杂多变的市场环境,灵活调整发行策略,积极创新发行方式,推出首笔预发行交易,完善市场价格发现机制并丰富市场交易策略,积极开辟市场化补充资本金渠道。2018年全年共发行人民币普通金融债券4 949.8亿元,发行二级资本债券600亿元,有效增强了全行资本充足率水平和风险抵御能力,为全行业务合规稳健发展创造了有利条件,进出口银行获得由中央国债登记结算公司颁发的2018年"优秀发行机构奖"。

2018年,进出口银行积极开拓境外筹资渠道,加大创新力度,首次在境外私募市场进行筹资。全年共发行外币私募债券等值29.72亿美元，包括24.1亿美元债券、2.5亿欧元债券和21.8亿港币债券。

2. 资金营运与管理

2018年，进出口银行被全国银行间同业拆借中心评为"银行间市场核心交易商"，成为交易中心CEFTS外汇拆借报价行，在中心的全年评比中排名第6，年度累计成交量评比中排名第4。同时，进出口银行致力打造国际化债券投资平台，在推动人民币国际化过程中充分发挥自身职能优势。

3. 代客债务保值

为贯彻以客户为中心的战略，打造专业服务品牌，进出口银行积极开展代客资金交易业务。通过总分行联合营销、企业调研、专题会议、认证考试等形式，协助企业防范各类市场风险，拓宽融资渠道，打造进出口银行金融市场业务专业品牌。为支持"一带一路"业务发展和落实"稳外贸稳外资"工作，进出口银行不断提高金融市场报价能力，推出了人民币兑俄罗斯卢布及南非兰特的报价服务，首次为分行客户办理了美元兑马来西亚林吉特的外汇交易，以及港币兑人民币的货币掉期交易，满足了客户对于"一带一路"沿线国家货币的汇率避险需求。

（四）2017年及2018年支持"一带一路"建设的重大项目

1. 中马友谊大桥项目

中马友谊大桥项目采用中国标准和规范设计建设，是马尔代夫最重要的岛屿连接线和"一带一路"倡议的重点工程。该项目有效缓解了马累岛的居住和交通环境，为马尔代夫城市功能拓展和经济腾飞奠定基础，更帮助马尔代夫人民实现了拥有桥梁的梦想，对促进中马两国友好关系具有极大的推动作用。

2. 吉布提多哈雷多功能港和牲畜码头项目

吉布提作为"21世纪海上丝绸之路"重要节点，连接亚、非、欧三大地区，是国际主要货运航线之一。吉布提多哈雷多功能港和牲畜码头项目是目前我国企业在东北非地区建设的最大规模、最现代化的港口项目。该项目的建设运行，不仅有利于提升吉布提航运和港口整体运营能力，带动区域经济发展，还有助于"一带一路"倡议在东北非乃至整个非洲地区开花结果。

3. 斯里兰卡南部高速公路延长线项目

斯里兰卡南部高速公路延长线项目是斯里兰卡政府确定的国家路网发展重要线路。该项目建成后将实现斯里兰卡首都科伦坡与汉班托塔港的有效连接，极大便利两大港口和贸易区之间的运输和人员往来，促进科伦坡——汉班托塔物流体系建设，对进一步改善斯里兰卡投资环境，推动中斯双边经贸合作具有重要意义。

4. 肯尼亚蒙内铁路项目

肯尼亚蒙巴萨至内罗毕铁路是中非产能合作的标志性工程，承载着肯尼亚人民致力于国家发展繁荣的世纪梦想，也是肯尼亚独立以来最大的基础设施投资项目，全长480千米，全线采用中国标准和标准轨距。该项目的成功实施不仅推动了我国铁路行业完整产业链的输出，更充分展示了中国速度、中国质量、中国方案以及中肯团结合作的强大力量。

5. 匈塞铁路项目

匈塞铁路项目是"一带一路"倡议对接欧洲互联互通的旗舰项目，也是中国铁路走向欧洲的第一单。该项目的顺利实施，不仅将有力拉动地区基础设施建设和互联互通，增进当地人民福祉，也有利于更好地对接中欧发展战略，深化中欧国际产能合作，实现互利共赢。

6. 莫桑比克马普托卡腾贝大桥及连接路项目

莫桑比克马普托卡腾贝大桥及连接路项目是莫桑比克标志性工程，主要内容为建设马普托卡腾贝大桥及通往南非边境的连接路，全长约181千米。该项目建成后将成为非洲最大跨径悬索桥，连接首都马普托和卡腾贝地区，促进两地协同发展，实现"一桥飞架南北，天堑变通途"的美丽壮景，对莫桑比克乃至整个南部非洲地区的经济发展起到举足轻重的作用。

7. 印度尼西亚加蒂格迪大坝项目

印度尼西亚加蒂格迪大坝项目位于印度尼西亚西爪哇省，被视为新时期中国和印度尼西亚两国关系的重要标志之一。该项目竣工后，有效缓解了当地旱季用水紧张局面，为当地约9万公顷耕地提供了灌溉用水，直接受益居民可达到百万人以上。加蒂格迪大坝见证了中国愿与世界各国一道共同发展、共同繁荣、共同富裕的诚意与心愿。

8. 越南河内轻轨项目

越南河内轻轨项目全程为高架轻轨线路，共设12座车站，是中越两国"两廊一圈"项下重点合作项目。该项目正式运营后，将成为越南首条城市轻轨线路，可有效解决河内市交通拥堵和环境污染等问题，为越南首都河内民众提供便捷、快速、舒适、安全的交通运输服务，促进城市经济社会发展，全面提升河内交通基础设施建设水平。

9. 乌兰巴托至曼德勒戈壁输变电项目

蒙古乌兰巴托至曼德勒戈壁330kV输变电项目是中蒙两国能源领域的重点项目。该项目的实施有利于解决蒙南戈壁地区电力供应不足问题，增强电网运营安全性，实现蒙古区域电力系统间的互联互通，提高能源利用效率，促进矿产资源开发，带动周边区域经济发展，提升当地人民生活水平，具有较好的宏观经济效益和社会效益。

第五节　丝路基金与"一带一路"投资发展

丝路基金作为中长期开发投资基金，一直致力于把中国改革开放所积累的经验、优质的装备技术和积累的资金优势，与投资所在国发展规划、产业优势及具体的项目需求等相契合，把"开放包容、互利共赢"的理念落实到通过资金支持具体项目建设之中，创造实实在在的收益，让沿线国家和地区切实分享到"一带一路"建设所带来的好处。

截至目前，丝路基金约70%的承诺投资额投向了"一带一路"相关国家和地区的基础设施项目，超过70%的承诺投资额都是股权投资，体现了丝路基金作为中长期直投机构的基本特点。在丝路基金的支持下，一些投资数额巨大、建设期限较长的境外绿地项目已顺利开工建设，有的已经实现投产。据初步估计，丝路基金所投资项目涉及的总投资额已达到800亿美元。

一、服务"一带一路"稳健经营

相关预测显示，未来10年，"一带一路"地理沿线各国GDP实际年均增速将达到4.7%,显著高于全球2.8%的年均增速。GDP总量将由目前的23万亿美元增加至近40万亿美元,占全球比重由目前的31.1%提升到38.2%,其创造的就业岗位将占全球新增就业的45%。

在推动"一带一路"建设过程中,中国倡议发起的两大金融机构——亚洲基金设施投资银行与丝路基金经常同时出现。而从专业角度来看,这两家机构的侧重点和运营方式并不一样。前者的重点是为相关项目提供间接融资,而后者则定位于中长期开发投资基金,通过以股权为主的多种投融资方式来撬动更多资金参与"一带一路"项目建设。

作为"一带一路"倡议的实践者,丝路基金坚持重点关注和支持"一带一路"建设中兼具经济效益、社会效益和产业价值的中长期投资项目,坚持自身项目选择标准和投资合作原则,开展以股权为主,兼具多种投融资形式的投资实践,走出了一条稳健的市场运营之路。丝路基金目前的运营主要呈现三大特征:

一是中长期投资为主,支持基础设施建设。截至目前,丝路基金以股权和债权等方式,向"一带一路"沿线国家和地区油气开发、能源电力等基础设施项目投资总额,占全部承诺投资额的70%左右。这些项目的建设为克服发展瓶颈、支持战略对接、促进形成网络效应发挥了积极作用。

二是以股权投资为主,支持实体经济发展。目前,丝路基金签约承诺出资总额中,股权投资占比超过70%,已经在"一带一路"建设中体现出股权为主的资金使用特点。在一些中长期基础设施项目中,股权投资能够成倍数地带动各层级债权投资,可以为一些融资数额比较大的项目解决资本金不足的问题。总体上,目前丝路基金所参与项目涉及的总投资额已达到800亿美元。

三是创新基金投资,优化金融合作和网络布局。除了综合使用股权、债权等不同形态资金为项目提供支持之外,丝路基金还探索通过投资参与基金、联合投资平台等,创新投融资支持方式,不断优化"一带一路"相关领域的金融合作和网络布局。

二、丝路基金支持开展的"一带一路"项目

目前,丝路基金已签约项目达到19个,承诺投资金额超过74亿美元,相关项目投资已覆盖了中蒙俄、中亚、南亚、西亚北非、中东欧等"一带一路"重点地区,项目投资支持的领域涵盖了能源电力、工程机械、石油化工、通信网络、海

洋工程、船舶制造、金融合作等多个领域，业务跟踪和拓展的触角不断延伸，有力地发挥了股权投资的积极作用。

在俄罗斯，丝路基金参与的亚马尔项目第一条生产线已于2017年底正式投产，该项目不仅对俄罗斯当地税收和国际收支做出贡献，项目配套的港口、航道等基础设施建设带动了濒北冰洋地区的整体开发，项目所产的LNG产品运往亚太和欧洲市场，将促进清洁能源的广泛使用。

在巴基斯坦，丝路基金参与的卡洛物项目按计划推进，项目建成后将在巴基斯坦吉拉姆河流域实现3 350兆瓦的水电项目开发目标，有助于缓解长期困扰巴基斯坦经济发展的电力供应瓶颈，促进巴基斯坦经济发展、民生改善和社会稳定。

丝路基金还与美国通用电气公司成立了能源基础设施联合投资平台，主要投资于包括"一带一路"相关国家和地区的电力电网、油气、新能源行业的绿地或棕地项目，对于促进第三方参与"一带一路"建设发挥了积极的作用。

在促进"一带一路"相关各方经济发展的同时，作为中国全资设立的金融机构，丝路基金更担负着为中国企业分享"一带一路"商机，通过国际市场提升产品链价值链的重要任务。意大利倍耐力公司是世界第五大轮胎制造商，品牌知名度广、技术能力强，尤其在高端轮胎产品领域市场份额领先。2015年，丝路基金通过股权加贷款方式，联手中国化工及几大中资银行组成中方财团，成功收购了倍耐力100%股权。我国轮胎行业生产集中度低，研发能力、产品附加值远低于国际水平。丝路基金支持中国化工收购控股全球一流轮胎生产厂商，有助于引进国际先进技术经验，整合国内国际两个市场，提高产品附加值，实现互利共赢。

三、丝路基金开展"一带一路"投融资模式创新

在开放的世界经济体系中，一个成功的投资项目能够在全球范围内有效地积聚各参与方，调动和整合优势资源，实现最优配置，促成合作各方实现各自利益诉求。丝路基金2016年投资的迪拜哈翔清洁燃煤电站项目充分说明了这一点。该项目是阿拉伯联合酋长国"综合能源战略2030"的重要组成部分，是中东地区采取PPP模式的具有标志性的大型招标燃煤电站。这是一个典型的跨国合作项目，东道国迪拜电力水务局（DEWA）是招标方；沙特阿拉伯国际电力和水务公司（ACWA）与中国哈尔滨电气国际工程公司（哈电国际）两家组成的竞标联合体取得了电站融资开发权；项目公司股东由ACWA、哈电国际、DEWA和丝路基金

四家组成；项目EPC工程总承包由哈电国际与美国通用电气（GE）两家共同承担；项目融资由中国四家银行及国际银行组成的银团提供。项目在电站开发技术与环保标准上采用了世界领先的超临界燃煤技术，符合欧盟及国际金融公司最严格的工业碳排放标准。在工程建设上，哈电国际成功进入海外高端电力开发市场，实现在海外从EPC承包向抽赋放的业务升级。在投融资结构上，结构化的设计在最优化竞标电偶像的同时保证了股东拥有可行的经济回报。

该项目的综合收益情况良好：阿联酋政府成功地推进了能源多元化发展目标；ACWA取得了运营哈翔电站的主导地位，并获得长达25年的特许经营期；哈电国际成功将先进的燃煤技术推向国际市场，并在中东市场获得了发展空间；丝路基金作为财务投资人通过与国际一流电力企业的合作，深度学习和积累了高端电力市场投融资运作经验；美国GE公司在承包工程的同时，还发掘了"一带一路"合作商机，主动提出与丝路基金开展进一步合作，共同出资成立联合投资平台，投资于"一带一路"国家电力电风、油气、新能源行业的绿地或棕地项目。这也是"一带一路"倡议的"互利共赢"理念最佳注脚。

此外，丝路基金目前实现人民币增资，还可以为"一带一路"建设提供多币种的资金支持。货币多元化有助于扩大"一带一路"建设可用资金来源，满足沿线国家对跨境支付和结算货币的多元化需求，也有助于更好地促进国际经贸往来。丝路基金一直在积极探索、推进本币投资，希望与各方共同探讨、创新投融资模式，更好地利用本币投资优势，使货币多元化为推动沿线各国经济互利共赢架设金桥梁。

第六节 中外金融机构携手，推进"一带一路"发展

尽管目前中资银行在"一带一路"资金融通中起主要作用，但大型基础设施项目应尽量尝试以国际银团贷款的模式进行，吸引国际多边开发机构和外资银行一起参与。2017年5月，习近平主席在"一带一路"国际合作高峰论坛上宣布，由中国的国家开发银行设立2 500亿元等值人民币专项贷款支持"一带一路"项目建设，其中包括500亿元等值人民币的金融合作专项贷款。2018年1月31日，国家开发银行与渣打集团签署了《国家开发银行与渣打银行100亿人民币"一带一路"项目授信贷款备忘录》，双方将在"一带一路"倡议下加强合作，推动人民币

国际化，共同支持"一带一路"领域项目合作，双方同意未来五年内合作金额为100亿元等值人民币。2018年4月20日，花旗集团与中国银行、招商银行分别签署了合作谅解备忘录，三家银行将围绕"一带一路"倡议，分别在各自领域探索潜在的合作渠道，包括但不限于公司融资、金融产品、贸易、代理、信托、资本市场等。为了加强中国的银行和"一带一路"国家银行的合作，截至目前，原银监会已经和32个"一带一路"国家的监管当局签订了监管合作备忘录，为下一步中资银行和"一带一路"国家银行的融资合作创造条件、提供保障。

一、建立银行机构之间的沟通协调机制，培育综合金融服务优势

国家开发银行发起设立上合组织银联体、中国—东盟国家银联体、金砖国家银行合作机制等多边金融合作机制，与成员行开展双多边机制框架下的务实合作，并与全球98个区域、次区域金融机构及合作国金融机构建立合作关系。加强与区域、次区域金融机构以及合作国中央银行、开发性金融机构、主力商业银行等合作，积极开展国际结算、贸易融资、财务顾问、离岸资产证券化、银团贷款等业务。

2017年4月，中国建设银行在新加坡成立总行级的基础设施建设服务中心、私人银行中心，为东南亚"一带一路"沿线的铁路、港口、航空、交通物流、能源、信息通信等重要基础设施项目提供融资及服务。

2017年5月"一带一路"国际合作高峰论坛期间，工商银行举办银行家圆桌会，倡导建立"一带一路"银行间常态化合作机制，会后通过构建常态化合作机制下的九大平台，明确常态化合作近、远期目标，吸纳更多成员加入合作机制。

为推动中国—中东欧"16＋1合作"框架下的多边金融合作，在2017年11月27日的第六次中国—中东欧国家领导人会晤活动中，由中国的国家开发银行与中东欧金融机构共同发起的中国—中东欧银联体正式成立，中国—中东欧银联体共有14家成员行（包括中国的国家开发银行、匈牙利开发银行、捷克出口银行、斯洛伐克进出口银行、克罗地亚复兴开发银行、保加利亚发展银行、罗马尼亚进出口银行、塞尔维亚邮储银行、斯洛文尼亚出口发展银行、波黑塞族共和国投资开发银行、马其顿发展促进银行、黑山投资发展基金、拉脱维亚ALTUM金融公司和立陶宛公共投资发展署），均为各国政府控股的政策性银行、开发性金融机构和商

业银行。国家开发银行将在五年内向银联体成员行提供总额度为20亿等值欧元的开发性金融合作贷款，用于中国的国家开发银行与其他银联体成员行和未来观察员行开展同业合作，共同支持中国和中东欧国家企业参与的中东欧国家基础设施、电力、电信、园区、农业、中小企业、高新科技等领域项目投资建设。

截至2018年3月底，"一带一路"银行间常态化合作机制成员单位已扩展至53家，并通过平台互荐了超过25亿美元的项目。

二、创新债券融资模式，挖掘债券市场直接融资潜力

（一）拓宽债券市场直接融资功能

债券是国际上广泛使用的融资方式，但在"一带一路"沿线国家和地区中的基础设施项目建设中，债券融资比例相对较低，发展空间较大。上交所从2017年开始推动"一带一路"债券板块的建设，2017年3月，俄罗斯铝业联合公司在交易所成功发行10亿元人民币债券。

2018年1月19日，红狮控股集团有限公司"一带一路"建设公司债券成功发行，这是首单国内企业公开发行的"一带一路"建设公司债券。这次公开发行公司债券由国泰君安证券股份有限公司承销，发行规模为3亿元，利率6.34%，全场认购倍数2.67倍，期限为3年，主体和债项评级均为AAA，募集资金将用于老挝万象红狮水泥项目的相关装备购置。该项目于2017年6月被浙江省发改委列入《浙江省参与"一带一路"建设重大项目汇编》，建成后预计年产高标号水泥200万吨，可满足老挝大型基础设施建设对高品质水泥的需求，也有利于输出中国国内先进的水泥工艺、技术和装备，提升老挝水泥工业的整体水平。

2018年3月5日，深圳证券交易所主板上市公司恒逸石化股份有限公司"一带一路"公司债券成功发行，成为深交所正式发布《关于开展"一带一路"债券业务试点的通知》后首单由境内上市公司公开发行的"一带一路"公司债券。恒逸石化"一带一路"公募公司债券募集资金全部用于公司在文莱的PMB石油化工项目，该项目是首批被列入国家"一带一路"项目库的重点建设项目，该期债券由中信证券股份有限公司担任牵头主承销商，国信证券股份有限公司担任联席主承销商，主体和债项评级均为AA+，发行规模5亿元，票面利率为6.47%，全场认购倍数达3.41倍，反映了市场投资者对交易所推出"一带一路"公司债的认可。

2018年初,招商局港口控股有限公司及普洛斯洛华中国海外控股(香港)有限公司"一带一路"公司债券在深交所成功发行,成为市场首批公开发行的"一带一路"熊猫公司债券。招商局港口及普洛斯洛华"一带一路"公募熊猫公司债券均由招商证券承销,主体和债项评级均为AAA,发行规模分别为人民币5亿元及12亿元,期限分别为3年及9年,票面利率分别为5.15%及5.65%,全场认购倍数分别为3.58倍及1.27倍,此次首批发行的两只"一带一路"熊猫公司债募集资金均跨境使用,分别用于收购斯里兰卡汉班托塔港股权及欧洲沿线物流基础设施资产。

(二)创新债券融资业务模式,降低融资成本

在为"一带一路"沿线的重大项目提供融资服务上,中国银行开创了与"一带一路"沿线国家主权机构合作的新模式,2017年1月,中国银行匈牙利分行与卡拉奇分行筹备组联合发起了巴基斯坦财政部3亿美元3年期贷款项目。2017年7月26日,中国银行作为联席主承销商及牵头簿记管理人,协助匈牙利在中国银行间债券市场成功发行10亿元人民币债券(即熊猫债券),期限3年;该笔债券是匈牙利首次进入中国银行间债券市场发行人民币债券,募集资金明确用于"一带一路"合作。中行匈牙利分行、约翰内斯堡分行发行的债券与中行评级一致,成功突破了当地国家主权评级限制,有效降低了当地企业"一带一路"项目的融资成本。

2017年10月,中国建设银行新加坡分行成功发行5亿新元"一带一路"基础设施债券,债券在新交所挂牌上市,债券为5亿新元3年期债券,票面利率为2.08%,认购金额超过7.4亿新元,较发行指导价格收窄了23个基点。

2017年12月20日,国家开发银行在香港以私募方式成功发行3.5亿美元5年期固息"一带一路"专项债。债券在香港联交所上市,募集资金将用于支持国开行在"一带一路"沿线支持的项目建设。此次债券发行的交易商为交通银行香港分行、建银亚洲和香港上海汇丰银行有限公司,本次发行体现了香港在吸引全球高质量投资人、融汇全球金融资源共同支持"一带一路"建设方面的优势,有助于密切内地与香港的金融合作关系,推动两地市场互联互通。

(三)建立债券市场合作体系

2017年10月27日,上海证券交易所发布《服务"一带一路"建设愿景和行动计划(2018—2020)》,作为上海交易所未来服务"一带一路"建设的纲领性文

件。《愿景和行动计划》的总体目标是推动和组织"一带一路"沿线资本市场合作，拓宽"一带一路"建设直接融资渠道，进一步推动境内资本市场双向开放。

2018年3月2日，中国证监会对外发布了《关于开展"一带一路"债券试点的通知》，《通知》发布后，相关主体可以通过三种方式在沪深交易所发行"一带一路"债券融资：一是"一带一路"沿线国家（地区）政府类机构在交易所发行的政府债券；二是在"一带一路"沿线国家（地区）注册的企业及金融机构在交易所发行的公司债券；三是境内外企业在交易所发行，募集资金用于"一带一路"建设的公司债券。

截至2018年3月初，已有7家境内外企业发行"一带一路"债券的申请获得中国证监会核准或沪深交易所的无异议函，拟发行金额合计500亿元。其中4家境内外企业已发行35亿元"一带一路"债券。

三、建立国际合作的专项基金，争取国际金融机构的资金支持

中国已经发起设立了多支政府性投资基金，如中国—东盟投资合作基金、中国—欧亚经济合作基金、中国—中东欧投资合作基金等，积累了一定的海外投资基金经验。2017年11月，丝路基金与通用电气旗下GE能源金融服务在京签署"成立能源基础设施联合投资平台合作协议"，共同投资包括"一带一路"国家和地区的电力电网、新能源、油气等领域基础设施项目。

2017年12月16日，第九次中英经济财金对话发表政策成果，双方提出成立首期10亿美元中英双边投资基金的提议，该基金将由中英机构牵头，以商业化和市场化为基础建立和运作。基金将投资于中、英及第三方市场的创新、可持续和消费驱动型增长机会，以支持"一带一路"倡议。中英双方将加强在基础设施互联互通、装备制造、金融、投资等方面的务实合作，并探讨在"一带一路"沿线开展第三方市场合作。英方还正式承诺向亚洲基础设施投资银行"项目准备特别基金"捐款5 000万美元，与中方承诺金额相同。

四、强化保险机构体系建设，降低企业风险

在"一带一路"金融机制的设计中充分考虑保险机制的重要性，推动政策保

险机构和商业性保险机构加大对"一带一路"沿线国家和地区基础设施的投资保险力度。

2018年政策性信用保险覆盖面进一步扩大，中国出口信用保险公司（以下简称"中国信保"）按照"优进优出""扶优扶强"的政策导向，积极探索承保模式创新，以"一带一路"沿线国家为重点，围绕基础设施互联互通、国际产能合作和经贸产业园区等主要领域，加大政策性信用保险对"一带一路"建设的支持力度，同时不断完善"一带一路"沿线国家风险动态监测、评级体系和重大风险应急处置机制，有效防范系统性风险。

资金融通是"一带一路"建设的重要支撑。中国信保积极发挥全球化网络、多元化平台以及专业化服务优势，为"一带一路"建设搭建融资桥梁，提供保单融资在内的全链条保险产品及服务。2013年至2018年8月，中国信保带动全球超过210家银行为企业融资超过2 700亿美元。

截至2018年8月底，中国信保支持我国企业向"一带一路"沿线国家出口和投资累计6 432.3亿美元，业务覆盖所有沿线国家，承保项目1 900多个，涉及基础设施互联互通、国际产能合作、国际经贸合作园区等重点领域，支付赔款达23.2亿美元；与"一带一路"沿线国家的政府部门、金融机构和企业建立了广泛的合作关系，签署相关合作协议50份，其中17份纳入"一带一路"国际合作高峰论坛成果清单，为"一带一路"设施联通、贸易畅通、资金融通提供了强有力的支持。

五、推动双边本币结算，加快完善相关基础设施建设

出于汇兑成本、支付限制等原因，"一带一路"沿线国家对跨境支付和结算货币的需求日趋多元化，货币多元化有助于扩大"一带一路"建设的可用资金来源。人民币跨境支付结算需求不断增长，相应地，对支撑人民币国际化的金融市场基础设施提出了更高要求。

2015年，为进一步整合人民币跨境清算渠道，提高人民币跨境支付结算效率，中国人民银行决定组织建设人民币跨境支付系统；2015年10月8日，CIPS（一期）顺利投产，采用实时全额结算模式，支持客户汇款和金融机构汇款等支付业务。2018年5月2日，CIPS（二期）全面投产，CIPS（二期）在功能特点上进行了改进和完善，实现了对全球各时区金融市场的全覆盖；拓展了直接参与者类型，为引

入更多境外直接参与者做好制度和业务准备。

截至2018年3月底，CIPS共有31家境内外直接参与者，695家境内外间接参与者，实际业务范围已延伸到148个国家和地区。CIPS为人民币国际化铺设了"高速公路"，未来CIPS根据市场需求和人民币国际化发展的要求继续升级完善，为人民币全球使用提供重要保障和支撑，积极支持金融市场跨境互联互通。

参考文献

［1］国家发改委，外交部，商务部. 推动共建丝绸之路经济带和21世纪海上丝绸之路的愿景与行动［EB/OL］. 新华社，2017-04-25.

［2］国务院新闻办公室. "一带一路"融资指导原则［EB/OL］. 新华社，2017-05-16.

［3］习近平. 携手推进"一带一路"建设——在"一带一路"国际合作高峰论坛开幕式上的演讲［EB/OL］. 新华社，2017-05-14.

［4］世界银行. 2018财年年度报告［R］. 世界银行网站数据库.

［5］亚洲开发银行. 2017年年度报告［R］. 亚洲开发银行网站数据库.

［6］亚洲基础设施投资银行. 2017年年度报告［R］. 亚洲基础设施投资银行数据库.

［7］金砖国家新开发银行. 2017年年度报告［R］. 金砖国家新开发银行数据库.

［8］国家开发银行. 2017年年度报告［R］. 国家开发银行数据库.

［9］中国进出口银行. 2017年年度报告［R］. 中国进出口银行数据库.

［10］丝路基金. 同世界分享"一带一路"商机［N］. 人民日报海外版，2018-03-27.

第七章
新形势下的政府和社会资本合作

作为政府和社会资本合作（PPP）的快速发展和防范系统性风险相互叠加结果的一种反应，我国加大了PPP项目财政风险的防控力度，并取得初步成效。针对防范PPP项目风险引发的新问题，我国需要分步推进改革，在PPP项目流量管理的基础上引入存量管理。

第一节　政府和社会资本合作面临的形势和任务

2017年以来，我国PPP发展经历了从大力鼓励发展到规范发展的过渡，这种过渡是PPP项目快速发展和防范系统性风险相互交叠的产物。

一、政府和社会资本合作快速发展带来的一些问题

（一）政府和社会资本合作市场规模已经形成

经过近几年的发展，我国PPP市场规模已经形成。截至2018年12月末，财政部PPP综合信息平台管理库项目比2017年12月末（以下简称"同比"）净增1 517个、投资额为2.4万亿元；管理库项目累计8 654个、投资额为13.2万

亿元。

落地项目方面,同比净增1 962个、投资额为2.6万亿元,落地率同比上升16个百分点;落地项目累计4 691个、投资额为7.2万亿元,落地率54.2%。开工项目同比净增1 078个,开工项目累计2 237个、投资额3.2万亿元,开工率47.7%。

地区方面,2018年同比净增项目数前三位是广东、山西、安徽,分别为246个、193个、189个;同比净增投资额前三位是浙江、云南、广东,分别为3 783亿元、3 304亿元和3 260亿元。

行业方面,同比净增项目数前三位是市政工程、生态建设和环境保护、交通运输,分别为703个、284个、228个;同比净增投资额前三位是城镇综合开发、交通运输、市政工程,分别为6 749亿元、6 640亿元、5 910亿元。

回报机制方面,2018年由于项目退库、在库项目调整和新入库项目投资额较大,全年使用者付费类项目净减697个、投资额为5 068亿元;可行性缺口补助类项目净增1 791个、投资额为27 755亿元;政府付费类项目净增423个、投资额为1 428亿元。管理库累计使用者付费类项目626个、投资额为1.1万亿元;可行性缺口补助类项目4 721个、投资额为8.7万亿元;政府付费类项目3 307个、投资额为3.4万亿元[①]。

2019年上半年,净增投资额排前五位的项目是交通运输(2 996亿元)、市政工程(648亿元)、城镇综合开发(646亿元)、生态建设和环境保护(409亿元)、林业(282亿元);净增投资额排前五位的地区是四川(1 283亿元)、河南(739亿元)、河北(558亿元)、重庆(474亿元)、天津(391亿元);净增落地示范项目17个、投资额294亿元;净增开工示范项目141个、投资额3 274亿元[②]。

应该说,我国PPP发展总体形势是好的。近年来,在党中央、国务院的高度重视下,在各地区、各部门尤其是各级财政部门的大力推进下,PPP工作取得明显进展,不仅市场环境逐步优化,项目落地不断加快,为稳增长、促改革、惠民生发挥了积极作用,而且也促进了政府工作和政府治理结构的改革。可以说,在经济发展进入新常态、经济下行压力依然存在的背景下,取得这样的成绩实属不易。

---

① 2018年我国PPP相关数据来自:PPP2018年报出炉:落地率大幅上升[N].中国财经报,2019-02-14.

② 2019年上半年我国PPP相关数据的资料来源:"财政部PPP中心"及"道PPP"公众号。

（二）政府和社会资本合作存在的一些问题

在我国PPP快速发展过程中，一些地方出现了"大干快上"的问题，在操作过程中，也出现了一些不规范的问题，现简要分析如下①。

1. 支出责任"固化"问题

一些地方政府为了吸引社会资本和金融机构快上、多上项目，通过BT、政府回购、承诺固定投资回报等明股实债方式，实施PPP项目。一些地方政府通过PPP、政府购买服务等方式，变相举借债务，导致债务规模增长较快，债务率甚至超过了警戒线，形成潜在的风险触发点②。一些政府付费类项目，通过"工程可用性付费"+少量"运营绩效付费"方式，提前锁定政府大部分支出责任。

2. 支出上限"虚化"问题

对于PPP项目支出责任不得超过预算支出10%的规定，一些地方政府认识不到位，把关不严、执行不力，还有些地方政府能力不匹配，对当地财力和支出责任测算不准确，导致财政承受能力论证流于形式，失去了"安全阀"功效，很可能加剧财政中长期支出压力。

根据财政部的测算，部分市县支出责任突破了10%限额。财政部PPP中心的监控平台显示，截至2019年7月14日，全国2 570个有在库项目的各级行政区中，2 517个行政区PPP项目合同期内各年度财政承受能力指标值在10%红线以下，其中，1 835个行政区低于7%预警线，1 379个行政区低于5%；53个行政区在一些年份超过10%，比5月末多了48个。主要原因是不少行政区公布的2018年度一般公共预算支出决算数比2017年度小，使得按政策要求在线更新后的未来年度一般

---

① 孙洁列举了明股实债、固定回报和保底承诺、提前签约和合同简单、关联交易、标的不明、回避竞争、简单拉长还款期限、随意设定还款标准、运营建设两张皮、政府隐性担保10个方面的操作性问题。具体见：孙洁. 当前我国推广PPP中存在的问题、成因及政策建议［J］. 改革内参，2018-07-31。

② 如将原材料、燃料、设备、产品等货物，以及建筑物和构筑物的新建、改建、扩建及其相关的装修、拆除、修缮等建设工程作为政府购买服务项目，又如，严禁将铁路、公路、机场、通信、水电煤气，以及教育、科技、医疗卫生、文化、体育等领域的基础设施建设，储备土地前期开发，农田水利等建设工程作为政府购买服务项目，并将建设工程与服务打包作为政府购买服务项目。金融机构也在助长地方政府的违规行为，如将金融机构、融资租赁公司等非金融机构提供的融资行为纳入政府购买服务范围。

公共预算支出预测数相应变小，PPP财政支出责任占比相应上升。目前已暂停这53个行政区新项目入库，并将妥善处理其在库项目[①]。

3. 运营内容"淡化"问题

PPP项目要以运营为核心，发挥社会资本的优势，提高公共服务供给效率。但从实际情况看，当前参与PPP项目的多为施工企业，既不愿意承担运营风险，也不具备运营能力，主要通过施工获取利润。同时，一些地方政府也更看重"上项目"的短期目标。两方"一拍即合"，导致部分项目"重建设、轻运营"的倾向仍然严重。

4. 适用范围"泛化"问题

一些地方政府将房地产等纯商业化项目拿来包装成PPP，借助有关部门和金融机构对PPP的"绿色通道"，实现快速审批和融资，会绕过相关产业政策监管，影响宏观调控效果。

二、防范风险成为政府和社会资本合作新的主旋律

我国对PPP的态度发生了较大的转变：起初是大力推进，后来转化为规范发展。国家对PPP态度的转变，源于我国防范风险特别是防范债务风险的考虑。

习近平总书记在2017年7月召开的全国金融工作会议上指出，必须加强党对金融工作的领导，坚持稳中求进工作总基调，遵循金融发展规律，紧紧围绕服务实体经济、防控金融风险、深化金融改革三项任务，创新和完善金融调控，健全现代金融企业制度，完善金融市场体系，推进构建现代金融监管框架，加快转变金融发展方式，健全金融法治，保障国家金融安全，促进经济和金融良性循环、健康发展……各级地方党委和政府要树立正确政绩观，严控地方政府债务增量，终身问责，倒查责任。

《财政部关于进一步规范地方政府举债融资行为的通知》（财预〔2017〕50号）要求切实加强融资平台公司融资管理，也对相关部门提出了要求，对可能涉及PPP的有关政府主体提出了要求。如，地方政府不得将公益性资产、储备土地注入融资平台公司，不得承诺将储备土地预期出让收入作为融资平台公司偿债资金来源，不得利用政府性资源干预金融机构正常经营行为。金融机构应当依法合

[①] 资料来源："财政部PPP中心"及"道PPP"公众号。

规支持融资平台公司市场化融资，服务实体经济发展。又如，进一步健全信息披露机制，融资平台公司在境内外举债融资时，应当向债权人主动书面声明不承担政府融资职能，并明确自2015年1月1日起其新增债务依法不属于地方政府债务。金融机构应当严格规范融资管理，切实加强风险识别和防范，落实企业举债准入条件，按商业化原则履行相关程序，审慎评估举债人财务能力和还款来源。金融机构为融资平台公司等企业提供融资时，不得要求或接受地方政府及其所属部门以担保函、承诺函、安慰函等任何形式提供担保。

《国务院政府工作报告》（2018年）也指出："严禁各类违法违规举债、担保等行为。省级政府对本辖区债务负总责，省级以下地方政府各负其责，积极稳妥处置存量债务。健全规范地方政府举债融资机制。今年安排地方专项债券1.35万亿元，比去年增加5 500亿元，优先支持在建项目平稳建设，合理扩大专项债券使用范围。"

2018年8月2日晚，财政部官网发布刘昆部长在《求是》杂志的文章，他指出：应对地方政府债务风险，财政部门必须坚持底线思维，坚持稳中求进，抓住主要矛盾，开好"前门"、严堵"后门"，坚决刹住无序举债之风，牢牢守住不发生系统性风险的底线。一是严控法定限额内地方政府债务风险。地方政府依法一律采取发行政府债券方式规范举债。合理确定地方政府债务限额，稳步推进专项债券管理改革，保障地方合法合理融资需求。二是着力防控地方政府隐性债务风险。一方面，坚决遏制隐性债务增量。坚决制止违法违规融资担保行为，严禁以PPP、政府投资基金、政府购买服务等名义变相举债。加强风险源头管控，硬化预算约束，严格项目审核，管控金融"闸门"，决不允许以新增隐性债务方式上新项目、铺新摊子。另一方面，积极稳妥化解存量隐性债务。坚持谁举债谁负责，严格落实地方政府属地管理责任。督促地方树立过紧日子的思想，通过盘活各类资金资产化解存量隐性债务，高负债地区要大力压减项目建设支出、"三公"经费以及其他一般性支出。要加强监督问责，从严整治举债乱象，对违法违规融资担保行为发现一起，查处一起，问责一起，并予以曝光。

第二节　规范政府和社会资本合作的主要措施

针对PPP快速发展存在的问题和防范系统性风险的综合考虑，我国也需对PPP市场进行规范，这种规范主要体现在严格项目入库管理，强化财政承受能力论证和实施负面清单管理等方面，而不是简单地大规模退库。

一、项目入库管理

各级政府先后将组织开展项目库集中清理，对不具备条件，没有规范开展"两个论证"的项目，特别是不具备公共产品属性、资本金不到位或资本金穿透后不是自有资金、没有建立长期按效付费机制，以及过度依赖政府付费的项目，要予以剔除。

（一）国家层面的入库管理

2017年11月，财政部发布了《关于规范政府和社会资本合作（PPP）综合信息平台项目库管理的通知》（财办金〔2017〕92号），进一步规范PPP项目运作，防止PPP异化为新的融资平台，坚决遏制隐性债务风险增量。一是明确了新项目入库标准。不适宜采用PPP模式实施、前期准备工作不到位、未建立按效付费机制的不得入库。二是明确了已入库项目清退标准。未按规定开展"两个论证"、不宜继续采用PPP模式实施、不符合规范运作要求、构成违法违规举债担保、未按规定进行信息公开的项目应予以清退。三是落实责任主体。明确各省级财政部门要切实履行项目库管理主体责任，统一部署辖内市、区、县财政部门开展集中清理工作（见表7-1）。财政部PPP中心按照财政部要求，开展全国PPP示范项目核查清理工作，为各地项目管理库清理工作提供业务指导和技术支持。

表 7–1　　政府和社会资本合作项目清库的有关要求

清库事项	主要内容
未按规定开展"两个论证"	包括已进入采购阶段但未开展物有所值评价或财政承受能力论证的（2015年4月7日前进入采购阶段但未开展财政承受能力论证以及2015年12月18日前进入采购阶段但未开展物有所值评价的项目除外）；虽已开展物有所值评价和财政承受能力论证，但评价方法和程序不符合规定的。
不宜继续采用PPP模式实施	包括入库之日起一年内无任何实质性进展的；尚未进入采购阶段但所属本级政府当前及以后年度财政承受能力已超过10%上限的；项目发起人或实施机构已书面确认不再采用PPP模式实施的。

续表

清库事项	主要内容
不符合规范运作要求	包括未按规定转型的融资平台公司作为社会资本方的;采用建设—移交(BT)方式实施的;采购文件中设置歧视性条款、影响社会资本平等参与的;未按合同约定落实项目债权融资的;违反相关法律和政策规定,未按时足额缴纳项目资本金、以债务性资金充当资本金或由第三方代持社会资本方股份的。
构成违法违规举债担保	包括由政府或政府指定机构回购社会资本投资本金或兜底本金损失的;政府向社会资本承诺固定收益回报的;政府及其部门为项目债务提供任何形式担保的;存在其他违法违规举债担保行为的。
未按规定进行信息公开	包括违反国家有关法律法规,所公开信息与党的路线方针政策不一致或涉及国家秘密、商业秘密、个人隐私和知识产权,可能危及国家安全、公共安全、经济安全和社会稳定或损害公民、法人或其他组织合法权益的;未准确完整填写项目信息,入库之日起一年内未更新任何信息,或未及时充分披露项目实施方案、物有所值评价、财政承受能力论证、政府采购等关键信息的。

资料来源:《关于规范政府和社会资本合作(PPP)综合信息平台项目库管理的通知》(财办金〔2017〕92号)。

2019年,财政部重申了规范的PPP项目入库的基本条件(见《关于推进政府和社会资本合作规范发展的实施意见》财金〔2019〕10号),这些条件是:(1)属于公共服务领域的公益性项目,合作期限原则上在10年以上,按规定履行物有所值评价、财政承受能力论证程序;(2)社会资本负责项目投资、建设、运营并承担相应风险,政府承担政策、法律等风险;(3)建立完全与项目产出绩效相挂钩的付费机制,不得通过降低考核标准等方式,提前锁定、固化政府支出责任;(4)项目资本金符合国家规定比例,项目公司股东以自有资金按时足额缴纳资本金;(5)政府方签约主体应为县级及县级以上人民政府或其授权的机关或事业单位;(6)按规定纳入全国PPP综合信息平台项目库,及时充分披露项目信息,主动接受社会监督。

与此同时,财政部还对政府付费项目做出了新的要求,即政府付费项目原则上要符合以下审慎要求:(1)财政支出责任占比超过5%的地区,不得新上政府付费项目。按照"实质重于形式"原则,污水、垃圾处理等依照收支两条线管理、表现为政府付费形式的PPP项目除外;(2)采用公开招标、邀请招标、竞争性磋商、竞争性谈判等竞争性方式选择社会资本方;(3)严格控制项目投资、建设、运营成本,加强跟踪审计。对于规避上述限制条件,将新上政府付费项目打捆、包装为少量使用者付费项目，项目内容无实质关联、使用者付费比例低于10%的，不予入库。

根据财政部PPP项目库清理退库结果显示，截至2018年4月23日，各地累计清理退库项目1 695个、涉及投资额1.8万亿元；上报整改项目2 005个、涉及投资额3.1万亿元。2019年上半年，地方主动清退项目302个、涉及投资额3 657亿元。

（二）地方层面的入库管理

在财政部积极推进PPP项目入库管理的同时，各级地方政府也纷纷采取行动防范PPP项目入库管理风险。下面以PPP项目大省山东省为例予以说明。

2017年11月30日，山东省财政厅《转发〈财政部关于规范政府和社会资本合作（PPP）综合信息平台项目库管理的通知〉的通知》（鲁财金〔2017〕77号），要求严格新项目审核入库。对新发起处于筛选、识别阶段的项目，列入项目储备清单，由各级财政部门按照职责权限实行分级管理。对新申请纳入项目管理库的准备阶段项目，由各级财政部门按程序逐级审核上报。省财政厅根据财政部要求制定了具体入库标准（见表7-2）请依照执行。对处于采购、执行阶段项目新申请入库，须从准备阶段开始审核，阶段之间审核期间隔不少于1个月。

2018年4月1日，山东省财政厅又发布《关于开展政府和社会资本合作（PPP）"规范管理年"活动的实施意见》（鲁财金〔2018〕21号），对项目库管理提出了新的要求：一是抓好已入库项目整改，二是加强新项目论证管理。严格开展评价论证，按照财政部有关政策规定，科学编制项目实施方案，进行物有所值评价和财政承受能力论证，鼓励各级政府组织财务、法律、工程、行业等PPP专家对"两评一案"开展评审，不断优化实施方案，合理分担风险，深度挖掘项目盈利空间，完善绩效考核机制，消除风险隐患，做实评价论证。各级财政部门要切实履行好财政承受能力论证审核职责，会同行业主管部门履行好物有所值评价审核职责，防止评价论证流于形式。严格限定PPP模式应用范围，严禁将非公共服务领域、政府不负有提供义务的项目，涉及国家安全或重大公共利益、不适宜由社会资本承担的项目，以及仅涉及工程建设、无运营内容的项目采用PPP模式实施。

表 7-2　山东省政府和社会资本合作新入库项目审核标准

序号	审核环节	形式审核	审核要求	文本格式	合规性审核
1	项目立项	编制机构盖章的可研报告	必备项	扫描件	
2		立项批复	必备项	扫描件	
3		PPP咨询机构中标通知书、委托服务合同	必备项	扫描件	
4		涉及国有资产权益转移的存量项目：国有资产评估、审批手续	必备项	扫描件	存量（包括各部分存量）项目须有现金流，回报机制为非政府付费方式。
5	物有所值评价	咨询机构盖章的评价报告及批准文件	必审项	扫描件	评价报告包括定性和定量评价两部分。
6	财政承受能力论证	咨询机构盖章的论证报告及批准文件	必审项	扫描件	批准文件须明确：汇总全部已实施和拟实施PPP项目财承占比各年度均不超过10%。
7	初步实施方案	咨询机构盖章的方案文本	必备项	电子版	审核标准
8	初步实施方案内容	内容完整	必审项		包括：项目概况、运作方式、交易结构、风险分配、合同体系、监管体系、绩效考核等。
9		适用领域	必审项		公共服务领域（非商业地产、招商引资）。
10		运作方式	必审项		BOT BOO TOT ROT O MMC 等，不得仅涉及工程建设，无运营内容。
11		参与主体	必审项		1.政府方：政府授权的职能部门、事业单位； 2.出资人代表：政府指定的本级国有企业。 3.社会资本：本级国有企业不得作为社会资本（上市公司和规范转型的原融资平台公司除外）。

续表

序号	审核环节		形式审核		
				文本格式	合规性审核
12	初步实施方案内容	合作期限		必审项	10—30年：OM不超过8年，MC不超过3年。
13		回报机制		必审项	1. 使用者付费、可行性缺口补助、政府付费三种方式之一； 2. 从严审慎开展政府付费项目； 3. 确保"四个不得"，无保底承诺、回购安排、明股实债、固定回报内容。
14		风险分配		必审项	识别、分配无不合理、显失公平内容。
15		绩效考核		必审项	政府付费或可行性缺口补助项目不得有： 1. 未建立绩效挂钩付费机制； 2. 合作期末不连续、平滑支付或一段时期财政支出激增； 3. 所有项目建设成本不参与绩效考核，或实际与绩效考核挂钩占比不足30%。
16		采购方式		必审项	1. 从严审单一来源方式； 2. 非招标方式不得有"两标并一标"的内容； 3. 运营成本须设置为采购标的的或设置合理上限。

二、防范财政风险

我国 PPP 财政风险管理核心体现在财政承受能力论证上。《政府和社会资本合作项目财政承受能力论证指引》（财金〔2015〕21号，以下简称"21号文件"）第2条指出，财政承受能力论证是指识别、测算政府和社会资本合作项目的各项财政支出责任，科学评估项目实施对当前及今后年度财政支出的影响，为 PPP 项目财政管理提供依据。21号文件第25条则指出，每一年度全部 PPP 项目需要从预算中安排的支出责任，占一般公共预算支出比例应当不超过10%。

值得注意的是，21号文件中的分子为 PPP 项目需要从预算中安排的支出责任，与分母（一般公共预算支出）稍有不同，分子口径似乎大一些。为此，财政部《关于在公共服务领域深入推进政府和社会资本合作工作的通知》（财金〔2016〕90号）指出"对于政府性基金预算，可在符合政策方向和相关规定的前提下，统筹用于支持 PPP 项目。"此后，财政部在回复人大代表的提案中指出，《财政部对十二届全国人大五次会议第2587号建议的答复》（财金函〔2017〕85号）提及"10%'上限'控制的仅是需要从一般公共预算中安排的支出责任，并不包括政府从其他基金预算或以土地、无形资产等投入的部分，旨在鼓励地方积极盘活存量资源、资产等吸引社会资本参与 PPP 项目。"实际操作过程中，地方政府将部分土地出让金用于安排支付 PPP 项目支出，但在分子中并未得到体现。

针对部分地区财政承受能力论证不严格的问题，财政部要求：（1）强化财政承受能力论证10%"红线"的硬性约束，统一执行口径，加强信息公开。所有项目都必须在 PPP 综合信息平台中，及时公开财政承受能力论证报告及有关数据。未按规定公开的，要从项目库中清退。各地要建立 PPP 项目财政支出责任统计监测体系，中央财政和省级财政对接近或超出10%红线的地区，要进行风险预警。（2）搭好"天线"。要全面了解掌握本地区 PPP 项目总体情况，对于项目总量、财政支出责任总额及占比、规范实施情况等，做到"心中有数"。这里的项目不仅包括入库项目，也要包括未入库的项目，真正做到全口径统计。（3）完善风险分担机制，防止风险不合理转移。加强财政支出责任监测，严守财政支出10%的"红线"。控制实体企业融资杠杆倍数，严防表外业务风险。加强部门监管协同联控，预防金融财政风险。

《财政部关于推进政府和社会资本合作规范发展的实施意见》(财金〔2019〕10号)还进一步强化了PPP项目财政支出责任监管,并要求新签约项目不得从政府性基金预算、国有资本经营预算安排PPP项目运营补贴支出。建立PPP项目支出责任预警机制,对财政支出责任占比超过7%的地区进行风险提示,对超过10%的地区严禁新项目入库。

针对政府性基金用于PPP项目分子分母的支出口径问题,有的地方政府给与明确回应。例如,四川省财政厅关于印发《四川省政府与社会资本合作(PPP)项目财政承受能力论证办法》的通知(川财金〔2017〕91号)指出"市县财政可用于PPP项目支出的资金来源主要包括一般公共预算发展支出和政府性基金预算发展支出。其中:一般公共预算发展支出为一般公共预算支出扣除用于行政运转、必保民生、债务利息等刚性支出后,可安排用于促进发展的预算支出;政府性基金预算发展支出为依据相关政策规定可用于PPP项目支出的政府性基金扣除必须开支的成本性支出、政策性支出、债务利息支出后,可安排用于促进发展的预算支出。"

针对地方财政承受能力论证中存在的问题,山东省财政厅发布《关于开展政府和社会资本合作(PPP)"规范管理年"活动的实施意见》(鲁财金〔2018〕21号)指出,要强化"红线"预警意识,从严审慎开展完全政府付费项目,自《实施意见》印发之日起,全部项目财政承受能力最高年度达到或超过8%的地区,停止新上政府付费和财政补助超过50%的可行性缺口补助项目,对全部PPP项目一般公共预算支出责任接近10%的地区进行风险预警。审慎运用政府性基金预算,对使用政府性基金补贴项目财政支出的,应确保基金使用合法合规,并在论证报告中明确使用依据、原则和办法。

三、其他规范举措

PPP涉及面广、时间长、程序多,项目规范管理还需要从其他方面加以完善,如,认真履行物有所值评价、政府采购管理、预算资金管理、政府债务管理等部门职责,明确PPP不规范操作的负面清单,逐级细化责任范围和责任主体,并建立常态化风险监控和监督问责体系,确保PPP规范实施。

（一）国家层面的其他规范举措

国家层面的管理主要体现在风险管理，在政府和社会资本、社会资本和金融机构等主体的合理分配风险。为了推进PPP规范管理工作，有关部门制定了相关措施，规范政府和社会资本的行为（见表7-3）。

表7-3　　　政府和社会资本合作规范发展的新举措

序号	风险管理内容	文件名	文件编号
1	防止政府以固定回报承诺、回购安排、明股实债等方式承担过度支出责任。	关于在公共服务领域深入推进政府和社会资本合作工作的通知	财金〔2016〕90号
2	纳入机构库的咨询机构有下列行为之一的，一经查实，PPP中心将予以清退出机构库：通过捏造事实、隐瞒真相、提供虚假信息等不正当方式，骗取入库资格的；未经授权，擅自以财政部或者PPP中心名义开展虚假宣传，招揽、承接业务的；泄露国家秘密、商业秘密，以及未正式发布的法律法规规章草案、政策信息或研究成果的；连续12个月未在PPP综合信息平台更新PPP咨询服务业务开展情况的；同一项目中同时为政府和社会资本双方提供咨询服务的；为政府方提供咨询服务期间与潜在社会资本串通的；无相应能力承揽业务或未尽职履行造成重大失误、项目失败或搁置的；项目进入运营期后，由于咨询服务原因给公共服务供给带来不利影响的；拒绝接受PPP中心对机构库进行监督管理、对入库机构信息进行检查、质询的；其他违反法律、法规、规章和国家PPP政策，扰乱PPP咨询服务市场秩序的行为。	政府和社会资本合作（PPP）咨询机构库管理暂行办法	财金〔2017〕8号

续表

序号	风险管理内容	文件名	文件编号
3	地方政府及其所属部门不得干预融资平台公司日常运营和市场化融资。 地方政府不得将公益性资产、储备土地注入融资平台公司，不得承诺将储备土地预期出让收入作为融资平台公司偿债资金来源，不得利用政府性资源干预金融机构正常经营行为。 金融机构为融资平台公司等企业提供融资时，不得要求或接受地方政府及其所属部门以担保函、承诺函、安慰函等任何形式提供担保。	关于进一步规范地方政府举债融资行为的通知	财预〔2017〕50号
4	不得将原材料、燃料、设备、产品等货物，以及建筑物和构筑物的新建、改建、扩建及其相关的装修、拆除、修缮等建设工程作为政府购买服务项目。严禁将铁路、公路、机场、通信、水电煤气，以及教育、科技、医疗卫生、文化、体育等领域的基础设施建设，储备土地前期开发，农田水利等建设工程作为政府购买服务项目。严禁将建设工程与服务打包作为政府购买服务项目。严禁将金融机构、融资租赁公司等非金融机构提供的融资行为纳入政府购买服务范围。	关于坚决制止地方以政府购买服务名义违法违规融资的通知	财预〔2017〕87号
5	PPP项目资产证券化的发起人（原始权益人）要在基础资产与发起人（原始权益人）资产之间做好风险隔离。发起人（原始权益人）要配合中介机构履行基础资产移交、现金流归集、信息披露、提供增信措施等相关义务，不得通过资产证券化改变控股股东对PPP项目公司的实际控制权和项目运营责任，实现变相"退出"，影响公共服务供给的持续性和稳定性。	关于规范开展政府和社会资本合作项目资产证券化有关事宜的通知	财金〔2017〕55号
6	合同中不得约定由政府方或其指定主体回购社会资本投资本金，不得弱化或免除社会资本的投资建设运营责任，不得向社会资本承诺最低投资回报或提供收益差额补足，不得约定将项目运营责任返包给政府方出资代表承担或另行指定社会资本方以外的第三方承担。不得以债务性资金充当项目资本金，政府不得为社会资本或项目公司融资提供任何形式的担保。	关于进一步加强政府和社会资本合作（PPP）示范项目规范管理的通知	财金〔2018〕54号

续表

序号	风险管理内容	文件名	文件编号
7	财政部要求地方财政部门将规范运作放在首位，严格按照要求实施规范的PPP项目，不得出现以下行为：1.存在政府方或政府方出资代表向社会资本回购投资本金、承诺固定回报或保障最低收益的。通过签订阴阳合同，或由政府方或政府方出资代表为项目融资提供各种形式的担保、还款承诺等方式，由政府实际兜底项目投资建设运营风险。2.本级政府所属的各类融资平台公司、融资平台公司参股并能对其经营活动构成实质性影响的国有企业作为社会资本参与本级PPP项目的。社会资本方实际只承担项目建设、不承担项目运营责任，或政府支出事项与项目产出绩效脱钩的。3.未经法定程序选择社会资本方的。未按规定通过物有所值评价、财政承受能力论证或规避财政承受能力10%红线，自行以PPP名义实施的。4.以债务性资金充当项目资本金，虚假出资或出资不实。5.未按规定及时充分披露项目信息或披露虚假项目信息，严重影响行使公众知情权和社会监督权的。	关于推进政府和社会资本合作规范发展的实施意见	财金〔2019〕10号

资料来源：笔者整理。

（二）地方层面的其他规范举措

地方政府也从多个方面规范PPP项目操作管理。2017年11月8日，江苏省财政厅公布了《关于进一步推进政府和社会资本合作规范发展的实施意见》，要求严禁借PPP模式变相举债融资，坚决防止PPP模式异化为地方政府新的融资平台；地方政府参与PPP项目时，不得以任何方式承诺回购社会资本方的投资本金，不得以任何方式承担社会资本方的投资本金损失，不得以任何方式向社会资本方承诺最低收益，不得对PPP项目提供担保或者出具任何还款承诺。《意见》明确，对于无现金流、完全政府付费的项目从严从紧控制；对前期PPP项目数量较多、地方政府支出责任占比较高地区申报的项目从严从紧控制；对无运营内容、无绩效考核机制、社会资本不实际承担项目建设运营风险、不属于公共服务范围的纯商业类项目等不得纳入省PPP项目库。此外，"两个强制"项目（即垃圾处理、污水处理PPP项目)、政府平台存量项目以及有现金流、使用者付费项目将优先进入PPP项目库。

山东省财政厅发布的鲁财金〔2018〕21号对项目其他方面的管理也提出了整改意见。一是规范项目采购流程。政府授权的实施机构应通过政府采购方式择优选择社会资本方,并根据项目特点和建设运营需求,以有利于项目长期稳定运营和质量效率提升为原则,合理设置社会资本方的资质、条件和评审标准,保证各类社会资本尤其是民营资本平等参与项目采购,不得以任何不合理的采购条件对社会资本实行差别性或歧视性待遇。政府及政府部门对社会资本的采购要严格履行资格预审程序,一般采用公开招标的方式;从严审慎选择其他采购方式,确需采用的,须符合法定条件,并按照法律法规及有关规定履行采购程序。对涉及工程建设、设备采购或服务外包的PPP项目,已依据政府采购法选择社会资本合作方的,合作方依法能够自行建设、生产或提供服务的,按照《中华人民共和国招标投标法实施条例》第九条规定,合作方可以不再进行招标。自《实施意见》印发之日起,未入库项目不得进入采购程序。二是强化项目合同管理。优化项目风险分配,严格按照"风险分担、利益共享"的原则,综合考虑各方风险管理能力和项目回报机制等因素,在政府和社会资本之间合理分配风险。加强项目资本金监管,坚持"穿透管理、公开透明",确保项目各方按时足额缴纳资本金,不得以债务性资金充当资本金,不得由第三方代持社会资本方股份,不得以任何方式承诺回购社会资本方的投资本金,不得以任何方式承担社会资本方的投资本金损失,不得以任何方式向社会资本方承诺最低收益。严控项目融资风险,督促项目公司和社会资本方依法选择合理的融资方式和担保方式,坚决杜绝通过明股实债、保底承诺、回购安排、固定回报等各类形式的违法违规行为进行变相融资举债。三是完善项目运营管理。严格绩效考核,根据项目行业特点,及时开展PPP项目绩效运行监控,对绩效目标运行情况进行跟踪管理和定期检查,严格执行项目建设成本参与绩效考核挂钩部分占比不低于30%的规定,确保阶段性目标与资金支付相匹配。开展中期绩效评估,持续优化绩效考核指标,确保实现项目绩效目标,在监控中发现绩效运行与原定绩效目标偏离时,应及时采取措施予以纠正。四是加大项目信息公开力度。五是规范咨询机构选择。严格按照《中华人民共和国政府采购法》相关规定,采取竞争性方式确定专业咨询机构。注重咨询机构服务业绩、水平和能力,原则上采购评审方法应采用综合评分法,一般不采用最低评标价法,切实防止恶意竞争、不合理低价中标等扰乱市场秩序行为。咨询机构所服务项目被审计、督查等检查发现存在违法违规问题，情节严重的，将列入山东省PPP咨询机构负面清单。同时，责令其对有关项目停顿整改，整改期间不得开展相关业务。

第三节　政府和社会资本合作规范管理中存在的新风险

PPP项目规范发展的上述举措，核心是挖掘PPP项目的收入能力，防范地方政府的财政风险。但从实际情况来看，上述措施也会带来新的风险，即在防范财政风险的同时，也会产生新的风险。

一、未来财政风险

根据21号文件的要求，地方政府每一年度全部PPP项目需要从预算中安排的支出责任占一般公共预算支出比例应当不超过10%。这种"贴现式"的论证思路容易导致地方政府和社会资本做出一些有利自身的选择，相关主体的行为异化导致财政风险管理带来新的财政风险，这种给未来带来的新的财政风险表现为：一是减少未来一般公共预算支出责任，如通过减少或者忽视政府对PPP项目的维护保养的支出责任，减少未来PPP项目财政支出；二是虚增未来一般公共预算支出规模，如某地地方政府为了当地PPP项目顺利通过财政承受能力论证，将预测未来15—20年的一般公共预算支出增速为20%，大大超过正常的预测水平；三是透支未来政府性基金支出责任。这些行为都将导致财政风险向未来转移，增加了未来财政支出责任的不确定性。

二、公共管理风险

现有关于财政风险的措施在防范财政风险本身的同时，也带来其他公共风险问题。例如，为了规范PPP项目管理，国家和省级政府对市县级政府PPP项目入库的条件作了越来越严格的限制，但这种严格管理也带来新的问题，就是审批环节过于复杂，各级政府层层加码，PPP项目库从信息披露演变为一种行政审批，PPP项目从"两评一案"批复到项目采购至少需要半年以上时间，有的地方需要1

年以上时间，地方政府PPP项目入库时间太长，地方本级公共投资项目迟迟不能落地，严重挫伤了地方政府和潜在社会资本参与的积极性，也影响了PPP项目对公共投资的拉动作用。

三、市场风险

政府防范PPP项目财政风险的做法在一定程度上也将财政风险转化为市场风险，突出表现为市场主体之间的不平等竞争：一是国企民企不公平竞争。在当前防控PPP项目风险特别是财政风险的背景下，一些地方政府认为，国企规模大、资信好、成本低，在同等条件下有价格竞争优势，这有助于减轻地方政府即期和未来支付压力，因而更愿意与国企合作，导致民企在PPP项目竞争中处于不利地位。二是咨询机构不公平竞争。有的地方财政部门以提高PPP项目质量为由，在采购咨询机构环节采取简单一刀切的方式，设置过高门槛，如要求咨询机构必须是国家PPP项目咨询机构库的单位，导致那些不在项目库的咨询机构缺乏竞争的基本资格，损害中小咨询机构的合法权益，与当前国家"放管服"和负面清单管理的基本政策导向相违背。

第四节 政府和社会资本合作新风险的原因分析

PPP项目规范管理中存在的上述新风险，源于现行PPP项目风险管理属于流量管理而非存量管理，PPP项目支出在制度上不被其列为债务支出（但隐性债务支出除外），PPP项目财政风险管理存在就风险论风险的弊端，缺乏系统思维和统筹考虑。

一、现行风险管理模式为流量管理

评估我国PPP财政风险管理最基本的指标是比较每一年度PPP预算支出责任与当年一般公共预算支出的比值，分子和分母都是流量，反映的是地方政府未来预算支出的规模，因而这种风险管理模式属于典型的流量管理。

这种用未来不确定的结果来判断PPP是否操作可行的做法（见图7-2）与一般

项目是否操作可行的逻辑（见图7-1）有较大差异。一般项目风险管理的逻辑是，基于过去和现在的实施来判断未来是否存在风险及其风险损害程度，并基于这种损害程度的前景分析，预测未来应采取何种措施予以补救。尽管我国项目流量管理也考虑到基于过去和现在的数据，但毕竟由于二者评估时点和评估标准存在差异，两种风险评估的结果也有很大不同。

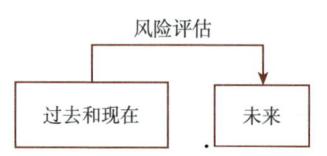

图7-1　一般项目的风险管理模式

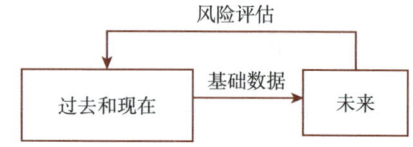

图7-2　PPP项目财政风险管理模式

在当前基于未来流量来管理当前存量的流量管理模式下，PPP相关主体钻了PPP财政风险管理的空子，通过人为操纵未来支出来规避财政风险管理的约束。

二、PPP项目支出在制度上不被纳入政府债务

克服上述流量管理缺陷的办法是引入存量管理，最直接的方式是将未来PPP项目财政支出纳入政府债务管理，但现有制度并不支持这一观点。

2015年1月1日起施行的《预算法》第35条指出："经国务院批准的省、自治区、直辖市的预算中必需的建设投资的部分资金，可以在国务院确定的限额内，通过发行地方政府债券举借债务的方式筹措。……除前款规定外，地方政府及其所属部门不得以任何方式举借债务。"如果未来PPP项目财政支出列为政府债务，那么PPP行为则违反了《预算法》的有关规定。

此外，2014年财政部发布的《地方政府存量债务纳入预算管理清理甄别办法》（财预〔2014〕351号）第11条规定，地方政府负有偿还责任的存量债务中，通过PPP模式转化为企业债务的，不得纳入政府债务。

从政府会计的角度来看，PPP项目财政支出也不符合政府负债概念，根据《政府会计准则——基本准则》第33条，"负债是指政府会计主体过去的经济业务或者事项形成的，预期会导致经济资源流出政府会计主体的现时义务"，此处的现时义务是指"政府会计主体在现行条件下已承担的义务"。按照国办发〔2015〕42

号文件规定的"政府依据公共服务绩效评价结果向社会资本支付相应对价"以及财金〔2014〕76号文件规定的"财政补贴要以项目运营绩效评价结果为依据",政府付费是依据项目公司未来提供公共服务的质量,以项目公司提供的公共服务满足政府绩效考核标准为前提,因而,PPP项目提供服务的支付承诺,属于未来发生的经济业务或者事项形成的义务,不属于现实义务,不能确认负债。PPP项目的政府财政支出责任不确认负债的情况下,政府在发生未来支付责任时于当期确认为一项费用。

此外,流行的观点也认为,PPP项目大多是服务周期几十年的基础设施,规范的PPP项目政府支出责任覆盖项目全生命周期,从实现财政负担代际公平角度来讲,它是一种科学的可持续性预算支出安排,不属于隐性债务。

第五节 政府和社会资本合作规范发展的建议

现行PPP财政风险管理的思路需要改变,建议在流量管理基础上引入存量管理。考虑到我国预算和会计制度的现实情况,PPP财政风险管理需要配合其他制度的改革而逐步完善。完善PPP财政风险管理的基本原则是,PPP政府支出责任"有意识的模糊"问题要尽快得到解决,公开透明、责任担当的政府应当被鼓励,政府及相关各方在PPP支出方面的责任应进一步明确,PPP项目资产负债管理最终应与其他资产负债管理有效结合。

一、近期建议是在现行流量管理格局下采取针对性的补救措施

短期来看,在我国《预算法》等法律难以做出大的调整框架下,承认21号文件中财政承受能力10%的合理性和有效性,同时针对当前存在的问题提出改进建议,具体包括:(1)防止PPP操作中的一些机会主义行为,如对地方政府刻意虚增一般公共支出增幅的行为提出警告,严重的采取通报批评和处理责任人等措施。(2)完善PPP项目库管理。在保障项目入库质量的情况下明确各级政府对PPP项目的审批期限、修改期限,以及修改的次数,防止PPP项目拉锯式重复审核,耽误项目正常入库进度。(3)优化市场环境。建议在选择咨询机构时,不以是否加入国家PPP项目咨询机构库作为必备条件。(4)优化PPP项目入库管理方式。为

体现我国放管服、负面清单管理的大趋势，建议优化PPP项目入库管理方式，防止将PPP项目统计监测职能演变为行政审批职能，淡化审批制，取消有关咨询机构必须是国家咨询机构库的相关限定，并在增强地方入库的责任意识基础上逐步引入备案制，提高项目入库效率。（5）明确PPP项目入库的政府责任边界。划分各级政府部门PPP管理的事权责任划分，建议国家层面PPP中心更多侧重于全国性财政风险的监控，而省级及以下政府部门侧重于PPP项目财政风险、技术、财务、工程层面的审查。（6）增加PPP有关存量的信息披露。一是尽快出台PPP相关财务会计制度。我国已有企业会计制度和政府会计制度，但对于政府和企业共同组成的项目公司的会计制度还没有出台，对有关PPP项目支出（包括政府方的支出）在会计上如何确认上没有统一的意见，对PPP资产如何分类确认也没有说明，建议尽快出台相关制度予以明确。二是披露PPP项目资产情况。建议在每年的"两会"中披露PPP项目信息，包括PPP投资占公共投资和GDP的比重，PPP项目的政府承诺事项等，以更好地接受社会监督。

二、中期建议是在流量管理的基础上引入存量管理

中期建议是调整PPP财政风险评价指标，实质性地引入存量管理，增加风险监控信息并强制性予以披露，以接受人大和社会公众的监督。

（一）引入存量管理的合理性分析

现行PPP项目风险管理为流量管理，这种流量管理有其客观基础和合理性，但从中长期来看，仅仅流量管理是不够的，还需要引入存量管理。存量管理的一个突破口在于在认识到规范的PPP支出不属于政府隐性债务的同时，要分析其属于政府性债务问题。笔者认为，将PPP项目支出纳入债务有其必要性。

第一，从国际会计准则的处理来看，PPP项目财政支出符合政府债务的定义。按照《国际公共部门会计准则32号——服务特许权协议：授予方》（IPSAS32）规定，服务特许资产属于政府，政府同时要确认为一项负债。但授予方确认为一项服务特许资产时，需要符合以下条件：一是授予方对经营方所使用基础设施必须提供的服务类型、提供服务的对象和服务价格实施控制或管制；二是在服务协议期末，授予方通过所有权、收益权或其他形式控制该基础设施的重大剩余收益。

以我国典型的PPP项目模式（如BOT）而言，我国PPP项目似乎符合国际会计准则有关负债的规定。

第二，PPP未来财政支出定义为政府债务支出有其理论基础。笔者在CNKI期刊网查找有关PPP财政风险的文献资料时发现，国内外大部分学者的意见趋向于将PPP项目财政支出作为政府债务对待，其理论支撑一般是根据世行专家Hana债务风险矩阵模型（见表7-4）。根据该模型的描述，PPP项目中的基础设施维护属于直接隐性债务，而有关PPP直接或者间接的担保则分别属于或有显性债务或者是或有隐性债务。

表 7-4　　　　　　　　　　政府债务风险矩阵

债务	直接负债 （在任何条件下存在的债务）	或有债务 （在特定事件发生情况下的债务）
显性的（由法律和合约确认的政府负债）	1.国家债务（中央政府借款和发行的债务）。 2.预算涵盖的开支（非随意性支出）。 3.法律规定的长期性支出（公务员工资和养老金）。	1.国家对非主权借款、地方政府、公共部门和私人部门实体（发行银行）的债务担保。 2.国家对各种贷款（抵押贷款、学生贷款、农业贷款和小企业贷款）的保护性担保。 3.国家对私人投资的担保。 4.国家保险体系（存款保险、私人养老基金收入、农作物保险、洪灾保险、战争风险保险）。
隐性的（反映公众和利益集团压力的政府道义责任）	1.未来公共养老金（与公务员养老金相对的）。 2.社会保障计划，如果不是由法律做出硬性规定。 3.未来保障融资计划，如果不是由法律做出硬性的规定。 4.公共投资项目的未来日常维护成本。	1.地方政府或公共实体、私营实体非担保债务（义务）的违约。 2.银行破产（超出政府保险以外的救助）。 3.央行私有化的实体债务的清偿。 4.非担保养老基金、就业基金或社会保障基金（对小投资者的保护）的破产。 5.中央银行可能的负净值或对所承担义务（外汇合约、货币保护、国际收支差额）不能履行。 6.其他紧急财政援助（如在私人资本外逃的情况下）。 7.改善环境、灾害救济、军事拨款。

资料来源：Hana Polackova Brixi.Contingent Government Liability: A Hidden Risk of Fiscal Stability [Z]. World Bank Working Paper, 1998.

第三，现行将PPP财政支出定义为费用性支出并未能从根本上防范和化解风险。白德全（2018）认为，在现行的政府会计准则下，政府性债务通过PPP化解后，可以直接移出其资产负债表，但是这一举措并不能真正消除地方政府的债务，如果项目在建设过程或者建设完成后出现了违约以及经营失败的问题，导致债务不能偿还，那么地方政府最终还是要成为债务的偿还者。因此，PPP的债务隐藏机制并没有改变政府性债务的本质，只不过是让其脱离政府的预算管理，并拉长了债务的偿还期限。

第四，流量管理不符合风险管理的一般趋势。从世界各国的风险管理情况来看，风险评估和风险管理的基本任务就是量化测评某一事件或事物带来的影响或损失的可能程度，PPP财政风险管理工作的任务就是基于地方过去和现在的发展状况来判断现在和未来PPP项目的财政风险。尽管未来充满不确定性，但过去和现在的运行结果是确定性的，基于这种结果的确定性来作为评判未来风险状况是有现实依据的。从世界各国来看，赤字率和债务率是用得最多的财政风险评价指标。虽然各国对赤字率和债务率与财政安全状况的关系没有统一定论，但不容忽视的一个事实是，无论是赤字率（财政赤字占国内生产总值的比重），还是负债率（年末债务余额与当年GDP的比率），反映的都是过去和现在的财政状况，从而判断一国（地区）现在和未来财政风险状况。总之，仅仅依靠流量管理不符合发展趋势，引入基于过去和现在确定性的存量指标管理，有利于为PPP风险管理标准和程序注入确定性。

（二）引入存量管理的若干建议

1. 调整风险评价方法

现有21号文件10%的"一票否决"的流量风险评价制度存在诸多不足，建议增加存量评价指标。为体现PPP财政风险评价制度的过渡性，建议在保留现有10%的约束制度的同时，减少其在PPP财政风险评价中的权重，并同时增加债务率等评价指标，以实事求是地评估PPP财政风险。

2. 增加风险监控内容

主要是增加两个方面的信息：一是资产负债表信息。随着政府权责发生制会计制度的推广运用，我国在财务会计管理能力逐步提升之后，可根据《国际公共部门会计准则32》等国际标准，对新增PPP产生的政府资产与负债净现值予以披露。通过越来越多的项目信息披露，就可逐渐编制部分政府资产负债表。二是未来财政支出信息。无论PPP财政支出是否纳入债务统计的范畴，它体现为实实在在的财政支出责任，必须用未来收入来进行偿还。建议新增一项财政支出指标，该项指标暂命名为"债务与PPP支出"，这样便于将每年PPP项目财政支出与当年债务还本付息支出一起统计，更全面地揭示PPP财政风险情况。

3. 强化 PPP 财政风险信息披露

随着《中共中央关于建立国务院向全国人大常委会报告国有资产管理情况制度的意见》的贯彻落实，越来越多的地方政府将会向人大报告国有资产有关情况。建议利用政府向人大报告国有资产的契机，将PPP项目资产及其负债情况也向人大披露，以更好地体现社会公众对PPP整体情况的认知和对PPP财政风险管理的监督。此外，将"债务与PPP支出"体现在《预算法实施细则》中，强制性地要求地方统计，以综合反映地方潜在财政风险。

三、长期建议是对 PPP 项目资产负债进行管理

（一）编制 PPP 项目资产负债表

从长期来看，随着我国权责发生制政府会计制度的全面推进和国有资产报告制度的建立健全，试行编制PPP项目资产负债表，并与政府资产负债表相衔接。

（二）修改预算法相关条款

修改《预算法》相关条款，将PPP支出责任纳入政府债务统计口径（但要同时披露PPP支出存在绩效管理以及风险支出责任的不确定性问题），明确中央和地方政府层级PPP引入的上限，便于各级政府全面披露未来政府支出责任，全面规范政府行为，推动财政经济社会的协同发展。

参考文献

[1] 孙洁.当前我国推广PPP中存在的问题、成因及政策建议[J].改革内参，2018-07-31.

[2] Guasch, J. L. Granting and Renegotiating Infrastructure Concessions: Doing it Right [M] // WBI Development Studies. Washington: The World Bank，2004.

[3] 吉富星.我国PPP模式的政府性债务与预算机制研究[J].税务与经济，2015（4）.

[4] 白桦. 对政府与社会资本合作（PPP）财政风险监管的探究［J］. 中国市场, 2015（50）.

[5] Mona Hammami, Jean-Francois Ruhash Yankiko, Etienne B, Yehoue.Determinants of Public-Private Partnerships in Infrastructure［J］. IMF Working Paper, 2006（3）：06/99.

[6] 国际货币基金组织. 公共投资与公共和私人部门伙伴安排［EB/OL］. http：//www.imf.org/external/chinese/pubs/ft/issues/issues40/ei40c. 2007-08-23.

[7] Hui Jin and Isabel Rial. Regulating Local Government Financing Vehicles and Public-Private Partnerships in China［R］. IMF Working Paper, WP/16/187, September 2016.

[8] 温来成, 刘洪芳, 彭羽. 政府与社会资本合作（PPP）财政风险监管问题研究［J］. 中央财经大学学报, 2015（12）.

[9] 董再平. 我国PPP模式政府性债务类型及特征分析［J］. 地方财政研究, 2016（9）.

[10] 周立柱. 我国PPP模式下的财政风险分析及防范对策研究［J］. 国际商务财会, 2017（7）.

[11] 黄新中, 周莉. 存量债务背景下管控PPP模式的财政风险研究［J］. 新疆财经, 2017（5）.

[12] 刘薇. PPP模式财政风险识别与防范［J］. 财政科学, 2018（7）.

[13] 马恩涛, 李鑫. PPP政府或有债务风险管理：国际经验与借鉴［J］. 财政研究, 2018（5）.

[14] 崔志娟. 政府会计的PPP项目资产确认问题探讨［J］. 会计之友, 2018（1）.

[15] 李伟. PPP政府中长期支出责任并非隐性债务［N］. 中国财经报, 2018-08-17.

[16] 白德全. 规范PPP发展 防范化解地方政府债务风险［J］. 理论探讨, 2018（3）.

[17] Hana Polackova Brixi.Contingent Government Liability：A Hidden Risk of Fiscal Stability［Z］. World Bank Working Paper, 1998.

第八章
地方政府融资平台转型

本章主要从当前我国地方政府融资平台的发展背景出发，以地方政府融资平台发展的历史必然性为起点，具体阐述地方政府融资平台转型的必要性以及转型过程中的难点问题，并通过当前地方政府融资平台转型的几个典型案例，对当前转型的几种具体模式进行深入分析，提出了地方政府融资平台转型过程中应当坚持的原则以及具体的政策建议，以期能够对地方政府融资平台转型进行系统性阐述。

第一节 地方政府融资平台转型的背景

地方政府融资平台的发展有其自身的历史必然性，1994年的分税制改革从根本上促进了地方政府融资平台的产生，1997年、2008年两次金融危机进一步促使融资平台发展壮大。必须承认，地方政府融资平台在促进地方经济发展、防范金融危机等方面发挥了十分重要的作用，但是随着我国经济的不断发展以及我国结构优化、动力转换以及经济发展质量不断升级，加上地方融资平台体制上的弊端以及不断增加的地方政府债务风险，地方政府融资平台转型势在必行。

一、地方政府融资平台发展的历史必然性

改革开放30多年来,我国的经济增长绝大部分时间里主要是依靠投资拉动,中央以及地方政府通过对公共基础设施进行不断投资,刺激社会需求。在这种投资拉动型的增长方式中,政府扮演了最重要的角色——投资人,这个角色要求政府手里必须有非常多的资源以及很多资金可供投资。在1994年税制改革之前,我国地方政府手里掌握着各种税源,资金充沛,有能力利用财政进行投资。

但是1994年国家实行分税制改革之后,重新划分了中央和地方政府的财政权力,由此带来的结果就是"中央拿大头,地方拿小头",中央政府事权下移,地方政府的财权上移,导致地方政府的财权和事权不匹配,地方政府的财政支出大于财政收入(见图8-1),地方政府就可能会出现资不抵债的困境;《预算法》和中央分别对地方政府拥有的发债权做出了明确的规定,对地方政府发行债券以及扩张政府信用等进行规范。而地方政府又承担着促进地方经济增长的重大任务,再加上受到"唯GDP是论"的官员考核体制的影响,地方政府不得不建立一个融资平台进行变相的"举债"来促进经济的增长,这样,地方政府融资平台便应运而生了。所以,应当说分税制改革是催生大批地方政府融资平台的主要原因。

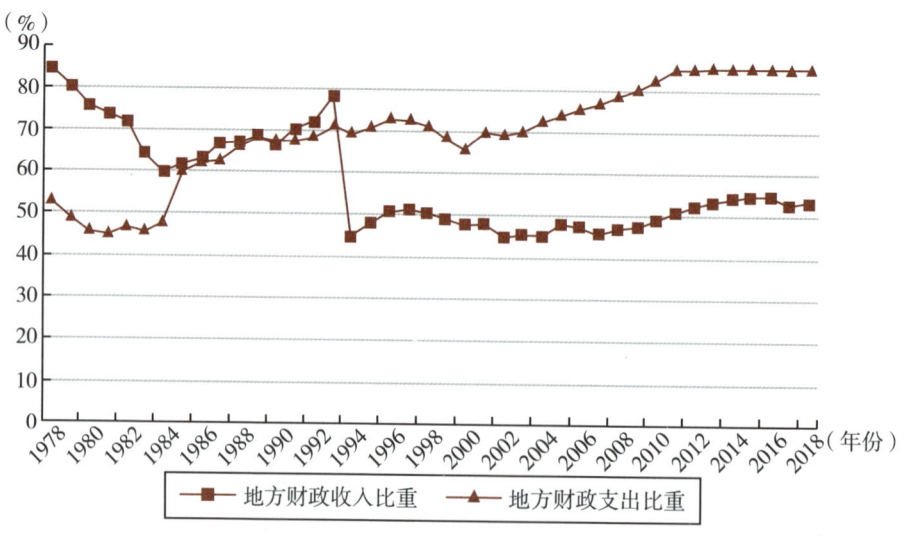

图8-1　1978—2016年地方收入、支出分别占全国财政收入、支出比例

1997年的东南亚危机席卷亚洲地区，我国作为亚洲地区的经济大国之一，进出口贸易受到严重影响，国内经济呈现下滑态势，为了刺激经济，国家采取财政和货币政策并举的措施，即宽松的财政政策带动净出口、政府增加支出、降低利息率以鼓励公民少储蓄多投资消费、调整贷款利率支持企业多投资，同时配以货币政策的支持，致力于促进经济的发展。在此环境中，平台缓慢并稳定地成长起来。

2008年席卷全球的金融危机大范围爆发，我国经济增长疲软、失业率增加、居民消费与投资减少。国家为了提振经济、尽快度过此次危机，提出4万亿元的经济刺激计划，并且中央政府只提供1.18万亿元的资金，70%的经济负担落在地方政府肩上。地方政府为缓解配套资金的压力，再次将目光转向地方政府融资平台和国有银行系统，全国融资平台的未偿贷款从2008年的1.7万亿元增加到2010年的5万亿元。在此期间，中央政府出台相关的政策，支持和鼓励融资平台的持续发展壮大；并且地方政府为了尽快完成经济发展计划，大兴投资建立平台公司，从而引起了平台的大规模膨胀。与此同时期，地方政府还肩负着推进新型城镇化的任务，立足于现代工业和农业经济发展的状况，采取有效措施着力缩小城乡差距，破解长期存在的城乡二元经济结构。新型城镇化建设还面临着资金短缺的问题，这让本不宽裕的财政资金更加紧张，进一步催生了地方政府融资平台的快速发展。

地方政府融资平台是当时地方政府的一个大胆的制度上的创新，它为当时地方的经济发展做出了不可替代的贡献。地方政府融资平台致力于解决财政资金短缺问题，地方政府将其包装成符合借贷标准、具备融资能力、能产生盈利的"完美"公司。地方政府融资平台过五关斩六将，通过国有银行的风险防控检测、股份制银行的信用标准、地方性银行的盈利准则，顺利并大量从银行系统筹集资金，解救地方政府于"火烧眉毛之势"。平台公司上升为财政资金的主要供给源泉，获得了政府的撑持与青睐，在复杂环境中成长壮大。纵观地方政府融资平台的发展历史，融资平台在促进地方经济发展、防范金融危机、促进我国城镇化发展方面发挥了重要作用。

（一）补充基础设施建设资金的不足

政府的经济职能中有一项就是提供公共基础设施建设和社会公共服务的职能，公共基础设施和服务建设与人民群众的生活休戚相关，也是一个地方经济发展水平和现代化水平的重要标志。但是由于社会公共基础设施建设周期长、效益低、投资大，社会资本一般不会去投资，而作为投资主体的地方政府财力毕竟有限，地方政府融资平台的出现便为城市基础设施建设缓解了资金压力，使得城市基础设施能够及时持续建设，服务社会发展。自从1995年之后，基础设施建设资金的来源主要通过地方政府融资平台自身筹措，自筹资金所占的比重一直超过40%，成为城镇化建设资金的主力。随着近年来城镇化的加速，自筹资金的规模和比重也逐年上升，尤其是2008年之后，自筹资金的比重达到60%，并且有进一步扩大的趋势。从过去20多年地方政府融资平台的发展经历来看，其为社会提供公共基础设施建设和社会公共服务资金支持的贡献不可替代。

（二）降低金融危机对我国宏观经济的冲击力度

2008年国际金融危机爆发后，我国出口严重受阻，国内产能过剩问题进一步加剧。在这种情况下，中央政府面对时局，及时制订了应对计划，提出了扩内需、保增长、惠民生的一系列措施，其中包括扩大基础设施建设、增加短缺产业投入、加快公共环境改善等，"4万亿"计划应运而生，成为拉动投资增长进而拉动经济增长的"杀手锏"。如果按照1:3的比例计算，地方政府通过融资平台较强的融资功能解决了自身建设资金不足的问题，在落实中央投资项目配套资金的同时，加大了各地建设项目的投资力度，保证了各地经济的企稳回升和较快增长。同时启动了大规模的惠民工程，保证和提高了各地城乡居民的生活水平。"4万亿"计划投资后，我国2009年投资增速高达30%，当年的GDP增速达到9.21%，2010年投资增速达到23.83%，在全球经济颓势的大背景下，我国经济呈现"万绿丛中一点红"的可喜状况，降低了全球金融危机对我国宏观经济的冲击影响，可以说，地方政府融资平台对我国战胜危机和保证经济企稳回升发挥了积极作用。

（三）推动城镇化的发展

地方政府融资平台大部分资金投资于城市基础设施、交通、土地开发以及保障性住房等项目，这为城镇化的建设做了铺垫。地方政府融资平台将地方政府信用和银行信贷结合起来，成为地方政府融资平台20多年发展历史中筹集资金的主要途径，虽然存在着一些问题，但是不可否认，正是在这一期间我国的城镇化得到了飞速的发展。改革开放以来我国的城镇化率以1994年为拐点，城镇化率的发展迈入新的台阶,城镇化率由1994年的28.51%迅速增长到2018年的59.15%(见图8-2),这一期间我国城镇化的发展和地方政府融资平台的投资是紧密相关的,可以预见的是,未来的很长一段时间里,城镇化的发展仍然离不开地方政府融资平台的投资。

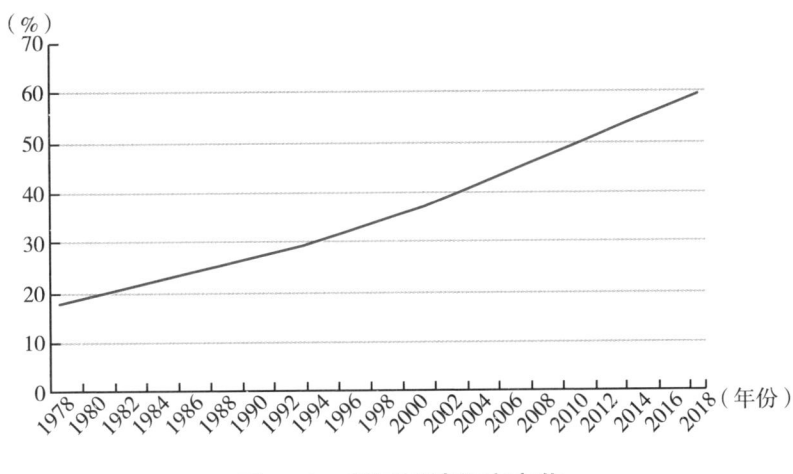

图8-2 我国城镇化率变化

二、地方政府融资平台转型的必要性

地方政府投融资平台是我国经济发展特定阶段的产物,在扩大内需、加快城镇化进程等方面发挥了重要的作用。但与此同时,地方政府投融资平台也存在着严重的体制机制缺陷,而且其无序发展使得地方政府性债务不断累积,不仅影响了其功能作用的有效发挥,也对经济社会发展造成了潜在风险。在我国迈入结构优化、动力转换、发展质量不断升级的宏观背景下,地方投融资平台作用的转型发展势在必行。

(一)经济高质量发展的必然要求

在2017年年底召开的中央经济工作会议上,习近平同志指出,中国特色社会主义进入了新时代,我国经济发展也进入了新时代,基本特征就是我国经济已由高速增长阶段转向高质量发展阶段。推动高质量发展,是保持经济持续健康发展的必然要求,是适应我国社会主要矛盾变化和全面建成小康社会、全面建设社会主义现代化国家的必然要求,是遵循经济规律发展的必然要求。我国经济发展进入新时代的实质是，经过改革开放40年的不懈努力，我国经济规模快速增长，已进入由大向强转变的历史新阶段。推动地方政府投融资平台转型，有利于转变过去传统的以土地财政、城市基础建设为基础的融资模式，促进融资平台从具体建设项目融资运营向资本资产经营和配置的模式转变；有利于创新融资模式，拓宽融资渠道，拓宽经营范围，实现多元化发展拓展经营的地域、产业和投资对象的范围；能够将投资领域从以城市基础设施建设为主拓展到文化、教育、卫生和高新技术等领域，促进地方经济持续健康发展，促进我国经济高质量发展。

（二）落实新预算法精神的必然要求

为适应新的经济发展形势，2014年8月31日，第十二届全国人大常委会第十次会议通过了《关于修改中华人民共和国预算法的决定》，对1995年出台并实行的《预算法》进行全面修订，修正后的《预算法》自2015年1月1日起实施。其中，和地方债务密切相关的是第35条的规定："经国务院批准的省、自治区、直辖市的预算中必需的建设投资的部分资金，可以在国务院确定的限额内，通过发行地方政府债券举借债务的方式筹措。"这意味着地方政府可以依法举借债务，地方政府融资平台曾经作为地方政府举债的外衣已然失去原有作用。但是，修正后的《预算法》同样规定："（地方政府举借的债务）只能用于公益性资本支出，不得用于经常性支出。"这说明，修正后的《预算法》只是剥离了政府融资平台"为政府融资"的部分职能，为融资平台卸下了一部分的职能负担。同时，地方政府融资平台思考如何转型发展就显得尤为迫切和必要。

（三）加强债务风险管理的客观需要

为了发展地方经济，地方政府大多会启动大规模的新城区建设计划，亟须大量资金。但是地方财政收入无力支撑，地方政府自身举债缺乏权限和规范渠道，平台模式成为不得以也最便捷的地方政府融资渠道，迅速风行全国，很多乡镇一级的政府也建立各类融资平台。平台融资方式普遍缺乏有效监督，容易造成债务规模过大，存在潜在的偿债风险。由于绝大多数融资平台缺乏经营性现金流，存量债务偿还只能靠借新还旧，新建项目的融资任务每年增加，债务累加的复利还很高，如此造成债务余额快速累加，依托地方政府信用隐性担保的平台融资模式风险很高。截至2018年末，我国政府债务余额为33.35万亿元：中央财政国债余额14.96万亿元,地方政府债务余额18.39万亿元,地方政府债务余额同比增长11.66%,其中,一般债务10.9939万亿元,专项债务7.3923万亿元(见图8-3和表8-1)。2018年,我国政府负债率(债务余额除以GDP)是36.2%。这个比例比2017年的36.2%下降了0.5个百分点。截至2018年末,我国地方政府债务余额为18.39万亿元,如果以债务率(债务余额/综合财力)衡量地方政府债务水平,2018年地方政府债务率为76.6%,低于国际通行的100%—120%的警戒标准。加上中央政府债务余额14.96万亿元,按照国家统计局公布的GDP初步核算数计算,政府债务的负债率(债务余额/GDP)为37%,低于欧盟60%的警戒线,也低于主要市场经济国家和新兴市场国家水平。

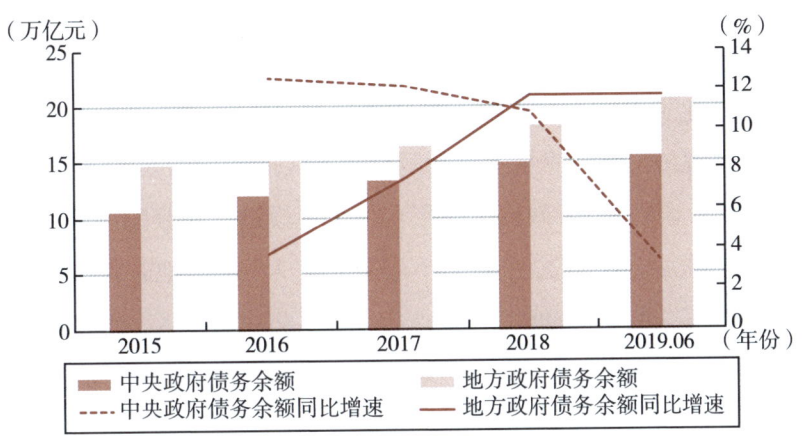

图8-3 地方政府债务余额及增速情况

表8-1　　　　2015—2019年中央与地方政府债务余额情况

年份	中央政府债务余额（万亿元）	地方政府债务余额（万亿元）	合计	中央政府债务余额所占比例（%）	地方政府债务余额所占比例（%）
2015	10.66	14.76	25.41	41.94	58.06
2016	12.01	15.32	27.32	43.94	56.06
2017	13.48	16.47	29.95	45.01	54.99
2018	14.96	18.39	33.35	44.86	55.14
2019.06	15.47	20.55	36.02	42.95	57.05

此外,很多地方政府融资平台达不到通过银行贷款和公开发债等正规方式筹集资金的资信水平,特别是2012年至2015年上半年金融监管政策收紧,地方政府融资平台通过非正规渠道融资的借款成本迅速提高,且期限较短。面对日益增加

的地方政府债务风险,通过地方政府融资平台转型加强政府债务管理,降低地方政府债务风险就显得十分紧迫和必要了。

三、地方政府融资平台转型的方向

通过上文论述可知,地方政府融资平台在未来的一段时间之内不会消失,但是随着融资平台职能范围的减少以及地方政府债务管理的环境变化,地方政府融资平台转型势在必行。所谓地方政府投融资平台的转型,是指按照市场化、专业化和规范化的要求,从政府决策、行政管理和平台运行三个层面,对政府融资平台的传统运作体系进行系统改造和再造的过程。其不仅表现在政府对融资平台的组织管理体制和运行机制上,也体现在融资平台自身建设和环境营造上。本质上讲这也是从行政化到市场化,从输血到造血的发展转型。2010年6月10号,国务院下发《关于加强地方政府融资平台公司管理有关问题的通知》(国发〔2010〕19号),要求地方政府重视地方政府融资平台债务规模迅速膨胀的问题,对融资平台进行清理规范。随后,国家发改委发布《关于进一步规范地方政府投融资平台公司发行债券行为有关问题的通知》(发改办财金〔2010〕2881号),加强了对融资平台偿债资金来源的要求,并指出:"如果该类投融资平台公司所在地政府负债水平超过100%,其发行企业债券的申请将不予受理。"进一步规范了投融资平台公司发行企业债券问题。2014年9月,国务院发布《关于加强地方政府性债务管理的意见》(国发〔2014〕43号),并提出了新的指导思路:"疏堵结合、分清责任、规范管理、防范风险、稳步推进"为原则,建立规范的地方政府举债融资机制,机制包括:(1)赋予地方政府依法适度举债权限;(2)建立规范的地方政府举债融资机制;(3)推广使用政府与社会资本合作模式;(4)加强政府或有债务监管。这为地方政府融资平台的转型发展指明了思路。

从各地地方政府投融资平台的发展实践看,成功的投融资平台的转型一般需要从单纯的"土地运作模式"到转型为政府服务、专业投融资平台,再到产融结合的综合性集团,最终转型为"产业经营与资本经营两翼齐飞模式",这也是地方政府投融资平台最为理想的转型模式。理想的地方政府投融资平台的转型,需要实现纯粹的城市基础设施建设和土地开发职能向城市运营、产业投资、金融投资职能的过渡,需要逐步减弱公益性项目比例,增加准公益性和经营性项目比例,通过地方政府融资平台转型使其成为具有独立商业运营、决策和法人管理权限的完全法人，遵循现代法人治理原则，相应的运营和管理权利必须由地方政府融资平台自己来独立实施，实现以独立、透明和基于市场的方式来运作。

第二节 地方政府融资平台转型的难点

地方政府融资平台转型势在必行，但是当前不仅我国体制上仍有许多不完善之处，融资平台自身方面还存在许多不足，这些都成为我国地方政府融资平台转型的难点，阻碍地方政府融资平台转型进程。

一、地方政府对融资平台的依赖度较高

推动地方融资平台转型需要从根本上深化财税体制改革，完善分税制制度，缓解地方政府财权和事权不匹配，构建健全的地方融资体系。尽管目前中央和省级政府的财权和事权在逐步规范，但省以下政府尤其是市县政府事权和财权不匹配的问题仍然比较突出。2014年修正的《预算法》与43号文件出台后，仅允许省级政府发行债券融资，省以下地方政府仍然无法直接进行发行债券融资，只能由省级政府代为举债。正如以往财政部代发地方债解决不了省级资金需求一样，这种计划经济式的资金供给无论在规模上还是在适用性上满足不了市、县级政府的真实需求。

在发债限额约束及地方财权事权仍不匹配的背景下，一般债券与专项债券资金仍难以满足地方较大的融资缺口。例如2017年地方政府债券发行上限为1.63万亿元，该金额与地方融资平台年均负债规模难以匹配。同时，地方政府债券由省级政府发行，对于融资需求更高的地市级政府仅能通过省级政府实现债券融资，融资效率及灵活性均较低。在地方各级政府财权事权不匹配、融资渠道未真正打开的背景下，平台企业的政府融资职能难以真正剥离，政府与平台之间的双向依赖仍在持续深化，为融资平台向独立市场化主体转型带来更大阻力。

二、地方政府融资平台涉及众多部门和群体利益

地方政府融资平台涉及利益群体较广，涉及监管部门众多。在涉及利益群体

方面,从股东方来看,有地方政府的政绩需要;从债权人来看,有银行、信托、债券投资者等的债务偿还;从营运方来看,建筑工程公司的项目施工有大量职工就业,如果在地方投融资平台转型过程当中没有处理好这些利益群体,不仅会影响到地方投融资平台的顺利转型,甚至还会影响到地方的稳定以及金融安全。由于平台公司的转型涉及利益主体较多,甚至需要对现有资产资源进行重新配置,可能会损害部门或个人利益,因此,需要地方政府的大力支持。根据当前众多融资平台转型经验,很多平台公司在转型工作推进中,一旦需要进行资产整合重组,往往阻力较大,甚至导致转型失败。

另一方面,地方政府融资平台涉及的政府管理部门众多,当前我国在地方融资平台管理上仍然不统一,存在多头监管。当前融资平台管理涉及的管理机构包括财政部、国资委、人民银行、发改委、银监会、证监会等机构,这些机构由于部门职责不同,或者出于自身部门利益需求,在对待融资平台方面存在很大不同,制定政策方面也经常不一致,甚至出现冲突的现象。而且由于缺乏融资平台明确认定标准,这就使得融资平台通过宣称与地方政府脱钩,可以轻易转变成经营性国有公司,从而避免监管机构对其限制,但事实上仍然属于地方融资平台。

三、地方政府融资平台转型内生动力不足

地方融资平台转型,将会面临经营风险和政治风险。相比之前作为地方融资平台,某种程度就是一个准事业单位,地方融资平台对自身运作、资产保值和利润考核要求不大,只需要按照地方政府要求开展运作即可。然而,转型后需要成为市场化运作主体,就要考虑日常运作,来自国有资产保值、利润考核等方面的压力较大,这也导致地方融资平台自身转型存在意愿不足。如果转型失败还面临"国有资产流失"的罪名,在经营和政治风险双重压力之下,地方投融资平台公司内部转型动力不足。

四、部分地方政府融资平台财务信息不完备

部分地方政府融资平台财务信息不完备也是阻碍平台转型的重要原因之一。地方投融资平台其资产主要由地方政府注入,其中绝大部分为用于公共基础设施建设的资产,有些甚至是服务民生的项目,不仅现金流产生能力较差,而且资产

的权利属性也存在瑕疵，导致融资平台财务信息不能真实反映市场价值。以政府注入平台公司的土地资产为例，融资平台公司在成立之初，出于融资便利的考虑，要求资产评估机构高估土地使用权的价值，一些资产评估机构出于利益的诱惑与政府权力的压力，将资产价值任意高估，完全不考虑土地使用权实际存在状况，有的甚至连只能作为公益性用地的土地使用权，也视同一般的工业建设性用地进行评估，导致平台公司账面资产价值准确性严重失实。在这种财务信息不完备导致财务信息失实的情况下，无论进行转型还是退出，都会涉及这些资产的处置和重新评定，面临极大的困难。在转型方面，由于财务信息不完备，地方投融资平台实际负债和权益价值不清晰，这无疑会影响到地方投融资平台的清算价值，甚至还可能会出现资不抵债的现象，阻碍融资平台转型进程。

五、地方政府融资平台市场化竞争力尚待提高

地方政府融资平台转型后，无论是参与完全竞争的市场领域，还是参与特定的、市场竞争有限度的领域，其竞争程度及面临的风险都会有所提升。同时由于不同行业竞争状况、进入壁垒、行业政策、发展生命周期等的不同，地方投融资平台进入后面临的风险也迥异，地方投融资平台进入行业前如果对所进入行业各方面风险认识不够，准备不够，匆促进入行业后会因积累不足，行业竞争激烈，极有可能遭遇经营失败的风险。与此同时，在参与市场竞争方面，地方投融资平台先天市场化竞争力不高。地方投融资平台主营业务对政府依赖程度较高、自身经营性业务较少、对下属经营性子公司控制能力不强、利润虚高但现金流情况不佳等特点，使其经营管理能力薄弱，因而，转型后，政府将经营管理自主权交还给平台公司后，平台公司面临建立适应市场竞争的经营管理决策机制，但这并非一朝一夕之事。

第三节　地方政府融资平台转型的实践案例

一、典型案例

从目前部分已经成功实现转型的地方投融资平台来看，其转型大体可以分为

以下几类：

（一）政府注入资产，推动国有资源整合

政府将部分优质资产注入到地方投融资平台，这些资产既包括水务等能产生现金流的准公益性资产，也包括能产生经营收入的经营性资产。同时，在政府的支持下，加快以项目为导向的建设经营性平台向投资控股型的集团化企业转变，从而推动企业转型。

典型案例

亳州建设投资集团有限公司（以下简称"亳州建投"）成立于2002年9月，是亳州市政府直属的国有独资公司，也是当地最大的政府融资平台，其主要职能是负责城市建设资金的筹集和投入，同时承担土地开发、经营和国有资产经营、保值增值任务。经营产业涉及土地整理、保障房建设、房地产开发、公用事业经营和类金融业务。

2014年6月底，在亳州市委市政府的主导下，亳州建投通过对市国资委管理的文化旅游公司、地产公司、交投公司、公交公司、保安公司进行整合，组建了建安投资控股集团有限公司（简称"建安集团"），整合之后，建安集团是亳州市最大的国有企业，成为亳州市除古井集团外整合所有亳州市属国有企业的平台。

截至2017年3月末，公司控股股东与实际控制人未发生变化，均为亳州市国有资产监督管理委员会，持有公司100%的股权。预计未来1—2年，公司职能不会发生较大变化，投融资规模将有所增加，经营性业务规模也将保持增长，同时也将获得亳州市政府的有力支持，整体抗风险能力增强。

由上面案例介绍可知，建安集团是通过整合当地国有企业的方式进行转型（整合除古井集团外的所有亳州市属国有企业，形成拥有全资子公司11家、控股子公司12家、参股子公司9家、三级子公司36家的国有投资控股集团公司），也就意味着建安集团已不仅仅是城投平台，而是转型为国有资本运营公司。这种转型主要是借用国有企业改革的契机来提升建安集团的地位，符合国有企业改革的总体方案。

（二）发展经营性业务，推动业务多元化

地方投融资平台转型在充分利用企业进行土地开发和基础设施建设过程中所

累积的技术经验和对相关公用事业类资产进行授权的基础上，提供相关公用事业、旅游、会展、物流、广告等服务，获取较稳定的现金流。更进一步，平台公司结合城市发展所需，积极拓展城市市政管理服务、城市配套管理服务等方面的业务，打造成为具有品牌的城市运营商。

典型案例

上海张江（集团）有限公司实际控制人为上海浦东新区国资委，注册资本金31.13亿元，前身为上海市张江高科技园区开发公司，与张江高科技园区于1992年7月同日挂牌成立，是浦东区重点投融资平台公司，代政府履行张江高科技园区的土地开发、基础设施建设等职责，并根据政府授权进行工业、办公和科研物业的房地产开发和后续综合经营活动。张江高科技园区为国家级高技术重点开发区，园区的规划总面积为25平方公里，是众多大型科技企业和中小型创新企业聚集区。截至2016年末，园区全年实现经营总收入3 125亿元，税收收入169.79亿元。

张江集团在担负的职能上与其他地方投融资平台一致，但是在其发展过程中，坚持独立自主按照市场规则运营开发区，没有像其他地方引进入园企业一样，给予土地、厂房等补贴优惠政策，而是对土地进行滚动开发，所获得的收益完全归于公司自身。并且，张江集团不满足于土地的整理和房地产开发业务，努力开展多元化经营，依托园区运营，积极投资于物业管理、人力资源中介、广告传媒、酒店经营、金融服务（小额贷款、担保、外币兑换）等领域，并按照行业设立子公司，对部分公司进行混合所有制改造，逐渐变身为投资控股集团。目前，张江集团有二级子公司28家，合并报表公司达到112家。同时，张江集团还充分利用了园区管理的便利条件，参与了对园区高新技术企业的股权投资，是10多家上市公司的重要股东，在支持园区企业发展的同时，在资本市场实现溢价收益，2014—2016年张江集团对外投资收益分别为8亿元、17.5亿元和13亿元。

以上多种举措给张江集团带来大量经营性收入，截至2018年末，公司资产规模达到675.10亿元，实现收入56.16亿元，同比增长41.51%，实现归属于母公司所有者的净利润2.28亿元，较2017年同期增加22.39%。在承担园区每年巨额基础设施建设、维护资金的同时，公司实现了经营性收入规模的扩大和国有资产的保值增值。

（三）创新融资模式，吸引社会资本

地方投融资平台大都从事基础设施建设，所需资金量大，同时，项目回报时间长，资金周转慢，对企业运营造成了较大的压力。平台公司可以创新融资模式，通过融资租赁、资产证券化、PPP等方式拓宽融资来源，缓解资金压力。尤其在目前政府上下提倡吸引社会资本以缓解政府债务压力的背景下，通过PPP模式等方式来继续完成基础设施建设和公用事业服务，打造公私合作平台，推动公司转型。

典型案例

汇丰投资是萍乡市经济开发区唯一的城投平台，主要负责经开区内的土地一级开发和基建工程代建。由于被列入银监会监管名单，汇丰投资的银行贷款、公司债发行均受到限制。为了突破融资限制，公司2013年开始启动金融参股布局，以8亿元参股江西银行，成为其第四大股东，同时与江西银行合作成立江西融资租赁股份有限公司，后者为汇丰投资带来了稳定的投资收益，并成为使其保持充分流动性的重要补充。另外，公司以5 000万元参股中证机构间报价系统股份有限公司，获得0.66%的股份，通过后者为各类私募产品提供报价、发行、转让、登记、结算服务等功能，与公司以及经开区企业对接资本市场搭建更加顺畅的平台。

汇丰投资还在获取政策性贷款和吸引社会资本上积极作为，以摆脱资金瓶颈。2013年，汇丰投资启动萍乡市海绵城市建设，萍实公园、市民广场等项目的成功建设，助力萍乡市成为全国海绵城市示范城市，并获得海绵城市专项资金。2016—2017年，公司计划扩大海绵项目投资规模至40亿元，结合政策性专项资金并引入社会资本，以PPP模式发挥杠杆效应，成为萍乡市海绵城市主要项目投资主体。另外，汇丰投资与江西立晟达新能源有限责任公司共同出资成立江西汇达电业发展有限公司，从2014年开始布局萍乡市乃至江西省范围内的屋顶分布式发电项目，3年计划投资规模220MWp，2014年底萍乡市创业孵化园2MWp发电示范项目已经投产发电。屋顶分布式光伏项目是国家重点支持产业项目，项目投资受到国开行专项贷款支持，能够享受优惠资金成本。

（四）剥离政府投融资职能，成为产业经营主体

随着城市基础设施和城市功能的日益完善，地方投融资平台发展的空间日益有限，对于具有专业资质、市场竞争力较强、规模较大、管理规范的平台公司，可剥离其政府投融资功能，在妥善处置存量债务的基础上，转型为一般国有企业，成为产业经营主体。

典型案例

重庆市交通旅游投资集团有限公司，前身为重庆高等级公路建设投资有限公司，由于重庆7 000多公里的二级公路不再收费，2006年9月公司合并了长江三峡、乌江画廊、山水都市等重庆市国有旅游资源，转型为专注旅游产业投资开发的市属投融资集团。

2006年，原重庆煤炭集团、重庆市建设投资公司和重庆燃气集团整合组建成重庆市能源投资集团，借电力市场化改革的机会，转型为经营性国企，专注燃气、煤电铝等领域的经营、投资。

二、相关启示

第一，城投公司过去的经营模式是背靠政府、面向市场，但是随着地方政府融资平台转型的不断推进，城投公司要以建立市场化的经营机制为转型方向，通过经营模式、运营机制等方面的创新，运用各种资本运作手段，发展经营性业务获取经营性收益，进而摆脱城建资金对财政资金的单一依赖。

第二，由于开展非相关多元化业务风险较高，地方投融资平台业务转型首先应当着眼于在基础设施建设领域形成核心竞争力，并积极谋求在部分政策支持的公共服务领域，像棚户区改造、海绵城市建设等方面以及抓住"一带一路"等国家建设带来的机遇拓展业务。对于过去已开展了一定的经营性业务或项目的地方投融资平台，可以通过参资或收购政策扶持的经营竞争类公司，开展多元化布局，形成企业造血机制。

第三，在未来城投转型的定位上，地方投融资平台可以充分发挥自身在国有资产经营和城市投融资方面的优势，成为国有资产经营主体和城市投融资主体；在政府大力提倡公私合作模式、吸引社会资本进入民生领域的背景下，地方投融

资平台可以充分吸收社会资本参与，成为公私合作的重要载体；在地方推动产业升级、促进经济转型的当下，地方投融资平台还可以加大产业布局，成为地方产业升级的引导者和重要推手。

第四，大部分城投公司尤其是政府主导类城投，融资渠道仍然十分狭窄，主要依赖银行贷款，并且融资成本较高，债务负担过重，同时基于地方融资平台背后的政府隐性担保，在目前规范地方政府违规举债融资的背景下受到了巨大的冲击，城投公司需要通过不断拓展融资来源，可以优化融资结构，增加直接融资比例；可以通过开展资产证券化、PPP项目融资等方式，盘活存量资产，引进社会资本；也可以与大型企业进行合作，通过"融资+建设"的模式，共同出资组建投资公司，参与项目投融资和项目建设。

第四节　地方政府融资平台转型的建议

为了根本性防范地方政府隐性债务，就必须大力推动地方融资平台转型，通过政府与市场协同推进，分类推进平台转型，完善配套措施等方式为平台转型保驾护航。

一、地方政府融资平台转型的基本原则

（一）政府与市场协同推进

地方政府投融资平台转型应当坚持政府与市场协同推进的原则，需要合理界定政府和市场边界，明确政府职能，规范政府经济行为。政府需要对其经济管理职能进行调整，改变过去对经济的直接干预，转向为着重宏观调控，为微观经济运行构建公平、良好的外部环境。合理明确了政府和市场的关系，界定政府与市场的边界，也就基本能够明确地方政府的职能和相应的经济行为，也就可以有效地控制地方投资冲动，推动地方政府投融资平台转型。

地方融资平台转型坚持政府与市场协同推进的原则，要将地方融资平台转型与政府职能转变、国有企业改革、构建新型政商关系、化解地方债务风险等方面统筹考虑，统筹协调推进，避免"就转型而谈转型"。同时，地方融资平台的成功转型有赖于地方政府从政策设计、资源统筹、人员安排等多方面予以配合支持，

为平台企业存量债务风险有序缓释、在建项目平稳过渡创造良好的外部环境。但地方政府支持地方融资平台转型的同时，需厘清政府行为边界，避免在此过程中强化对平台企业的行政干预，背离平台转型初衷。不断理顺政企关系、政社关系、政市关系，将未来政府的工作重点放到对"市场的监管、公共产品和服务提供以及社会管理"方面来。

（二）分类施策、因地制宜

地方融资平台设立最初定位是为地方政府进行融资。经过多年发展，不同平台企业由于能力资源及所处行业不同，业务范围、资产结构、市场化水平、风险特点等方面均已呈现较大差异，使其未来转型方向、转型定位均不相同。我们认为，地方政府融资平台公司的转型归宿应当是"实现现代城市功能的综合服务主体"，在提供这些服务时，有的平台公司的服务是有现金流的，可以依据市场规则开展业务，而有些是社会需要但没有办法收费进行成本补偿的，则需要财政支持。所以，融资平台转型并不是意味着完全与政府脱钩，需要具体问题具体分析。因此，对于不同行业、不同风险类别以及适合市场化或者非市场化的不同平台企业，需制定不同的转型方案，并突出不同的阶段性重点，在剥离政府融资职能后，也需根据其资源禀赋给予差异化的发展定位，避免盲目照搬转型经验。要考虑区域差异，避免一刀切。在一些经济发达地区，有的投融资平台已由单纯的融资平台转变为城市服务运营商；有的转变为市场化投资公司，并具有了一定的市场竞争力，正在逐步向全国拓展业务；有的则肩负城市投资建设、城市运营服务、投资功能于一体等。而中西部地区很多投融资平台仍只是政府的纯融资性平台，经营性业务和经营性收入均很少，参与市场竞争的能力很薄弱。因而，在推动地方投融资平台转型过程中，要区别对待，因地制宜，防止一刀切。对于东部地区一些发展较好的投融资平台加快转型，应给予支持，让其充分发挥自身优势推动积极转型。对于中西部地区，应当根据地方投融资平台的实际情况实施差别化政策，对于发展较好的投融资平台可以推动转型，发展较差的投融资平台通过循序渐进的方式推进转型。

地方融资平台转型实则是地方政府投融资机制的变革，"如何转、转向哪、转多久"均与当地基础设施发展阶段、投融资结构等密切相关，难以一概而论，需因地制宜。对于地方基础设施发展水平较高、基建类项目大多进入运营盈利阶段，且社会资本较为活跃、政府财政实力较强的区域，地方融资平台转型的外部条件较好，转型路径较为多元。对于地方基础设施欠账较多，民间投资等社会资本发展不足,地方政府财政水平也较弱的区域,地方融资平台转型的阻力较大,盲目的一刀切式转型不仅无助于缓释风险,反而易激化乃至衍生更多风险。在推动地方融资平台转型过程中,需结合所在区域的整体情况采取差别化转型路径,妥善推进。

(三)循序渐进、注重配套

地方投融资平台转型是政府一项重大的改革,地方政府对地方投融资平台转型应当分清重点和难点,近期目标和远期目标,进行系统性规划,在转型中要采用循序渐进的方式,通过先易后难的方式,逐步推进地方政府融资平台的转型。

同时,地方融资平台转型面临较多的难题,尽管融资平台转型方向是要与政府信用脱钩,成为具有自主经营能力的准市场主体,但要实现成功转型仍然离不开地方政府的支持和做好配套工作。比如,在地方融资平台转型过程中出台配套措施以做好职工的安置工作,对融资平台之间的重组整合提供政策上的支持,向融资平台注入具有营利性的资产以提高融资平台资产的质量和盈利能力,等等。如果没有地方政府的支持,单靠地方融资平台自身来进行转型,既没有转型动力,也增加了转型风险,更需要加快完善配套措施。

二、地方政府融资平台转型的发展方向

融资平台的转型发展应从全局发展的视角进行把握,只有把融资平台转型放入地方政府投融资、地方政府债务监管大的背景下给予全局性思考,融资平台的市场化转型才可能收到实效。

地方政府融资平台转型应坚持分类施策的原则,大体可以分为两类:一类是可以市场化的,一类是不能市场化的。针对不同类型的融资平台可以设计不同的转型路径。

(一)业务可市场化的融资平台转型路径

1. 通过政府注入资产,进行国有资源整合

针对地方政府融资平台资产较少、注册资本不实的问题,要予以重新注入资本,确保注册资本的真实性。政府将部分优质资产注入地方投融资平台,这些资

产既包括水务等能产生现金流的准公益性资产，也包括能产生经营收入的经营性资产。中央以及地方政府应当拨出一部分流动性好、资产质量高的资源给地方政府融资平台，例如土地、股权、国债、规费以及前景良好的、现金流稳定的经营项目等，目的是能形成稳定的资金支持，建立规范的融资体制和创造长期可持续的融资条件，增强融资能力和抵御风险的能力。同时，在政府的支持下，加快以项目为导向的建设经营性平台向投资控股型的集团化企业转变，从而推动企业转型。

2. 发展经营性业务，实现业务多元化

作为地方融资平台，城投公司普遍都存在业务模式单一，业务收入结构失调，需要政府不断补血才能生存下去。因此，要推动融资平台转型，就必须要解决好未来融资平台的业务发展问题，为融资平台找到一个稳定可靠的业务来源。这就需要发展经营性业务，不断创新业务发展模式，培育新的利润增长点。能否推进创新、培育具有市场竞争力的业务和盈利增长点是地方投融资平台转型成功与否的关键。地方投融资平台只有具有一定的盈利能力，方能适应市场竞争，也才能摆脱成为政府的附庸，成为具有自主经营能力的准市场化主体。

对于过去已开展了一定的经营性业务或项目的地方政府融资平台可以通过参资或收购政策扶持的经营竞争类公司开展多元化布局形成企业造血机制。地方投融资平台转型在充分利用企业在进行土地开发和基础设施建设过程中所累积的技术经验和对相关公用事业类资产进行授权的基础上，提供相关公用事业、旅游、会展、物流、广告等服务，获取较稳定的现金流。对于拥有土地和房产类资产的地方投融资平台，可以直接进行开发，转型为房地产企业，围绕土地开发相关产业链，进行土地一级和二级联动开发，进行旧房改造或保障房、公租房、廉租房等公益性住房的建设；或建立产业园区，成为园区管理公司，通过园区内企业的服务和地方税收返回获得收益。对于拥有地方国有企业股权，地方融资平台可以转型为国有资本管理公司或控股型的集团公司，作为国有独资企业，代行地方国资委的出资人职能。同时利用其资本收益参与设立产业引导基金或并购基金，发展其他产业，或参股实体企业或金融机构，进行多元业务发展，成长为产业或金融类的控股公司。更进一步，平台公司可以结合城市发展所需，积极拓展城市市政管理服务、城市配套管理服务等方面的业务，打造成为具有品牌的城市运营商。

3. 创新融资模式，吸引社会资本（如通过 PPP、ABS 等模式）

地方政府融资平台主要从事基础设施建设，所需资金量大，同时，项目回报时间长，资金周转慢，对企业运营造成了较大的压力。而大部分融资平台融资渠道仍然十分狭窄，主要依赖银行贷款并且融资成本较高，债务负担过重。同时地方融资平台主要基于背后的政府隐性担保而在目前规范地方政府违规举债融资的背景下受到了巨大的冲击。因此，融资平台需要通过创新融资模式拓展融资来源，优化融资结构，增加直接融资比例，可以通过开展融资租赁、资产证券化、PPP项目融资等方式拓宽融资来源，盘活存量资产，缓解资金压力，引进社会资本。尤其在目前政府上下提倡吸引社会资本以缓解政府债务压力的背景下，通过PPP模式等方式来继续完成基础设施建设和公用事业服务，打造公私合作平台，推动公司转型。也可以与大型企业进行合作，通过"融资+建设"的模式，共同出资组建投资公司，参与项目投融资和项目建设。

在地方融资平台转型发展过程中，进行混合所有制改革，通过出让部分股权、合资合作等方式吸收社会资本，来改善公司治理结构。政府通过制订鼓励和保护民间资本参与地方融资平台重组整合的政策，允许民间资本以投资入股或控股的方式，参与地方融资平台重组整合，这样既可以丰富地方融资平台融资渠道，也可以提高地方融资平台经营活力和治理能力，降低地方融资平台转型风险。

4. 剥离政府投融资职能，成为产业经营主体

随着城市基础设施和城市功能的日益完善，地方政府融资平台发展的空间日益有限。对于具有专业资质、市场竞争力较强、规模较大、管理规范的平台公司，可剥离其政府投融资功能，在妥善处置存量债务的基础上充分发挥自身优势成为国有资产经营主体和城市投融资主体。新修正的预算法实施以后，政府不能通过平台公司举借债务，平台公司的债务也应由平台公司负责偿还，而与政府无关。在清理完存量债务后，政府与平台公司应是相互独立的主体。平台公司按照市场化要求运作，努力提升经营实力，其融资行为不再依靠政府信用。政府则发挥引导、监督的作用，尊重市场经济规律，不越位、不缺位。2017年5月发布的《关于进一步规范地方政府举债融资行为的通知》进一步强调，地方政府不得干预平台公司的日常运营和市场化融资。

在地方推动产业升级、促进经济转型的当下，地方政府融资平台还可以加大产业布局，成为地方产业升级的引导者和重要推手。要明确平台公司的市场化主体地位，通过去行政化管理，由融资主导型向投融资并重转变，在剥离政府融资功能的同时对可以承担的其他业务进行定位，由行政化公司转型为以经营性业务为主、按照市场规律运作的现代化公司，落实地方融资平台的独立法人地位，按照市场化方式，自主经营、自负盈亏，使融资平台真正成为产业经营的主体。

(二) 业务难以市场化的融资平台转型路径

1. 无实际经营能力的空壳平台公司，清理退出

对于全国地方政府融资平台的数量，国家发改委、中国人民银行、银监会以及国家审计署的统计结果大相径庭，从 2 000 余家到 10 000 余家，差别特别大。可见全国地方政府融资平台的混乱景象。针对这种情况，中央应当首先彻底清查各类地方政府融资平台，清理掉完全依靠负债经营的、无实际经营能力的空壳融资平台公司，对于违规设立、违规经营的地方政府融资平台予以整改，使其科学合理的运营。对于各种小型的、资产较少的、收益项目来源较少的地方政府融资平台要予以合并，进行资源整合，提高资源利用效率和发挥规模效应。

2. 推动公益性融资平台转为新型公共企业

地方融资平台在过去推动城镇化、改善民生、增加公共服务方面发挥了重要作用，同时，考虑到当前绝大部分的融资平台都承担了部分准公益项目，未来在推动融资平台转型的过程中，在规范其运营同时，也应继续发挥其公益服务中的作用。对于符合转型发展的公益性融资平台，重点向新型公共企业方向进行转型，这也是未来融资平台转型的主要方向。具体来说，可以将多个融资平台进行整合，提升融资平台的营利能力；或者，可以引进社会资本，甚至是外资，进行混合所有制改革，推动融资平台逐步转型。转型后新型公共企业应按照公益性国有企业进行管理，在国家政策指导下开展业务，重点参与准公益性项目，政府根据其参与公益项目的类别和程度给予一定补贴和支持。

三、地方政府融资平台转型的配套措施

(一) 完善相应的法规支持融资平台规范发展

由于地方融资平台多头监管，已出台的文件也相对分散，难以对融资平台起到全面、统一的规范。即使连最基础的对融资平台的认定，各部委都没有形成一

致的意见，各部委发布的融资平台名单也存在一定的出入，如果名单都无法确认统一，更别提对融资平台进行规范和转型；对公益性项目的认定，同样存在定义不明确的问题；在监管内容方面，人民银行、银监会文件针对融资平台银行信贷管理，发改委、证监会针对融资平台债券管理，财政部则重点关注由政府承担的部分债务管理。各部委对融资平台的管理形成共识是平台形成统一运行规范的前提，因此，亟须出台专门法规对地方融资平台转型发展做出统一部署、规范。

完善相应的法规，首先，要明确地方政府投融资平台的性质、与地方政府之间的关系进行界定。明确投融资平台经营范围、公益性项目范围、责任范围、运营模式、资金监管、项目决策、偿还机制等各方面的内容。其次，要对投融资平台的认定统一判断标准，并对目前地方融资平台进行全面统计，掌握地方融资平台数量、类型、运营状况、债务规模以及政府债务的比例，债务偿还安排等，并进行分类管理，合理确定政府融资平台负债规模上限、偿债准备金、资金用途和债务分类标准等。再次，要明确相关监管部门的监管职责，在统一的法律法规框架下，发改委、财政部、人民银行、银监会、证监会、审计署等部委共同组建地方政府融资平台监管联席会议制度，明确对融资平台的监督、审计及稽查等责任，避免各部委各自为政。

（二）改革政府投融资体制

推动地方政府融资平台转型，并不能从根本上解决地方政府资金缺口的问题，因此，在推动融资平台转型的同时还要改革政府投融资体制。首先，要完善省级政府代为举债制度。根据修正后的《预算法》以及国发43号文件规定，省级政府（含计划单列市）可以通过发行债券方式进行融资，而省级以下市县级政府需要融资的，需要通过省级政府代为举债。但是代为举债使得市县级政府是以省级政府的名义来举债，举债的成本和省级政府一致，这个与"融资成本与信用水平相一致原则"背离，无法通过融资成本来控制市县政府融资冲动，容易导致市县级政府融资软约束。因此，需要完善省级政府代为举债制度，明确省级代为举债后通过转贷方式给市县政府。省级政府应根据不同市县政府的信用水平状况，除了在代发规模给予限制以外，在转贷时通过融资成本进行区别对待。

其次，要逐步扩大地方政府债券自主发行的城市范围。目前，已有36个省（自治区、直辖市，含计划单列市）实行了自主地方政府债券。但是，地方政府债券自发自还的地区覆盖面不足，自主发行权利仅限于省级政府。随着城镇化的深入发展，面对着巨额资金需求，这些财政收入自主权较弱的省级以下政府势必仍依赖于地方政府融资平台，违背了推行地方政府债券的初衷。因此，可以通过立法等方式适当下放自主发行债券的地方政府级别。为防止滥用自主发行权，应在中央或省级政府的统筹安排下，给予省级以下政府一定的自主发行额度，使省级以下政府在额度范围内量力而行地制订自主发债计划，增强政府发债的自主性、灵活性。

再次，要大力推动PPP模式，充分利用社会资本。作为地方公共物品和服务提供的重要方式，大力推动PPP模式，可以缓解地方政府公共物品供给压力，从而减少地方融资压力。对于社会资本通过PPP模式参与准公共物品服务，已然存在融资困难问题，需要着力解决PPP项目的融资问题，构建包括间接融资或直接融资在内的多元化融资结构。

（三）建立地方政府融资平台的分级分类评价考核体系

为了准确、直观地反映国内地方政府融资平台自身经营及发展情况，要建立地方政府投融资平台的分级分类评价考核体系，以为国内地方政府融资平台的运营及转型提供一个较为全面的视角。由于不同行政级别的地方政府融资平台存在较大差异，可以按照省、地级市、区县三级政府控股的地方政府投融资平台进行分类并分别进行评价，形成省、地级市、区县三级地方政府融资平台发展评价指标。同时，还可以根据可市场化以及不可市场化的标准来对融资平台进行分类并设计对应的评价指标，从而构建完整合理的分级分类评价考核体系。评价考核体系还应当坚持全面性、系统性、典型性、问题导向性、可比性、可量化、动态性的原则，使得评价考核体系更加合理完善。

此外，在指标体系设计过程中，应当尽可能的包含所有目前运营的地方政府融资平台，对地方政府融资平台的自身业绩、市场化转型以及社会责任等方面进行综合评价。通过这样分级分类的合理的评价指标的设计，能够对全国地方政府融资平台的运营发展情况进行客观及综合评价，引导地方政府融资平台逐步转型和发展。

（四）融资平台应按照市场规则规范举债

下一步，伴随着地方融资平台对于地方政府融资功能的逐步减弱，来自地方政府对地方融资平台转型的障碍也就会消失，政府推动地方融资平台转型意愿也会得到提升。这种情况，还需要严防地方政府融资平台新增债务，严格控制地方政府融资平台的举债行为，对地方政府融资平台债务实行总量控制，每年规定地方政府融资平台新增债务，并且需要明确这些债务偿债来源，对于无法说明偿债来源的融资平台，禁止其新增债务。加大对融资平台的债务管理，建立完善的风险监控和预警制度。可以通过预算控制、成本控制、财务预警等手段，增强有效管控财务和运营风险的能力；根据平台的风险偏好、风险承受度，选择适当的风险管理工具和策略，对风险进行主动管理；建立风险发生后的应急机制，尤其是建立针对重大风险发生后的危机处理计划。

第九章
地方政府专项债券

第一节　地方政府专项债券的发行情况

一、地方政府专项债券的背景和意义

地方政府债务是地方财政收支的重要组成部分，依法应当纳入各级预算管理。将地方政府债务分类纳入预算管理，发行地方政府专项债券，改变了以往一些地方政府通过融资平台公司举债后债务资金游离于监管之外的局面，有利于规范地方政府举债行为，实现对地方政府债务"借、用、还"的全过程监控，增强地方政府债务透明度，强化对地方政府债务管理的监督，防范和化解金融风险。

（一）发行背景

按照党中央、国务院决策部署，近年来财政部坚持"开前门、堵后门"的理念，会同有关部门加快建立规范的地方政府举债融资机制，促进地方经济财政可持续发展。为进一步开好政府规范举债的"前门"，在依法增加地方政府债务限额的同时，2015年以来，财政部积极推动完善政府债务管理机制，充分发挥政府债务限额资源的使用效益，稳步推进完善地方政府专项债券制度。

此举旨在推动地方政府按照地方政府性基金收入项目分类发行专项债券，发展实现项目收益与融资自求平衡的专项债券品种，同步研究建立专项债券与项目资产、收益相对应的制度。这是立足我国国情、从我国实际出发，打造中国版的地方政府市政项目"收益债"的重要举措，有利于依法开好地方政府规范举债的"前门"，保障重点领域合理融资需求。①

（二）主要政策

《预算法》（2014年修正）和《国务院关于加强地方政府性债务管理的意见》（国发〔2014〕43号）构建了地方政府举债融资机制的法律制度框架。自2015年1月1日起实行的《预算法》规定，地方政府只能通过发行地方政府债券方式举债。国发〔2014〕43号文件明确，将一般债务纳入一般公共预算管理、专项债务纳入政府性基金预算管理。此后，地方政府债务管理的相关制度机制不断建立健全，中央对地方政府债券额度管理、债券预算编制与执行管理、监督管理、债券发行、风险处置与防范等提出了管理规范。例如，在债券额度管理上，财政部出台《关于对地方政府债务实行限额管理的实施意见》（财预〔2015〕225号）、出台《新增地方政府债务限额分配管理暂行办法》（财预〔2017〕35号）。在预算管理上，财政部出台了《地方政府一般债务预算管理办法》的通知（财预〔2016〕154号）、《地方政府专项债务预算管理办法》的通知（财预〔2016〕155号）。在监督管理上，出台《财政部驻各地财政监察专员办事处实施地方政府债务监督暂行办法》的通知（财预〔2016〕175号）、《地方政府债务信息公开办法（试行）》的通知（财预〔2018〕209号）等。在债券发行上，出台了《地方政府债券公开承销发行业务规程》（财库〔2018〕68号）、《地方政府债券弹性招标发行业务规程》（财库〔2018〕74号）以及做好各年度地方债发行工作②等相关文件。在风险处置与防范上，国务院办公厅出台《关于印发地方政府性债务风险应急处置预案的通知》（国办函〔2016〕88号）、财政部出台《地方政府性债务风险分类处置指南》（财预〔2016〕152号）、《关于进一步规范地方政府举债融资行为的通知》（财预〔2017〕50号）等。此外，2018年1月，保监会、财政部联合发布《关于加强保险资金运用管理支持

---

① 稳步改革开好"前门"，着力打造中国版"市政收益债"——财政部有关负责人就试点发展项目收益与融资自求平衡的地方政府专项债券品种答记者问［EB/OL］．2017–08–02.

② 如《财政部关于做好2015年地方政府专项债券发行工作的通知》（财库〔2015〕85号）、《关于做好2018年地方政府债务管理工作的通知》（财预〔2018〕34号）等。

防范化解地方政府债务风险的指导意见》，支持保险机构妥善开展存量债务风险处置工作。2月，国家发改委和财政部联合发布《关于进一步增强企业债券服务实体经济能力、严格防范地方债务风险的通知》，严格限制违法违规向地方政府提供融资和地方政府担保行为。

地方政府专项债务（以下简称"专项债务"），包括地方政府专项债券（以下简称"专项债券"）、清理甄别认定的截至2014年12月31日的非地方政府债券形式的存量专项债务（以下简称"非债券形式专项债务"）。

（三）发行意义

1. 有利于堵住违规举债的"后门"

以土地储备专项债券为例，发行土地储备专项债券，是深入贯彻以习近平同志为核心的党中央关于全面推进依法治国的战略部署，严格按照预算法要求和国务院文件规定，完善地方政府专项债券管理、规范地方政府土地储备融资行为的重要举措。发行土地储备专项债券，一方面，可以通过开"前门"将用于偿还专项债务的土地储备资产及其预期土地出让收入显性化；另一方面，债券资金由纳入国土资源部名录管理的土地储备机构专项用于土地储备业务，从机制上堵住了融资平台公司等企业冒用土地储备名义以储备土地进行抵押担保融资的"后门""歪门"，有利于防范违法违规举债或变相举债、挪用土地储备资金等行为发生。

2. 有利于防范地方政府债务风险

国发〔2014〕43号文件关于剥离融资平台公司政府融资职能、《国务院关于加强地方政府融资平台公司管理有关问题的通知》（国发〔2010〕19号）明确规定，公益性资产不得作为资本注入融资平台公司。试点发行项目收益专项债券，依靠对应项目取得的政府性基金或专项收入偿还，明确了不同专项债券对应项目的偿债资金来源，探索实现了不同类型地方政府专项债券"封闭"运行管理，有利于锁定专项债券风险范围，切实保护投资者合法权益。另外，进一步开好地方政府规范举债的"前门"，有利于遏制违法违规融资担保行为，防范财政金融风险。

3. 有利于完善地方政府债券市场

试点发行项目收益专项债券，有利于丰富地方政府债券品种、完善地方政府债券发行机制、提高专项债券流动性，提升地方政府债券市场化程度，吸引更多社会资本投资地方政府债券，发展和完善我国地方政府债券市场。

4. 有利于完善地方政府债务制度

依据《预算法》（2014年修订）、国发〔2014〕43号文件确定的地方政府债券管理理念，发行专项债券有利于借鉴国外市政债券管理经验，强化项目收益和融资自求平衡的管理理念，发挥项目对应政府性基金收入、专项收入和资产偿债保障作用，防范化解潜在风险隐患。

5. 有利于科学引领民间资本

选择车辆通行费收入等部分政府性基金收入项目分类发行专项债券，有利于丰富地方政府债券品种，完善地方政府债券市场，进一步增强地方政府债券透明度，保护投资者合法权益，支持对债券科学合理定价，提高地方政府债券市场化水平，吸引更多社会资本投资地方政府债券，带动民间资本支持重点领域项目建设，激发民间投资潜力。

6. 有利于提升公共服务水平

试点发行项目收益专项债券，是在法定专项债务限额内依法开好"前门"的管理创新举措。在试点发行土地储备、政府收费公路等专项债券的基础上，鼓励有条件的地方立足本地区实际开展试点，有利于在妥善控制专项债务风险的前提下保障重点领域合理融资需求，发挥专项债券积极作用，加大补短板力度，改善基本公共服务供给质量。

二、发行规模与进度

（一）2015年以来地方政府专项债券发行规模

在发行规模上，经全国人大批准，2015—2019年，地方政府债务限额分别为160 074亿元、171 874亿元、188 174亿元、209 974亿元、240 774亿元，各年度新增地方政府债券额度分别为6 000亿元、11 800亿元、16 300亿元、21 800亿元、30 800亿元（见表9-1），2016—2019年各年度新增地方政府债券额度分别比上年增长97%、38%、34%、41%。其中，各年度新增一般债券分别为5 000亿元、

7 800亿元、8 300亿元、8 300亿元、9 300亿元,各年度新增专项债券分别为1 000亿元、4 000亿元、8 000亿元、13 500亿元、21 500亿元(见图9—1)。2015—2018年每年实际发行地方政府债券[①]28 607亿元、35 340亿元、23 619亿元、22 192亿元,其中,地方政府专项债券分别为9 744亿元、25 119亿元、19 962亿元、19 460亿元。各年度末我国地方政府债务余额分别为160 074亿元、153 112亿元、164 706亿元、183 862亿元,均未超过各年度限额。

表9—1 我国地方政府债务限额、地方政府新增债券与余额表 单位:亿元

年份	地方政府债券合计			一般债券			专项债券			
	经人大批准的地方政府债务限额	新增债券限额	全国地方政府债务余额	经人大批准的一般债务限额	新增一般债券限额	一般债务余额	经人大批准的专项债务限额	新增专项债券限额	实际发行专项债券	专项债务余额
2015	160 074	6 000	160 074	99 272	5 000	99 272	60 802	1 000	9 744	60 802
2016	171 874	11 800	153 112	107 189	7 800	97 868	64 685	4 000	25 119	55 245
2017	188 174	16 300	164 706	115 489	8 300	103 632	72 685	8 000	19 962	61 468
2018	209 974	21 800	183 862	123 789	8 300	109 939	86 185	13 500	19 460	73 923
2019	240 774	30 800	—	133 089	9 300	—	107 685	21 500	—	—

资料来源:根据财政部数据整理。

图9—1 2015—2019年新增一般债券与新增专项债券

资料来源:根据财政部数据整理。

---

① 含置换债券和再融资债券。

（二）2018年地方政府专项债券发行规模与利率

2018年，全国发行地方政府债券41 652亿元（见表9-2）。其中，按债券形式分，发行一般债券22 192亿元，占比53.28%；发行专项债券19 460亿元，占比46.72%。按用途划分，发行新增债券21 705亿元，占当年发行地方政府债券的52.11%，占当年新增债务限额的99.6%；发行置换债券和再融资债券19 947亿元，占当年发行地方政府债券的47.89%。

2018年，地方政府债券平均发行期限6.1年，其中，一般债券6.1年、专项债券6.1年。据财政部数据，截至2018年末，地方政府债券剩余平均年限4.4年，其中，一般债券4.4年、专项债券4.6年。

经第十三届全国人民代表大会第一次会议审议批准，2018年全国地方政府债务限额为209 974.30亿元。其中，一般债务限额123 789.22亿元，专项债务限额86 185.08亿元。截至2018年末，全国地方政府债务余额183 861.52亿元，控制在全国人大批准的限额之内。其中，一般债务109 938.75亿元，专项债务73 922.77亿元；地方政府债券余额180 711亿元，非政府债券形式存量政府债务余额3 151亿元。

表9-2　截至2018年末全国地方政府债券发行情况　　　　单位：亿元

项　目	限额	当年发行金额	年末余额
2018年地方政府债务合计	209 974.30		183 861.52
（一）按债务类型			
一般债务	123 789.22		109 938.75
专项债务	86 185.08		73 922.77
2018年地方政府债券发行合计		41 652.00	180 710.53
（一）按债券形式分			
一般债券		22 192.00	108 095.20
专项债券		19 460.00	72 615.33
（二）按用途分			
新增债券		21 705.00	
置换债券和再融资债券		19 947.00	
非债券形式存量政府债务余额			3 150.99

资料来源：根据财政部数据整理。

（三）发行进度

在发行进度上，经十三届全国人大常委会第七次会议通过，授权国务院在2019—2022年，可提前下达下一年度60%以内的新增限额额度。在2018年底提前下达下一年度额度后，各地切实加快发行节奏发债。例如，广东地区在2019年2月20日即完成提前下达发行任务548亿元，至6月17日，即完成全年新增债券发行任务，居全国之首。2019年1—8月，全国地方累计发行新增地方政府债券28 951亿元，占2019年新增地方政府债务限额的94%，其中，一般债券已完成当年发行进度的98.37%、专项债券已完成93.29%。加大加快地方政府债券发行，努力"敞开前门"，有力支撑了积极的财政政策的落实，为稳增长、补短板奠定了重要基础。

第二节　地方政府专项债券的基本特征和主要品种

一、地方政府专项债券的基本特征及其与一般债券的区别

地方政府债券分为一般债券和专项债券。专项债券的发行与特定的项目一一对应，专项债券资金的使用与项目管理、偿债责任相匹配，项目收益和项目融资自求平衡，以项目收益还本付息；列入政府性基金预算管理；债券期限与项目期限相匹配。专项债券的特点可以从其与一般债券的区别清晰可见。

（一）项目收益和融资自求平衡度不同

专项债券相关管理办法规定，专项债券项目应当有稳定的预期偿债资金来源，对应的政府性基金收入应当能够保障偿还债券本金和利息，实现项目收益和融资自求平衡。不得用于经常性支出和其他支出。例如，收费公路专项债券以项目对应并纳入政府性基金预算管理的车辆通行费收入、专项收入偿还；其中，债券对应项目形成的广告收入、服务设施收入等专项收入全部纳入政府性基金预算管理，除根据省级财政部门规定支付必需的日常运转经费外，专门用于偿还收费公路专

项债券本息。一般债券没有收益方面的要求,多用于公益事业,是通过一般预算收入而不是基金收入还本付息。

(二)收支列入不同的预算

没有收益的公益性事业发展确需政府举借债务的,由地方政府发行一般债券融资,主要以一般公共预算收入偿还。有一定收益的公益性事业发展确需政府举借债务的,由地方政府通过发行专项债券融资,以对应的政府性基金或专项收入偿还。一般债务收支纳入一般公共预算管理,主要以一般公共预算收入偿还;专项债务收支纳入政府性基金预算管理,主要通过政府性基金收入、项目收益形成的专项收入偿还。

(三)支出方向不同

一般债券和专项债券虽然均以省、自治区、直辖市政府为发行主体,均应当用于公益性资本支出,不得用于经常性支出,但是支出方向不同。一般债券收入不明确特定的公益性资本支出项目,而专项债券收入用于特定的支出项目。例如,棚改专项债券,发行收入仅限于棚户改造项目,不应用于其他项目支出。

(四)还款来源不同

一般债券资金用途为地方政府没有收益的公益性项目,偿债资金来源于一般公共预算收入,如果不足可以从政府性基金和国有资本经营收入中调入资金,偿债资金范围较广;而专项债券偿债资金为公益性项目所对应的政府性基金或专项收入,其中,单支专项债券为单项政府性基金或专项收入,偿债资金来源比一般债券少。

(五)期限结构不完全相同

地方政府专项债券期限从2015年的1年、2年、3年、5年、7年、10年六个品种,到2018年增加了15年、20年、30年期。一般债券从2015年的1年、3年、5年、7年、10年五个品种,到2018年增加了2年、15年和20年期。根据2015年的相关文件,专项债券中 7 年和 10 年期债券的合计发行规模不得超过专项债券全年发行规模的 50%[①];一般债券单一期限债券的发行规模不得超过当年发行规模的 30%[②]。

相比起来,地方政府专项债券的期限结构更加丰富,长期债券发行占比不断提高,原则上匹配于项目期限,并统筹考虑投资者需求、到期债务分布等因素,降低期限错配风险,防止资金闲置。2019 年,中共中央办公厅、国务院办公厅印发《关于做好地方政府专项债券发行及项目配套融资工作的通知》指出,对于铁路、城际交通、收费公路、水利工程等建设和运营期限较长的重大项目,鼓励发行 10 年期以上的长期专项债券,以更好匹配项目资金需求和期限。同时,鼓励完善专项债券本金偿还方式,在到期一次性偿还本金的基础上,支持专项债券发行时采取本金分期偿还方式,既确保分期项目收益用于偿债,又平滑债券存续期内偿债压力。2019 年 2 月,广东省还创新发行了全国首单含权地方政府债券——2019 年广东省土地储备专项债券(二期)20 亿元,期限为 3+2 年。即广东省财政厅有权于此债券存续期第 3 年末选择是否行使赎回权,若行使赎回权,则全部债券于第 3 年末到期,否则全部债券存续至第 5 年末。

二、地方政府专项债券的主要品种

地方政府专项债券包括普通专项债券和项目收益与融资自求平衡类专项债券。2017 年财政部出台《财政部关于试点发展项目收益与融资自求平衡的地方政府专项债券品种的通知》(财预〔2017〕89 号)要求,鼓励地方合理扩大专项债券使用范围,优先在重大区域发展以及乡村振兴、生态环保、保障性住房、公立医院、公立高校、交通、水利、市政基础设施等领域选择符合条件的项目,积极探索试点发行项目收益专项债券。2017 年,全年累计发行全国地方政府专项债券共 19 962 亿元,其中,普通专项债券 17 095 亿元,发行项目收益与融资自求平衡类专项债券 2 867 亿元,包括:发行土地储备专项债券 2 407 亿元、发行政府收费公路专项债券 440 亿元,发行轨道交通专项债券 20 亿元(见表 9-3)。

---

① 《地方政府专项债券发行管理暂行办法》(财库〔2015〕83 号)第 5 条。
② 财政部关于印发《地方政府一般债券发行管理暂行办法》的通知(财库〔2015〕64 号)第 4 条。

表 9-3　　　　　　2017 年全国地方专项债券发行统计　　　　　　单位：亿元

品种	普通专项债券	项目收益与融资自求平衡类专项债券				合计
		土地储备专项债券	政府收费公路专项债券	轨道交通专项债券	小计	
规模	17 095	2 407	440	20	2 867	19 962

数据来源：财政部网站。

此后各地不断创新专项债券品种。截至2019年6月，已发行的专项债券品种主要包括：收费公路专项债券、土地储备专项债券、轨道交通专项债券、棚改专项债券、生态环保专项债券、基础设施专项债券、高等学校专项债券、公立医院专项债券、经济转型专项债券、红色旅游专项债券等。以四川为例，2018年我国共在全国银行间债券市场发行地方政府专项债券358批次，其中，四川省当年共在全国银行间债券市场发行37次专项债券（见表9-4），品种除省政府专项债券、土地储备（整理）专项债券、棚户区改造专项债券、收费公路专项债券外，还包括：工业园区（产业园区）建设专项债券、地下综合管廊建设专项债券、城乡基础设施专项债券、地震恢复重建专项债券、生态环保建设专项债券、防洪工程建设专项债券、污水处理专项债券、城乡供水专项债券、水务建设专项债券、文化旅游专项债券、旅游扶贫开发建设专项债券、学校建设专项债券、医疗养老专项债券、医院建设专项债券、社区专项债券、绿道专项债券、乡村振兴专项债券、乡村公交项目专项债券。

表 9-4　　　　　　2018 年四川省政府专项债券发行表

债券简称	发行日期	票面利率（%）	发行额（亿元）	期限（年）	债券全称
18四川12	8-20	3.80	117.00	5	2018年四川成都自贡泸州绵阳内江宜宾眉山土储专项债券（一期）——2018年四川省政府专项债券（三期）
18四川17	8-20	4.10	10.00	7	2018年四川绵阳游仙（含游仙军民融合产业园）专项债券（一期）——2018年四川省政府专项债券（八期）
18四川13	8-20	4.10	20.00	7	2018年四川省成都市锦江绿道专项债券（一期）——2018年四川省政府专项债券（四期）
18四川14	8-20	4.25	5.00	10	2018年四川省简阳市城乡供水专项债券（一期）——2018年四川省政府专项债券（五期）

续表

债券简称	发行日期	票面利率（%）	发行额（亿元）	期限（年）	债券全称
18四川15	8-20	3.75	5.00	5	2018年四川省泸县乡村振兴专项债券（一期）——2018年四川省政府专项债券（六期）
18四川16	8-20	4.15	3.00	10	2018年四川省绵阳市永兴污水处理专项债券（一期）——2018年四川省政府专项债券（七期）
18四川11	8-20	3.95	49.02	7	2018年四川省政府专项债券（二期）
18四川债24	9-17	4.05	4.00	10	2018年四川省"8.8"九寨沟地震恢复重建专项债券（一期）——2018年四川省政府专项债券（十五期）
18四川债26	9-17	4.06	5.00	7	2018年四川省成都交子公园社区专项债券（一期）——2018年四川省政府专项债券（十七期）
18四川债23	9-17	4.05	15.00	10	2018年四川省成都天府空港新城地下综合管廊建设专项债券（一期）——2018年四川省政府专项债券（十四期）
18四川债29	9-17	4.06	13.50	7	2018年四川省工业园区建设专项债券（一期）——2018年四川省政府专项债券（二十期）
18四川债21	9-17	4.06	28.77	7	2018年四川省棚户区改造专项债券（二期）——2018年四川省政府专项债券（十二期）
18四川债20	9-17	3.90	8.27	5	2018年四川省棚户区改造专项债券（一期）——2018年四川省政府专项债券（十一期）
18四川债22	9-17	4.05	6.70	10	2018年四川省收费公路专项债券（一期）——2018年四川省政府专项债券（十三期）
18四川债28	9-17	4.05	10.68	10	2018年四川省水务建设专项债券（一期）——2018年四川省政府专项债券（十九期）
18四川债18	9-17	3.80	27.72	3	2018年四川省土地储备专项债券（二期）——2018年四川省政府专项债券（九期）
18四川债19	9-17	3.90	230.83	5	2018年四川省土地储备专项债券（三期）——2018年四川省政府专项债券（十期）
18四川债25	9-17	4.05	4.00	10	2018年四川省宣汉县巴山大峡谷旅游扶贫开发建设专项债券（一期）——2018年四川省政府专项债券（十六期）

续表

债券简称	发行日期	票面利率(%)	发行额(亿元)	期限(年)	债券全称
18四川债27	9-17	4.06	9.04	7	2018年四川省医疗养老专项债券(一期)——2018年四川省政府专项债券(十八期)
18四川32	10-16	4.00	119.98	7	2018年四川省政府专项债券(二十一期)
18四川41	10-25	3.77	0.30	5	2018年四川省巴中市巴州城区二期防洪工程建设专项债券(一期)——2018年四川省政府专项债券(三十期)
18四川47	10-25	3.96	2.73	10	2018年四川省城乡基础设施专项债券(一期)——2018年四川省政府专项债券(三十六期)
18四川43	10-25	3.96	1.19	7	2018年四川省工业园区建设专项债券(二期)——2018年四川省政府专项债券(三十二期)
18四川39	10-25	3.96	0.70	7	2018年四川省眉山市东坡区乡村振兴示范项目专项债券(一期)——2018年四川省政府专项债券(二十八期)
18四川35	10-25	3.77	2.34	5	2018年四川省棚户区改造专项债券(三期)——2018年四川省政府专项债券(二十四期)
18四川36	10-25	3.96	6.53	7	2018年四川省棚户区改造专项债券(四期)——2018年四川省政府专项债券(二十五期)
18四川40	10-25	3.96	0.20	7	2018年四川省射洪县乡村公交项目专项债券(一期)——2018年四川省政府专项债券(二十九期)
18四川45	10-25	3.96	5.36	7	2018年四川省生态环保建设专项债券(一期)——2018年四川省政府专项债券(三十四期)
18四川37	10-25	3.96	0.80	10	2018年四川省收费公路专项债券(二期)——2018年四川省政府专项债券(二十六期)
18四川42	10-25	3.96	17.59	10	2018年四川省水务建设专项债券(二期)——2018年四川省政府专项债券(三十一期)
18四川33	10-25	3.60	2.09	3	2018年四川省土地储备专项债券(四期)——2018年四川省政府专项债券(二十二期)
18四川34	10-25	3.77	51.82	5	2018年四川省土地储备专项债券(五期)——2018年四川省政府专项债券(二十三期)

续表

债券简称	发行日期	票面利率(%)	发行额(亿元)	期限(年)	债券全称
18四川46	10-25	3.77	1.79	5	2018年四川省土地整理专项债券（一期）——2018年四川省政府专项债券（三十五期）
18四川49	10-25	3.96	2.27	10	2018年四川省文化旅游专项债券（一期）——2018年四川省政府专项债券（三十八期）
18四川38	10-25	3.96	0.40	10	2018年四川省宣汉县巴山大峡谷旅游扶贫开发建设专项债券（二期）——2018年四川省政府专项债券（二十七期）
18四川48	10-25	3.96	6.08	10	2018年四川省学校建设专项债券（一期）——2018年四川省政府专项债券（三十七期）
18四川44	10-25	3.96	1.30	7	2018年四川省医院建设专项债券（一期）——2018年四川省政府专项债券（三十三期）

资料来源：根据万德数据库整理。

再如，仅2019年6月，广东省针对粤港澳大湾区即发行了科创平台建设专项债券、城市综合发展专项债券、生态环保专项债券、基础设施互联互通建设专项债券等品种。下面仅详细介绍最先发行且占比较大的几种专项债券品种。

（一）土地储备专项债券

土地储备专项债券是指地方政府为土地储备发行，以项目对应并纳入政府性基金预算管理的以国有土地使用权出让收入或国有土地收益基金收入（以下统称土地出让收入）偿还的地方政府专项债券。

为完善地方政府专项债券管理，规范土地储备融资行为，建立土地储备专项债券与项目资产、收益对应的制度，促进土地储备事业持续健康发展，2017年5月16日，财政部颁布施行《地方政府土地储备专项债券管理办法（试行）》。《办法》对预算编制、执行、监督、职责分工等予以明确，对以下方面也提出了要求：地方政府为土地储备举借债务采取发行土地储备专项债券方式，省、自治区、直辖市政府（以下简称"省级政府"）为土地储备专项债券的发行主体；发行土地储备专项债券的土地储备项目应当有稳定的预期偿债资金来源，对应的政府性基金收入应当能够保障偿还债券本金和利息,实现项目收益和融资自求平衡;土地储备专项债券纳入地方政府专项债务限额管理,收入、支出、还本、付息、发行费用等纳入政府性基金预算管理;由财政部门纳入政府性基金预算管理,并由纳入国土资源部名录管理的土地储备机构专项用于土地储备,任何单位和个人不得截留、挤占和挪用,不得用于经常性支出。土地储备专项债券2017年全国共发行2 407亿元;2018年在全国银行间市场发行5 433.08亿元,占所有专项债券的39.36%。

(二)地方政府收费公路专项债券

地方政府收费公路专项债券(以下简称"收费公路专项债券")是指地方政府为发展政府收费公路举借,以项目对应并纳入政府性基金预算管理的车辆通行费收入、专项收入偿还的专项债券。

为完善地方政府专项债券管理,逐步建立专项债券与项目资产、收益对应的制度,有效防范专项债务风险,2017年7月,财政部、交通运输部印发了《地方政府收费公路专项债券管理办法(试行)》。《办法》明确,地方政府为政府收费公路发展举借债务采取发行收费公路专项债券方式,省、自治区、直辖市政府为收费公路专项债券的发行主体;发行收费公路专项债券的政府收费公路项目应当有稳定的预期偿债资金来源,对应的政府性基金收入应当能够保障偿还债券本金和利息,实现项目收益和融资自求平衡;纳入地方政府专项债务限额管理,收入、支出、还本、付息、发行费用等纳入政府性基金预算管理;债券资金应当专项用于政府收费公路项目建设,优先用于国家高速公路项目建设,重点支持"一带一路"、京津冀协同发展、长江经济带三大规划的政府收费公路项目建设,不得用于非收费公路项目建设、经常性支出和公路养护支出,任何单位和个人不得截留、挤占和挪用收费公路专项债券资金。政府收费公路专项债券2017年全国发行440亿元;2018年在全国银行间市场发行540.6亿元,占当年专项债券的比重为3.92%。

(三)轨道交通专项债券

2017年12月,深圳发行了轨道交通专项债券,用于深圳市轨道交通14号线项目建设,这是项目与融资需求自求平衡的地方政府专项债券新品种。债券共发行

20亿元，发行期限为5年期。据项目投资估算，深圳城市轨道交通14号线本体工程投资估算总额为395.43亿元，其中49.4%为项目资本金，由政府财政预算安排；另50.6%的资金需求（200亿元）由发行专项债满足。其中，2017年计划发行20亿元，此后5年分别发行30亿元、40亿元、40亿元、40亿元、30亿元。债券由14号线项目的上盖物业开发收入、票务收入和站内资源开发收入偿还本息。当项目实施情况发生变化时，深圳市政府可以按照规定调高项目资本金比例，或者在债券到期时发行新一期地方政府专项债券保障还本付息。除地铁运营收入及物业开发收入外，募投项目沿线土地出让收益也可以作为偿债来源，这增强了债券的偿付保障。本期债券收入、支出、还本付息等纳入深圳市本级政府性基金预算管理，偿付保障程度高。2018年湖北省政府发行（武汉市）轨道交通专项债券（一期）18亿元，期限5年，票面利率3.80%。

（四）棚改专项债券

棚户区改造是为了更好地解决群众住房问题。为了让好政策发挥应有的积极作用，规范棚户区改造融资行为，坚决遏制地方政府隐性债务增量，2018年4月3日，财政部、住房城乡建设部公布《试点发行地方政府棚户区改造专项债券管理办法》（财预〔2018〕28号，以下简称《办法》），这是继土地收储专项债券、收费公路专项债券后，我国"试点发展项目收益与融资自求平衡的地方政府专项债券"的又一品种。《办法》要求，有序推进试点发行工作，探索建立棚户区改造专项债券与项目资产、收益相对应的制度。《办法》明确，省一级政府为棚改专项债券的发行主体，经省政府批准，计划单列市政府可以自办发行棚改专项债券。债券资金由财政部门纳入政府性基金预算管理，并由本级棚改主管部门专项用于棚户区改造，不得用于经常性支出。试点地区的棚改项目应当有稳定的预期偿债资金来源，对应的纳入政府性基金的国有土地使用权出让收入、专项收入应当能够保障偿还债务本金和利息，实现项目收益和融资自求平衡。按照《办法》，发行棚改专项债券应当披露项目概况、项目预期收益和融资平衡方案等信息。地方各级棚改主管部门应当配合做好本地区棚改专项债券试点发行准备工作，及时准确提供相关材料，配合做好项目规划、信息披露、信用评级、资产评估等工作。项目实施过程中，棚改主管部门应当根据实际情况及时披露项目进度、专项债券资金使用情况等信息。在遵循原则和债券期限上，《办法》指出，棚改专项债券应当遵循公开、公平、公正原则采取市场化方式发行，在银行间债券市场、证券交易所市场等交易场所发行和流通。棚改专项债券期限应当与棚户区改造项目的征迁和土地收储、出让期限相适应，原则上不超过15年，可根据项目实际适当延长，避免期限错配风险。在监督管理方面，《办法》规定，地方各级棚改主管部门应当加强对使用棚改专项债券项目的管理和监督，确保项目收益和融资自求平衡；应当会同有关部门严格按照政策实施棚户区改造项目范围内的征迁工作，腾空的土地及时交由国土资源部门按照有关规定统一出让。地方各级政府及其部门不得通过发行地方政府债券以外的任何方式举借债务，除法律另有规定外不得为任何单位和个人的债务以任何方式提供担保。棚改专项债券对应项目形成的国有资产，应当严格按照棚改专项债券发行时约定的用途使用，不得用于抵押、质押。

2018年6月20日，全国首单棚改专项债券——2018年天津市红桥区棚户区改造专项债券（一期），通过财政部上海证券交易所政府债券发行系统成功发行，期限5年，预计融资规模为108亿元，本期发行规模15亿元。2018年全年在银行间市场共发行棚改专项债券3 134.22亿元，占当年专项债券的比例为22.71%。

第三节　地方政府专项债券发行案例

一、深圳市轨道交通专项债券

深圳市轨道交通专项债券作为地方政府首单探索新型项目收益专项债券成功的案例，相对于土地储备与收费公路专项债券更符合财预〔2017〕89号文件关于鼓励地方政府自主探索的相关规定，其发行操作更值得其他地方政府借鉴参考。

（一）轨道交通14号线项目概述

深圳轨道交通14号线项目本体工程估算总投资395.43亿元，2018年正式投入建设，建设周期为5年，预计于2023年1月1日正式投入运营，项目建设及运营由深圳市地铁集团有限公司负责。

(二)项目投融资资金需求

深圳市难以承担全部投资资金,为建设资金成本和财务负担,最终决定从财政预算中安排195.43亿元资金作为项目资本金,剩余200亿元资金缺口采用发行项目收益专项债券筹集。

(三)项目收益专项债券实施方案

地方政府在试点发行专项债券时,需制定债券实施方案报财政部备案,而实施方案中最核心的内容即为第三方专业机构评估的项目收益、支出与融资平衡情况,以客观公正地展现项目真实情况。

1. 项目收益预测

经评估测算,债券存续期内项目累计收益如表9-5所示。为增强偿付保障,项目沿线土地出让增值收益亦可作为偿债来源。

表 9-5　　深圳市轨道交通 14 号线项目累计收益

序号	科目	金额(亿元)
1	项目收入	712.3
1.1	地铁票务收入	66.6
1.2	站内资源开发收入	10
1.3	物业开发收入	635.8
2	项目支出	420.8
2.1	地铁运营成本	77.1
2.2	物业开发成本	132.6
2.2	相关税费支出	210.6
3	累计收益	291.9

2. 债券发行与偿还安排

本项目分年度发行六期项目收益专项债以满足项目建设的资金需求,各期债券发行与偿还计划如表9-6所示。

表 9-6　　深圳市轨道交通 14 号线专项债券发行计划

债券	发行时间	金额（万元）	期限	还款方式
一期	2017年	200 000	5年	一次还本
二期	2018年	300 000	5年	一次还本
三期	2019年	400 000	5年	一次还本
四期	2020年	400 000	7年	一次还本
五期	2021年	400 000	7年	一次还本
六期	2022年	300 000	7年	一次还本

3. 收益与融资平衡说明

结合各期债券还本付息计划，债券利率暂按4%测算，全部债券还本付息总额为248.8亿元，债券存续期间，各年度累计现金流均为正或等于0，期间不存在任何资金缺口，在债券全部偿清后，期末累计资金结余61.5亿元，现金流覆盖倍数达1.31倍。

（四）债券发行市场响应

首期债券实际发行总额为20亿元，承销团成员投标倍率达4.38，远超常规情况下的1.5—2倍。中标利率为3.82%，基本与国债利率保持平衡。本次发行商业银行积极认购19.7亿元，发行券商共中标3 000万元。从发行利率和投标倍率可见本次新型项目收益专项债券受到投资者的热烈追捧，获得市场的高度认可。

（五）债券案例发行亮点借鉴

1. 挖掘和配套潜在相关收入实现收益与融资自求平衡

案例中依靠票务收入及站内资源开发收入远无法覆盖债券还本付息，为实现收益与融资自求平衡，项目实行"地铁+物业"开发模式，在常规性收入的基础上增加物业开发收入，该部分收入能极大增加项目现金流入，最终实现存续期内资金平衡。地方政府探索实践时需充分识别项目潜在相关收入，挖掘项目潜在盈利点，为项目配套其他收入，以增强专项债券偿还能力，优化项目收益现金流以保障债券闭环运作，实现收益与融资自求平衡。

2. 探索设立实施管理机构专项管理

案例中地铁集团作为项目实施方参与本项目，代替政府承担项目实施管理机构专项管理工作，地铁集团以其完善的组织机构、专业的项目开发经验和物业开发经验保障项目后续投资建设顺利开展。地方政府可针对不同项目类型，探索设立专门操作机构或选择专业平台公司作为项目实施管理机构，以平台公司作为项目实施管理机构时需明确其权责义务，厘清其与政府之间的法律边界。

3. 发行流程严谨规范

案例中，深圳市专门出台《深圳市轨道交通专项债管理办法（试行）》用以规范和完善轨道交通专项债券的发行与管理，保障新型债券规范化发展。债券发行过程中，深圳市充分披露项目信息、信用评级、法律意见书等，披露程序较为完善。地方政府可在借鉴目前已出台的专项债券管理办法的基础上结合本地实际情况，针对性地提出新型项目收益专项债券的管理办法以规范债券发行，并对债券相关信息规范化披露，确保债券公开透明。

4. 积极引入中介机构，专业人做专业事

案例积极引入第三方专业中介机构协助完善债券发行流程，遵循专业人做专业事的原则。本项目中除常规评级机构以外，另行引入律师事务所、会计事务所对法律问题以及审计评估进行专项服务。地方政府需积极发挥第三方机构的专业能力以辅助债券发行，提高政府公信力，避免政府自说自话，规避债券发行存在的部分问题，降低债券潜在风险和发行难度，提高债券募集能力。

二、天津市发行棚改债券

2018年6月20日，天津市省财政局招标发行15亿元棚户区改造专项债，期限5年，票面利率3.88%，这是全国首单棚改专项债券，为各地提供了借鉴。

（一）天津市棚改债券项目概述

按照财政部要求，此次发行的2018年天津市政府棚户区改造专项债券资金纳入政府性基金预算管理。债券资金用于天津市西沽南片区棚户区改造项目和天津市红桥区西于庄地区棚户区改造项目建设。其中11亿元拟用于西沽南片区棚户区改造项目，该项目为新建项目，已纳入天津市上报住房和城乡建设部的棚户区改造规划和2018年棚户区改造计划。4亿元拟用于天津市红桥区西于庄地区棚户区改造项目，该项目为重大续建项目，纳入天津市市区危陋房屋改造计划。

（二）项目投融资资金需求

西沽南项目为新建项目，总投资规模为125.2亿元，项目资本金比例为20.1%，即项目资本金为25.2亿元，项目资本金由政府统筹安排，剩余100亿元通过发行政府专项债券的方式筹集。

西于庄项目为续建项目，项目前期总投资为85.1亿元，其中，红桥区政府统筹安排财政资金12.4亿元，国家开发银行政策性贷款72.7亿元。

（三）项目收益专项债券实施方案

按照西沽南项目和西于庄项目募集资金计划，预计发行棚户区改造专项债券108亿元（见表9-7）。自发行之日起5年债券存续期应还本付息132.4亿元。综合考虑西于庄项目贷款融资到期本息87.8亿元，西沽南项目和西于庄项目总融资成本为220.2亿元。

预计西于庄项目和西沽南项目土地挂牌在债券存续期内可以全部实现出让，预计土地出让收入334.97亿元，对两个项目总融资成本的覆盖倍数为1.52。

表9-7　西沽南项目和西于庄项目募集资金计划　　单位：万元

项目名称	项目总投资	计划发行专项债券规模	计划本期债券资金规模
天津市西沽南片区棚户区改造项目	1 251 779.15	1 000 000.00	110 000.00
天津市红桥区西于庄地区棚户区改造项目	851 053.00	80 000.00	40 000.00
合计	2 102 832.15	1 080 000.00	150 000.00

（四）债券案例发行亮点借鉴

1. 专项债券收入支持民生工程的经典案例

棚户区改造专项债券是继土储专项债、收费公路专项债后，财政部推出的又一项目收益与融资自求平衡专项债券试点品种。天津市发行棚改债券系全国首单，为地方政府筹集棚户区改造建造资金、推进民生工程提供了新的范式。

2. 创新民生工程融资模式

传统形式下，当地政府推动棚户区改造，须经过项目施行企业请求银行贷款等方法进行融资，而发行棚改专项债，有利于进一步扩大资金来源，引导社会资本参加棚户区改造，为棚户区改造供给低本钱资金支撑，发挥专项债券的惠民生、防风险作用。

3. 充分发挥第三方作用

上交所协助天津市财政局，推进全国首单棚改专项债落地，牵头证券公司、会计师事务所、律师事务所等第三方组织，发挥专业才能，为项目计划设计、证明供给咨询服务。此棚改专项债依照相关文件的要求设计发行计划，充分考虑棚户区改造项目的资产收益特色，完成了"借、用、还"相统一、项目收益与专项债券融资本钱自求平衡。

第四节 推行中存在的主要问题与建议

一、主要问题

（一）各级政府对地方政府债券及项目管理有待进一步提高

一是市县政府对债务管理工作有待加强。地方政府债券目前由省级政府统一发行，但债券资金的使用更多是市县级政府。从目前情况看，中央和各省级政府财政债务管理部门已经做了大量工作，组织队伍，建章立制，严格管理，深知地方政府债务的责任与风险。但有些市县级政府债务管理者还需进一步提高责任意识和风险意识。一些市县政府领导对债务管理工作不重视,对债券资金使用的有关政策不了解,将债券资金当作一般性财政资金来使用,且个别市县财政部门债务管理工作人员基础较弱,无法适应新形势下的债务管理工作要求。

二是债券分配结构有待进一步优化。国际金融危机后,我国高度重视防范化解系统性金融风险,重视中央与地方政府债务的风险管控。中央财政充分考虑各级政府的赤字和预算,愿意维护中央财政赤字基本稳定的同时,降低地方政府一般债券规模、降低列入一般预算的赤字和债务,增加地方不列入一般预算而列入基金预算还款的专项债券,尤其是增加项目收益类专项债券的发行规模。项目收益类专项债券不列入地方赤字,其项目收益一般能覆盖成本,或不足部分由基金预算进行偿还,还能扩大政府投资维护宏观经济稳定,成为未来首推的发展方向。但是各地财力与经济基础相差较大,有的地区特别是经济实力相对薄弱的地区,地方政府投资的项目大多公益性强、收益性差,能满足专项债券发行要求、收益大于成本的优质项目储备较难,愿意多申请一般债券项目而减少专项债券项目。

(二)地方政府债券市场流动性相对较弱

地方债实际可交易性较差,很难在二级市场销售出去,银行基本以自我持有到期为主。地方债用于市场质押融资能力不高,市场认可程度低,可接受质押机构较少,银行融资存在压力。据万德债券二级市场成交统计数据(见图9-2、图9-3),2018年地方政府债券二级市场成交金额43 499.29亿元,成交金额占全部债

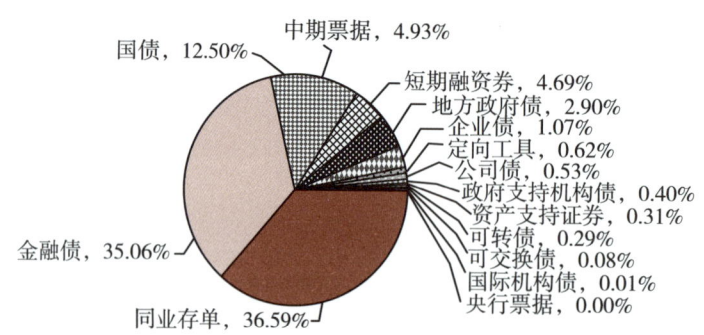

图9-2 2018年债券二级市场成交金额占比图

资料来源:Wind数据库。

券市场比重为2.9%；同期国债成交金额187 430.52亿元，占债券二级市场比重为12.51%；金融债成交金额525 718.33亿元，占债券二级市场比重为35.06%。地方政府债券在债券市场中余额较大但流动性相对不足。

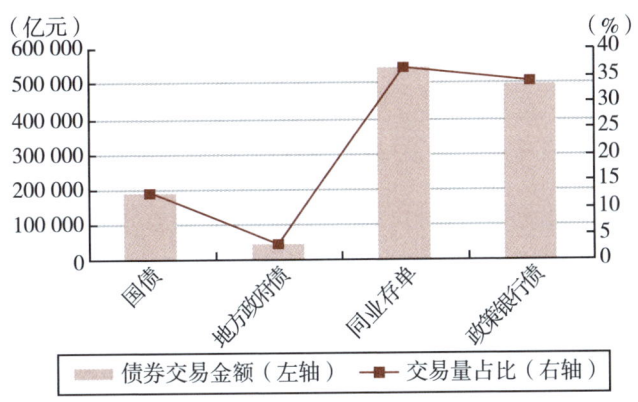

图9-3 2018年主要债券二级市场成交金额及占比图

资料来源：Wind数据库。

二、对地方政府债券发行管理的政策建议

（一）进一步加强各级政府对地方政府专项债券的管理

一是进一步加强市县级政府对地方政府专项债券管理的风险责任意识。因为专项债券的发行主体和名义上的偿还主体是省级政府，但实质上，专项债券是以项目收益或者政府性基金作为偿还来源，从设立专项债券的初衷以及拓展专项债券未来发展空间的角度看，偿还主体实质上是基层项目主体。因此，应压实债务管理基层主体责任，督促各地市县切实履行防范化解债务风险的主体责任，坚持谁举债、谁负责的原则，树立正确的政绩观和发展观，加强项目库管理，扎实做好项目储备与新增债券需求摸底工作，革新公共产品的提供方式，完善专项债券项目管理的长效机制。这样各级政府共同努力，真抓实干，才能既利用举债资金搞建设，又把控防范好地方债的风险。

二是进一步优化债券分配，加强各级政府对地方政府债务的风险管理。防范与化解债务风险，应统筹考虑当前与长远、局部与全局的关系，根据不同地区的财政实力与经济建设水平，区别安排各地专项债券与一般债券的比例，妥善推进不同地区专项债券项目的进度。同时,根据专项债券项目的内容与实际情况,进一步丰富和拓展专项债券的品种和期限结构。并且,进一步加强债务监测与风险预警,健全规范化、常态化的统计监测机制。通过确定各项债务指标的警戒线水平,利用债务率、新增债务率、偿债率、利息负担率等多个指标,构建衡量和评价地方政府债务风险程度的指标体系,利用信息化手段加强风险分析研判,加强风险管理。

三是改进地方政府债券项目配套融资的管理方式。地方政府债券项目融资要合理评估债券还本付息对项目运行乃至于地方政府财政带来的压力和冲击。为此,既要做好项目准备的前端技术可行性论证工作,也要根据项目未来现金流特点选择适宜的债券融资种类,杜绝可能因设计不周产生的预置性风险。债券融资项目既要尽可能提前准备便于债券的及时发行和债券资金的有效使用,也要在后续运营维护过程中进行密切跟踪问效,了解现金流的回馈情况,防范操作风险。

(二)进一步完善地方政府债券市场,提高流动性

在新型地方政府债务管理框架下,地方政府债券市场成为财政与金融相结合的重要领域。财政部门按照公开与定向的方式发行地方政府债券后,地方政府债券即成为金融市场的重要债券品种。随着地方政府债券的规模与余额增大,在财政系统加强地方政府债券发行与债务管理的同时,还需各方携手,进一步完善地方政府信用评级,增加项目透明度,吸引更多投资者,进一步完善地方政府债券市场,促进地方政府债券在金融市场的流动性,有效盘活金融资源,通过债券持有者的多元化有效分散市场风险(见表9-8、表9-9)。

表 9-8　　2017 年地方政府专项债务分地区余额表　　单位:亿元

地　区	2017年限额	2017年末余额数
北京市	5 452.10	2 016.47
天津市	2 099.30	2 090.65
河北省	2 270.40	1 997.18
山西省	837.08	767.04
内蒙古自治区	1 076.23	997.82
辽宁省	2 716.20	2 343.54

续表

地　区	2017年限额	2017年末余额数
辽宁省（不含大连市）	1 944.40	1 680.60
大连市	771.80	662.94
吉林省	1 020.92	840.14
黑龙江省	755.80	741.05
上海市	3 446.60	2 170.70
江苏省	5 957.10	5 357.80
浙江省	4 718.90	4 079.54
浙江省（不含宁波市）	3 983.00	3 517.08
宁波市	735.90	562.46
安徽省	2 737.81	2 408.09
福建省	3 057.90	2 682.90
福建省（不含厦门市）	2 719.30	2 376.82
厦门市	338.60	306.08
江西省	1 675.59	1 441.69
山东省	4 440.94	4 007.10
山东省（不含青岛市）	3 913.34	3 576.70
青岛市	527.60	430.40
河南省	2 316.80	1 899.79
湖北省	2 392.20	2 312.97
湖南省	2 718.77	2 575.36
广东省	4 253.86	3 726.02
广东省（不含深圳市）	4 222.36	3 706.02
深圳市	31.50	20.00
广西壮族自治区	1 983.12	1 787.04
海南省	622.30	556.88
重庆市	1 941.80	1 782.70
四川省	3 719.10	3 323.57
贵州省	3 748.03	3 493.48

续表

地　区	2017年限额	2017年末余额数
云南省	2 138.88	1 963.60
西藏自治区	23.00	21.18
陕西省	2 394.51	2 240.26
甘肃省	830.20	671.30
青海省	287.80	259.36
宁夏回族自治区	279.50	241.59
新疆维吾尔自治区	772.34	671.20
合计	72 685.08	61 468.01

资料来源：财政部网站。

注：2017年末地方政府专项债务中包括一部分非政府债券形式地方政府专项债务，主要是银行贷款等非政府债券形式的债务，由于债务举借主体分布在融资平台公司等企事业单位，债务资金的举借和使用未经政府总预算会计核算。在完成地方政府债券置换前，本表中2017年末余额数为地方统计数。

表 9-9　　2018年地方政府专项债务分地区余额表　　单位：亿元

地　区	2018年限额	2018年末余额数
北京市	5 722.10	2 214.86
天津市	2 712.30	2 678.78
河北省	3 065.40	2 714.09
山西省	1 072.08	989.15
内蒙古自治区	1 225.23	1 134.19
辽宁省	2 737.20	2 325.96
辽宁省（不含大连市）	1 961.40	1 659.01
大连市	775.80	666.95
吉林省	1 248.92	1 064.47
黑龙江省	959.80	928.91
上海市	3 740.60	2 392.01
江苏省	7 327.10	6 632.95
浙江省	5 516.50	4 985.69
浙江省（不含宁波市）	4 702.60	4 330.22
宁波市	813.90	655.47
安徽省	3 596.81	3 182.92

续表

地 区	2018年限额	2018年末余额数
福建省	3 598.90	3 173.56
福建省（不含厦门市）	3 202.30	2 815.97
厦门市	396.60	357.59
江西省	2 112.59	1 820.66
山东省	5 539.94	5 064.32
山东省（不含青岛市）	4 870.34	4 498.28
青岛市	669.60	566.04
河南省	2 931.80	2 479.07
湖北省	3 034.20	2 933.42
湖南省	3 125.77	3 125.77
广东省	5 292.26	4 694.76
广东省（不含深圳市）	5 221.36	4 635.36
深圳市	70.90	59.40
广西壮族自治区	2 297.12	2 091.70
海南省	764.30	692.41
重庆市	2 502.80	2 334.40
四川省	4 346.10	3 833.12
贵州省	3 760.03	3 507.66
云南省	2 456.88	2 227.02
西藏自治区	34.00	33.91
陕西省	2 652.51	2 458.66
甘肃省	1 034.20	867.45
青海省	334.80	300.36
宁夏回族自治区	367.50	319.23
新疆维吾尔自治区	1 075.34	932.70
合 计	86 185.08	74 134.16

注：2018年末地方政府专项债务中包括一部分非政府债券形式地方政府专项债务，主要是银行贷款等非政府债券形式的债务，由于债务举借主体分布在融资平台公司等企事业单位，债务资金的举借和使用未经政府总预算会计核算。在完成地方政府债券置换并收回债权人不同意置换的存量债务限额前，本表中2018年末余额数为地方统计数。

第十章
国外养老投入的经验与启示

2001年,中国65岁及以上人口9 062万人,占总人口的7.1%,开始步入老龄化社会①。此后,中国老龄化程度不断加深,2018年65岁及以上人口增加到16 658万人,占总人口的比重上升到11.94%②。随着中国社会老龄化程度不断加深,养老需求不断增长,养老产业(事业)③的发展面临重大机遇,但在现实中亦存在不少问题。老龄化是世界性的重大问题和挑战。英国和美国在1960年之前就已经进入了老龄化社会,但其老龄化速度相对平缓,日本在1970年左右进入老龄化社会,其老龄化速度特别迅速,因此,本章从日本、英国和美国的养老经验入手,特别关注相同老龄化程度和经济发展水平下,其养老产业(事业)发展存在的问题、政府、公益组织和商业化的养老投入情况及存在的问题和解决的措施,并在此基础上提出对我国政府和社会养老投入的借鉴和启示。

---

① 根据1956年联合国《人口老龄化及其社会经济后果》确定的划分标准,当一个国家或地区65岁以上老年人口数量占总人口比例超过7%时,则意味着这个国家或地区进入老龄化。1982年维也纳老龄问题世界大会确定,60岁及以上老年人口占总人口比例超过10%意味着这个国家或地区进入严重老龄化。中国数据根据中国国家统计局网站年度数据及计算得出。

② 根据中国国家统计局网站年度数据及计算得出。

③ 指以老年人为服务对象,以满足其生活、文化等多层次需求为目标,向老年人提供商品和服务的营利性和非营利性活动的总称。

第一节 日本、英国和美国养老投入的经验

中国进入老龄化社会是在2001年,目前,养老方面虽然取得一定发展,但尚处于探索阶段。日本进入老龄化社会比中国大约早30年,英国和美国就更早(见图10-1)。从老龄化速度来看,日本在20世纪60年代到90年代的老龄化速度与中国较为接近,65岁及以上人口占总人口的比重每10年大约上升2个百分点,但之后,日本老龄化速度明显加快,该比重每10年大约上升5个百分点,英国和美国的老龄化速度比中国稍慢,该比重每10年大约上升1.5个百分点。下文梳理了日本、英国和美国这三个国家在老龄化不同阶段政府、公益组织和商业化养老投入情况及养老产业(事业)政策的变化,并在此基础上总结对中国的借鉴和启示。

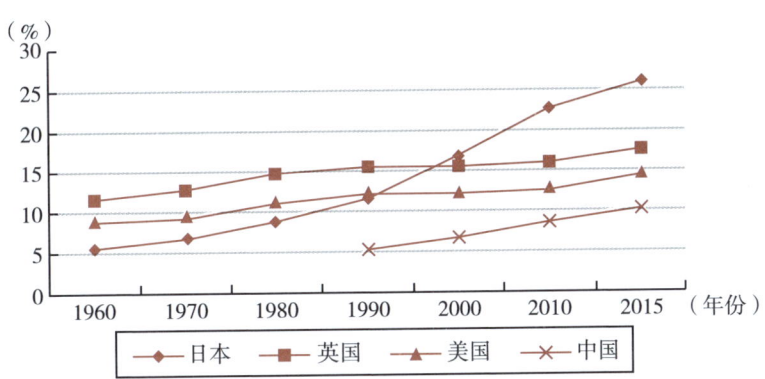

图 10-1 老龄化程度的国际比较(1960—2015 年)

资料来源:其他国家数据来自中国国家统计局网站主要国家(地区)年度数据及计算得出,中国数据来自中国国家统计局网站年度数据及计算得出。

注:本图的老龄化程度指65岁及以上人口占总人口比重。

一、日本

在出生率大幅下降和平均寿命明显增长的共同作用下,日本快速进入老龄化社会,老龄化程度不断加剧。20世纪70年代日本政府与产业界提出养老产业的概

念，经过几十年的发展，日本的养老产业历经萌芽、形成、扩张的阶段，进而开始拓展海外市场。日本养老产业的快速发展，得益于政府的管理职能随着社会经济的发展不断变化、调整的因素，也离不开日本政府出台的一系列关于促进养老产业发展的扶持政策。

（一）养老业萌芽阶段（20世纪70年代以前）

1. 老龄化状况

该阶段日本在向老龄化社会的发展过程之中，还没有进入老龄化社会。本阶段日本的人口特征是，第二次世界大战后在1947—1949年出现了生育高峰，但之后，出生率急剧下降，1960—1970年，日本出生率虽略有上升（1.4‰），但预期寿命增加4.28岁，65岁及以上人口占总人口比重从5.73%上升到7.03%。老龄化程度相当于2001年之前的中国（见表10-1）。

表10-1　　日本老龄化情况（1960—2015年）

年份	65岁及以上人口占总人口比重（%）	粗出生率（‰）	平均预期寿命（岁）
2015	26.34	7.90	83.84
2010	22.94	8.50	82.84
2000	17.18	9.40	81.08
1990	11.95	10.00	78.84
1980	9.05	13.50	76.09
1970	7.03	18.70	71.95
1960	5.73	17.30	67.67

资料来源：中国国家统计局网站主要国家（地区）年度数据。

2. 养老产业（事业）发展状况

该阶段日本主要的养老方式是家庭养老，家庭中的女性成员承担照料老人的责任。但随着人口向大城市集聚、老年人数量的增加以及妇女更多走上工作岗位，家庭养老开始瓦解。

3. 养老投入经验

随着该阶段家庭养老方式的瓦解，日本先是发展机构养老，解决养老需求的供给问题；之后开始建立和发展养老保险和医疗保险制度，从需求端提高老年人的经济水平和购买力；最后建立起老年人福利制度框架。

（1）政府和社会开办多种类型养老机构。1950年，日本政府制定了《生活保护法》，重点针对贫困阶层提供生活照料，政府开始为低保老人开设免费的"养护院"。20世纪60年代，开始出现轻费养老院、收费养老院、兼有医疗设备的特别养老院等多层次的收费养老机构，日本由此开启了机构养老的新模式。其中，以政府设立的免费养护院为主，1969年养护院数量占养老院总数的78%，在该类型养老院的人数占82%，同时期不同程度收费的养老机构却发展缓慢，其原因主要是老年人经济状况导致的需求不足（见表10-2）。

表10-2　　日本养老院概况（1953—1969年）

机构类型	数量	1953年	1958年	1962年	1963年	1966年	1969年
养护院	设施数（个）	376	544	641	664	729	792
	人数（千人）	19.7	32.5	41.5	43.6	53.9	59.5
轻费养老院	设施数（个）			19	19	44	48
	人数（千人）			1.1	0.7	2.9	3.1
收费养老院	设施数（个）			35	41	50	60
	人数（千人）			1.1	1.5	2.0	2.5
特别养老院	设施数（个）				1	42	110
	人数（千人）					3.1	7.9

资料来源：杨振轩，胡立君. 日本养老产业发展中的政府职能与启示［J］. 学术界，2018（1）.

（2）建立国家强制养老保险和医疗保险制度。1958年和1959年，日本先后通过《国民健康保险法》和《国民年金法》。1961年，日本在全国范围内建立起国民养老金制度，规定20岁以上的日本国民必须加入基础养老金。这标志着日本社会进入了全民皆年金、皆医保的阶段，养老保险和医疗保险被制度化和体系化。但这一时期养老金的受益者人数和实际支付养老金的金额都很低，社会保障制度发挥的作用还十分有限，这与保费缴存比例有关，也与投保人的年龄和身体状况相关。

（3）确立国家和地方公共团体增进老年人福利的责任。1963年，日本制定和颁布《老年人福利法》，该法律专门针对老年人，是"福利六法体制"的第五项法律，也被称为"老年人宪章"，它确立了日本现行老年人社会福利制度的基本框架。该法规定，老年人福利的基本概念是尊敬老年人，确保老年人有机会参与社会活动。同时规定，国家和地方公共团体有增进老年人福利的责任，需要努力谋求老年人福利事业的发展。

（二）养老产业形成阶段（20世纪70年代）

1. 老龄化状况

该阶段日本开始进入老龄化社会。该阶段日本的人口特征是，出生率急剧下降，平均预期寿命继续增长，老龄化程度不断加深。1970—1980年，日本出生率大幅下降（6.2‰），预期寿命继续增加（4.14岁），65岁及以上人口占总人口比重从7.03%上升到9.05%。该阶段日本老龄化程度相当于21世纪初的中国。

2. 养老产业（事业）发展状况

该阶段日本社会对养老服务的需求逐渐增大，迫切需要养老产业（事业）的兴起，在此背景下养老产业发展成为独立的业态。该阶段也是日本经济大发展的10年，GDP从2 091亿美元增加到10 870亿美元，年均增长率接近4%（算术平均），人均国民收入从1 810美元增加到10 670美元[①]。人均国民收入水平略高于现在的中国。

3. 养老产业（事业）发展经验

这一时期，政府在养老产业的发展中主要起指导作用。日本政府提高了社会的福利水平，包括提供免费医疗服务、改革养老金制度等。这些政策、制度在一定程度上刺激了一些企业对养老产业的投入。作为新兴综合性行业的养老产业应运而生。

（1）完善社会保障体系，政府加大对老人医疗和养老金投入。伴随着20世纪70年代经济的大波动，以及日本经济增长黄金时期的结束，日本社会保障制度进

---

① 中国国家统计局网站主要国家（地区）年度数据及计算得出。

入了重新调整、重新定位的阶段。基于日本老龄化的现实，日本政府围绕老年人口增长速度过快、家庭负担过重等问题，对养老保障体系进行了一系列探索和改革，将医疗保障体系关注的主体人群由在职职工逐渐扩展到全体国民，尤其是老年人。1973年，日本政府开始对65岁及以上的卧床老人提供免费医疗服务，同时上调养老金支付水平，并将这一年称为"福祉元年"。

（2）政府指定专门机构，协调养老产业发展。20世纪70年代，日本政府为扶持养老产业，指定专门的管理机构负责指导养老产业的发展。政府对民营养老机构的发展持支持的态度，从一开始的允许到后来的放开，再到扶持。另外，日本政府明确了养老产业和养老事业的界限，将政府的养老福利事业定位为"以低收入阶层为主要对象，提供企业不愿涉足、市场机制无法充分供给的必要的服务"，养老产业则是通过市场机制来解决老年人更高的养老需求。

（3）政府出台规章制度，规范养老机构的管理。1974年日本政府制定《民营养老院设置和运营指导方针》，对民营养老机构的属性、设施标准、人员配置、服务标准和优惠贷款制度等做了明确规定，并规定养老机构每年向政府提交报告，接受政府监督。实施这些措施主要是因为日本的养老产业刚步入起步阶段，需建立相应的市场规范和行业标准，确保老年人权益不受侵害，推动老年福利事业逐步社会化和产业化。

（三）养老产业发展阶段（20世纪80年代初到90年代末）

1. 老龄化状况

该阶段日本老龄化程度显著加深。该阶段日本的人口特征是，出生率继续下降和平均预期寿命继续增长的情况下，老龄化程度明显加深。1980—2000年，日本出生率下降（4.1‰），预期寿命增加（4.99岁），65岁及以上人口占总人口比重从9.05%上升到17.18%。中国2018年老龄化程度相当于日本这个阶段的初期。

2. 养老产业（事业）发展状况

20世纪80年代，日本的养老产业在成为一个业态的基础上，迅速发展并形成一定的规模。由于经济的发展和社会保障制度的完善，老年人的购买力不断上升，直接导致相关的养老产品和服务日益增多，养老产业蓬勃发展，到90年代末，日本的养老产业逐步形成了成熟的市场。出于对利益的追逐，养老产业这个新兴行业在日本吸引了众多的企业参与投资，但是这种一拥而上的情况也使得快速发展的养老产业产生了诸多问题。例如，养老机构发展的良莠不齐，一些养老机构使用的设备不符合标准，管理混乱；市场上充斥着众多的劣质商品，老年人无法分辨商品的好坏，其权益经常得不到保障。

3. 养老产业（事业）发展经验

（1）政府加强市场监管。鉴于养老产业快速发展背景下出现的诸多问题，20世纪90年代以后，日本政府加强了对市场的监督与管理，进一步规范市场，建立行业标准，同时推动养老福利进一步社会化和产业化，使之成为日本产业结构调整的一项重要举措。到90年代末，日本的养老产业建立起一整套行业标准，规范了老年用品和养老服务的行业标准。

（2）政府成立专门机构促进养老产业（事业）和产品发展。日本政府关注和重视老年用品的开发和养老市场的开拓，为方便管理，日本政府专门成立了养老产业室。作为政府经济主管部门的通产省，也开始关注养老市场和养老产业的发展。1987年，厚生劳动省在其部门下设立了"社团法人养老产业振兴会"，以提高老年用品和养老服务的质量。20世纪90年代，通产省着手发展老年福利用具产业，鼓励福利用具的研究、开发和普及，培育新兴的养老用品产业，以应对老龄化社会的市场需要。

（3）政府通过组织成立行业协会加强行业自律。在日本厚生省和通产省的指导下，相关组织成立了"老龄商务发展协会"。协会建立了老龄商业道德规范，加强了行业和企业自律，并建立"银色标志制度"，由消费者和生产者代表以及相关学者组成"银色标志认证委员会"，对符合条件的社会养老机构以及养老产品的生产厂商进行认证，并将结果向社会公布。

（4）政府营造公平竞争的市场环境。日本政府为了保证良好的市场竞争秩序，针对养老产业制定了一系列法律法规，营造公平竞争的市场环境。

（5）政府引导社区养老。日本确立了养老是以地方分权为前提的社会福利政策，强调传统文化的家庭抚养和邻里互助精神，将社会保障资源来自国家的思路转向发展社区福利，动员家庭资源。政府养老理念和思路转变的原因是，尽管养老机构等能为老人提供良好的医疗护理，但是没有解决离家老人忧郁孤独的心理问题，从而导致机构养老的死亡率明显高于居家养老。

（6）政府养老投入。首先，政府资助设立托老所，为老年人提供短期居住服务，并提供相应的护理和治疗服务。其次，由政府出资培训家庭护理员，为居家养老的老人提供家庭护理服务。再次，日本在1982年制定了《老年人保健法》。法律规定，主要依赖中央和地方的财政资金支付参加医疗保险且年龄在70岁以上或者65—69岁卧床不起的老年人的医疗费。另外，1988年5月，日本政府对以往的社会福利以及医疗事业团体法进行了修改，政府为民间兴建或经营具有医疗、看护功能的福利设施提供低息或免息贷款，同时在税收上给予优惠。最后，支持居家和社区养老模式。日本政府于1989年制定《推进高龄者保健福利十年战略计划》，提出以居家养老、看护为主的"黄金计划"，并在1994年对这一法案进行了进一步修订，逐渐形成了以居家养老为中心的社区服务体系，为居家老人提供短期和日间服务。由此，日本形成了独具特色的居家养老与社区养老融合的模式。1999年12月，由厚生省、财务省（原大藏省）、自治省共同制定了《今后5年老年人保健福利政策的方向》，提倡促进老人自尊自立，社区互助。

（四）养老产业扩张阶段（2000年以来）

1. 老龄化状况

2000年以后，日本出生率下降和平均预期寿命上升的状况仍然持续，老龄化程度不断加重。2000—2010年，65岁及以上人口占总人口比重从17.18%提高到22.94%，进入超老龄化社会，老龄化程度已经十分严重，到2015年该指标又提高到26.34%，也就是说4个人中至少有1人年龄在65岁或以上。

2. 养老产业（事业）发展状况

2001年，日本养老院的数量已达7 582所，可容纳46.4万人。进入21世纪之后，日本的养老产业在市场规模、社会功能、从业人员的专业化和生产技术装备的专门化等方面都高度发达，产业发展进入扩张期。同时，日本的养老产业开始向国外发展和扩张。养老产业成为日本老龄化社会中最具活力、最有发展前途的产业之一。目前产业规模约为39兆日元，并以4%—5%的年增长率稳定成长，预计到2025年将成为拥有112兆—155兆日元（按现行汇率折合1兆美元上下）规模巨大的支柱产业。

3. 养老产业（事业）发展经验

（1）政府投入社会保障支出。社会保障支出中有一部分是通过缴费及其保值增值来实现的，但是政府投入也是重要的资金来源（见表10-3）。2010年，日本社保支出中的3/4左右与缴费相当，剩余的1/4来自政府的投入，占比在GDP的4.5%左右。2016年，社保支出的20%左右来自政府的投入，占比在GDP的3.3%，因此，政府对社会保障支出的投入很高，有效保障了老年人的养老金和医疗服务。其实，政府对老年人的医疗支出也很多，很多研究中把医疗支出计算到政府的老年人支出中，因为有统计显示，老年人的医疗开支占医疗支出的比重较高，但是本文没有这样计算，原因是无法区分医疗支出对象的年龄。

表10-3　　日本、英国和美国社保缴费、社保支出及其差额占 GDP 比重（1980—2016 年）　　单位：%

年份	日本			英国			美国			中国		
	社保缴费	社保支出	差额	社保缴费	社保支出	差额	社保缴费	社保支出	差额	社保缴费	社保支出	差额
2016	12.8	16.1	−3.3	7.7	15.8	−8.1	6.7	7.8	−1.1	4.9	7.1	−2.2
2015	12.6	16.0	−3.4	7.5	16.1	−8.6	6.6	7.8	−1.2	4.8	6.8	−2.0
2010	11.5	16.0	−4.5	7.7	16.9	−9.2	6.6	9.0	−2.4	3.6	5.4	−1.8
2000	9.6	—	—	6.8	13.3	−6.5	6.7	6.4	0.3	—	—	—
1990	—	—	—	6.2	—	—	6.8	6.8	0.0	—	—	—
1980	—	—	—	4.9	—	—	5.4	7.5	−2.1	—	—	—

资料来源：IMF的GFS数据库。

注：社保缴费英文原文为social contribution；社保支出英文原文为expenditure on social protection；差额为计算得出，为社保支出减去社保缴费；"—"表示没有数据；数据涵盖范围为整个政府，英文原文为general government。

（2）政府颁布并实施《介护保险法》，政府和个人共同承担老年人的护理等费用。2000年，日本政府颁布并实施《介护保险法》。该法律规定通过社会保险来共同承担老年人护理所需的设施、服务等费用。保险的参与者一是65周岁及以上的老人，二是40—64周岁的参加了医疗保险的人。当这两类被保险人因卧床不起、痴呆等原因需要起居护理或需要有人帮助料理家务和日常生活时，经过专门机构体检认定后，会为被保险人提供不同等级的居家护理和生活服务，该保险还提供一定费用用于改建私人住宅、购买或租赁养老所需的机械、用品等,老人也可以选择入住疗养院、托老所或养老院等机构。老年人有了多种模式的养老选择,有可能离开医院和养老机构,回归家庭或社区。相关护理费用的一半由被保险人交纳的保险费支付,其中的19%由第一类保险人负担,31%由第二类保险人负担;剩下的一半由财政负担,其中,中央负担50%,都道府县和市町村各负担25%。护理保险制度不但减轻了个人和家庭的养老负担,还为日本养老产业创造了巨大商机,形成老年人护理产业。

(3)政府颁布老年人疗养保障制度。2007年,日本政府设立老年人疗养保障制度,该制度与老年介护保险制度相配套。该制度引发了日本各界投入256亿日元研发相关的技术、产品或服务。

(4)政府支持医疗和看护业的发展。日本将与养老产业相关的医疗和看护产业定位为新兴的服务型产业,激励其成为日本经济新的增长点。2010年6月,日本政府公布《21世纪复活日本的21个国家战略项目》,将医疗和看护产业列入其中,并提出,在2010—2020年的10年内,将医疗和看护等相关产业的市场规模平均每年扩大5万亿日元,增加284万个就业机会。日本政府还计划重点投资医疗和看护产业,提供跨国医疗服务,参与国际竞争。日本还积极争取吸引国外中高端养老客户群赴日本疗养。为此,日本政府研究放宽对"医疗签证"的限制,培训外语人才,建立海外代理和推广机构等,并引导企业在羽田机场附近开设24小时营业的医疗机构,以方便周边国家居民在周末及其他休息时间赴日本体检、疗养。

(5)政府鼓励老年人参与学习、融入社会。一是设定终身学习计划。日本政府制定了"振兴终身学习的措施",支援地方的教育、文化、体育等方面的活动。2005年6月,中央教育审议会在都道府县设立了"终身学习审议会"分会,在市町村设立了终身学习责任分会。43个都道府县和1 350个市町村制定了中长期终身学习计划和基本构想。地方政府作为促进终身学习的核心部门,提供学习信息、咨询,调查学习需求,开发学习项目等。二是鼓励老年人参加社会活动,体现人生价值。各个都道府县都设有"建设光明的长寿社会促进机构",形成老年人的知识网络。鼓励老年人凭借具有的丰富知识和经验以及学习成果参与到社会活动中去。老年人也可以利用所学知识、经验到海外发展。独立行政法人国际协力机构负责老年人的海外志愿者活动。

(6)政府帮助和支持老年人就业。一方面,日本政府为了满足老年人的再就业需要,为老人提供再就业辅导。日本的社会福利协会一般开办老年人职业介绍所，为老年人再就业提供免费服务。另一方面，从雇佣政策和雇佣保险两个方面保障老年人的就业和生活。雇佣政策的重点从老年失业者的生活保障转向雇佣政策调整和职业转换、能力开发等。《高龄者雇用稳定法》是日本政府应对老龄社会而建立的一种制度，2005年日本政府对其进行了修改。规定2006年4月以后雇主有义务必须在下面三种方式中任选一种作为企业的制度：一是把退休年龄逐步提升到65岁，到2013年必须达到65岁；二是废除退休制度；三是维持现有退休制度，但员工退休后，如仍有工作意愿，对愿意继续工作的员工，原企业必须重新雇用或延长工作合同。日本的雇佣政策并非由政府直接创造雇用机会或限制解雇，而是采用通过向雇主提供援助金的方式间接诱导。日本政府采取这些措施的目的在于引导老年人由"老有所养"转向"老有所为"（专栏10-1）。

专栏 10-1

日本养老保险和医疗保险概况

1959年，日本制定了适用于全体国民的《国民养老保险法》。1961年，公共年金以厚生年金、共济年金、国民年金（又叫"基础年金"）等形式覆盖了20—59岁的日本全体居民，从而实现了"国民皆年金"的目标。这种"国民皆年金"的强制性保险措施，使所有连续25年以上参加保险的日本人，都能在65岁后领取养老年金，使老年人的基本生活水平得到保障。该制度作为老年人收入保障政策，主要考虑了老年人经济保障的需要。1989年，在年金制度上引入了与物价相关的浮动制。1994年，把领取养老金的起始年龄推迟到65岁。日本的养老金制度由公共年金制度、企业补充年金制度和个人储蓄养老制度等三大支柱构成，体现了公助、互助和自助原则，其中，公共年金制度居主导地位。2004年，日本通过了有关《国民年金法部分内容修正法案》及《管理年金的独立行政法人法案》。主要内容包括：把保险费上涨幅度控制在18.3%，给付养老金的标准控制在此范围内；给付标准长期保持在平均收入的50%；把国民年金的国库负担比率提高到1/2。2004年，国库负担国民年金272亿元，相当于国民年金支付总额的1/3，到2009年将把该比率上升到1/2。在日本老年人的收入中公共年金所占的比重为70.2%，老年人家庭当中只依靠公共年金生活的占59.9%。

日本针对老年人的情况，制定了医疗和保健服务一元化老人保健制度。这一制度以1982年制定的《老年人保健法》为依据。主要用财政资金（国家和地方财政负担）支持老年人的医疗费。其对象为参加医疗保险并且年龄在70岁以上或者65—69岁卧床不起的老年人。但是，老年人医疗费支出不断膨胀。根据日本厚生劳动省的统计，2001年度，日本老年人医疗费约为11兆6560日元，占国民医疗费总额的37.2%。老年医疗需求的增长势头有增无减，原来的制度已经很难适应新的社会经济以及人口形势。因此，2002年国会通过了《健康保险法修正案》，规定在部分医疗费中老人个人要负担10%（但有每月最高限额）。并规定从2002年10月份开始，用5年时间阶段性地提高医疗费给付年龄，把年龄从70岁提高到75岁，70岁老人个人负担医疗费的10%，财政负担比率从30%提高到50%。2003年开始一般患者个人需要负担医疗费的30%。另外，为了预防疾病以及保持健康，2003年实施《健康增进法》，还制定了"饮食健康教育指针"，并对40岁以上的人开展健康教育、健康诊断、技能培训、访问指导等保健活动。

资料来源：田香兰. 养老事业与养老产业的比较研究——以日本养老事业与养老产业为例［J］. 天津大学学报（社会科学版），2010（1）.

二、英国

英国较早进入了老龄化社会，老龄化程度不断加深，但是老龄化速度慢于日本和中国（见图10-1）。为方便比较，本文将英国养老产业（事业）发展按1960年之前和之后两个阶段，分析英国在老龄化程度与中国相近之前和之后养老产业（事业）的发展情况。

（一）前期阶段（1960年以前）

1. 老龄化程度

1930年，英国65周岁以上的老年人口占总人口比例达到7.2%，是继法国

(1890年)和瑞典(1890年)之后第三个宣告进入老龄化的国家。1960年,英国65岁及以上人口占总人口的11.75%,与中国目前的老龄化程度相近(2018年中国该比率为11.94%)。同年,英国粗出生率为17.50‰,平均预期寿命71.13岁,人口增长率0.35%。2015年中国平均预期寿命76.34岁,2016年出生率12.95‰,人口自然增长率0.586%[①]。可以看出,中国目前的老龄化程度与1960年左右的英国相似,但老龄化形势要更严峻,因为老龄化速度要快很多。

2. 养老产业(事业)发展状况

英国未富先老,很早就进入老龄化社会,但是当时经济水平还很低。另外,英国国家医疗服务体系(NHS)在1949年开始运作时,仅占当年GDP的3.5%。

3. 养老产业(事业)发展经验

1908年英国政府通过养老金法案。1948年,英国政府宣布建成世界上第一个福利国家,国家为全民提供一整套从摇篮到坟墓的社会福利制度。

(1)政府提供全民免费医疗服务。1946年颁布的《国家医疗服务法案》(National Health Service Act),确立了全民免费医疗保障制度。国家医疗服务的费用由政府和医院支付,资金来自税收收入。民办和公立医院实行国有化,按所在地划归地区委员会管理,保证人人都能享受到充分而平等的医疗保障。

(2)政府为老年人提供住房和其他服务。1948年,英国通过《国家救助法案》(National Assistance Act),法案要求地方政府为老年人等提供住房和其他一些服务。几年后,政府将国家救助改为补贴,变短期救助为长期补贴。

(3)地方社会机构提供的成人社会照料服务。成人社会照料服务体系(ASC,Adult Social Care)最初的建成可以追溯到1948年。成人社会照料服务体系是指地方社会照料服务机构为照料需要照顾的成年人而提供服务的一系列服务体系与制度,内容包括院舍照料、社区照料、成年人保护以及照料人(护理人)扶持等。

(二)后期阶段(1960年以来)

1. 老龄化概况

1960年,英国65岁及以上人口占总人口的11.75%,与我们目前的老龄化程

---

① 中国国家统计局网站数据。

度相似,到2015年,英国65岁以上人口占总人口的比重增加到17.76%。比较而言,英国老龄化发展速度比中国慢一些,英国65岁及以上人口占总人口的比重大约每10年增加1个百分点,中国大约每10年增加2个百分点。1980年,英国人均国民收入9 380美元①,与中国目前人均国民收入水平接近,说明英国曾长期面临未富先老的局面。

2. 养老产业发展状况

1988年,英国养老机构提供服务的市场价值约45亿英镑,其中,政府提供养老服务的市场价值最高,超过20亿英镑(见图10-2)。之后,各类机构提供养老服务的总市值不断增加,到2000年,达到约85亿英镑,但是增长主要来自营利机构提供的养老服务,其提供的养老服务市值约55亿英镑,成为养老服务提供的主体;公益性组织提供的养老服务增长不多,占比也不高;政府提供的养老服务呈现下降的态势,市值接近20亿英镑。

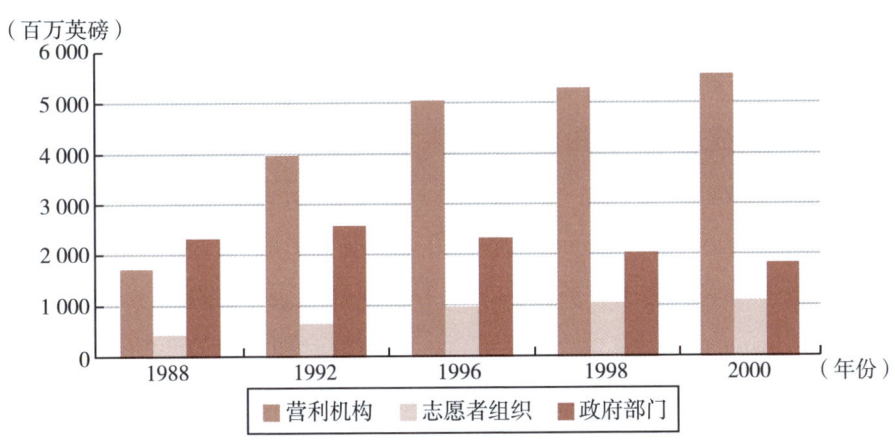

图 10-2 英国养老服务机构的产值(分机构性质)(1998—2000年)

资料来源:柴化敏. 英国养老服务体系:经验和发展[J]. 社会政策研究,2018(3).

英国老年人选择机构养老的比例为10%左右,90%集中在居家和社区养老。养老机构以民办为主,养老服务的定位是市场化的,政府的职能主要是购买服务而不是提供服务。以居家养老服务为例,2010年,地方政府提供比例仅为11%,由私人提供的比例高达74%;以护理院为例,由地方政府建设运营的护理院仅占16%,由私人运营的护理院比例则高达63%。截至2012年底,英国非政府养老服

---

① 中国国家统计局网站数据。

务机构有1.4万多家,其中以成人社会照料机构为主,从变化来看,NHS信托机构减幅明显,增长最快的是独立医疗中心(见表10-4)。

表10-4 英国非政府供给机制下的养老服务机构数(2012年底)

机构性质	机构数量(个)	半年变化(%)
NHS信托机构(NHS Trusts)	267	-8.2
独立医疗中心(Independent Health Care)	1 393	13.5
独立急救机构(Independent Ambulance)	253	4.1
成人社会照料机构(Adult Social Care)	12 672	2.0
初级医疗服务机构(Primary Medical Services)	53	0
总数	14 638	1.7

资料来源:金璐.中英养老服务供给方式比较研究[D].上海:上海工程技术大学,2015.

3. 养老产业发展经验

20世纪70年代,恶化的财政状况使得英国高水平的社会福利难以为继。撒切尔政府开始对英国社会保障制度进行持续性的"去机构化"与"市场化"改革。

(1)地方政府成立专门机构负责养老服务。1970年,英国通过《地方行政当局社会服务法案》(Local Authority Social Services Act)。法案规定,地方行政当局成立社会服务部(Social Service Department),负责当地养老服务计划、实施和安排,评估老人养老服务需求。其服务质量和绩效考核由社会服务检查委员会(Commission for Social Care Inspection,缩写CSCI)负责,并向政府和公众公布结果。

(2)地方政府和个人共同负担老年人照料服务。老年人照料服务根据个人收入和财产的评估(Mean-Test)情况确定免费或者费用的分担比率。当财产和收入低于规定的标准时,或者没有其他家人照护的独居老人可以享受政府负担的免费照料服务。

20世纪80—90年代,地方政府在老年人照料方面的职能变为主要负责提供相应的服务资金,经费由社会安全预算转为地方政府预算提供。

(3)政府直接提供服务到购买服务的国家医疗服务体系(NHS)改革。1990年,《NHS与社区服务法》(National Health Service and Community Care Act)颁布,NHS经历了一次重大改革。法案在中央政府提供的医院医疗服务和地方政府提供的养老照料服务之间架起一座桥梁,同时推进老人的社区照料服务。NHS改革坚持"以一般税收收入为基础,政府分配预算,向全体国民免费提供医疗服务"的原则,钱随人走。原先相关的国家医疗管理机构变成了医疗服务的购买者,负责分析居民的医疗需求,代表国家与服务提供者订立承包合同购买服务,而不再行使医院管理职能和提供服务职能,提供者只有通过提供比以往更优更廉的服务,并经过竞争才能获得合同。

(4)促进政府内部整合的成人社会照料服务体系改革。2008年英国法律委员决定重新审视成人社会照料服务体系(ASC),2010年2月政府发布法律改革政令,决定通过政府内部合作的供给方式,为民众提供整合服务资源的新成人社会照料服务体系。2012年英国政府颁布《照料和扶持法案》(Care and Support Bill)与白皮书;2013年《医疗和社会照料法案》(Health and Social Care Act)开始正式实施;2014年颁布《照料法案》(Care Act)。

新的成人社会照料服务体系(ASC)为老年人服务的工作重点包括:通过购买健康辅具,帮助老人能够有更多自理的机会;帮助老年人选择及替换养老服务资源,包括机构与护工;实现老年人生活期望,参与相应的社会活动;利用法律援助与服务,监管、维护老年人权益。在服务支付的渠道上既有"政府补助",又有"慈善基金会",甚至还可以选择以"个人预算"(Personal Budget)的形式自己安排补助金,选择养老服务。大体而言,英国政府对于成人社会照料服务体系改革的目标是使希望接受该体系养老服务的老年人能够理解其运作机制,拥有更多的选择权,提高满意度,期望以实现更好、更周全、更公平的服务方式来保障服务相关者的尊严及利益。

2012/2013财年,英格兰政府对ASC的支出为172亿英镑,其中的89亿英镑用于65岁以上的老人。2014年《照料法案》规定,为避免照料费用给个人经济带来巨大压力,当照料费用(不包括个人日常生活成本支出,如房租、食品等)超出地方政府设置的最高线时,超出的部分全部由政府负担。而这一规定原计划2016年执行,但被推迟到2020年4月实施。

(5)成人社会照料服务体系(ASC)与国家医疗服务体系(NHS)的合并。NHS和ASC分属两个体系存在弊端。例如,老人原本期望享受的统一服务被分散在NHS和ASC之中,选择任意一方都可能损失另一部分服务。也就是说老年人没有得到统一、联合的服务,他们可能会面临利益受损的风险。医疗和照料的工作人员可能不能很好地满足老人所有需求,同时纳税人的税金也没有充分得到利用。

因此,2012年《照顾与支持白皮书》正式提出"医养结合"的养老服务要求。2013年5月14日,英国卫生部发布"确保医疗健康与社会照料服务共同工作"的通知,传统的NHS与ASC合并成为医疗和社会照料服务(Health and Social Care Service,简称HSC),这是英国在统筹服务资源上的重要举措。2014年英格兰、苏格兰地区相继发布医疗和社会照料法案，进一步落实政策实施与操作细则。至此，英国一改过去国内对于高福利支出的认识，一直以来占公共服务支出最大份额的NHS系统自2010年起增长幅度得到明显的抑制。

依据NHS官方网站2014年发布的信息显示，新的HSC服务框架更为广泛，大致上可以分为三层：第一层是依托护理院（Care Home）的医疗服务供给，提供长期、中期、短期的公共医护服务；第二层是NHS的主要资金来源是包括政府补贴、商业融资产品以及社会慈善捐赠的多元资金供给链；第三层是以家庭与社区服务网络为基础的英国社会服务体系，为老年人、儿童、妇女、残疾人等提供就近的综合生活服务。这个体系为养老的供给和需求方提供了双向自由选择的功能和渠道。养老服务的内容呈现菜单式，既可以是提供医疗护理服务，也可以是养老机构或者简单的家政帮助。英国不少养老服务机构将家政工与医疗护理工区分开来，并通过良好的培训体系提供更为专业的服务。NHS还可以为老年人提供户外活动，2014年英国"Find Me Good Care"系统上线，老年人、护理人都能从中搜索就近的感兴趣的文娱服务资源，有选择地参与到各项服务项目之中。老年人往往在申诉自身权利时，容易遭遇困难。这时，可以通过该体系的中介机构在市场上寻找律师，然后通过法律援助来申诉自身权益。当老年人想要得到有权享受的服务，或者仅仅是想知道什么样的服务适合他们时，信息咨询服务往往是养老服务机构或者社会服务代理机构工作的核心。

（6）公私合作的国家医疗服务信托机构（NHS Trust）。NHS Trust是养老产业公私合作的典型。NHS Trust的内容分为：医院信托（Hospital Trust）、精神健康信托（Mental Health Trust）、急救服务信托（Ambulance Service Trust）和社区医疗信托（Community Health NHS Trust）四块。其设立初衷就是在NHS体系的基础上提供补偿服务，进一步打开市场，将服务专业化，并扩大服务资源的覆盖面。在组织结构上，每一个NHS Trust的董事会或委员会都是由有行政职务成员与无行政职务成员共同组成，并由无行政职务成员担当董事长。NHS Trust半官半民的特点还在于，它以政府官方合作伙伴的名义受到国家审计的信任。

具体来说，市场上的养老服务或相关医疗服务机构通过与政府合作的形式，招募政府与非政府成员成立NHS董事会，共同提供相关养老医疗及生活服务。形成一种近似于"NHS集团化"供给结构。将市场上分散的民间养老机构"并购"到NHS体系下，保留原来的"生产"功能，介绍NHS"客户"（患者）到NHS Trust机构中，在享有"NHS信息系统共享"权利的同时，这些机构必须遵循"集团合规"，设法满足

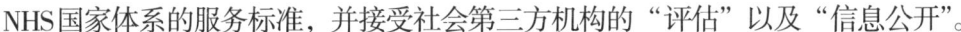

NHS国家体系的服务标准,并接受社会第三方机构的"评估"以及"信息公开"。

(7)政府或养老保险提供的各类养老金。

——政府为贫困和低收入老人提供养老津贴。英国政府为处于贫困线以下的低收入或无收入老人给予养老补助,其目标人群是社会的穷人或弱势群体,甚至没有资格领取国家基本养老金的人。津贴发放基于"家计式调查"选择性发放,根据调查养老金补贴申请人的家庭资产和收入情况,确定补贴额度发放养老津贴。如果工作却未缴纳养老保险,通过家计式调查,同样可以领取养老金。这种家计式调查的养老津贴金额不稳定,参差不齐,因而备受争议,被认为影响了公众缴纳国民养老保险的积极性。2010年,最低养老津贴为每人每周97.65英镑,和国家基本养老金一致;或者每对夫妇每周202.4英镑,高于国家基本养老金。

——"夫妇养老金"。夫妇养老金早就出现在《贝弗里奇报告》之中,至今仍然在调整后沿用。2010年4月开始,无论男性还是女性,均可通过配偶的缴费记录领取全额或是60%的养老金。例如,妻子由于缴费年限不足,基本养老金未达到全额的60%,那么她可以依据丈夫的缴费记录,获得全额养老金的60%。

——政府提供的高龄津贴和成年人津贴。政府为年满80岁无养老金或者因缴费时间不足以领取最低养老金的高龄老人提供"80岁以上人士的养老金"和"无法独立成年人津贴"(Dependent Adult's Addition)。这两种津贴都属于非缴费性福利。根据身体健康状况,前者等于或低于后者的给付金额。

——附加养老金的配偶继承。夫妇中一方在继承已去世配偶的附加养老金计划时,最后能得到配偶原给付的50%。如果继承人自身的缴费记录足以去继承附加养老金,则继承上限不得超过一定额度。

(8)公共支出支持社会保障支出和医疗支出。社会保障支出和医疗支出是英国公共支出中最优先的支出类别,同时这两类支出也是支出总量排在第一位和第二位的支出类别。这两个类别的支出中相当大的比重是老年人享受的。2017/2018财年,社会保障支出占GDP的13.0%,医疗支出占GDP的7.1%。而且这两类支出的占比在不断增长,社会保障支出占GDP的比重从全球金融危机前的2007/2008财年的12.1%上升到13.0%;同期,医疗支出占GDP比重从6.5%上升到7.1%。① 社保支出中的部分资金来自社保缴费,以2016为例,英国社保缴费占GDP的7.7%,社保支出占GDP的15.8%,通过比较可以看出,缴费占社保支出的比重

---

① 数据来自HM Treasury, Statistical Bulletin: Public Spending Statistics February 2019, Table 10a and 10b, 英国财政部网站。下文的功能分类的支出数据也是同一来源。

不到1/2，大部分支出都是公共预算提供的（见表10-3）。

三、美国

（一）老龄化程度

1950年，美国65岁以上人口占美国总人口的8.1%，已经进入老龄化社会。之后，老龄化程度不断加深。1960年，美国65岁及以上人口占总人口的9.15%，1970年为9.74%，1980年为11.36%，2015年增长到14.79%，大约每10年上升1个百分点。比较而言，美国20世纪70年代的老龄化程度与中国目前相近，该阶段美国的人均国民收入（1975年8 530美元①）也与中国目前相近，但是中国老龄化速度快于美国，目前65岁及以上人口占总人口比重每10年大约上升2个百分点。

（二）养老产业（事业）发展状况

美国老年人消费额在1986年时就已达到了8 000亿美元，占当年美国GDP的18%。美国养老机构上万家，目前有5%—7%的老人居住在养老机构，同时建立在专业护理服务网络基础上的居家养老服务也逐渐受到美国民众的青睐，成为主要养老服务形式之一，甚至催生了名为"照护员"（caregiver）的新兴职业。从地域看，据统计，佛罗里达州的85%以上的财政收入来自于养老产业。

（三）养老产业（事业）发展经验

1. 国家强制型养老保险等构成的养老保险体系

美国和其他发达国家相似，养老保险体系分为：国家强制型社会养老保险、企业补充养老保险和个人储蓄养老保险，美国养老保险体系保障了老年人的生活，为养老产业发展提供支撑。

2. 金融机构推出的住房反向抵押贷款

这是20世纪80年代中期美国新泽西一家银行创立的放贷方式，分为有期和无

---

① 中国国家统计局网站数据。

期两种形式。62岁以上拥有自有住房的老人可以把住房抵押给银行，银行定期给老人一笔生活费。如果是有期的方式，到期后老人可以通过出售房屋或以其他资产偿还贷款。如果是无期的方式，银行通过专门的资产评估机构评测房屋的价值，并聘请专门的医疗机构评测老人的寿命，计算老人每月的生活费并按月支付直至老人故去，待老人故去后该房产由银行处置。这种做法实际上还含有人寿保险的意味，对于拥有自主房产但维持生活有困难的老人来说有现实意义，老人不必离开熟悉的生活环境，又可以得到维持生计的必需费用。在美国还有老人将其作为改变生活方式、过更积极生活的途径。这种放贷方式一经创立，就在美国得到了极大的推广。

3. 商业化养老社区

美国养老社区一般建于阳光地带，如佛罗里达、得克萨斯、加利福尼亚等南部各州，那些地方阳光充足、气候温暖、风景迷人，十分吸引各地老人在退休后迁徙定居；也有社区兴建于离子女近的大城市。老人们可以在社区里购房定居也可以租房居住，房屋有高中低档的区别，分为无陪护型、陪护型、特护型等不同的类型，能满足不同年龄、财力层次的老人的需求。老年社区运作成功的典范是始建于1961年，坐落在佛罗里达西海岸的"太阳城中心"。中心现有来自全美及世界各地的住户1.6万，且一直持续增长。这个根据老年人需求特点建成的社区非常人性化，实施严格的人车分流，实现无障碍设计。无障碍步行道、防滑坡道、低按键、高插座设置，住宅以低层建筑为主，共同享用邮局、超市、医疗机构、银行和教堂，还有游泳池、网球场等健身和娱乐中心，还有各种各样的俱乐部，开设各种课程、组织各种活动。老人们无论选择哪种住宅，都会享受到积极活跃的生活方式。居住在这样的老年社区对老人身体非常有益，据说，老年社区中的老年人比美国平均人口寿命高10岁。

近年来，有的养老社区搬进了大学。婴儿潮出生的一代受教育水平普遍较高，针对这个特点越来越多的高等院校参与养老产业，掀起一股"返回母校度晚年"的热潮。在宾夕法尼亚大学校园里就有一个名为"大学村"的退休社区，招收本校的校友，目前住户平均年龄77岁，老人们住在自己的公寓里，每天在酒水减价的时间里和年轻时代的校友们一起聊天，偶尔还去看球赛、听课。在"大学村"里生活，让老人们觉得又回到了年轻时代，周围都是同龄人，没有压力，每天都是开心的欢聚。

社区养老的人们很多不是买房长期定居，而是"候鸟型"的旅游养老。冬天寒冷的时候，很多子女会把年老的父母送到南方温暖明媚的地方过冬，春天来了再返回原来的地方继续居住生活，每年都有很多老人以这样的方式边旅游边养老。

更有爱好旅游的老人，干脆卖了房子买上一辆房车，吃喝住行全在车里，一车游遍了全国，停走自由，不用租房，非常方便。据有关资料统计，美国最近5年销售新房车140多万辆，已有700万户以上的家庭拥有房车。对于热爱旅游的美国老人来说，客栈也是必要的。美国就有生意火爆的路边老人客栈，是为自驾车的游客泊车或安顿行李的简易旅馆，按小时收费，尤其欢迎来客栈休息的老年人。工作人员也均是进行了当地风土人情、车辆保养知识、心理学和基本按摩等短期业务培训的老年人。路边老人客栈自建立以来深受欢迎，生意十分红火，许多老年人专门驾车来客栈，享受温馨的服务。其他地区也纷纷仿效成立了路边老人客栈。其中，威尔逊路边老人客栈还被美国旅游交通部门评选为"美利坚老人顾客满意旅馆"。

在美国社区中，有专门的机构提供家庭护理服务，如打扫卫生、烹饪食物、照顾老人起居等，费用按照照顾时间或次数进行计算。有的地方政府或企业还专门为老人设计特定的服务计划，提供专门服务。此外，政府或企业也会建立配套设施丰富老人的生活，如锻炼设施、老人娱乐休闲设施等。这些养老服务集合在一起就会成为居家养老服务产业集群，为老人们提供周到服务的同时促进了养老服务产业的发展。

4. 商业化、多类型养老机构的发展

根据老年人身体状况和需要护理的程度，美国养老机构被划分为三个级别。

（1）中等程度的护理机构。中等程度的护理机构主要针对的客户群是年龄达到65岁以上，已经丧失了自理能力，但是又没有患有非常严重疾病的老年人，这些老年人并不需要非常专业的护理，仅仅是需要一定的生活上的帮助和服务。对于这些老年人来说，这样的养老院并不能完全称为护理机构，更类似于是一个提供生活帮助的度假村或者居民区一样的地方。因为并不需要提供专业护理，所以这样的养老院花费也并不高昂，一般是由老人自费，或者由保险公司或第三方付费。

（2）协助生活机构。协助生活机构相对于中等程度的护理机构来说，更为专业，针对的人群更为缺乏自理能力，主要服务对象是身体有一定程度残疾的人。这些残疾人会在专业人士的指导下进行恢复训练，以确保他们的身体状况不会恶化并且向好的方向恢复。协助生活机构是中等程度的护理机构和专业护理机构之间的过渡，针对的是处于具有自理能力和失能老人之间的中间人群，提供的服务和中等程度的护理机构相比更倾向于专业护理和恢复。生活在这类机构的人并不具备独立生活的能力，但机构会保证老人有尊严的生活和娱乐，机构提供的任何服务也都是以尊重老年人自己的尊严和意愿为前提的，老人的生活氛围也是极为富有尊严和自由的。这也是美国养老机构最为突出的特点之一，非常重视和关心老年人的生存尊严和个人意愿。

（3）专业护理机构。专业护理机构是由联邦医疗保险和联邦医疗补助项目资助的护理设施，值得注意的是，这种养老院必须通过联邦和州政府的认证，同时严格遵守联邦和所在州的法律法规，还要定期接受检查。这种机构审查相当严格，需要遵守的规定也很多，但正是因为审查的严格从而保证了机构的专业性和安全性，使机构内的失能人群得到专业的照护，并能让老年人放心安心地在机构安度晚年。专业护理机构针对每位老人的身体现状和不同需求提供专业且个性化的护理。专业护理机构从每天的膳食搭配、营养配比，到定期监测血压、血脂，再到24小时专门全程护理服务，从方方面面为老人考虑，最大程度保障老人的身心健康，更会根据每个老人的不同现状调整针对个人的护理计划，真正做到个性化护理。

5.商业化老龄超市

美国有老龄超市，为老年人提供法律、保健医疗、异地养老及旅游咨询，传播老年人关心的信息，提供老年产品的销售配送等多方面的服务。特别是行动不便、不能坐远距离车程的老人们都乐于到老年超市购物、咨询，想买的、想问的一应俱全，非常方便。超市设施也是根据老人的需要设置，货架低、商标大、收银台还有拐杖等。超市里还设有老年咖啡屋，老人们往往在购物的同时坐在咖啡屋里聊天欢聚，交流生活和购物经验。老年超市成了老人们爱去的购物和欢聚的场所，在竞争激烈的零售行业中脱颖而出，生意非常火爆。

6.针对老年人的商品和服务的发展

在商家的挖掘之下，各种高科技产品也进入了老年产品市场。随着青春逝去，老人们更加注重外形等各个方面的保养。一向以年轻人为主的化妆品产业已开始瞄准50岁以上的消费者，美国第一大化妆品公司雅诗兰黛邀请20世纪70年代的模特儿凯伦·葛汉为针对中老年市场的新面霜代言。现在，欧美市场老龄人群的护肤品、护发品、抗皱霜的销售纪录，已令许多以其他年龄结构为服务对象的产品望而生羡，老年服装市场更是火爆非常，医疗市场更是不用说了，美国的研究表明26%—30%的全国总医疗费用是由6%的人在临终前最后一年花掉的。在食品饮料业，美国联合利华公司推出标榜低胆固醇、适合老年消费者的饮料，他们的广告焦点集中在一群50岁以上的快乐消费者身上，结果销量直线上升。在电子产品业，移动电话业者推出老年款手机，配备特大按钮，字母清楚易读，功能简化，备受老年人推崇。在汽车制造业，福特公司设计的汽车使老年驾驶员上下方便，安全带舒适，反光效果减少，仪表盘也变得清晰易读。铁路行业也推出了全程护送业务，服务非常贴心周到。如此老年产品、服务产品不胜枚举，只要是老年人有需求的地方，就有市场。养老产业的成功运营使得老人不再只是社会的负担，而是创出了活跃的新的经济增长点。

7. 政府和社会机构制定养老机构的标准并进行监督、检查

具体方式包括：（1）1997年，美国政府就开始对所有提供照料服务的养老机构实行准入及标准化报告制度，用于获取顾客满意度、评价和检测照料机构的服务质量；（2）美国卫生部医疗保险和医疗救助中心发布实施了两项养老服务标准，分别规定了养老服务的传统和新兴评价指标，作为对养老机构监督、检查的手段和依据；（3）经过长期的经验积累，美国各养老机构都制定了各自的服务标准，涉及包括服务流程、服务规范、服务技术、设备设施和质量监控等方面的要求；（4）美国医疗保险计划针对服务质量开展了养老机构五星级评估工作，评估内容主要包括服务质量管理、从业人员、老年人健康检查等方面，根据评估结果对养老机构评等定级，作为消费者选择养老机构的依据之一。

8. 政府或政府指定老年人中心提供中介服务

美国有政府或政府指定的老人事务管理和评估的老年人中心。老年人可以通过家人、家庭医生、社工等介绍到这类中介机构。中心的工作人员被称为福利经纪人，职能一是根据经济条件、行为能力和家庭状况等评估老年人是否需要政府照护和参加照护项目；二是向政府报批照护老人的费用；三是评估和选定服务机构；四是安排需要政府照护的老人与服务机构对接和费用支付等；五是评估和监控服务质量；六是开展家庭照护的技术培训和指导。

第二节　借鉴与启示

日本、英国和美国进入老龄化社会的时间比中国早，老龄化程度比中国深，日本老龄化速度比中国快，而英国和美国比中国慢些，在不同的老龄化程度、速度和社会及经济条件下，这些国家养老产业（事业）发展的规模、发展的特点、政府的举措，对中国有很好的借鉴意义。特别是日本在老龄化速度较快的情况下，如何解决养老服务需求的快速增加与养老产业（事业）供给的不足；英国在未富先老的情况下，如何调节养老福利发展的愿望和财政资金有限之间的矛盾；美国如何更多依赖市场的力量、采用商业化的模式来提供多样化、满足多种层次需求的养老产品和服务。具体来说，对日本、英国和美国的经验得出的借鉴和启示总结如下。

一、中国老龄化速度之快令人担忧

2001年，中国开始进入老龄化社会，经过10多年时间，中国老龄化速度发展很快，老龄化进程令人十分忧虑。从表10-5可以看出，进入老龄化社会以后，中国的老龄化速度与日本极为相似，在进入老龄化社会的第10—15年时间，中国老龄化速度甚至超过了日本。如果假设未来中国老龄化速度与日本同步的话，可以用日本的数据推算出中国未来的老龄化比率（65岁及以上人口占总人口比重），据此方法2020年中国老龄化比率将达到12.27%，2030年将达到17.63%，2040年将达到23.55%，2045年将达到27.04%。简单来说，中国目前老龄化程度相当于30年前的日本，日本目前的老龄化程度相当于30年后的中国。因此，中国必须为未来的老龄化状况做好充分和必要的准备，例如养老保险体系的改进和完善、退休制度的调整、国家养老产业（事业）政策的调整等。

表10-5　　　　　　　　　　中国和日本老龄化轨迹比较

中国		日本	
年份	老龄化比率（%）	年份	老龄化比率（%）
2000	6.96	1970	7.03
2010	8.90	1980	9.05
2015	10.47	1985	10.20
2020预测	12.27	1990	11.95
2030预测	17.63	2000	17.18
2040预测	23.55	2010	22.94
2045预测	27.04	2015	26.34

资料来源：中国国家统计局网站数据及计算得出。

注：斜体为根据日本老龄化增长率推算的中国预期老龄化比率。老龄化比率等于65岁及以上人口占总人口比重。

二、中国养老产业（事业）发展思路

从日本、英国和美国养老产业（事业）发展经验可以看出，老龄化既是挑战也是机遇，因此，必须未雨绸缪。有利的条件是，上述国家处于老龄化社会过程中的数十年发展历程和其养老产业的发展经验为中国提供了研究的样本和参考的模板。总结来看养老产业（事业）的发展必须把握以下几个方面。

（一）从老年人的需求出发，满足其多元化需要

养老产业的发展必须从老人的心理、生理状况出发，根据其消费习惯、消费水平、消费偏好、消费领域提供多元化、专业化服务。养老产业要满足老年人多样化、多层次需求，因此，本书将养老产业按内容划分为7个方面，分别是居所类、生活类、器械和产品类、医疗类、金融和保险类、文化娱乐类、其他（见表10-6）。

表10-6　养老产业（事业）包含的内容

类型	具体包括的内容举例
1.居所类	老人公寓、老人社区、老人住宅、提供昼夜看护的养老院、三世同堂住宅、老人住宅的改建和整修
2.生活类	家政服务、上门洗澡理发、生活陪护
3.器械和产品类	疗养床、轮椅、拐杖、多功能便池等相关器械和产品的设计、研发、生产、销售和租赁
4.医疗类	门诊、住院、上门保健护理、医疗陪护
5.金融和保险类	人寿保险、养老保险、医疗保险、资产代管、（抵押）贷款
6.文化娱乐类	日常娱乐、体育健身、旅行、老年大学
7.其他	就业帮扶、再教育再培训、咨询

注：作者整理。

（二）区分养老产业与养老事业，追求市场化发展

养老事业和养老产业是两个界限分明的概念，前者属于政府提供的公共产品、

公共服务的范畴，体现保障老年人基本生活需求的政府责任，是普遍性的社会福利；后者是满足老年人生活多样化、多层次需求的市场化活动。养老产业要发展必须走市场化道路，普适的高福利是发达经济体也无力承担的责任，英国养老产业（事业）的发展道路正说明了这个问题。因此，养老最终还是要依赖市场化、效率驱动的养老产业，政府的责任是托底和提供必需的资金、管理以及监督、检查。

（三）养老产业必将有辉煌前景

中国养老产业大有可为，前景广阔，老年人不是社会的负担，而是巨大的潜在市场。日本的经验表明，养老产业历经发展期、成熟期、扩张期，目前产业规模约为39兆日元，并以4%—5%的年增长率稳定成长，预计到2025年将成为拥有112—155兆日元（按现行汇率折合1兆美元上下）规模巨大的支柱产业。美国老年人消费额在1986年时就已达到了8 000亿美元，占到了当年美国GDP的18%。中国老年学会常务副会长赵宝华曾在老人论坛上说，目前中国老年用品消费能力达到6 000亿元，到2010年将突破2万亿元大关，但是现在市场上提供的老年产品仅1 000亿元，存在着巨大的商机缺口有待发掘。

三、中国养老产业（事业）发展的具体建议

从日本、英国和美国养老产业（事业）发展经验可以看出，养老产业和事业有着严格的界线，政府行为和商业行为有各自的空间，老年人更多的意愿是社区居家养老，所需服务根据身体状况和个人偏好有多种需求，因此，这里主要从以下角度提出对我国养老产业（事业）发展的具体建议。

（一）提高老年人购买力

养老产业的发展依赖老年人的需求，提升需求的重点是提高老年人的经济实力，因此，需要从提高老年人购买力方面着手，具体建议如下。

1. 促进老年人就业，提高其劳动所得

随着生活水平、生活环境和医疗水平等的提升，我国人均寿命不断增加，健

康状况持续改善，65岁及以上人口中的部分人群仍然有工作能力和工作意愿。因此，可以针对老年人提供就业培训和就业服务，帮助其找工作和提升工作能力从而获得更好报酬的工作，对此政府可以，也应该发挥作用。

2. 帮助老年人投资，提高其资产所得

根据消费的生命周期理论，老年人与年轻时相比，劳动所得可能会下降，比较而言收入低而消费高，储蓄出现负增长，但是老年人积累的财富会更多些。因此，可以开发针对老年人、适合其特点的投资产品，例如存取灵活、投资风险较小的产品。针对老年人积累的房产、价值较高的珠宝字画等不动产，可以由相关中介帮助老人通过出租、出借获取收入，对于遇到暂时性经济困难或者缺乏流动资金的老人可以设计反向抵押（消费）贷款或者反向抵押（生命）保险来提高老人现金流，改善老人生活。反向抵押（消费）贷款和反向抵押（生命）保险的差别是，后者有生命保险的成分，在保险人身故后进行清算。中国目前试点住房反向抵押贷款，并在全国铺开，但是受传统观念的影响，实际签约量很低，接受度较差。建议可以考虑反向抵押贷款的贷款人及其法定继承人或者遗嘱继承人通过中介如公证机构等签订类似合约，由其法定继承人或者遗嘱继承人每月向贷款人提供一定数额的现金补贴，涵盖贷款人部分直至全部支出，在贷款人身故后、遗产继承前，将该部分金额按照实际利率折算的终值在遗产中先行扣除并返还，这既有助于保障老年人生活，又有助于协调家庭成员间的关系，对贷款的老人、法定继承人或者遗嘱继承人都很公平。值得注意的是，在帮助老年人投资这方面，对于针对老年人的储蓄、保险、理财、抵押贷款等产品必须严格监管，切实保障老年人的权益。对此，投资设计和运作方面主要靠市场来进行，而市场监管以保护老年人合法权益方面就需要政府或社会力量发挥作用。

3. 国家支持和鼓励老年人购买养老和医疗保险

老人的现金来源除了上文所说的劳动所得和资产所得外，还包括养老金。从国外的情况来看，对很多老人特别是低收入或者经济条件较差的老人来说，养老金都是其最主要的经济来源。发达国家一般都建立起了养老保险体系，它有三个支柱：一是国家强制养老保险；二是企业为雇员购买的附加养老保险或称企业年金；三是个人自愿缴纳的养老保险。目前，中国对第一类养老保险已经基本实现了雇员全覆盖，缴费形成的社会保险基金投资收益也较高。存在的主要问题是养老基金是现收现付制，因此，对于人口净流出的地区，比如东北，可能出现资金

不足。中国正在做养老保险全国统筹的准备，目前，各地间的五险一金都可以转移接续，从人口流动的角度考虑这个方向是正确的选择，实际上发达经济体养老保险也都是全国性基金不是按地区划分割裂的。对于企业为雇员购买的养老金和个人自愿购买的养老保险，很多国家对于额度内的资金一般都给予税收减免优惠或者税收递延的优惠，我国年轻人的储蓄意愿与前几代人相比已经明显下降，因此，政府更有必要通过税收优惠等措施鼓励年轻人为养老进行储蓄。

医疗支出对老人来讲是刚性支出而且通常费用较高，特别是在老人离世前的最后一段时间。因此，购买适合的医疗保险对保障老人的生活和得到适合的治疗极其重要，对老人的生活质量和生活水准有重要影响。我国目前政府（强制性/自愿）医疗保险分为城镇职工医疗保险、新型农村合作医疗、城镇居民医疗保险（一老一小）三个体系，覆盖范围较广，三个体系的分化体现了缴费与享受待遇的差异。从日本、英国和美国的经验来看，对于老年人的医疗需求来说，大病及长期治疗和护理费用较高，因此，要鼓励保险机构设计大病保险和长期护理保险，鼓励个人购买大病保险和长期护理保险，国家对此可以给予税收优惠，在中国老龄化达到一定程度时，可以参考日本的样本，推出政府主导的强制性长期护理险，像国家强制性养老金一样由中央财政给予一定的资金支持。

4. 调整退休政策减轻对国家强制性养老保险的冲击

从长期来看，当65岁以上人口占比达到一定数量如20%以后，调整退休制度就成为必然。一方面受制于劳动力供给的因素。老年人口所占比重高，劳动力的供给就减少了，必然影响产出。另一方面是养老金体系必然面临冲击。老年人口所占比重高，交养老保险的少了而领取的人多了，必然会对养老金体系产生冲击。其实，国外很多研究的角度都是针对老龄化对国家财政的冲击。因此，调整退休制度成为必然，延迟退休、取消退休成为政策选择。目前，中国提出延迟退休，计划把1970年以后出生的人的退休年龄分段延迟退休，最终无论男女都统一调整到65岁退休，但是该政策还没有开始实施。在2035年左右，即使退休年龄延迟到65岁，但65岁及以上人口的比重如果高达20%，进一步延迟退休或者取消退休可能会是迫不得已的选择。而进一步延迟退休或者取消退休也有助于增加老年人收入。

（二）发展多层次、多元化、专业化的养老产业

老年人的消费习惯、消费水平、消费偏好、消费领域存在差异，因此，养老

产业发展要满足老年人多层次、多样化的需求。前文把养老产业划分为7类，以居所类举例，居所类包括居家养老、社区养老、旅游养老、候鸟养老、机构养老等，在老年人收入得到提高的同时，满足老年人不同要求和需求偏好的养老居所会不断涌现，按照市场竞争优胜劣汰的规则，可以保证老年人选择最令其满意的养老居所。但是在这个过程中，政府也要担起职责，需要加强对相关居所的科学评估并公示结果，帮助和鼓励各类养老居所改善设施和服务，保证可以更便利地向老人提供各类居所的相关信息，政府或委托相关机构接受并处理相关投诉和举报，切实保护老年消费者合法权益。

养老产业（事业）还是多元化的产业类型，涉及的人员既包括投资者、从业者、经营者，还包括监督和检查部门等，从事养老产业（事业）的既包括国家、企业也包括个人。产业类型包括文中给出的七类。因此，必须要调动各方积极性，鼓励企业、个人、社会团体、慈善机构、非营利组织、国家部委及下属机构参与养老产业（事业），从资金到理念、管理水平、专业能力等多方面提升养老产业（事业），促进养老产业（事业）规范地快速发展。

养老产业（事业）服务对象是老年人这一特殊群体，其心理特征、身体特征、行为习惯有其特殊性，因此更需要专业化的服务。养老产业需要专业化的医疗和护理团队、法律咨询服务团队、金融保险人士、家政人员、陪护、产品设计和销售人员、建筑（改建）设计人员等，也就是上文总结的七个方面的养老产业类型都需要专业的人员更好地满足老年人的需求。政府要按照相关人才的急需程度，促进人才教育、培训、认证、定级等，激励专业化人才的培养，发展专业化队伍。

（三）积极发挥政府的作用

1. 政府支出

政府通过养老事业保障老年人基本生活，体现社会救济和救助的性质。另外，政府也可以通过扶贫、民族地区政策、向养老基金拨款、医疗支出、税收优惠、捐赠等多种方式和渠道鼓励、推动养老产业（事业）发展。

2. 发展和完善社会保障体系

就养老保险来说，一是适时、适当增加对城镇职工基本养老保险基金的拨款，探讨建立养老金支付标准与当地社会平均工资的比例关系；二是进一步完善养老缴费的税收优惠，对企业为雇员购买的附加养老保险以及个人购买的储蓄性养老保险给予税收优惠；三是对企业为雇员购买的附加养老保险的投资方向给予指导和规范，有效控制风险，保障雇员权益；四是规范个人储蓄性养老保险合同，设定合同范本，保护购买者权益；五是推进养老保险全国统筹，完善养老保险异地转移接续及养老金计算办法。

医疗保险要尽快打破地域限制，按照缴费与享受的服务相匹配、缴费与参保人初次参保时身体状况相匹配的原则设计基本医疗保险，鼓励参保人参保基本医疗保险并鼓励参保人在此基础上购买大病险、护理险、常见病或多发病险，对于保费给予个人所得税税收优惠。

3. 政策和标准制定

政府部门是国家养老政策、养老服务和产品标准的制定者。养老方面，国家层面需要对养老产业发展有整体的规划和布局，确定国家方案，政府机构及其下属单位积极参与。国家方案要提倡行业和企业自律以及个人养老规划，鼓励家庭成员互助，扶持社区养老功能。在具体做法上，国家层面应该加快研究并制定养老产业管理办法、行业标准、服务标准和规范，扶持行业和企业自律，颁布相关的法律法规对养老产业的发展予以引导，保障老年人权益。具体到单个部委，例如人力资源和社会保障部，需要负责老年人就业、教育和培训，参保和保费使用，对未来人口数量和结构进行预测、规划和设计，例如未来30—50年人口结构的发展变化、社保体系的可持续性及改革设计等，鼓励养老产业相关人才的教育、培训及就业，而各业务部委需要出台相关产品规划或者产品标准、服务标准体系等。

4. 监督、检查和评估

老年人保护自己的能力相对较弱，因此，要特别关注对养老产业（事业）的监督、检查和评估，及时公开监督、检查和评估结果，鼓励行业协会、慈善机构、民间团体、第三方独立机构参与养老产业（事业）的监督、检查和评估工作。养老产业按内容包括7个方面，分别是居所类、生活类、器械和产品类、医疗类、金融和保险类、文化娱乐类和其他，对这些方面都需要加强监管，要对养老产业进行全方位的监督、检查和评估，及时公开监督、检查和评估结果，方便老年人选择相关产品和服务，完善投诉及处理程序，保护老年人权益。

（四）引导老年人集中的社区发展养老咨询服务和经营养老超市

老年人获取信息的能力较弱，因此有必要以社区为单位发展养老咨询服务。养老咨询服务机构依托社区，方便老年人获得信息，这类机构对养老产业7个方面的信息收集整理后，可以向老年人提供咨询服务，不仅提供企业、产品、服务的信息，还要提供监督、检查和评估的历次结果，帮助老年人比较和选择适合自己的企业、产品和服务，国家对这样的养老咨询服务机构给予一定资助。另外，还可以同样依托社区经营养老超市，销售、出租相关产品，提供家政和陪护等服务，开展文体活动等。

参考文献

［1］联合国. 人口老龄化及其社会经济后果［M］. 1956.

［2］杨振轩，胡立君. 日本养老产业发展中的政府职能与启示［J］. 学术界，2018（1）.

［3］田香兰. 养老事业与养老产业的比较研究——以日本养老事业与养老产业为例［J］. 天津大学学报（社会科学版），2010（1）.

［4］山东省民政厅. 日本韩国养老服务特色及借鉴［J］. 中国民政，2016（3）.

［5］柴化敏. 英国养老服务体系：经验和发展［J］. 社会政策研究，2018（3）.

［6］金璐. 中英养老服务供给方式比较研究［D］. 上海：上海工程技术大学，2015.

［7］班晓娜，葛酥. 国外发展养老服务产业的做法及其启示［J］. 大连海事大学学报（社会科学版）. 2013（6）.

［8］李沛霖. 美国养老产业的发展及其对中国的启示［J］. 广东经济，2008（6）.

［9］欧、美、日养老服务业发展现状［J］. 标准生活，2017（2）.

［10］孟珈磊，杜海玲. 借鉴国外养老模式发展辽宁省养老产业［J］. 商业经济，2018（2）.

［11］常卿哲. 国外养老服务业评估经验［J］. 质量与认证，2016（3）.

［12］吴洪彪. 美国和加拿大养老服务业考察报告［J］. 中国民政，2010（7）.

第十一章
政府投融资理论观点综述

第一节　政府投资的宏观经济效应

一、对民间投资的影响

有学者认为，政府投资对民间投资发挥了重要的促进作用。有研究以某省为例分析认为，无论在短期还是在长期，政府投资对民间投资表现为一种挤入的效应，政府投资通过基础设施的建设，在一定程度上为民间投资增加扫清障碍，活跃了民间投资市场繁荣[1]。还有学者认为，通过大力推进政府与社会资本合作、政府投资基金、政府担保等多元投融资模式，以政府高信用等级为支点撬动民间投资，可以引导民间投资预期，提升民间投资活力，更好地发挥民间资本的经营能力，提高经济运行的效率与效能[2]。

也有学者认为，虽然通过相关性分析可以得出政府投资和民间投资之间存在互补或带动关系的结论，但是关于是否存在挤出效应仅仅做相关性分析是不够的，数据正相关并不能证明没有挤出效应。从宏观角度看，受GDP总量的限制，政府

---

[1] 王晶.政府投资与民间投资对地区经济增长的效应分析——以陕西省为例[J].金融经济，2017（16）.

[2] 李海龙，谢毓兰.以政府信用为支点，激活民间投资动力[J].宏观经济管理，2017（1）.

投资不可能无限扩大,从中长期来看,政府投资对民间投资的挤出效应无疑是存在的①。还有研究表明,我国政府投资和民间投资均有显著的空间效应,且两者在空间分布上具有反向一致性,即政府投资较多的区域其民间投资相对较少;政府投资对民间投资的影响不仅作用于地区内也作用于地区间,但政府投资的直接效应为负、间接效应为正,即政府投资对本地区民间投资具有挤出效应,对邻近地区的民间投资具有正的空间溢出效应②。有实证分析结果证实,民间投资对政府投资的替代效应是存在的,但不同发展程度的地区间替代强度不尽一致:东部发达地区的替代效应普遍较弱,替代系数为-0.15;中西部地区替代效应比较明显,西藏的替代效应最强,达到-3.26,这可能是因为中西部的基础设施条件较差,只有当政府给予较为优厚的投资优惠时,民间资本才会加大投资③。还有学者对甘肃省政府投资、民间投资的挤出挤入效应进行实证检验也证明了上述观点,即在该地区政府投资对民间投资的挤出效应不明显,相反存在挤入效应,政府投资可以带动民间投资发展④。

还有研究表明,政府投资对民间投资发挥何种作用与期限等因素相关。政府投资对民间投资在长期存在挤入效应,短期内则存在一定的挤出效应。这是因为在长期,政府投资的方向大多是具有正外部性的公共基础设施,能显著改善投资环境,提高民间投资的收益率,调整产业结构,为民间投资的发展创造良好的条件,从而在长期可以刺激民间投资,促进整个社会的经济发展,也就是说长期来看政府投资对民间投资存在挤入效应;而在短期,政府投资增加时,由于在资金、劳动力等生产要素上与民间投资形成一定的竞争,民间投资的成本上升,民间部门对投资前景不看好会导致政府投资对民间投资的挤出效应⑤。也有研究表明,不同产业的政府投资对民间投资产生的作用不同,比如在农业、房地产业、科学研究和技术服务业、环保产业四个产业领域政府投资对民间投资产生不同程度的挤进效应;在制造业、煤炭业、教育和金融业,政府投资则对民间投资产生不同程

---

① 王小鲁.政府投资对民间投资和消费存在挤压效应[N].21世纪经济报道,2018-06-12.

② 刘雅芳,许培源.政府投资对民间投资的空间溢出效应——基于空间杜宾模型和省域面板数据的检验[J].经济问题探索,2017(6).

③ 武彦民,岳凯,李晓宇.IS-LM模型修、财政政策边界与民间投资的替代效应[J].天津商业大学学报,2019,39(2).

④ 程贵,范玉恒,陶增强.甘肃省政府投资对民间投资的挤入挤出效应研究[J].甘肃金融,2019(1).

⑤ 中国财政科学研究院宏观经济研究中心课题组.政府投资效果评价研究——对国家预算内固定资产投资的宏观效应分析[J].财政科学,2017(9).

度的挤出效应①。

二、对居民消费的影响

有学者认为，政府投资对消费有挤出效应。各级政府投资规模不断扩大，过高的资本形成导致产能的增长持续超过消费需求的增长，形成过度投资和消费的相对不足。尽管近几年消费率有所回升，但是和2000年以前相比，仍然低10个百分点左右②。有研究表明，我国目前以"地方政府主导"为特征的投资制度阻碍了居民消费的增加，面对相似的激励和约束，地方政府为经济增长而展开竞争，使得地方政府具有强烈的投资冲动，致使社会投资率上升，消费率下降，而地方政府投资的认知偏差会导致产业结构的不合理，从而与消费结构不相适应③。

也有学者认为仅考虑政府投资对居民消费的挤出效应是片面的，基础设施资本存量增加能够挤入居民消费，考虑区域差距与城乡差异，发现基础设施挤入消费的作用在中西部地区和农村地区表现得更为明显，进一步探索影响机制，发现基础设施的改善提升了居民平均消费倾向，这种机制在城市和农村同时存在④。还有研究发现，我国政府投资对消费的影响以挤入效应而不是挤出效应为主，但效果却不是特别显著，政府投资每增长1%，消费仅增长0.15%，其中，政府投资对于旅游、新能源汽车消费的挤入效应比较突出⑤。

三、对经济增长的影响

有学者认为，政府投资在总投资中居于重要地位，是弥补市场缺陷、完善宏观调控、调节经济增长的有力保障。在我国目前"稳增长、调结构"的转型关键期，政府投资一方面可以调控经济增长速度和质量，实现"稳增长"；另一方面

---

① 王婧. 供给侧结构性改革助推产业结构转型升级［J］. 经济学家，2017（6）.
② 王小鲁. 经济增长与结构再平衡［N］. 企业家日报，2017-09-01.
③ 卢明名. 投资制度影响居民消费的理论与实证分析［J］. 经济研究参考，2017（5）.
④ 冉光和，李涛. 基础设施投资对居民消费影响的再审视［J］. 经济科学，2017（6）.
⑤ 中国财政科学研究院宏观经济研究中心课题组. 政府投资效果评价研究——对国家预算内固定资产投资的宏观效应分析［J］. 财政科学，2017（9）.

可以调动私人投资和外商投资，促进经济结构转型升级，实现"调结构"[1]。有学者认为，持续、稳定的宏观性政府投资政策，可以降低不确定性下的投资波动，安定市场投资者的情绪，引导市场参与者的预期，对经济增长产生可控的促进作用[2]。

但也有学者认为，在不受市场需求约束和预算软约束的情况下，政府投资难免会造成过度投资和产能过剩，特别是当经济增长趋于下行时，政府就会进一步加大投资力度来维持经济增长，由此造成的产能过剩已经成为困扰中国经济增长的隐患[3]。还有研究表明，地方债务融资推动的政府投资支出可以在一定程度上促进经济增长，但效果不可持续，随着债务规模的不断加大，其对经济增长的促进作用逐渐减弱，并最终对经济增长起到抑制作用[4]。

有学者以部分省份的有关数据进行实证分析发现，不同地区政府投资对本地区的经济增长产生的影响有别。例如河南省政府投资对经济增长具有显著促进作用，产出弹性远高于民间投资，但政府投资促进经济增长的作用在减弱，而民间投资对经济增长的作用不断增强[5]；陕西省政府投资和民间投资都促进了地区经济增长，但政府投资对促进经济长期增长的效应作用要小于民间投资[6]；甘肃省政府投资与民间投资都对经济增长起到促进作用，但民间投资对经济增长的贡献要大于政府投资[7]；云南省政府投资主导型的经济发展使政府对于当地的经济发展具有较强干预意志，从而导致经济结构调整成为一个复杂而漫长的过程[8]；政府投资在推动东北地区经济复苏过程中扮演着主推力的角色，其最优政府投资规模为35.06%[9]。

---

[1] 万其龙. 我国政府投资的影响因素分析［J］. 内蒙古财经大学学报, 2017（1）.
[2] 王婧. 中国经济周期波动的政府投资效应分析［J］. 中国经贸导刊, 2017（1）.
[3] 华民. 中国经济增长中的结构问题［J］. 探索与争鸣, 2017（5）.
[4] 黄健, 毛锐. 地方债务、政府投资与经济增长动态分析［J］. 经济学家, 2018（1）.
[5] 张清玉. 河南省政府投资与经济增长关系研究［J］. 河南牧业经济学院学报, 2018（1）.
[6] 王晶. 政府投资与民间投资对地区经济增长的效应分析——以陕西省为例［J］. 金融经济, 2017（16）.
[7] 程贵, 范玉恒, 陶增强. 甘肃省政府投资对民间投资的挤入挤出效应研究［J］. 甘肃金融, 2019（1）.
[8] 苑春荟, 王博实. 少数民族地区政府投资、行政垄断与经济增长——以云南省为例［J］. 云南民族大学学报（哲学社会科学版）, 2017（7）.
[9] 田广辉. 东北地区政府投资对经济增长的影响研究［D］. 长春：吉林大学, 2019.

第二节 地方政府投融资平台的转型与风险防控

一、地方政府投融资平台转型发展的现状及方向

有学者认为，新常态下经济要实现健康、稳定的发展，必须调整经济结构，实现经济增长方式的转变，在此过程中地方投融资平台的作用还应进一步发挥，而不是一撤了之，应依据趋利避害的原则对其加以改造，按照独立市场主体的要求对其重组或合并，通过重组，关闭那些没有实际经营能力的空壳公司，将有效资产归并，然后让平台公司以普通企业的身份参与政府所主导的民生项目建设，如保障房建设、公路建设、环境整治、基础设施改造等[1]。有学者指出，地方政府投融资平台的转型是按照市场化、专业化和规范化的要求，从政府决策、行政管理和平台运行三个层面，对政府融资平台的传统运作体系进行系统改造和再造的过程，其不仅表现在政府对融资平台的组织管理体制和运行机制上，也体现在融资平台自身建设和环境营造上。本质上讲这也是从行政化到市场化，从输血到造血的发展转型[2]。还有学者认为，从长远来看，市场化是投融资平台公司转型的基本方向，但市场化转型并不代表完全脱离政府。从未来一段时间看，平台公司仍然是处于政府与市场的夹层中，以市场化手段代政府行使部分职能，包括基础设施投资、产业引导、公用事业运营等方面，要围绕城市相关产业领域，投融资平台通过委托代建、政府购买服务、授权经营、PPP、自主开发经营等多种方式开展经营[3]。

有研究基于2014—2016年地方政府投融资平台经营数据，通过时序变化跟踪近三年地方政府投融资平台在公司业绩、市场化转型、社会责任三个板块指标的数值，构建了地方政府投融资平台转型发展评价指标体系，并对全国地方政府投融资平台的发展情况进行了评价，结果显示除了公司业绩外，市场化转型和社会

---

[1] 徐鹏程. 地方投融资平台转型发展的方向[N]. 学习时报，2017-01-09.
[2] 马恩涛，陈媛媛. 我国地方政府融资平台转型发展研究[J]. 公共财政研究，2017（3）.
[3] 刘存京. 新的政策背景下投融资平台公司的价值定位[J]. 中国建设信息化，2017（22）.

责任对地方政府投融资平台的发展也具有重要的影响①。还有研究基于公开发债的投融资平台数据分析指出，投融资平台转型改革的相对滞后导致现阶段面临着较高的债务风险，从地区间的差异看，我国投融资平台债务风险由高到低依次为西部、东北、中部、东部，债务风险与地区经济发展水平大致呈负相关关系，在宏观影响因素中，土地出让金、公共投资、财政支出分权度是阻碍平台公司市场化转型的重要因素，其中，财政支出分权度的影响较大②。

二、地方政府投融资平台转型的模式

有学者认为，地方政府投融资平台最理想的转型发展途径是从单纯的"土地运作模式"跨越至"产业经营与资本经营两翼齐飞模式"，其中需要经历两次转型，第一次转型为政府服务、专业投融资平台，第二次转型为产融结合的综合性集团；PPP模式下的地方政府投融资平台转型需要明确投融资平台在PPP项目中的角色定位；以市场化为导向的地方政府投融资平台转型需要实现"政企分开"，逐步由政府主导向市场化运作过渡，短期内快速剥离融资城投的职能，可能会加大地方政府投融资平台的投融资压力，反而爆发平台的信用风险，这对转型极为不利③。

有学者分析，地方政府投融资平台在新一轮转型发展中，要从"管资产"变为"管资本"，转型成为产城融合综合运营商，以"小平台"撬动"大经济"，对省、市、县三级融资平台的职能进行重构，打造"省级总部资本层—市级专业化公司资产层—县级执行支撑层"三级架构，形成职能定位清晰、权责利分工明确，自上而下层层落实、自下而上层层支撑的综合治理格局，越综合，越稳定，越持久④。有学者指出，融资平台"资产变资本"的关键是盘活庞大债务形成的资产，提高资产的货币化程度。通过股权多元化，引进社会资本，实现具有自我造血功能的融资平台经营性业务单元。融资平台资产变资本必须跳出简单的融资和举债思维，通过市场化、资本化路径集聚专业资源和人才力量，解决长期以来平台公

---

① 胡恒松，鲍静海. 地方政府投融资平台转型发展：指标体系与转型模式［J］. 金融理论探索，2017（6）.
② 宋樊君. 地方政府投融资平台转型探讨［J］. 中国流通经济，2018（3）.
③ 胡恒松，鲍静海. 地方政府投融资平台转型发展：指标体系与转型模式［J］. 金融理论探索，2017（6）.
④ 李伟舵，李君安. 地方政府融资平台转型的路径选择［J］. 区域金融研究，2017（10）.

司"重投资、重融资、轻运营、轻管理"的弊病,增加平台的运营能力和服务能力,让平台公司在市场化运营中发展壮大①。

还有学者认为,横向多元化与纵向一体化是投融资平台公司业务转型的核心脉络:横向多元化的发展重点在于规模化,提升投资收益;纵向一体化的重点在于精细化运营,扩大经营性收益。从横向来看,投融资平台公司从原有的基础设施投资建设向多元化产业拓展,逐步构建基础设施、城市资产运营、产业投资引导、金融与资本运营等产业格局;从纵向来看,从原来单一的融资职能向"融、投、建、管"一体化业务模式转变,基础设施设计、施工、养护、材料经营等成为业务的重点②。

三、地方政府融资平台的风险防控

有一些学者从内部治理的角度研究如何防控地方投融资平台的风险。如地方政府投融资平台企业要按照现代企业制度要求设置的股东会、监事会、董事会、经理层四个结构间形成权责分配、激励与约束并行的制衡政策;要做到经营权、决策权、执行权和监督权分离。引进一些专业人员、基层人员及人大代表作为独立董事来促进平台企业的规范发展,同时要提高平台企业内部人员的知识素养和职业道德,资源要进行合理有效的配置,要确保不相容职务已进行充分分离③。再如加强对政府投融资公司创新运作、战略管理、核心竞争力和控制风险的考核,引导政府投融资公司实现长期、健康运营和可持续发展,出台地方政府融资平台融资管理制度或办法,将政府投融资平台的设立、负债规模、偿债准备金和资金用途等予以明确④。

有一些学者从外部监管的角度研究如何防控地方投融资平台的风险。有学者认为,针对平台公司可能出现的公司治理风险、经营风险和财务风险,地方政府和相关金融机构都要切实承担起监管职责,如督促平台公司及时向有关方面或社会公众披露资产负债情况、对外担保情况、经营业绩等,保证信息透明,切实解

---

① 张立承.地方融资平台债务违约风险:从企业显性到政府隐性[J].财政监督,2019(7).
② 刘存京.新的政策背景下投融资平台公司的价值定位[J].中国建设信息化,2017(22).
③ 付洪垒,李丹丹.地方政府投融资平台企业内部控制探讨[J].合作经济与科技,2017(1).
④ 王东红,刘金林.我国地方政府投融资平台可持续发展路径研究[J].经济研究参考,2017(23).

决信息不对称问题。金融机构对平台公司报送的贷款项目要谨慎选择,贷款前要严格审查其财务状况和债务偿还能力,根据平台公司的信用评价结果严格确定其授信额度,贷款发放后要做好跟踪,定期开展贷款审计、业务检查和风险评估,督促平台公司建立风险监控和评价体系。还可考虑在财政部下设立一个专业融资平台管理机构,并在省级行政区设立分支机构,统筹对全国各级各类地方投融资平台的监管[①]。有学者建议建立融资平台公司债务以及政府中长期支出事项的监测机制和跨部门债务信息共享机制,相关监管机构分头负责完善各自领域的融资监管政策,严格境内外融资准入条件和审核程序,实现对融资平台公司债务的常态化监管[②]。有学者认为,可以通过保险的介入分散投融资平台的信贷融资风险。对于资金供给方而言,贷款信用保险不仅分担了商业银行的信贷风险,而且降低了自身的监管与交易成本;而对资金需求方而言,通过贷款信用保险这种方式,融资平台资信得以提升,且改善和优化了融资平台自身的间接融资渠道;保险公司作为第三方介入,能有效缓解商业银行与融资平台信贷过程中的信息不对称问题[③]。

还有研究基于政府担保和激励视角构建地方政府与投融资平台之间的委托—代理模型并分析指出,地方政府对投融资平台的激励力度、投融资平台高管人员付出的努力水平以及地方政府获得的预期效用水平与投融资平台项目投资周期和投融资平台外部经营环境风险负相关,因此,为了增强投融平台抵御风险的能力,要完善投融资平台高管人员市场选择机制,提升投融资平台高管人员的企业经营能力和企业家才能;确保投融资平台作为独立市场经济主体按照项目投资客观规律进行独立决策和经营,健全投融资平台投资项目发挥作用的长效机制;完善地方政府官员考核评价晋升激励机制,规范官员考核评价晋升体制,逐步减少地方政府从投融资平台投资项目未来产出中获得的隐性收益[④]。

---

① 徐鹏程.地方投融资平台转型发展的方向[N].学习时报,2017-01-09.
② 张立承.地方融资平台债务违约风险:从企业显性到政府隐性[J].财政监督,2019(7).
③ 刘骅,卢亚娟,王舒鸥.转型期地方政府融资平台信贷博弈仿真研究[J].审计与经济研究,2018(1).
④ 陈其安,陈抒妤,沈猛.地方政府与投融资平台:基于政府担保和激励视角的委托—代理模型[J].系统管理学报,2018(1).

第三节　政府投融资改革与风险防控

一、当前政府投融资存在的问题

有一些学者从外部环境分析当前政府投融资存在的问题。有学者认为，在目前经济下行和金融去杠杆的大背景下，地方政府投融资面临着新的严峻形势，一方面，地方政府负债作为金融去杠杆的重要一环，必然受到很大程度上的约束和限制，也必将逐步转向正轨；另一方面，过去地方政府债受到各种政策的支持，而当下融资平台需要整顿和压缩，金融机构层面必然对此类的融资项目更加审慎，在这种情况下，很多项目也会因为没有后续资金而暴露风险，从而面临着被清理的可能[1]。有学者指出，由于我国经济由高速增长转为中高速增长，地方政府财政收入下降与支出刚性的矛盾进一步凸显，地方财政收入中可用于债务偿还的资金来源趋紧。同时，地方政府土地出让收益、土地抵押贷款受限也加剧了地方政府融资空间受到挤压。而长期以来我国政府投资范围过宽、公共投资内部结构失衡、新兴公共领域投资不足，在融资受到外部不良影响的情况下，地方政府需要精打细算，改变过去摊大饼式的低效投资方式，集中资金精准投资，提高有限资金的使用效率，促进经济增长，政府投资需要从粗放式转向精准式[2]。还有研究指出，我国地方政府债务融资目前正处于以融资平台为主的间接融资方式转向以地方政府为主的债券发行模式的过渡期间，加之我国的资本市场融资的基本面依然处于高度依赖银行信贷市场的格局。在此情况下，地方政府发行债券的直接融资模式明显受到我国以间接金融为主的资本市场格局制约，大量银行信贷资金购买地方政府债券很可能会因地方政府债券市场的流动性不足而导致银行本身的期限错配风险[3]。

还有一些学者从政府行为、投融资管理制度等内在因素分析政府投融资存在

---

[1]　许学礼.地方政府债务规范管理下政府投融资的发展方向［J］.财政科学，2017（8）.
[2]　许珂，卢海.经济新常态下地方政府投融资的方向选择［J］.经济论坛，2017（3）.
[3]　中国财政科学研究院金融研究中心课题组.地方政府举债模式研究［J］.经济研究参考，2017（72）.

的问题。有学者指出，投融资活动缺乏预算约束是导致地方政府债务风险的重要原因，地方一级政府目前缺乏把投资和融资真正整合起来的有效机制，没有把投融资活动纳入政府预算统筹考虑、统一约束，这自然就容易出现投资失控、融资失序、风险陡增的局面[1]。有学者认为，目前，地方政府通过政府购买服务、PPP、政府产业基金，甚至通过各种担保方式进行举债，导致隐性债务普遍存在；许多项目盲目发展，形成了大量无效资产，难以持续运行，致投资效率低，产出回报少，比如缺乏事先的项目计划和可行性分析，实地调研考察不够，造成资源浪费，一些地方"园区闲置"现象严重；对于很多没有前景的项目融资，用优良的企业资产担保，或者政府进行兜底承诺，既拖累了好的企业，又会透支政府信用，积累财务风险[2]。有学者指出，我国政府投资的效率有很大的提升空间：各级政府部门职能交叉、重叠，职权划分不清，投资决策随意性强，投资管理质量不高，政府投资虽受多部门监管，但在实际过程中却存在着监管不到位、问责乏力等情况，这导致有限的财政资源无法实现最优配置，从而严重制约了政府投资效率的有效提高，也因"事倍功半"催生了大量的不必要的市场化融资，积累了较多的财政风险[3]。还有学者指出，现有债务管理体系无法形成市场化的定价机制。现行规定地方债的发行由地方申请，省财政代发，在这种制度下，地方政府的道德风险并不能得到有效缓解，只是把以前中央政府与地方政府的竞合关系变成中央政府与省政府之间、省政府与县市政府之间的双重竞合；更重要的是，发行主体（省财政）和资金的实际使用方（县市政府）并非同一主体，无法解决县市政府的软预算约束问题，无法形成与县市政府风险水平真正匹配的资金价格，不利于提升地方政府投资效率[4]。

二、政府投融资改革方向

有一些学者认为，要结合我国现阶段经济发展情况完善多元的政府投融资体系。有研究指出，我国目前的地方政府直接举债模式是可行的，但并不一定是唯

---

[1] 刘尚希，赵全厚. 构建地方资本预算，防范地方政府债务风险[J]. 财金观察 2019（1）.
[2] 许学礼. 地方政府债务规范管理下政府投融资的发展方向[J]. 财政科学，2017（8）.
[3] 赵全厚. 地方政府债务风险防范中的财政金融协调地方政府债务风险防范中的财政金融协调[J]. 财会月刊，2018（24）.
[4] 刘俏. 地方政府投融资行为的生态系统[J]. 中国金融，2017（6）.

一可行的，需要多元化：一方面要继续坚持以地方政府发行债券为主的举债模式，并逐步尝试精准放大债券融资规模，不断地完善债券的发行和流动管理；另一方面要考虑我国金融市场结构和地方政府融资的需求特征的实际情况，在一定时期内有针对性地允许地方政府利用银行贷款的方式筹措资金。从长远来看，只有我国资本市场直接融资比重达到一个相对较高水平且地方政府债券市场建设较为成熟时，明确要求地方政府债券融资作为唯一方式才具有合理性[1]。有学者指出，经济新常态下地方政府投融资模式应从单一走向多元，以地方政府融资平台为主的传统融资模式透支政府信用，在经济不确定性增强的情况下，有可能因为风险的集中暴露，酿成隐性的金融危机，冲击不发生系统性风险的底线，因此，在现有融资模式的基础上，更应充分发挥市场在资源配置中的决定性作用，积极探索更多的市场化融资模式[2]。也有学者认为，在地方政府存在刚性融资需求和传统的融资方式、融资渠道受到挑战的情况下，地方政府需要适时调整策略，创新融资供给通道，同时不断提升自身的的融资能力，与新的融资渠道要求匹配。此外，地方政府还要努力实现资金来源属性与资金用途的匹配，以及融资权利与融资责任的匹配[3]。

有一些学者针对具体政府投融资模式的改革和创新提出建议。例如对产业投资基金应按照类型予以区分，需明确定位，到底是针对孵化企业、某个重点行业，或是按市场化原则扶持新兴企业、产业等，对于不同类型的投资基金应有相配套的政策，确实是地区要重点支持的产业，可以设立种子基金，纳入地方政府预算，暂不考虑短期回报；对于地方相对成熟的产业，可由社会参与方运作，既满足地方发展的需求，又给予社会资本以动力，这样才能实现政府与社会资本相结合的初衷[4]。有学者认为，为彻底改变地方政府的行为模式，可以考虑放开地市县级地方债券市场，引入市政债券评级体制，允许有条件的地方政府自主发行市政债券，将无序的融资转变为有序的融资。通过市场化手段约束地方政府举债行为，让其主动进行充分信息披露，并让市场决定地方政府举债能力，将隐性政府债务转变为显性政府债务[5]。有学者认为，市场化保险增信对我国未来逐步推广的地方政

---

[1] 中国财政科学研究院金融研究中心课题组.地方政府举债模式研究[J].经济研究参考，2017（72）.
[2] 许学礼.地方政府债务规范管理下政府投融资的发展方向[J].财政科学，2017（8）.
[3] 许珂，卢海.经济新常态下地方政府投融资的方向选择[J].经济论坛，2017（3）.
[4] 许学礼.地方政府债务规范管理下政府投融资的发展方向[J].财政科学，2017（8）.
[5] 刘俏.地方政府投融资行为的生态系统[J].中国金融，2017（6）.

项目收益债券十分有益。现阶段，可以依托商业保险公司推出市场化的项目收益债券保险品种，同时推动设立行业性金融担保组织，逐步过渡到专业性地方政府债券保险公司，形成相对完备的地方政府债券市场化保险增信体系[1]。还有学者指出，在当前地方债务面临清理，地方政府基础设施建设缺乏长期资金支持的背景下，可续期债券作为债券融资领域的一项金融创新，其期限由发起人自行决定，理论上可以永久存续，具有期限长、规模大、成本可控等优势，与市政基础设施项目建设周期长、投资规模大的资金需求高度匹配[2]。

三、政府投融资的风险防控

有一些学者从深化财税体制改革的角度分析如何防控政府投融资风险。有学者提出，构建资本性预算有助于统筹政府投融资活动，防范地方政府债务风险，要进一步完善《预算法》，明确将政府经常性收支与资本性收支分列预算管理；深化地方政府预算改革，率先构建资本预算；编制地方政府中长期投融资规划，为构建资本预算创造条件[3]。有学者认为，要以资本预算为抓手，统筹当前分散化、碎片化的政府投融资管理，全面覆盖地方政府的所有投融资行为，细化政府投融资活动的财务管理，强化政府投融资约束，为全面摸清债务家底、提升预算透明度、提高政府债信评级的有效性以及债券市场的约束力、科学编制政府综合财务报表、正确评价财政偿债能力与健康程度提供可靠基础[4]。有学者指出，适当上移事权和支出责任，能够使地方政府在基本财力不变，甚至略有增加的同时有效降低其支出压力，拥有必要的债务清偿能力，不留长期性的债务风险敞口，更好地实现"事权—财力"相匹配机制，有助于最终形成"阶段性资金流闭环"；要结合税制改革，形成合理的地方税体系，提高地方政府财政收入的规范性和稳定性；要结合预算体制的改革，整合地方政府财政预算，根除部门财权分割，提高地方财政能力和财政资金的使用绩效，有效减少地方政府的债务融资需求，从而使把控地方政府债务风险落得更实[5]。有学者认为，要进一步优化预算框架，在中期框

---

[1] 张立承.地方政府项目收益债券：比较与借鉴[J].地方财政研究，2017（12）.
[2] 谢琼，姚莲芳.政府投融资模式创新：地方政府债券与企业专项债券的对接与平衡[J].地方财政研究，2017（6）.
[3] 刘尚希，赵全厚.构建地方资本预算，防范地方政府债务风险[J].财金观察 2019（1）.
[4] 封北麟.隐性债务的应对之策[J].中国金融，2018（8）.
[5] 赵全厚.控制地方政府债务风险需要加快体制机制改革[J].中国财政，2017（23）.

架内考虑资本性投资的总额和优先性,在总额限制下确定预算开支重点,在资金投向上应有保有压,突出重点、压缩一般,将有限的资金主要解决经济社会发展的薄弱环节。可考虑编制资本改进计划(CIP)、资本预算,将资本性支出以及资金来源情况在政府预算中给予单独反映,按投资类别来细化政府投资结构、资本预算的时间跨度可以长达几十年,融资可不计入当年财政赤字,但要强化中长期滚动式支出的责任风险管理[①]。

有一些学者强调各方监管对防控政府投融资风险发挥的重要作用。有学者指出,要加强对地方政府隐性债务的显性化动态监控,追踪地方政府隐性债务形成的各种线索,一方面为打击违法违规融资提供依据;另一方面也为清晰化其他合规性隐性债务提供尽可能丰富的信息,强化定性识别和定量识别,防止其突然显性化对地方政府造成的意外冲击,此外,需制定相应的救助方案,尽可能实现救助成本最小化[②]。有学者指出,目前存在于"地方政府性债务"统计口径中,既有地方政府及其所属部门和机构举借的政府具有偿还责任的债务,也有融资平台等举借的担保和救助责任的债务,但是从监管角度看却是"各管一摊"。财政部监管地方政府债券,发改委监管城投企业债券,证监会监管公司债券,而事实上发债所依托的"项目"却是有着一定的共性——具有公益属性的公共投资,项目所融资金对地方政府而言基本上也无差异地在使用。基于此,可以考虑推动不同债券品种的"共管共治",以"地方政府性债务监管"匹配"地方政府性债务",把分散的监管力量整合起来,一方面可以强化监管效果;另一方面也可以有效推进合规的地方政府融资创新[③]。还有学者认为,金融企业已经全面介入到地方政府的投融资活动中,从地方政府债券的定价、发行与流通,到政府与社会资本合作、政府投资基金的设立与运作,再到城投债、项目收益债等"类政府债"的发行与流通,从不缺少金融企业的身影,而且发挥了极为重要的作用。推动金融企业与金融监管部门按照"穿透原则",强化对地方基础设施和公共服务领域投融资项目的资本金审查和底层资产管理,是防控地方政府违法违规融资和变相举债风险的关键举措和重要防线[④]。

还有一些学者认为要通过政府投融资模式改革和提高投融资效率来防控风险。

---

① 吉富星.当前地方政府投融资的规范问题[J].开发研究,2018(3).
② 赵全厚.地方政府隐性债务浅析[J].财政科学,2018(5).
③ 张立承.地方政府项目收益债券:比较与借鉴[J].地方财政研究,2017(12).
④ 封北麟.治理金融企业投融资乱象打赢防风险攻坚战[J].中国财政,2018(9).

例如，改革专项资金的行政性分配方式，除政策要求必须拨付指定项目或单位的外，加快以基金模式投资产业和项目的改革步伐，引导本地金融机构积极向股权化融资方向改革，锻造善于识别投资机遇、把控市场风险的能力，以新型市场化模式参与政府产业培育和项目建设，实现经济效益与社会效益的双赢[①]。还有学者指出，在资金供需矛盾日益明显的现阶段，提升投融资效率无疑是防控风险的重要方法，在此过程中应重视起人才的力量，通过建设专业素质过硬的投融资人才团队，制定合理的投融资计划，防止错投、误投现象发生。与此同时，加强资金管理，优化操作流程，使得每一笔资金都能投入到正确的项目上，控制潜在投融资风险[②]。

---

① 杜亚强.当前政府投融资领域政策风险及发展机遇浅析[J].财会研究，2017（11）.
② 乔雅琳.新常态下政府投融资供需矛盾及对策探究[J].经贸实践，2018（17）.